D1712835

Variations stylistiques

Variations stylistiques

Cours de grammaire avancée

• • • • • • • • • • • • • • • • • • •

Diane M. Dansereau
University of Colorado Denver

Yale UNIVERSITY PRESS
New Haven & London

Published with assistance from the Louis Stern
Memorial Fund.

Copyright © 2016 by Yale University.
All rights reserved.
This book may not be reproduced, in whole or
in part, including illustrations, in any form
(beyond that copying permitted by Sections 107
and 108 of the U.S. Copyright Law and except by
reviewers for the public press), without written
permission from the publishers.

Yale University Press books may be purchased
in quantity for educational, business, or
promotional use. For information, please e-mail
sales.press@yale.edu (U.S. office) or
sales@yaleup.co.uk (U.K. office).

Editors: Tim Shea and Sarah Miller
Publishing Assistant: Ashley E. Lago
Manuscript Editor: Rose Vekony
Production Editor: Ann-Marie Imbornoni
Production Controller: Katie Golden
Set in Joanna, Nobel, and Avenir type
by Newgen North America.
Printed in the United States of America.

Library of Congress Control Number: 2015952712
ISBN 978-0-300-19846-1 (cloth : alk. paper)

A catalogue record for this book is available from
the British Library.

This paper meets the requirements of
ANSI/NISO Z39.48-1992 (Permanence of Paper).

10 9 8 7 6 5 4 3 2 1

À Francine et Michel

Pour le site web de *Variations stylistiques*,
voir **yalebooks.com/dansereau.**

Table des matières

Avant-propos

LE COURS : BUTS ET MÉTHODES

Ce livre a été conçu pour une utilisation dans les cours de grammaire avancée généralement offerts en troisième et quatrième année d'études de français dans les universités américaines. Il contient autant de sujets pour deux semestres d'études, mais les programmes avec un seul semestre peuvent choisir les sujets les plus appropriés à leurs étudiants. Chaque chapitre est indépendant des autres, donnant au professeur la possibilité de choisir l'ordre de présentation. Le livre servira aussi comme livre de référence que les étudiants continueront à consulter après avoir fini leurs études universitaires tandis qu'ils poursuivent leur étude de la langue.

Variations stylistiques se distingue des manuels de grammaire pour étudiants aux niveaux élémentaire et intermédiaire de trois manières importantes.

En premier lieu, la présentation se limite aux sujets les plus compliqués de la grammaire française. Absents donc sont le genre et le nombre du substantif ; la conjugaison et l'emploi du présent de l'indicatif, de l'impératif et du futur ; la formation des adjectifs ; les pronoms sujets, disjoints, possessifs et démonstratifs ; et les verbes pronominaux. Quoique ces sujets ne prennent pas place dans le texte du livre, nous tenons à en inclure des courts résumés dans les appendices pour que l'étudiant puisse les consulter en cas de besoin. En plus des sujets difficiles déjà présentés dans les première et deuxième années d'études (comme le subjonctif et les temps du passé), le livre contient aussi certains sujets de grammaire nouveaux à la plupart des étudiants de troisième année, y compris la voix passive, le participe présent, le gérondif, les mots composés et le discours indirect.

Ensuite, le texte examine en détail l'emploi des sujets discutés, laissant aux appendices les détails sur leur formation. À titre d'exemple, le chapitre sur les temps du passé ne traite que l'emploi de ces temps. Pour une révision de la formation de chaque temps, l'étudiant aura à consulter l'appendice. Cette exclusion de formes laisse le temps en classe d'examiner les sujets plus profondément, ce qui donne à l'étudiant la possibilité de faire progresser ces connaissances au-delà du niveau intermédiaire vers le niveau avancé.

Enfin, la présentation de grammaire dans *Variations stylistiques* est, comme le titre en témoigne, descriptive, pas prescriptive. Cela veut dire que nous présentons le français tel qu'on l'entend et le lit dans des contextes francophones et non comme on l'enseigne traditionnellement aux étrangers. À cette fin, nous prenons compte des variations stylistiques qui sont naturellement employés par les francophones mais qui sont absents des manuels de grammaire pour étrangers. Ce concept de variation linguistique est discuté dans les paragraphes suivants.

LA VARIATION LINGUISTIQUE

Les manuels de grammaire traditionnels enseignent *le bon usage* du français, c'est-à-dire, la langue vue comme *correcte*, ce qu'on entendrait ou lirait vraisemblablement d'une personne bien éduquée. Mais en réalité quand on veut s'exprimer en français, il existe souvent plusieurs variantes parmi lesquelles on peut choisir et chaque personne varie son langage selon la situation dans laquelle elle se trouve. Par exemple, on peut décider de garder ou de laisser la particule *ne* dans une phrase négative : *Je (ne) comprends pas.* On appelle ce phénomène *la variation linguistique* ou *la variation stylistique*.

À notre avis, il est essentiel que l'étudiant avancé de français soit conscient de la variété de formes disponibles. Il aura besoin de cette connaissance pour deux raisons importantes. D'abord, en reconnaissant ces variantes il comprendra mieux le français qu'il entendra et lira en dehors du contexte universitaire. Et ensuite, il pourra commencer à améliorer son propre langage en choisissant des formes plus naturelles et appropriées.

Le choix de variante linguistique dépend de plusieurs facteurs sociolinguistiques que nous examinons dans ce livre. Il faut tenir compte non seulement de l'éducation de la personne qui parle mais aussi de sa classe sociale, de sa profession et de son âge. La situation sociale et le type d'énoncé, que ce soit une conversation entre collègues ou une dissertation écrite, jouent aussi des rôles importants. Dire tout simplement qu'il s'agit de *la langue parlée* ou de *la langue écrite* c'est simplifier la situation. À l'écrit, en plus de la littérature qui ne contient pas de dialogue, il existe aussi des genres qui s'approchent plus de la langue parlée, tels que les romans policiers, les contes populaires, les pièces de théâtre, la publicité et la correspondance personnelle. Et quant à la langue orale, à côté de la conversation spontanée, les interviews et les débats, il existe des genres qui ne favorisent pas le dialogue, comme les conférences et le journal télévisé.

Quand on est conscient de tous ces facteurs, on choisit un certain niveau de style pour s'exprimer. Ce niveau de langue dictera si l'emploi de *la langue soutenue* (ou *soignée*), *la langue familière* (ou *courante*) ou *la langue relâchée* est approprié. Ce choix, le francophone natif le fera automatiquement selon la situation dans laquelle il se trouve.

Ce livre vise à ce que l'étudiant prenne conscience du phénomène de la variation linguistique, tout en lui présentant les variantes les plus employées dans le monde francophone. C'est au professeur de discerner et de décider sur quelles variantes insister selon le niveau de connaissances des étudiants.

LE FORMAT DU LIVRE

Chaque chapitre de *Variations stylistiques* commence par l'explication détaillée d'un point de grammaire, illustrée par des exemples courts. Les **Notes de vocabulaire** fournissent les expressions courantes et des listes de vocabulaire utiles pour employer le point de grammaire. Pour l'étudiant avancé qui désire approfondir encore plus le sujet, il y a des **Notes linguistiques** et des **Variantes linguistiques**. Dans certains chapitres, une révision de l'essentiel de la grammaire se trouve dans des **tableaux**.

L'explication de grammaire est suivie d'**exemples** venant de textes authentiques de la langue parlée et écrite. Ces textes mettent la grammaire dans son contexte plus grand de la narration. Les exemples de la langue parlée viennent d'interviews menées par l'auteur et sa collègue en France, à Amiens en 2000, ainsi que de dialogues du cinéma contemporain, du théâtre contemporain ou des siècles précédents et d'interviews dans la presse contemporaine. Les exemples de la langue écrite sont tirés de la presse contemporaine, de la poésie, de chansons, de romans policiers et de la littérature du dix-septième au vingtième siècles. Dans cette variété de formes l'étudiant découvrira la vaste variété de genres de langue écrite et orale et en même temps apprendra la langue dans un contexte plus vaste que celui d'une simple phrase. Les professeurs et les étudiants qui désirent encore des exemples en trouveront dans les **appendices** du livre.

Chaque chapitre se termine par des **exercices oraux** suivis d'**exercices écrits**. Ce sont pour la plupart des exercices interactifs où les étudiants peuvent pratiquer la langue en traitant des sujets ou des situations qui les intéressent. Le livre contient aussi quelques exercices de traduction (écrits et oraux) dans les cas où la comparaison avec l'anglais est importante. L'abondance d'exercices dans le livre permet au professeur de sélectionner ceux qui intéressent le plus sa classe et ceux dont ses étudiants ont le plus besoin. Les exercices oraux offrent de nombreuses occasions de pratique en classe. La plupart des exercices écrits demandent des réponses individuelles et créatives, souvent dans un paragraphe court, et doivent donc être ramassés par le professeur. D'autres, pour lesquels la réponse est plus automatique, peuvent être corrigés par les étudiants chez eux (le professeur ayant fourni la correction en ligne) ou corrigés en classe. La correction de ces derniers exercices se trouve sur **le site web du professeur**. Encore des opportunités pour vérifier les formes, ou le choix de forme où il n'existe pas de variation stylistique, se trouvent sur **le site web pour étudiants**, qui contient de nombreux exercices, avec leur correction électronique automatique. Ce site offre aussi des exercices pour la révision des sujets de grammaire dans les appendices (par exemple, la formation du passé composé ou l'accord du participe passé). Les deux sites web se trouvent à **yalebooks.com/dansereau**.

Tous les renseignements donnés dans ce livre sont basés sur des études linguistiques récentes, dont une liste complète se trouve dans la **bibliographie**. Ces lectures supplémentaires fournissent aussi bien à l'étudiant qu'au professeur intéressés par la grammaire la possibilité d'approfondir leurs études.

REMERCIEMENTS

Je voudrais exprimer ma gratitude à ceux qui, dans des discussions et le partage d'idées et d'exercices à travers les ans, ont tous contribué à la réalisation de ce livre. Ceux-ci comprennent des collègues de l'Université du Michigan, Helene Neu, Marguerite Mahler et Linda Rapp ; et à l'Université du Colorado Denver, Blandine Sevier, Kevin O'Neill, Catherine Bédard, Danielle Florek, Lori Willard, Linda Alcott et Jocelyne Hunsinger. Je suis surtout reconnaissante au Professeur Alcott pour sa participation inestimable dans les interviews menées à Amiens, qui ont fourni des exemples de la langue parlée pour ce livre. J'aimerais aussi remercier mon étudiant Alex Handloff de l'attention qu'il a portée à la transcription de ces interviews, et les professeurs et étudiants à Amiens ainsi que tous les citoyens qui ont avec grâce et humour partagé avec nous leurs connaissances linguistiques et culturelles, leurs expériences et leurs traditions. Je tiens enfin à remercier chaleureusement ma collègue Jocelyne Hunsinger qui, au-delà de sa généreuse contribution d'exercices et d'exemples, m'a donné de la critique constructive et judicieuse et m'a offert des observations sensées à tous les stages dans la préparation du livre.

1 • Les articles

À quelques exceptions près, le substantif* français suit un mot court qui indique son genre (masculin ou féminin) et son nombre (singulier ou pluriel). Ces mots (appelés *déterminants*) comprennent les articles (définis, indéfinis et partitifs) et les adjectifs possessifs, démonstratifs et interrogatifs. Dans ce chapitre nous examinons le rôle des articles dans la langue française. Quoique les notions de genre et de nombre soient présentées et discutées dans les cours de français aux niveaux débutant et intermédiaire, l'étudiant avancé va devoir continuer à s'appliquer à maîtriser surtout le bon genre des mots. Mais la plus grande difficulté pour l'étudiant réside dans le choix d'article parmi les trois catégories (défini, indéfini et partitif) et parfois dans l'absence d'article devant le substantif. C'est ce choix dont nous discutons à fond dans ce chapitre.

On emploie très souvent des substantifs en anglais sans article. Mais l'équivalent en français se précède presque toujours d'un article.

---

* Nous employons le mot *substantif* dans ce livre pour traduire le mot anglais *noun* puisque le mot français *nom* peut aussi être interprété *name*.

Life is beautiful.	La vie est belle.
They ate oysters.	Ils ont mangé des huîtres.

À part les exceptions notées dans la section I ci-dessous, l'article est obligatoire en français devant tous les substantifs qui n'ont pas un autre déterminant (possessif, démonstratif, interrogatif). Il existe trois types d'articles : les articles définis (*le, la, l', les*), indéfinis (*un, une, des*) et partitifs (*du, de la, de l'*). Nous discuterons du choix parmi ces trois types dans les sections II et III.

I. LE SUBSTANTIF SANS ARTICLE

Les quatre contextes suivants sont les plus importants pour l'étudiant avancé. Encore d'autres exemples du substantif sans article se trouvent dans la note linguistique vers la fin de cette section.

A. Après le verbe *parler* suivi directement d'une langue

Quand le nom d'une langue suit le verbe *parler* sans adverbe, on ne met pas d'article : *Je parle français.* Comparez avec d'autres verbes : *j'étudie le français, j'adore le français, je lis le français.* Si un adverbe (autre que les adverbes de négation, comme *pas, jamais : Il ne parle pas anglais*) se met entre le verbe *parler* et la langue, on met l'article défini : *Il parle bien <u>le</u> français. Tu parles souvent <u>l</u>'allemand ?*

B. Après la préposition *de*

Les expressions verbales terminées par la préposition *de* (comme *avoir besoin de, avoir envie de, il s'agit de*) se suivent directement du substantif (sans article), mais seulement si ce substantif n'est pas spécifique (c'est-à-dire, précédé de l'article défini, possessif ou démonstratif) ou un numéro spécifique. Comparez (a) et (b) :

a. J'ai envie d'<u>un</u> stylo / de <u>la</u> vérité.
   Il s'agit de <u>votre</u> disponibilité.
   J'ai besoin de <u>ce</u> livre / de <u>trois</u> pommes.
b. J'ai envie d'eau.
   Il s'agit d'argent.
   J'ai besoin de réponses.

C. Après les expressions de quantité

De la même manière, l'article est absent après les expressions de quantité (qui se terminent par la préposition *de*) mais seulement si le substantif n'est pas spécifique. Comparez (a) et (b) :

a. beaucoup de <u>mes</u> amis / de <u>ces</u> gens / <u>des</u> enfants <u>que je connais</u>
   un kilo de <u>vos</u> pommes / de <u>ces</u> pommes / <u>des</u> pommes <u>que vous avez sur la table</u>
   une bouteille de <u>l'</u>eau <u>qui est dans le réfrigérateur</u>
b. beaucoup d'amis
   un kilo de pommes
   une bouteille d'eau

Notez que lorsque l'adverbe *pas* est une quantité (qui répond à la question *Combien ?* et veut dire *zéro*), il est aussi suivi de la préposition *de* et un substantif sans article. Le substantif ne peut jamais être spécifique dans ce cas : *Je n'ai pas de temps.*

Comparez l'usage dans les phrases suivantes, où il ne s'agit pas d'une quantité :

Je n'ai pas <u>le</u> temps.
Ce n'est pas <u>un</u> problème.
Il ne connaît pas <u>cet</u> homme.
Il n'aime pas <u>mon</u> mari.

Note de vocabulaire : expressions de quantité

combien	pas (= quantité zéro) un nombre
beaucoup	pas mal peu un peu trop assez
plus	moins autant tant tellement
une poignée	une bouchée une pincée
une cuillère	une cuillerée (à soupe / à café / à thé)
une douzaine	une trentaine, *etc.*
des centaines	des millions
un tas	une foule

(à suivre)

une tasse   un verre   une assiette   un bol   un sac   un carton
   un paquet
un pot   une boîte   une bouteille   une carafe   un pichet
un bouquet   un morceau   une tranche
un kilo   une livre   un litre   200 grammes
une goutte   une larme (de crème)   un nuage (de lait)
   un doigt (de cognac)

Note de vocabulaire : *une douzaine*

Le suffixe *-aine* ajouté à certains numéros signifie une quantité approximative : *une vingtaine* = environ vingt. Notez que la quantité *une douzaine* peut aussi avoir le sens de *douze*, comme l'expression similaire en anglais. On voit le suffixe *-aine* le plus souvent avec les nombres 8, 10, 12, 15, 20, 30, 40, 50, 60 et 100: *Une trentaine d'étudiants (c'est-à-dire environ 30) a assisté à la conférence.*

Seules deux exceptions existent pour les expressions de quantité : après le mot bien, dans le sens synonyme de beaucoup, on met de + l'article défini ; et le mot plusieurs précède directement le substantif.

Je vous souhaite bien du plaisir / bien de la joie / bien de l'amusement / bien des aventures.
Nous avons plusieurs questions.

D. Devant les substantifs fonctionnant comme adjectif

Certains substantifs en français peuvent aussi fonctionner comme adjectifs (sans article), parmi lesquels on trouve ceux des professions, des nationalités, des religions et des idéologies. Avec tous ces mots, si on les modifie par un adjectif, il faut ajouter un article (un bon professeur). Notez aussi le choix de pronom sujet dans les exemples suivants. On utilise un pronom personnel (qui indique le genre et le nombre) devant le verbe être suivi d'un adjectif. Par contre, devant être suivi d'un substantif (toujours marqué par un déterminant), il faut mettre le pronom impersonnel *ce*. Les nationalités, religions et idéologies s'écrivent avec une lettre minuscule si ce sont des adjectifs et avec une lettre majuscule si ce sont des substantifs : *Il est français. C'est un Français.*

He's a lawyer.	Il est avocat.	C'est un avocat.
He's a good lawyer.		C'est un bon avocat.
She's French.	Elle est française.	C'est une Française.
She's a tiny French woman.		C'est une petite Française.
They are Catholic.	Ils sont catholiques.	Ce sont des Catholiques.
They are practicing Catholics.		Ce sont des Catholiques pratiquants.
He's a communist.	Il est communiste.	C'est un Communiste.
He's an old communist.		C'est un vieux Communiste.

Notez que si l'étudiant essaie de traduire le pronom sujet de l'anglais dans ces phrases, il aura souvent des ennuis :

He's a friend.	C'est un ami.
She's a talented musician.	C'est une musicienne douée.
He's happy.	Il est content.
She's gifted.	Elle est douée.
It's a French cheese.	C'est un fromage français.
It's (The cheese is) delicious.	Il est / C'est délicieux.

Note linguistique : encore des cas de l'absence de l'article devant le substantif

1. Quand on s'adresse à quelqu'un avec un titre : *Docteur, je voudrais vous parler.*
2. Quand un substantif sert à modifier un autre substantif (voir chapitre 2, adjectifs) :
   une tasse de café

(à suivre)

un carton à chapeaux

une cravate en soie

3. Devant les mois, les jours, *midi, minuit, Pâques, Noël* (on peut aussi dire *la Noël*) :

Février est le mois le plus court.

Il arrive samedi à midi pour fêter Pâques.

Notez l'addition de l'article défini *le* devant les jours pour indiquer une situation habituelle : *le lundi* = tous les lundis.

4. Dans les énumérations : *Chats et chiens ne font pas bon ménage.*

5. Dans un grand nombre d'expressions figées après un verbe ou une préposition :

avoir faim / soif / peur / honte / froid

porter plainte

faire don

fermer boutique

donner congé

rendre justice

prendre patience

demander pardon

donner carte blanche

par terre

par hasard

contre nature

mettre sous enveloppe

6. Après la préposition *par* qui marque la distribution : *trois fois par jour / par semaine.*

7. Après la préposition *avec* quand le substantif suivant n'est pas spécifique (comme il l'est, par exemple, dans *avec <u>sa</u> femme* ; *se lever avec <u>le</u> jour*) :

une voiture avec traction avant

une maison avec jardin

il a parlé avec colère / avec plaisir / avec passion

8. Après la préposition *sans* quand le substantif suivant n'est pas spécifique ou concret (comme il l'est, par exemple, dans *il est parti sans <u>son</u> parapluie*) :

un couple sans enfant

un homme sans cœur

(à suivre)

être sans espoir
sans doute
sans additif
sans sucre
sans problème
sans domicile fixe (SDF)

9. Parfois après l'expression *il y a* : *Il y a classe aujourd'hui.*
10. Quand le substantif en apposition est postposé au premier substantif : *La lune, <u>orbe</u> argent dans un ciel d'encre, rayonnait doucement parmi quelques étoiles.*

Exemple : quantité + *de*

Une recette pour la pâte à crêpes (www.marmiton.org/recettes/recette_pate-a-crepes_12372.aspx)

Temps de préparation : 10 minutes ; temps de cuisson : 20 minutes

Ingrédients (pour 15 crêpes) :

300 grammes <u>de farine</u>
3 œufs entiers
3 cuillères à soupe <u>de sucre</u>
2 cuillères à soupe <u>d'huile</u>
50 grammes <u>de beurre</u> fondu
lait (environ 30 cl), à doser jusqu'à ce que le liquide épaississe

Préparation de la recette :

Mettre la farine dans une terrine et former un puits. Mettez les œufs entiers, le sucre, l'huile et le beurre. Mélanger délicatement avec un fouet en ajoutant au fur et à mesure le lait. La pâte ainsi obtenue doit avoir la consistance d'un liquide légèrement épais. Faire chauffer une poêle antiadhésive et y déposer quelques gouttes <u>d'huile</u>. Faire cuire les crêpes à feu doux.

II. L'ARTICLE DÉFINI

C'est l'article défini que les anglophones tendent à utiliser trop (et mal) en français. En réalité, son emploi est limité à deux contextes : la spécificité et la catégorie.

Quand on parle de *spécificité*, on parle d'une chose bien connue ou qu'on a déjà mentionnée. Cet emploi correspond à l'article défini the en anglais :

la tour Eiffel
la voiture de mon père
le vin que vous m'avez servi

Quand on parle de *catégorie*, on parle de la totalité, de tout ce qui existe concernant le substantif. Cet emploi est difficile pour les anglophones parce que dans la traduction, il n'y a pas d'article en anglais.

J'aime le vin.	*I like wine.*
Les araignées lui font peur.	*He's afraid of spiders.*
Les enfants aiment jouer.	*Children like to play.*

A. Précisions sur la notion de catégorie

Il est certain que quand on parle de la totalité d'une chose, il peut y avoir des instances où on ne parle pas de chaque membre du groupe. Prenons par exemple la phrase *Les enfants aiment jouer*. Il existe sans doute des enfants qui n'aiment pas jouer. Néanmoins, pour indiquer le fait qu'on parle de la catégorie dans l'ensemble, on emploie l'article défini.

Dans la position du sujet de la phrase, on trouve presque toujours des substantifs (non-spécifiques) qui se réfèrent à toute la catégorie et on emploie alors l'article défini (*Les enfants aiment jouer*). C'est-à-dire qu'on ne voit presque jamais des phrases commençant par l'article indéfini pluriel (*des*) ou l'article partitif. Si on veut parler d'une partie de la totalité dans cette position (*Some children*), on a recours à des expressions comme *Certains enfants...* ou *Il y a des enfants qui...*.

Le sens de totalité ou catégorie s'accorde avec certains types de verbes, dont les plus connus sont les verbes de préférence. On utilise alors toujours l'article défini après ces verbes : *Il aime le café. Elle déteste les épinards.*

Parallèlement, après d'autres groupes de verbes on ne trouve presque jamais le sens de totalité et on n'emploie donc pas l'article défini. On compte dans ce groupe les verbes de consommation :

Je mange des pommes de terre.
Il prend un café.
Nous buvons du thé.

Comparez les deux phrases suivantes. Dans la première phrase, on ne parle pas de carottes spécifiques, mais on parle de la catégorie *carottes* (c'est-à-dire, de toutes les carottes qui existent). Il faut alors utiliser l'article défini dans cette phrase. Puisque dans la deuxième phrase on ne parle ni de carottes spécifiques ni de toutes les carottes qui existent, on ne peut pas mettre l'article défini. Remarquez que la traduction en anglais n'aidera nullement l'étudiant car aucune des deux phrases ne contient un article en anglais.

Il aime les carottes.　　　　　　*He likes carrots.*
Il a mangé des carottes hier soir.　*He ate carrots last night.*

Il existe des phrases où on peut employer soit l'article défini pluriel (*les*), soit l'article indéfini pluriel (*des*) :

Il travaille avec les/des enfants.
Il aimerait travailler avec les/des enfants.

Mais quoiqu'on remarque une hésitation entre les deux formes dans ces deux phrases, on témoigne aussi une forte tendance à choisir l'article défini si le mot en question est vu comme une catégorie, et l'article indéfini si on le considère seulement une partie de cette catégorie.

Il travaille avec des enfants.
Il aimerait travailler avec les enfants.

Dans la première phrase, les enfants sont concrets, ils existent, c'est-à-dire, ce sont des membres du groupe de tous les enfants qui existent, mais pas tous les membres. Dans la deuxième phrase, les enfants sont plus hypothétiques, c'est une catégorie mondiale de choses.

B. Article défini : cas particuliers

On utilise très souvent l'article défini en français devant les noms désignant les parties du corps et les facultés intellectuelles, là où on trouverait l'adjectif possessif ou le manque d'article en anglais :

He closes his eyes.	Il ferme les yeux.
My throat hurts.	J'ai mal à la gorge.
She's losing her memory.	Elle perd la mémoire.
He has blue eyes.	Il a les yeux bleus.

Dans ces mêmes contextes, on peut parfois aussi marquer la possession par un pronom personnel (objet indirect) suivi de l'article défini, ce qui est plus élégant que de la marquer par l'adjectif possessif :

Wipe your feet.	Essuyez-vous les pieds.
	Essuyez vos pieds. (acceptable, mais moins élégant)
He took my hand.	Il m'a pris la main.
	Il a pris ma main. (acceptable, mais moins élégant)
She washed her hair.	Elle s'est lavé les cheveux. (pas d'autre forme acceptable)
They shook hands.	Ils se sont serré la main. (pas d'autre forme acceptable)

Notez aussi le sens particulier de l'article défini avec les parties de la journée et avec les parties/jours de la semaine.

Il travaille lundi = *ce lundi*
Il travaille le lundi = *tous les lundi*
Il va au cinéma le week-end / le soir / le matin / l'après-midi.

III. LES ARTICLES INDÉFINI ET PARTITIF

S'il ne s'agit ni d'un substantif spécifique ni de toute la catégorie, il faut employer l'article indéfini un, une, *des* (pour les substantifs comptables) ou le partitif *du, de la, de l'* (pour les substantifs non-comptables) :
Au marché, il a acheté des tomates, un gâteau et du sel.
La plupart des substantifs tombent dans un groupe ou l'autre des substantifs comptables ou non-comptables.

Non-comptable	Comptable
(n'existe jamais au pluriel) :	(peut être au singulier ou au pluriel) :
du sel	une orange
de la patience	un chapeau
de l'argent	des enfants

Il y a aussi des substantifs qui peuvent prendre soit l'article partitif soit l'article indéfini, selon le contexte. Par exemple :

Au restaurant on commande :	Au marché on achète :
un café, un thé	du café, du thé
une bière	de la bière
du gâteau, de la tarte	un gâteau, une tarte
du poulet	un poulet
une salade	de la salade
du chocolat chaud	des chocolats
un yaourt	du yaourt

**Exemples de mots qui changent de groupe
(comptable ou non-comptable)**

Lisez la description du pain français et remarquez l'emploi de l'article indéfini pour ce mot et pour les mots *sel* et *farine* (qui font partie normalement du groupe *non-comptable*).

Le boulanger décrit ses pains (Amiens 2000)

Ben, [...] on a le pain traditionnel français, la baguette, c'est un pain, un pain blanc, on appelle ça. Après, nous avons le pain de campagne qui est un pain qui ressemble un peu au pain blanc mais qui contient en plus de la farine de seigle, un levain et celui-ci est fabriqué avec du sel de Guérande. Le sel de Guérande, c'est le seul sel qui ait une appellation contrôlée, ça vient de Bretagne et c'est vraiment un sel naturel. Il est quasiment à l'état où il est récolté...

[...] Alors, ensuite, nous avons le pain complet, le pain complet qui est aussi issu du blé mais la mouture, la farine, eh ? Alors le pain complet, c'est fabriqué avec <u>une</u> farine complète forcément, c'est-à-dire que c'est <u>une</u> mouture intégrale <u>du</u> grain de blé [...] beaucoup <u>de</u> fibres et très nourrissant. Ensuite nous avons <u>le</u> pain aux céréales, qui est fabriqué avec plusieurs céréales. Celui-ci a <u>une</u> mouture fine. C'est <u>un</u> pain plus fantaisie, qui est <u>un</u> second pain aux céréales pareil, mais celui-ci avec <u>des</u> graines, très parfumés celui-ci. Alors [il y a]... toujours <u>des</u> pains fantaisies pour changer de... pour changer, quoi.

Note linguistique : cas particuliers de l'article indéfini au pluriel

Dans la langue écrite (et dans la conversation soignée), l'article indéfini pluriel *des* devient *de* devant un adjectif : *des progrès* → *de bons progrès*.

Notez qu'on garde la forme *des* quand l'adjectif fait partie d'une expression : *des jeunes filles ; des petits pois*.

L'article indéfini pluriel *des* devient toujours *de* devant l'adjectif *autres* : *Il y a encore d'autres problèmes*. Mais s'il s'agit d'un pronom, on garde l'article *des* : *Il ne sera pas seul : il arrivera avec des autres*.

Les articles : résumé

article défini = (a) spécificité *ou* (b) catégorie
    a. La Maison Blanche   b. Il aime le vin blanc.
    article indéfini / partitif = ni spécificité, ni catégorie ;
article indéfini = comptables ; partitif = non-comptables :
    un homme   du courage
Il n'y a pas d'article après la préposition *de* si le substantif n'est pas spécifique :
    un litre de lait
    beaucoup d'amis
    j'ai besoin d'argent

Exemples de la langue parlée

Étudiez le choix d'articles dans les récits suivants.

i. Les passe-temps (Amiens 2000)

- Alors moi, mon passe-temps, c'est la broderie. Je fais beaucoup de point de croix et du crochet.

- Alors les enfants font [...] du karaté, tous les deux, [...] et ils font également de la natation, donc ils ont pris des cours de nata-tion... Qu'est-ce qu'ils font encore ? En dehors de leçons sportives, pour leurs passe-temps, ils font du roller — ils adorent le roller — du vélo, du VTT, nous faisons souvent de grandes sorties en vélo... le dimanche matin, par exemple. Et ils font également de la musique,... l'aîné poursuit des cours de trombone, il apprend le trombone. Les cours du petit ont lieu le samedi après-midi.

ii. Les repas à la maison (Amiens 2000)

Qu'est-ce que j'ai mangé [hier] ? Euh... j'ai mangé du jambon avec de la salade.

[...] Euh, des repas typiques [...] Le petit-déjeuner, c'est... enfin moi, je suis partisane de varier les petits-déjeuners, donc c'est jamais vraiment la même chose ; alors autrefois, je mangeais plutôt un bol de chocolat avec du pain beurre trempé dedans et aujourd'hui, c'est plutôt des yaourts, des fruits, avec du pain, un petit peu de pain avec du beurre, beurre allégé,... ou alors parfois je mange des repas minceurs le matin, enfin des choses comme ça. Mais c'est assez varié, quoi, parfois des céréales mais c'est rare. [...]

Je ne bois jamais d'alcool. Alors ça, c'est pour deux raisons, c'est et pour ma religion, et pour le chant. Mais donc en fait, ça tombe très, très bien parce que tout ce que je ne fais pas pour ma religion, c'est exactement ce qu'il faut pas faire pour le chant. Donc voilà, je ne bois pas d'alcool, ce qui n'est pas très bon pour les cordes vocales d'en boire beaucoup et puis je ne bois pas de thé ni de café non plus, qui n'est pas très bon pour le chant parce qu'on essaie de, de bannir tous les excitants. Surtout juste avant un concert où avant une audition, je ne bois pas non plus de Coca-Cola Light, qui est ma boisson préférée — typiquement française.

iii. Le chef décrit quelques spécialités de la région
    (Amiens 2000)

Alors, les spécialités de la région. Bon, la Picardie n'est pas une très grande région gastronomique si on la compare à la Bourgogne ou au Lyonnais, au Périgord ou à la Provence, [...] la cuisine de la Picardie est une cuisine très... très rustique... euh... c'est une cuisine... en fonction des produits de la région.

[...] Nous avons le canard, nous avons le fameux pâté de canard d'Amiens, qui est un pâté en croûte, euh ...

[...] Nous avons une création qui est beaucoup plus récente, qui est la ficelle picarde... alors la ficelle picarde, c'est une crêpe salée garnie d'une tranche de jambon cuit et d'une duxelles de champignon. La duxelles de champignon, c'est un hachis de champignon cuit avec des échalotes. Et donc cette crêpe est fourrée de ce jambon et de cette duxelles de champignon est roulée, et on la nappe avec de la crème fraîche, du gruyère râpé, et on la fait chauffer et gratiner. [...]

Qu'avons-nous encore en Picardie ? Nous faisons du lapin, du lapin aux pruneaux. Nous avons le fameux gâteau battu, qui est un gâteau qui est une pâte levée, qui est cuit dans un moule spécial, un moule à côtes. Et c'est une spécialité d'une région de la Picardie. [...]

Nous avons en Picardie aussi les tartes à la rhubarbe ou les compotes de rhubarbe. [...] Nous avons les macarons d'Amiens. [... Et] j'allais oublier la flamiche aux poireaux, alors la flamiche aux poireaux. Ben, il y a beaucoup de poireaux dans les environs d'Amiens et la flamiche, c'est une tourte qui est faite en pâte brisée ou en pâte feuilletée qui est garnie avec des poireaux, des plantes de poireaux émincés très finement, élevé au beurre et lié avec de la crème et du jaune d'œuf. Et nous servons cette, cette flamiche aux poireaux en entrée...

[...] Et il ne faut pas oublier non plus les poissons et les fruits de mer, puisque nous avons dans le département de la Somme un débouché sur la Manche, et les poissons les plus couramment utilisés dans la cuisine picarde, poissons de mer, bon, vont être la sole, le turbot, les carrelets, et puis alors nous avons un poisson d'eau douce, l'anguille, que nous pouvons pêcher dans les marais de la Somme et que nous faisons beaucoup actuellement, d'anguille fumée.

Exercices oraux : substantifs sans article
Exercice 1. Langues

Dans des groupes de trois ou quatre personnes, discutez quelles langues vous parlez et les langues que parlent (ou ont parlé) vos parents, vos grands-parents, vos ancêtres. Employez seulement le verbe *parler* et faites attention aux articles. D'abord faites une liste des langues et ensuite expliquez le niveau de connaissances.

MODÈLES : *Je parle anglais et français. Je parle couramment l'anglais et je parle assez bien le français.*

Exercice 2. *Avoir envie, avoir besoin*

Avec un partenaire, traduisez en français en employant les expressions j'ai besoin de et j'ai envie de. Faites attention aux articles. Ensuite, dans chaque cas discutez l'absence ou la présence de l'article après la préposition de.

1. I need help. *J'ai besoin d'aide.*
2. I need a friend. *J'ai besoin d'une amie.*
3. I need paper, pencils and a stapler. *J'ai besoin de papier,*
4. I need the (news)paper. *J'ai besoin du journal.*
5. I need an answer. *J'ai besoin d'une réponse.*
6. I need the answers. *J'ai besoin des réponses.*
7. I need answers. *J'ai besoin de réponses.*
8. I need some time. *J'ai besoin de temps.*
9. I need a minute. *J'ai besoin d'une minute.*
10. I need money. *J'ai besoin d'argent.*
11. I want some water. *J'ai envie d'eau.*
12. I want the truth. *J'ai envie de la vérité.*
13. I want some tea. *J'ai envie de thé.*

Exercice 3. Quantités

Avec un partenaire, discutez ce dont vous avez besoin. Attention à l'absence ou la présence d'un article après la préposition de.

MODÈLES : J'ai besoin de ma voiture. J'ai besoin d'argent.

Exercice 4. Quantités

Reliez chaque terme à la quantité logique. Attention à la structure : quantité + de + chose (sans article).

Quantités	Choses
une carafe *d'eau*	vaches
un bouquet *de fleurs*	biscuits
une larme *de cognac*	pizza
une nuée *d'oiseaux*	œufs

un troupeau *de vaches*   fleurs
une poignée *de terre*   sucre
une boîte *de thon*   sel
une tasse *de thé*   oranges
un paquet *de biscuits*   thon
une douzaine *d'œufs*   terre
une pincée *de sel*   eau
un kilo *d'oranges*   oiseaux
un doigt *de champagne* thé
une tranche *de pizza*   champagne
une cuillère à thé *de sucre* cognac

Exercice 5. Quantités : vocabulaire

Avec un partenaire, traduisez les phrases en français en choisissant bien les adverbes de quantité. Notez l'absence d'article après la préposition *de*.

1. enough time *assez de temps*
2. a lot of problems *beaucoup de problèmes*
3. a number of solutions *un nombre de solutions*
4. a cup of tea *une tasse de thé*
5. a fistful of flowers *une poignée de fleurs*
6. a tablespoon of sugar *une cuillère à thé de sucre*
7. a can of sardines *une boîte de thon*
8. a bottle of beer *une bouteille de bière*
9. very little energy *peu d'énergie*
10. quite a few enemies *pas mal d'ennemis*
11. a glass of water *une verre d'eau*
12. a jar of mustard *un bocal de moutarde*
13. a pound of butter *une livre de beurre*
14. a mouthful of cherries *une bouchée de cerises*
15. how many men? *combien d'hommes?*

Exercice 6. Quantités

Avec un partenaire parlez de ce dont vous avez *beaucoup, trop, très peu* et *pas assez*. Faites attention à la structure : quantité + *de* + chose (sans article).

MODÈLE : *J'ai beaucoup d'énergie aujourd'hui. Et toi ?*

Exercice 7. Quantités : mon frigo

Avec un partenaire, faites une liste de ce qu'il y a normalement dans votre réfrigérateur. Donnez toujours la quantité précise de chaque chose.

MODÈLE : *Il y a une bouteille de lait, une livre de beurre...*

Exercice 8. Quantités avec *-aine*

Avec un partenaire, faites des descriptions d'un endroit que vous avez visité récemment qui emploient des quantités numériques en *-aine* (comme *une dizaine, une vingtaine*, etc.). Ne limitez pas votre vocabulaire à « une dizaine ». Consultez votre dictionnaire pour trouver des verbes d'action très spécifiques, comme dans le modèle.

MODÈLE : *La dernière fois que j'étais dans le parc j'ai vu une quinzaine de canards barboter dans le lac, une centaine de coccinelles mâchonner le feuillage dans le jardin, etc.*

Exercice 9. *C'est / Il est* : À discuter en classe

Complétez avec C' ou Il. Voici le portrait de mon ami Jacques :

_C'_ est Jacques. _C'_ est mon ami depuis l'école primaire. _C'_ est une personne très intéressante. _Il_ est grand et blond. _Il_ est musicien ; il joue de la batterie dans un petit groupe. En effet, _C'_ est un musicien doué. _C'_ est aussi un compositeur. J'adore écouter sa musique mais nous aimons aussi discuter de la politique ensemble. Lui, _il_ est conservateur et moi, je suis assez libéral, mais nous nous entendons bien.

Exercices oraux : article défini
Exercice 10. L'absence d'article en anglais

Avec un partenaire, trouvez les proverbes équivalents en anglais. Remarquez l'absence d'articles en anglais.

1. L'amour est aveugle. *love is blind*
2. L'histoire se répète. *History repeats itself*

3. Les apparences sont trompeuses. *Looks are deceiving*
4. L'argent est la cause de tous les maux. *Money is the cause of all evil.*
5. La familiarité engendre le mépris. *Familiarity breeds contempt.*
6. La vérité peut se dire en riant. *The truth can be said in jest.*
7. La parole est d'argent et le silence est d'or. *Speech is silver and silence is gold.*

Exercice 11. Catégories

Avec un partenaire, traduisez en français. N'oubliez pas de mettre l'article défini pour chaque substantif qui parle d'une catégorie.

1. Life is beautiful. *La vie est belle.*
2. Children are often curious. *Les enfants sont toujours curieux.*
3. We love vacations. *Nous aimons les vacances.*
4. Time passes so quickly! *Le temps passe tellement vite!*
5. Carrots are good for your health. *Les carottes sont bien pour ta santé.*

Exercice 12. Catégories : préférences

Discutez avec un partenaire trois choses que vous aimez et trois choses que vous détestez. Employez toujours l'article défini.

Exercice 13. Cas particuliers

Travaillez avec un partenaire en traduisant ces expressions en français. Attention aux articles.

She has:
long hair *les cheveux longs*
bare feet *les pieds nus*
a stooped back *un dos courbure*
enormous eyes *les yeux énormes*
a high forehead *un grand front*
a crooked nose *un nez courbé*
huge feet *les pieds énormes*
her head in the clouds *Elle a la tête dans les nuages.*
a headache *Elle a mal à la tête*
a backache *Elle a mal au dos*

Exercice 14. *C'est / Il est*

Travaillez avec un partenaire en traduisant ces phrases en français. Justi-fiez votre choix du pronom sujet et faites attention aux articles.

1. She's a teacher.
2. She's a good teacher.
3. He's Catholic.
4. He's a non-practicing Catholic.
5. He's a child.
6. He's a happy child.
7. She's a very good person.
8. He's a doctor.
9. He's a well-known doctor.
10. He's French.
11. He's a charming Frenchman.

Exercices oraux : articles indéfini et partitif
Exercice 15. Passe-temps

Dans des petits groupes, discutez de vos passe-temps. Employez le partitif.
   (MODÈLE : voir les « Exemples de la langue parlée », i ci-dessus)

Exercice 16. Repas

Avec un partenaire, discutez des repas typiques chez vous (petit-déjeuner, déjeuner, dîner).
   (MODÈLES : voir les « Exemples de la langue parlée », ii ci-dessus)

Exercice 17. Le frigo

Avec un partenaire, discutez ce qu'il y a dans votre réfrigérateur. Ne donnez pas les quantités. Attention à l'emploi des articles.
   MODÈLE : Il y a *du lait, des carottes,* etc.

Exercice 18. Quantité zéro

Dans des petits groupes discutez ce qui vous manque. N'oubliez pas d'employer la préposition *de* (sans article) après l'adverbe *pas*.

MODÈLE : *Je n'ai pas de voiture ; je voudrais une voiture.*

Exercice 19. Ingrédients

Avec deux ou trois autres étudiants, faites une liste des ingrédients dont vous avez besoin pour faire les choses suivantes. Commencez chaque fois avec *Nous avons besoin de...* Faites attention aux articles.

une omelette
une sauce de spaghetti
une fête
un gâteau

Exercice 20. Révision

Avec un partenaire, complétez avec l'article qui manque. Justifiez toujours votre réponse.

1. _____ français est _____ jolie langue.
2. _____ légumes sont bons pour _____ santé.
3. _____ grenouille, c'est un reptile ou un amphibien ?
4. _____ adolescents aiment se lever tard.
5. Mon mari ne mange jamais _____ viande.
6. Je prends _____ vitamines tous les matins.
7. Il boit souvent _____ bière en rentrant chez lui le soir.
8. Hier soir ma mère a préparé _____ pâtes avec _____ belle salade.
9. Je n'aime pas beaucoup _____ paresseux.
10. Ma sœur n'a pas _____ enfants.
11. Ce n'est pas _____ stylo, c'est _____ crayon.
12. Nous avons pas mal _____ problèmes en ce moment.
13. Il n'a pas assez _____ temps pour faire ce travail.
14. Je prendrai un verre _____ eau, s'il vous plaît.
15. Allez chercher la bouteille _____ eau gazeuse que j'ai achetée hier, s'il vous plaît.

16. Je vais inviter une trentaine _____ amis à la fête.

17. Cet enfant a trop _____ énergie.

18. Donnez-moi un kilo _____ oranges, s'il vous plaît.

Exercices écrits
Exercice 1. Avoir besoin/envie

Dans un petit paragraphe discutez ce dont vous avez besoin et ce dont vous avez envie dans la vie et pourquoi. Attention aux articles.

Exercice 2. Une recette

Écrivez une recette de votre choix que vous savez préparer (soupe, plat principal, dessert). Suivez le modèle de la recette pour les crêpes dans la section I. Attention aux articles.

Exercice 3. Des conseils

Imaginez que vous connaissez bien quelqu'un qui a des mauvaises habitudes (alimentaires, manque d'exercice) et qui par conséquent est en mauvaise santé. Écrivez dans un petit paragraphe les suggestions que vous lui feriez. Employez quelques expressions de quantité telles que *plus de* ou *moins de* ; faites attention aux articles.

MODÈLE : *Tu devrais prendre moins de boissons sucrées.*

2 • L'adjectif qualificatif

Un adjectif est un mot qui modifie un substantif (soit une chose, soit une personne : *une petite table* ; *des enfants précoces*). Il existe quatre types d'adjectifs : qualificatifs ou descriptifs (*petit, précoce*), possessifs (*mes enfants*), démonstratifs (*ces enfants*) et interrogatifs (*quels enfants ?*). La formation de tous ces adjectifs ayant été bien discutée aux niveaux d'études plus élémentaires, ce livre se concentre plutôt sur la place de l'adjectif qualificatif dans la phrase nominale et donne des indications plus approfondies à ce sujet. Nous abordons aussi le sujet des adjectifs indéfinis, ceux qui modifient une personne ou une chose qui n'est pas bien précisée : *certains enfants*. Nous finirons par discuter des adjectifs modifiés par un verbe (*il est lent à comprendre*) et le substantif qui sert d'adjectif (*une tasse à thé*).

I. LA PLACE DE L'ADJECTIF QUALIFICATIF

Dans la langue parlée et dans la prose, la plupart des adjectifs qualificatifs suivent le substantif. Dans la poésie, on voit beaucoup plus de variation.

Langue parlée	Poésie (Baudelaire, « L'invitation au voyage », 1857)
un dessert riche	les riches plafonds
une fille douce	sa douce langue natale
les fleurs les plus rares	les plus rares fleurs

Néanmoins, même dans la langue parlée et dans la prose, si on veut mettre un adjectif en valeur, on peut le placer devant le substantif :

C'était une <u>excellente idée.</u>   Quel <u>magnifique tableau</u> !

À minuit, au mois de juin, je suis sous la lune mystique : une vapeur opiacée, obscure, humide s'exhale hors de son contour d'or et, doucement se distillant, goutte à goutte, sur le <u>tranquille sommet</u> de la montagne, glisse, avec assoupissement et musique, parmi l'<u>universelle vallée.</u> (Stéphane Mallarmé, « La dormeuse », 1893, traduit du poème d'Edgar Allan Poe)

Il existe cependant un petit groupe d'adjectifs qui précèdent normalement le substantif. Ils se trouvent dans la liste suivante. On peut se rappeler ces mots en pensant au sigle BRAGS.

B	*(beauty)*	beau, joli
R	*(rank)*	premier, dernier, deuxième, *etc.*
A	*(age)*	vieux, jeune, nouveau
G	*(goodness)*	bon, meilleur, gentil, mauvais, vilain
S	*(size)*	grand, petit, gros

D'autres adjectifs qui précèdent l'adjectif comprennent <u>*demi, autre*</u> et <u>*même*</u>.

un grand bateau
un nouvel appartement
des jolies filles
un demi litre

un autre problème
le premier jour

Cette liste se limite à ces adjectifs. Leurs synonymes ne précèdent pas le substantif. Par exemple : un *bateau énorme* ; *des filles ravissantes*.

Si un des adjectifs du groupe BRAGS est modifié par un adverbe, il peut se placer après le substantif : un *enfant trop jeune*. Si cet adverbe est long, la postposition devient quasi obligatoire : un *garçon vraiment petit*.

Comme pour les adjectifs qui suivent le substantif, si on veut souligner le sens du mot qualificatif, on peut le déplacer dans la phrase nominale : *C'était une chose bonne.*

Notez que si on modifie un nom propre, l'adjectif précède toujours ce nom : *le courageux Pierre* ; *la malheureuse Sylvie*.

Note linguistique : *long*

L'adjectif *long* se place normalement après le substantif avec le sens du contraire de *court* : *une robe longue* ; *un pantalon long* ; *une chemise à manches longues*.

Mais cet adjectif peut se trouver avant le substantif pour souligner la longueur (c'est vraiment long !). Comparez :
   Elle avait de longs cheveux (comme ils étaient longs !).
   Elle a les yeux bleus et les cheveux longs.

Note linguistique : *grand*

Avec les choses, l'adjectif *grand* est normalement préposé, avec le sens du contraire de *petit* : *un grand amour* ; *une grande salle* ; *des grandes mains*.

Avec les personnes, sa position normale est postposée et l'adjectif décrit la taille, c'est-à-dire combien de mètres on a : *un homme grand* ; *une fille grande* (a tall man/ girl). Dans la position préposée, l'adjectif prend un sens abstrait :
   un grand homme = un homme important (*a great man*)
   une grande fille = ce n'est pas un bébé (*a big girl*)

Note linguistique : *vieux*

L'adjectif *vieux* se place d'habitude avant le substantif, où le sens principal est *âgé ; pas neuf, nouveau ni récent.*

Avec les choses, l'adjectif est toujours préposé :

un vieil arbre

des vieilles mains ridées

des vieux os

une vieille maison

des vieux meubles

Avec les personnes et les êtres vivants, l'adjectif est presque toujours préposé :

un vieil homme

une vieille dame

de vieilles personnes (*mieux* : des personnes âgées)

un vieux monsieur

un vieux mendiant

un vieux cheval

un vieux chien

Pour les personnes, avec l'adjectif préposé, un autre sens existe qui n'a rien à voir avec l'âge. Ceci veut dire *qui est longtemps dans un état, dans un métier* (qu'il soit âgé ou non) :

un vieux lutteur

un vieux routier

un vieil étudiant

un vieil ami

une vieille connaissance

un vieux copain

une vieille copine

un vieux couple

de vieux époux

les vieux habitués du café

On voit ceci aussi quelquefois pour les choses : *une vieille habitude.*

Vieux postposé : C'est pour éviter la confusion dans ce dernier cas (où on ne parle pas de l'âge) qu'on voit quelquefois cet adjectif après le substantif—*un ami vieux*—mais on préfère dans ces cas utiliser un autre adjectif : *un ami âgé.*

[handwritten margin notes: "age is old", "time is long", "old friend"]

Certains adjectifs peuvent se placer soit devant, soit derrière le substantif selon leur sens, qui change avec la position. L'adjectif dans la position *normale* (la plupart du temps après le verbe) prend le sens concret. Déplacé (pour la plupart des adjectifs, avant le verbe), il a un sens abstrait.

	Concret	**Abstrait**
ancien	une maison ancienne (vieille)	un ancien élève (*former*)
brave	un homme brave (courageux)	un brave homme (*good-natured*)
certain	une chose certaine (sûre)	une certaine chose (*particular*)
cher	un livre cher (coûte beaucoup)	une chère amie (*dear*)
chic	une fille chic (élégante)	une chic fille (*upstanding*)
curieux	un chien curieux (a de la curiosité)	une curieuse affaire (*bizarre*)
différent	des personnes différentes	différentes personnes (*various*)
drôle	un homme drôle (amusant)	une drôle d'idée (*bizarre*)
grand	un homme grand (*tall*)	un grand homme (*great*)
pauvre	une femme pauvre (pas riche)	la pauvre fille (à pitoyer)
propre	une voiture propre (pas sale)	ma propre voiture (elle est à moi)
seul	un homme seul (*lonely*)	le seul homme (*the only man*)
simple	un homme simple (pas compliqué)	un simple homme (*only a man*)
unique	une solution unique (original)	l'unique solution (la seule)
vieux	un ami vieux (âgé)	un vieil ami (*longtime*)
	Abstrait	**Concret**
même	le jour même (*that very day*)	le même jour (*the same day*)

Notez le sens particulier de l'expression un enfant unique (an only child).
Le sens des adjectives *prochain* et *dernier* change aussi selon leur position :

le prochain week-end	*the next (in a series) weekend*
le week-end prochain	*next weekend*

la dernière semaine d'avril	*the last week in April (series)*
la semaine dernière	*last week* 上个星期

Il faut noter que la position de l'adjectif ne change pas pour le comparatif ni pour le superlatif :

une maison élégante	une grande maison
une maison plus élégante	une plus grande maison
la maison la plus élégante du voisinage	la plus grande maison
(*notez la répétition de l'article défini* la)	du voisinage

Notez le comparatif et le superlatif de l'adjectif *bon* :

de(s) bonnes voitures
de(s) meilleures voitures
les meilleures voitures possibles

Note de vocabulaire : *meilleur*

L'adjectif *meilleur* en français ne s'emploie que dans une structure superlative. On ne l'emploie jamais pour traduire l'expression *the best* en anglais dans une exclamation comme *I had the best time!*—ce qui en français serait plutôt : *Je me suis vraiment amusé(e) !*

Exemples de la littérature

i. Michel Leiris, *L'âge d'homme*, 1939

Je viens d'avoir trente-quatre ans, la moitié de la vie. Au physique, je suis de taille moyenne, plutôt petit. J'ai des cheveux châtains coupés court afin d'éviter qu'ils ondulent, par crainte aussi que ne se développe une calvitie menaçante. Autant que je puisse en juger, les traits caractéristiques de ma physionomie sont : une nuque très droite, tombant verticalement comme une muraille ou une falaise, marque classique (si l'on en croit les astrologues) des personnes nées sous le signe du Taureau ; un front développé, plutôt bossué, aux veines temporales exagérément noueuses et saillantes. [...] Mes yeux sont bruns, avec le bord des paupières habituellement enflammé ; mon teint est coloré ; j'ai honte d'une fâcheuse tendance aux rougeurs et à la peau luisante.

ii. Charles Baudelaire, « Le port », dans Le spleen de Paris, 1869

Un port est un séjour charmant pour une âme fatiguée des luttes de la vie. L'ampleur du ciel, l'architecture mobile des nuages, les colorations changeantes de la mer, le scintillement des phares, sont un prisme merveilleusement propre à amuser les yeux sans jamais les lasser. Les formes élancées des navires, au gréement compliqué, auxquels la houle imprime des oscillations harmonieuses, servent à entretenir dans l'âme le goût du rythme et de la beauté.

iii. François Mauriac, Thérèse Desqueyroux, 1927

Jusqu'à la fin de décembre, il fallut vivre dans ces ténèbres. Comme si ce n'eût pas été assez des pins innombrables, la pluie ininterrompue multipliait autour de la sombre maison ses millions de barreaux mouvants. Lorsque l'unique route de Saint-Clair menaça de devenir impraticable, je fus ramenée au bourg, dans la maison à peine moins ténébreuse que celle d'Argelouse. Les vieux platanes de la Place disputaient encore leurs feuilles au vent pluvieux. [...]

... Les meilleures familles de Saint-Clair sont issues de ce quartier perdu. Vers le milieu du dernier siècle, alors que la résine et le bois commencèrent d'ajouter aux maigres ressources qu'ils tiraient de leurs troupeaux, les grands-pères de ceux qui vivent aujourd'hui s'établirent à Saint-Clair, et leurs logis d'Argelouse devinrent des métairies. Les poutres sculptées de l'auvent, parfois une cheminée en marbre témoignent de leur ancienne dignité. Elles se tassent un peu plus chaque année et la grande aile fatiguée d'un de leurs toits touche presque la terre.

II. LES ADJECTIFS INDÉFINIS

Les adjectifs indéfinis modifient des personnes ou des objets non précisés. Comme tous les adjectifs, les adjectifs indéfinis s'accordent avec le substantif qu'ils modifient. Ils comprennent : *aucun(e)* ; *certain(e)s* ; *tout(e)*, *tous/toutes* ; *quelque(s)* ; et *plusieurs*.

Tous les garçons et toutes les filles ont applaudi. Tout le monde est parti, y compris toute la classe.
Aucune fille n'est partie. Je ne vois aucun problème.
Certains enfants sont restés. Certaines femmes ont protesté.
Chaque homme et chaque femme a compris.
Il a quelque talent (*au singulier* = un peu de). Quelques problèmes restent.
Plusieurs enfants sont partis.

Notez que :

aucun(e) est toujours au singulier et s'accompagne toujours de la particule *ne* ;
certain(e)s est toujours au pluriel ;
chaque est invariable et toujours au singulier ;
quelque(s) est invariable pour le genre ;
plusieurs est invariable et toujours au pluriel.

Note de vocabulaire : l'adjectif indéfini *tout(e)*, *tous/toutes*

Au singulier, sans article suivant, *tout(e)* est synonyme de *chaque* :

> Tout enfant doit participer.
> Toute femme a parlé.

Suivi d'un article, l'adjectif indique la totalité :

> Tout un kilo *(a whole kilo)*.
> Toute une heure *(a whole hour)*.
> Tout le monde.
> Toute ma classe.
> Tous ces enfants.
> Toutes les filles.

Formules à retenir :

> *everyday* = tous les jours
> *every other day* = tous les deux jours
> *every third day* = tous les trois jours

Note linguistique : les pronoms indéfinis correspondants aux adjectifs indéfinis

On peut remplacer l'adjectif indéfini et son substantif par un pronom indéfini. Certains adjectifs indéfinis peuvent fonctionner comme pronoms indéfinis sans changer de forme. Ceux-ci comprennent *aucun(e)*, *plusieurs*, *certain(e)s* et *tout(e)*, *tous / toutes*. D'autres (*chaque* et *quelque*) changent de forme comme pronom.

Adjectif indéfini	*Pronom indéfini*
Aucune fille n'est partie	De toutes les filles, aucune n'est partie.
Je ne vois aucun problème.	Je n'en vois aucun.
Plusieurs enfants sont partis.	Plusieurs sont partis.
Certains enfants sont restés.	Certains sont restés.
Certaines femmes ont protesté.	Certaines ont protesté.
Tous les enfants ont applaudi.	Tous ont applaudi.

(à suivre)

Toutes les filles jouaient ensemble.	Toutes jouaient ensemble.
Chaque garçon a compris.	**Chacun** a compris.
Chaque fille a compris.	**Chacune** a compris.
Quelques problèmes restent.	**Quelques-uns** restent.
Quelques filles sont parties.	**Quelques-unes** sont restées.
Il a quelque talent.	**Quelqu'un** est parti.

Précisions sur les pronoms indéfinis :

- Au masculin singulier, *tout* peut fonctionner comme pronom impersonnel (le contraire de *rien*) : *Tout est clair. J'ai tout fini.* On l'emploie souvent dans les formules **tout ce que** et **tout ce qui** : *Voilà tout ce que je veux. Tout ce qui importe c'est le bonheur.*
- Le pronom *quelqu'un* n'a pas de forme féminine au singulier.
- Pour modifier *quelqu'un* ou *quelque chose*, ainsi que leur contraire, *personne* ou *rien,* on le suit par *de* + adjectif au masculin singulier :
     quelqu'un de petit
     quelque chose de grand
     personne d'intéressant
     rien d'important
- Comparez *quelqu'un* à *quelque chose* (un objet imprécis) et *quelque part* (un endroit imprécis).
- Notez ces expressions pronominaux :
     plusieurs <u>d</u>'entre eux/elles/nous/vous
     certain(e)s <u>d</u>'entre eux/elles/nous/vous
     quelques-un(e)s <u>d</u>'entre eux/elles/nous/vous

III. L'ADJECTIF MODIFIÉ PAR UN VERBE

Quand on modifie un adjectif par un verbe (toujours un infinitif) en français, il faut mettre une préposition entre l'adjectif et l'infinitif. Le choix de préposition (*à* ou *de*) est difficile pour les anglophones car la structure est différente dans la traduction anglaise :

ready to go	prêt à partir
able to understand	capable de comprendre
good to eat	bon de manger / bon à manger (selon le contexte)

Le choix de préposition en français dépend quelquefois du mot modifié par l'adjectif, mais d'autres fois il dépend de l'adjectif. Étudiez les exemples suivants.

Si l'antécédent de l'adjectif est animé (une personne, un animal), le choix de préposition dépend de l'adjectif :

Adjectif + à + infinitif
apte
destiné
disposé
lent
prêt
prompt

Adjectif + de + infinitif
capable
charmé, ravi, *etc.*
content, heureux, *etc.* (émotions)
libre
sûr, certain

Paul est prêt à partir.
L'élève est lent à répondre.

Anne est contente de rester.
Je suis ravi d'être ici.

Si l'antécédent est le pronom impersonnel *il* (*ce* dans la langue parlée), on emploi la préposition *de*.

Il est / C'est facile de se perdre ici.
Il est bon/amusant/important/nécessaire de se reposer un peu.

Si l'antécédent est spécifique mais inanimé, on emploie la préposition à :

La soupe / elle est bonne à manger.
Ce devoir / il est facile à faire.

C'est bon à manger. (= langue parlée)
C'est facile à faire. (= langue parlée)

IV. LES MOTS COMPOSÉS OÙ UN SUBSTANTIF SERT D'ADJECTIF

Les mots composés de deux substantifs se distinguent des simples groupes nominaux contenant deux substantifs. Ils forment une seule unité sémantique dans laquelle le deuxième substantif sert à modifier le premier, comme le ferait un adjectif :

un professeur → un professeur doué
→ un professeur de maths

Comme presque tous les substantifs en français (voir le chapitre 1 pour les exceptions), le premier dans ce groupement doit avoir un déterminant et peut être modifié. Par contre, le deuxième substantif du mot composé, dans son rôle d'adjectif, manque presque toujours d'article et ne peut pas être modifié : il reste invariable. Dans les groupes d'exemples suivants, comparez le mot composé (a) avec le simple groupe nominal (b).

a. un <u>livre de poche</u> → des <u>livres de poche</u> intéressants
b. un livre de *mon* frère → un livre de *mon* frère *aîné*

a. Hier nous avons acheté une nouvelle <u>porte de garage</u>.
b. Mon mari avait détruit la porte de *notre* garage en oubliant de l'ouvrir en sortant la voiture.

Quand un substantif modifie un autre substantif en anglais il suffit de mettre les deux mots côte à côte (*math teacher* ; *teacup* ; *silk tie*). En français, cependant, il faut choisir la bonne préposition pour relier les deux mots (*un professeur de mathématiques* ; *une tasse à thé* ; *une cravate en soie*). Dans la plupart des cas, on emploie la préposition *de*. Mais dans certains contextes, on utilise les prépositions *à* ou *en*, selon la fonction du substantif-adjectif.

Dans les listes suivantes, nous groupons les mots composés par préposition (*de* ou *à*). Chaque groupe est divisé par les catégories qui indiquent la relation entre les deux substantifs.

A. Mots composés avec la préposition *de*

- **Matière** (dans cette catégorie on peut employer également la préposition *en*)
  une cravate de/en soie
  une cheminée de/en marbre

un fauteuil de/en bois
un banc de/en pierre
une montre de/en or
un tube de/en verre

Note de vocabulaire : étoffes

Voici une liste des étoffes qu'on utilise le plus souvent dans les vêtements :

fourrure

cuir

coton

flanelle

laine

soie

feutre *(felt)*

toile *(canvas)*

caoutchouc *(rubber)*

crêpe

dentelle *(lace)*

papier

coutil *(twill)*

brocart *(brocade)*

lin

rayonne

denim

- **Espèces/genre**

  des chaussures de sport
  un chien de berger
  une salle de séjour
  du thé de Chine
  un rat d'égout
  un poisson de rivière
  un marchand de lampes
  un maître de musique
  un éleveur de volaille

- **Contenu (d'un récipient) ou quantité (d'une chose)**
  une tasse de café
  un verre de vin
  une bouteille de lait
  un pot de moutarde
- **Composante essentielle (d'un aliment)**
  une confiture de fraises
  une compote de pommes
  un jus de tomates
  un pâté de foie gras
  une purée de pommes de terre

B. Mots composés avec la préposition *à*

- **Une caractéristique (= qui a...)**
  des chaussures à talons hauts
  des bottes à crampons
  une jupe à carreaux
  une maison à deux étages
  un animal à sang froid
  un tigre à dents de sabre
  un marché aux fleurs
  un instrument à vent
  Comparez : *des chaussures de sport et des chaussures à talons hauts* ; *un marché aux fleurs* (notez l'article défini) et *un magasin de fleurs*.
- **Une caractéristique (qui fonctionne à... ;** le deuxième substantif donne le moyen de fonctionnement)
  un moulin à vent
  une voiture à essence
  un bateau à vapeur
  une lampe à gaz
- **Fonction ou destination d'un objet (souvent un récipient)**
  un carton à chapeaux
  une boîte à outils
  un moulin à poivre
  un verre à vin
  une cuillère à soupe
  un sac à dos
  Comparez : *une tasse de thé et une tasse à thé*

- **Un ingrédient d'un plat** (mais pas la composante essentielle)

  une tarte aux fraises

  une soupe à l'oignon

  la truite aux amandes

  le coq au vin

  le poulet aux fines herbes

  Comparez : *un jus de tomates* et *une tarte aux fraises*

  Notez que quand on donne un ingrédient non-principal d'un plat, on emploie l'article défini après la préposition *à*.

Note linguistique : encore des détails sur les mots composés

Dans certaines **expressions figées avec un nom propre**, le mot composé n'a pas de préposition : *la tour Eiffel ; la rue Notre-Dame ; la méthode Montessori.*

Il existe aussi des **mots composés à trait d'union** : *oiseau-mouche, timbre-poste, station-service.*

Dans les cas où c'est un **verbe qui modifie un substantif**, il s'agit toujours de l'infinitif précédé de la préposition *à* : *la salle à manger ; une machine à laver ; la chambre à coucher.*

Des exemples de **mots composés figés** (où le sens du mot composé n'égale pas la somme des sens des deux mots constituants) comprennent :

    une montagne de fautes

    un coup de main

    une tête de mule

    un cœur d'or

    une histoire de fou

    un tremblement de terre

    un moulin à paroles

Certains mots composés admettent l'article défini devant le deuxième substantif. La présence de cet article est logique dans les exemples suivants, où il s'agit d'un deuxième substantif spécifique :

    la salle du trône

    l'étoile du nord

(à suivre)

la lumière des étoiles
l'aiguille des minutes/heures

Pourtant on ne peut pas expliquer l'article dans la plupart des exemples, y compris ceux qui suivent. On peut constater, cependant, qu'on voit l'article plus souvent si le deuxième substantif est au pluriel (voyez surtout le troisième groupe ci-dessous) :

Personnes définies par où elles habitent :
habitants de la ville / des villes (mais gens de village)
habitants de la campagne / de la plaine
hommes des cavernes

Animaux ou plantes définis par leur origine :
animal de montagne / des montagnes
étoile de mer ; tortue de mer ; truite de mer (*mais* grand aigle des mers)

Endroits avec article :
cochon des bois
iris des marais
crocodile des marais
rat des champs
fleur des champs

Endroits sans article :
chien de prairie
ver de terre
truite de rivière
rat d'eau
rat d'égout
crapaud d'arbre

Mots particuliers :
région du maïs / du coton (*mais* pays de vignobles / de montagnes)
jardin des plantes (*mais* jardin de fleurs)
ingénieur du son
musicien des rues (*mais* artiste de trottoir)
amateur du cinéma (*mais* amateur d'art)
Corps de la Paix ; Prix Nobel de la Paix ; colombe de la paix (*mais* traité de paix)

Exemples

Dans les exemples suivants notez la position de tous les adjectifs (soulignés), y compris les substantifs qui servent d'adjectif.

i. Charles Trénet, « La mer » (chanson), 1946

> La mer
> Qu'on voit danser
> Le long des golfes <u>clairs</u>
> A des reflets <u>d'argent</u>
> La mer
> Des reflets <u>changeants</u>
> Sous la pluie
>
> La mer
> Au ciel <u>d'été</u>
> Confond ses <u>blancs</u> moutons
> Avec les anges <u>si purs</u>
> La mer
> Bergère <u>d'azur</u>
> <u>Infinie</u>
>
> Voyez
> Près des étangs
> Ces <u>grands</u> roseaux <u>mouillés</u>
>
> Voyez
> Ces oiseaux <u>blancs</u>
> Et ces maisons <u>rouillées</u>
>
> La mer
> Les a bercés
> Le long des golfes <u>clairs</u>
> Et d'une chanson <u>d'amour</u>
> La mer
> A bercé mon cœur
> Pour la vie

ii. Marguerite Yourcenar, *Comment Wang-Fô fut sauvé*, dans
Nouvelles orientales, 1938

Le vieux peintre Wang-Fô et son disciple Ling erraient le long des
routes du royaume <u>de Han</u>. [...] Ils avançaient lentement, car Wang-Fô
s'arrêtait la nuit pour contempler les astres, le jour pour regarder les
libellules. Ils étaient peu chargés, car Wang-Fô aimait l'image des
choses, et non les choses elles-mêmes, et nul objet au monde ne lui
semblait digne d'être acquis, sauf des pinceaux, des pots <u>de laque</u>
et <u>d'encres de Chine</u>, des rouleaux <u>de soie</u> et <u>de papier de riz</u>. Ils
étaient pauvres, car Wang-Fô troquait ses peintures contre une ration
<u>de bouillie de millet</u> et dédaignait les pièces <u>d'argent</u>. Son disciple
Ling, pliant sous le poids d'un sac <u>plein</u> d'esquisses, courbait respec-
tueusement le dos comme s'il portait la voûte <u>céleste</u>, car ce sac, aux
yeux de Ling, était rempli de montagnes sous la neige, de fleuves au
printemps, et du visage de la lune <u>d'été</u>.

© Éditions Gallimard (www.gallimard.fr)

Exercices oraux : adjectifs qualificatifs
Exercice 1. Position

Dans des petits groupes, donnez votre opinion des sujets suivants, en
trouvant plusieurs adjectifs différents pour chaque sujet. Utilisez toujours des phrases avec un substantif + un adjectif. Attention à la position de l'adjectif.

MODÈLE : *C'est une bonne classe* ou *C'est une classe horrible.*

notre classe de grammaire   *Notre bonne classe de grammaire*
votre université   *Votre université difficile*
le président   *Le président vieux*
la langue française   *La langue française intéressante*

la France *la belle France*
la ville où vous habitez *la ville douillette*

Exercice 2. Adjectifs qui changent de position

Avec un partenaire, trouvez des exemples de ces personnes ou ces choses :

un brave homme *MLK Jr.*
un pauvre homme *quelqu'un qui n'a pas de nourriture*
une curieuse affaire
une chic femme *ma mère*
un ancien professeur *Mr. Talla*
un cher ami / une chère amie *mes amis d'Exeter*
un grand homme *Abraham Lincoln*
une drôle d'idée
un(e) vieil(le) ami(e) *Mon amie d'enfance*

Exercice 3. Adjectif qualificatif : à discuter en classe

Travaillant dans des groupes, traduisez en français en faisant bien attention à la position de l'adjectif. N'oubliez pas d'accorder l'adjectif avec le substantif.

1. a bigger restaurant — *un plus grand resto*
2. the biggest restaurant — *le plus grand resto*
3. better solutions — *de meilleures solutions*
4. the best solutions — *les meilleures solutions*
5. a more comfortable sofa — *un sofa plus confortable*
6. the most comfortable sofa — *le sofa le plus confortable*
7. faster cars (rapide) — *des voitures plus rapides*
8. the smallest girls — *les filles les plus petites*
9. a prettier picture (photo) — *une plus jolie photo*
10. the longest dress — *la robe la plus longue*
11. an old hat — *un vieux chapeau*
12. an old man — *un vieil homme*
13. an old aquaintance — *une vieille connaissance*

adjectif	adverbe
bon	bien
meilleur	mieux

14. an old (aged) aquaintance *une connaissance vieille*
15. a brave boy (deux possibilités) *un garçon brave/courageux*
16. last year *l'année dernière*
17. the last time *la dernière fois*
18. the only possibility *la seule possibilité*
19. the most expensive wristwatch *la montre la plus cher*
20. the New Year *le Nouvel An*

Exercice 4. Superlatifs

Avec un partenaire, créez des questions superlatives suivant le modèle ci-dessous. Il s'agit quelquefois d'un fait et quelquefois d'une opinion. Ensuite, posez vos questions à d'autres étudiants qui vont essayer d'y répondre.

MODÈLE : *montagne / grand → Quelle est la plus grande montagne du monde ?*

Faits :
1. fleuve / long
2. animal / grand
3. immeuble / haut
4. monument / célèbre
5. personne / riche
6. trains / rapides
7. femme / rapide
8. état / petit (des É-U)
9. état / grand (des É-U)
10. mois / court
11. président américain / jeune

Opinions :
12. jour / bon (la semaine)
13. pays / vert
14. état / montagneux (des É-U)
15. mois / chaud (des É-U)
16. mois / froid (des É-U)
17. saison / agréable
18. chocolat / bon
19. prix / prestigieux
20. insecte / dangereux
21. film / effrayant
22. film / triste

Exercices oraux : adjectifs et pronoms indéfinis
Exercice 5. Traduction : à discuter en classe

Traduisez en français.

1. not one (not a single) reason *pas une seule raison*
2. all the horses *tous les chevaux*
3. the whole time *tout le temps*
4. each question (deux possibilités) *chaque question*

5. all his children   *tous ses enfants*
6. some of the inhabitants
7. the whole planet   *la planète entière*
8. some of the women
9. not a single house
10. everything
11. everyone   *tous les personnes*
12. all that he asks
13. all that interests me
14. every other week; every fifth week
15. all this homework   *tous les devoirs,*
16. each problem (*deux possibilités*)   *chaque problème*
17. all the flowers   *tous les fleurs*
18. some ideas
19. I have several.
20. I have a lot of them.
21. someone interesting
22. no one interesting
23. something good
24. a good thing   *une bonne chose*
25. nothing good
26. some of them (*masculin*)

Exercice 6. Jouez des rôles

À la fin de la saison, les animateurs d'une colonie de vacances d'été pour garçons comparent leur expérience avec celle des animatrices d'une colonie de vacances pour filles. Jouant les rôles des animateurs et des animatrices, discutez dans des petits groupes du sujet ci-dessus en employant les adjectifs et pronoms indéfinis, les verbes et les activités donnés.

MODÈLE : *Dans notre camp, quelques-uns ont préféré les randonnées, tandis que d'autres ont aimé la natation.*

Des adjectifs et des pronoms indéfinis :
tous, toutes
aucun(e)
certain(e)s

plusieurs
quelques, quelques-un(e)s
chaque, chacun(e)

Les verbes comme :
préférer
aimer
apprendre

Les activités comme :
faire des randonnées
nager
naviguer dans un canoë
dresser une tente
identifier les plantes vénéneuses
faire un feu de camp
jouer au foot

Exercices oraux : adjectif modifié par un verbe
Exercice 7. *Je suis prêt(e) à...*

Avec un partenaire, parlez de ce que vous êtes [adjectif] + à faire.

prêt(e)
pas prêt(e)
disposé(e)
peu disposé(e)
lent(e)
prompt(e)
apte

Exercice 8. *Je suis incapable de...*

Avec un partenaire, parlez de ce que vous êtes [adjectif] + de faire ou d'avoir fait.

incapable
ravi(e)

sûr(e)

fatigué(e)

triste

Exercice 9. *Il est dangereux de...*

Avec un partenaire, parlez de ce que qu'il est [adjectif] + *de* faire.

dangereux

important

interdit

inutile

amusant

impossible

Exercice 10. Adjectif + verbe : à discuter en classe

Complétez le paragraphe avec *à* ou *de*, selon le cas.

Nous n'avons pas honte ____ le dire : cet exercice sera amusant _____

faire. Il faut cependant être prompt ____ répondre aux questions et

il est interdit ____ consulter un manuel de grammaire. Le professeur

n'est pas non plus disposé _____ vous aider à trouver les réponses. Il

est important _____ le faire tout seul. Cette leçon sur les prépositions a

été intéressante _____ apprendre. Le professeur est désolé _____ ne pas

pouvoir vous aider mais il croit que vous êtes prêts _____ choisir la

bonne préposition vous-mêmes. Si vous avez lu la leçon, vous ne serez

pas lents _____ comprendre et les réponses seront faciles _____ trouver.

Le professeur est toujours triste _____ vous voir partir à la fin de la classe

mais ce sujet sera fascinant _____ poursuivre chez vous. Nous savons

que vous êtes fatigués _____ toujours travailler mais si vous étudiez bien

vous ne serez pas étonnés _____ réussir à l'examen ; le professeur pense que vous êtes sûrs _____ réussir. Votre camarade de classe est furieux _____ avoir manqué l'explication en classe mais il est incapable _____ arriver à l'heure. Comme vous le savez, il est important _____ toujours arriver à l'heure, ainsi vous n'aurez pas peur _____ manquer quelque chose d'important.

Exercices oraux : substantif qui sert d'adjectif
Exercice 11. Les habits

Tout en consultant la note de vocabulaire plus tôt dans le chapitre (*étoffes*, page 35), donnez une description détaillée des habits que porte votre partenaire, toujours avec le tissu : *Il porte une veste en cuir et...*

Exercice 12. *Un verre de...*

Dans des groupes de deux ou trois personnes, complétez les expressions avec autant de mots possibles.

un verre de... / un verre à...
une tasse de... / une tasse à...
un sac à... / un sac de...
une bouteille de... / une bouteille à...
une chemise en... / une chemise à...
des chaussures de... / des chaussures à... / des chaussures en...
une cuillère à...

Exercice 13. *À* ou *de* ?

Travaillez avec d'autres étudiants pour créer des mots composés logiques avec les éléments dans les deux listes.

1. un chien   jouets
2. une aiguille   œuf
3. une étoile   prairie
4. une plante   coco

5.   une nappe   glace
6.   le jaune   serpents
7.   une noix   brouillard
8.   un charmeur   mer
9.   un magasin   intérieur
10. un champ   maïs
11. un homme   deux bosses
12. un artiste   lapins
13. un coup   téléphone
14. un chameau   pied plat
15. une cage   trottoir

Exercice 14. Traduction : à discuter en classe

Avec un partenaire, traduisez en anglais :

un coup de...
pied
main
fil
téléphone
peigne
fusil
bâton

Exercice 15. Variétés

Travaillant dans des groupes et à l'aide d'un dictionnaire, imaginez tous les exemples possibles pour chaque substantif. Attention au choix de préposition. Commencez par les idées suggérées en anglais et ajoutez d'autres types (si vous pouvez). Modifiez toujours le mot par un substantif (pas un adjectif) et faites attention au choix de préposition.

MODÈLE : *des voitures... à essence, à deux sièges, de sport, de police, de service, de course, d'enfant, de livraison, à pédales, à cheval (aussi voiture-lit, voiture-restaurant, voiture-école)*

1. des salles (*entry, bathroom, sitting room, poolroom, game room, conference room, concert hall, classroom; à l'hôpital : operating room, recovery room, delivery room*)

2. des animaux (*sea*, *land*, *warm-blooded*, *cold-blooded*, *short-haired*, with fur, with *scales*)

3. des assurances (*unemployment*, fire, *health*, *maternity*, *life*, *retirement*)

4. des moulins (*windmill*, *waterwheel*, *pepper mill*, *coffee mill*, *vegetable mill*, *chatterbox*)

Exercices écrits
Exercice 1. Adjectifs qualificatifs

Suivant le modèle de Michel Leiris (le premier des « Exemples de la littérature », pages 28–29), écrivez dans un petit paragraphe votre auto-portrait. Employez beaucoup d'adjectifs.

Exercice 2. Adjectif qualificatif superlatif

Écrivez cinq ou six phrases superlatives qui expriment soit votre opinion, soit une réalité. Attention à la position de l'adjectif.

MODÈLES :

Le français est la plus jolie langue que j'apprenne mais c'est aussi la langue la plus difficile.

La tour Eiffel est le monument le plus connu de Paris.

Exercice 3. Pronoms indéfinis

Dans un petit paragraphe, décrivez un événement auquel vous avez assisté en utilisant les pronoms indéfinis et en suivant le modèle.

MODÈLE :

J'ai assisté au mariage de ma sœur l'année dernière. Ils avaient invité une centaine de personnes. À la réception, chacun a bien mangé. Certains ont choisi de rester assis mais plusieurs ont dansé. Aucun n'est parti avant minuit. Tous ont aimé la musique mais quelques-uns auraient préféré qu'elle soit un peu moins forte.

Pronoms à utiliser :
tous/toutes
quelques-un(e)s
certain(e)s
chacun(e)

plusieurs

aucun(e)

Exercice 4. Adjectif + verbe

Dans un petit paragraphe et en utilisant cinq ou six des expressions ci-dessous, décrivez votre personnalité. Attention au choix de préposition après chaque expression.

MODÈLE : *Je suis* <u>*lent(e)*</u> *à pardonner aux autres quand ils me font du mal.*

Adjectifs à utiliser :

lent(e)

disposé(e)

prêt(e)

prompt(e)

apte

(in)capable

content(e)

sûr(e)

fatigué(e)

Exercice 5. Adjectif + verbe

Traduisez en français. Faites attention au vocabulaire et aux prépositions.

1. She is willing to learn.
2. She's surprised to not have won.
3. It's forbidden to speak to them.
4. She is sure to be on time.
5. The book is interesting to read.
6. He is happy not to dance.
7. It's important to leave now.
8. He's not ready to leave.
9. He's incapable of understanding it.
10. The film is impossible to understand.
11. He's apt to forget his keys.
12. He is sad to have lost them.

13. He's tired of losing them.
14. It's important to find them.
15. They are not easy to find.
16. She is afraid of seeing him.
17. She is slow to understand him.
18. This subject will be fascinating to pursue.
19. It's fantastic to be here!
20. She was astonished to get an A.
21. He is delighted to have come.
22. It's lovely to see you.
23. He is quick to answer it.
24. I'm sorry to have lost his book.
25. This exercise is fun to do.

Exercice 6. Substantif + substantif

À l'aide d'un dictionnaire, traduisez en français.

1. nightshirt
2. backpack
3. typing error
4. campground
5. country house
6. silk tie
7. guest room
8. raspberry tart
9. snowstorm
10. coffee cup
11. cup of coffee
12. waiting room
13. sales office
14. toothbrush
15. French teacher (*enseigne le français*)
16. French teacher (*né en France*)
17. rental car
18. roommate
19. ironing board
20. iron

21. second-hand car
22. short-sleeved shirt
23. cold-blooded animal
24. cool-headed person
25. gas lamp
26. earthworm
27. sea turtle
28. fruit salad
29. childhood friend
30. first-year student
31. potato

Exercice 7. Substantif + substantif

Imaginez que vous ayez un grand magasin. Faites une annonce qui décrit toutes les variétés d'objets que vous vendez. Commencez par les idées suggérées en anglais et continuez en ajoutant d'autres types (si vous pouvez). Modifiez toujours le mot avec un substantif (pas un adjectif). Attention au choix de préposition.

MODÈLE : *des sacs*

Dans notre magasin nous avons des sacs à dos, des sacs à main, des sacs de couchage, des sacs à provisions, des sacs en plastique, des sacs en papier, des sacs à pain, des sacs de plage, des sacs de voyage...

1. des bottes (hiking, ski, leather, with spurs, rubber, plastic, fur...)
2. des chaussures (mountain, leather, high-heeled, with leather soles, with crampons)
3. des robes (checkered, striped, polka-dotted, high-collar, long-sleeved, evening)
4. des livres (small paperbacks, appointment, address, school, math)

3 • Les pronoms compléments d'objet

Un pronom est un mot qui remplace la plupart du temps un substantif (*le train* est arrivé → *il* est arrivé) ou un nom propre (*avec Jacques* → *avec lui*). C'est surtout certains pronoms personnels et les pronoms relatifs qui représentent un défi pour l'étudiant avancé et que nous traitons donc dans ce chapitre et, pour les pronoms relatifs, le chapitre suivant. Quant aux autres pronoms, une discussion des pronoms interrogatifs (*lequel ?*) se trouve au chapitre 6, les pronoms indéfinis (*quelques-uns*) et démonstratifs (*celui-ci*) sont mentionnés au chapitre 2 et à l'appendice 3 et un résumé des pronoms possessifs (*le mien*) se trouve à l'appendice 4.

Le choix de pronom personnel dépend de plusieurs facteurs, y compris le genre (masculin, féminin ou neutre), la personne (première, deuxième ou troisième), le nombre (singulier ou pluriel) et la fonction grammaticale dans la phrase (sujet, objet direct ou indirect, objet de préposition) du substantif qu'il remplace. De tous les pronoms personnels, ce sont les compléments d'objet direct et indirect, ainsi que les pronoms *y* et *en* et les pronoms toniques, qui continuent à mystifier l'étudiant avancé. C'est donc à ces formes que nous nous limitons dans ce chapitre.

I. LA POSITION DES PRONOMS OBJETS

Le pronom objet (direct, indirect, *y* et *en*) précède presque toujours le verbe avec lequel il a un rapport. Donc,

- aux temps simples, le pronom précède le verbe : *Il le cherche.*
- aux temps composés, le pronom précède l'ensemble verbe auxiliaire– participe passé (le verbe auxiliaire n'ayant aucune valeur sémantique) : *Il l'a cherché.*
- dans les structures verbe modal + infinitif, le pronom précède presque toujours l'infinitif (pour la seule exception voir le faire causatif, chapitre 12) : *Il va le chercher.*

Le pronom objet ne change pas de position dans une phrase au négatif : aux temps simples et composés, la particule *ne* précède le pronom objet, qui continue à précéder le verbe : *Il ne le cherche pas* ; *Il ne l'a pas cherché.* Dans les structures avec un verbe modal, la négation entoure normalement ce premier verbe et le pronom objet continue à précéder l'infinitif : *il ne va pas le chercher.* Même dans les cas où c'est l'infinitif qu'on met au négatif, le pronom objet se place directement devant l'infinitif et les deux éléments de la négation précèdent le pronom : *Il préfère ne pas le chercher.*

La seule exception à ce placement du pronom objet a lieu à l'impératif affirmatif, où le pronom objet suit le verbe : *Buvez-le !* Au négatif, il prend la position normale, c'est-à-dire, devant le verbe : *Ne le buvez pas !*

N'oubliez pas que les pronoms *me*, *te* deviennent *moi*, *toi* en position finale : *Ecoute-moi ! Lève-toi !* (Comparez : *Donnez-m'en ! Va-t'en !*)

II. L'OBJET DIRECT (*LE, LA, L', LES, ME, TE, NOUS, VOUS*)

L'objet direct en français est un objet qui n'est pas séparé du verbe par une préposition. Le pronom objet direct remplace la plupart du temps un substantif (ou un nom propre) qui fait fonction d'objet direct du verbe et qui représente une personne ou une chose spécifique. Ce substantif

- n'est jamais précédé d'une préposition (c'est la définition d'un objet direct) et
- est précédé (pour le rendre spécifique) de
  l'article défini : *Il regarde la télévision* → *Il <u>la</u> regarde*
  l'article possessif : *J'aime mes parents* → *Je <u>les</u> aime*
  l'article démonstratif : *Nous admirons ces tableaux* → *Nous <u>les</u> admirons.*

Notez qu'il n'y a pas d'article devant un nom propre : *Je cherche Pierre* → *Je <u>le</u> cherche.*

Il faut noter que certains verbes très courants se suivent d'une préposition en anglais mais pas dans la traduction française. Par exemple, on dit *to wait <u>for</u> the train* en anglais, mais *attendre le train* en français. Il est important que l'étudiant anglophone tienne compte de ces verbes quand il choisit son pronom objet. Le tableau suivant contient les verbes les plus connus qui prennent un objet direct en français mais pas en anglais.

Objet direct en français mais pas en anglais

attendre *(to wait for)*	J'attends le bus. → Je l'attends.
chercher *(to look for)*	Il cherche ses clés. → Il les cherche.
demander *(to ask for)*	Nous demandons la vérité. → Nous la demandons.
écouter *(to listen to)*	Elle écoute la radio. → Elle l'écoute.
espérer *(to hope for)*	Espérons le mieux. → Espérons-le.
payer *(to pay for)*	Tu paies les livres. → Tu les paies.
regarder *(to look at)*	Regardez l'heure ! → Regardez-la.

L'objet direct d'un verbe n'est pas toujours un substantif ou un nom propre. Il peut aussi être une phrase subordonnée ou un verbe (toujours à l'infinitif). Les phrases et les verbes n'ayant ni genre ni nombre, le pronom objet direct qui les remplace est la variante neutre *le*. Comparez les objets directs dans les phrases suivantes. Remarquez que dans le dernier exemple, quoique précédé d'une préposition (de), l'infinitif remplit toujours le rôle d'objet direct et se remplace ainsi du pronom objet direct. Nous discuterons des verbes comme demander et leurs pronoms objets plus tard, dans la section VII de ce chapitre.

Il dit <u>la vérité</u>. → Il la dit.
Il dit <u>qu'il a compris</u>. → Il le dit.
Il me demande <u>mon adresse</u>. → Il me la demande.
Il me demande <u>si j'ai compris</u>. → Il me le demande.
Il me demande <u>de rester</u>. → Il me le demande.

Le pronom neutre *le* peut aussi remplacer un adjectif : *Tu ne la trouves pas <u>intelligente</u>, mais elle l'est.*

Note linguistique : omission du pronom neutre avec certains verbes

Dans la langue parlée et courante on omet le pronom objet direct neutre avec certains verbes, tels que *savoir, pouvoir, oser, finir, accepter, oublier, commencer, continuer, apprendre, essayer, réussir* :

Tu savais qu'il avait quitté sa femme ? Non, je ne savais pas.
Il acceptera de le faire ? Oui, il acceptera avec plaisir.
T'as fini de faire le fou ? Oui, j'ai fini.

Variante linguistique : *J'aime ça*

Dans la langue parlée et courante avec les verbes de préférence (comme *aimer, détester, trouver*) on remplace le pronom objet direct par le mot *ça*, le plus souvent si l'objet est une chose abstraite ou générique. Par contre, on garde le pronom objet direct pour les personnes ou les choses spécifiques.

Tu aimes le prof ? Je l'aime bien.
Comment tu trouves notre livre de français ? Je le trouve assez difficile.
Tu prends encore des épinards? Ah oui, j'adore ça (= les épinards).

III. L'OBJET INDIRECT (*LUI, LEUR, ME, TE, NOUS, VOUS*)

L'objet indirect du verbe en français est toujours précédé de la préposition *à*. Le pronom objet indirect remplace cet objet mais dans presque tous les cas, il faut qu'il s'agisse d'une personne. Nous discuterons du groupement à + une chose dans la section IV (le pronom y). Pour les exceptions où le pronom objet indirect peut remplacer une chose, voir la variante linguistique à la fin de cette section.

Il parle à Pierre. → Il lui parle.
Vous écrivez à vos parents. → Vous leur écrivez.
Il téléphone au président. → Il lui téléphone.

Ce qui pose le plus grand problème aux étudiants anglophones lorsqu'ils doivent choisir le pronom objet en français, c'est que, comme nous l'avons déjà vu, la correspondance structurelle entre les deux langues n'est pas exacte. Certains verbes exigent la préposition *à* devant un objet en français mais n'ont pas de préposition ou bien ont une préposition différente dans l'expression équivalente en anglais. Par exemple, on dit *obéir à quelqu'un* en français mais *to obey someone* en anglais. On dit aussi *croire à quelqu'un/quelque chose* en français mais *to believe in someone/something* en anglais. Pour éviter de choisir le mauvais pronom objet en français, il est recommandé à l'étudiant de mémoriser la liste suivante des verbes les plus courants qui prennent un objet indirect en français mais pas en anglais.

Objet indirect en français mais pas en anglais

Pas de préposition en anglais	*Préposition différente en anglais*
écrire à quelqu'un	acheter quelque chose à quelqu'un (*buy from/for*)
faire confiance à quelqu'un	cacher quelque chose à quelqu'un (*hide from*)
faire plaisir à quelqu'un	croire à quelqu'un (*believe in*)
se fier à quelqu'un (*trust*)	emprunter quelque chose à quelqu'un (*borrow from*)
obéir à quelqu'un	enlever/ôter quelque chose à quelqu'un (*take from*)
	(à suivre)

pardonner à quelqu'un

plaire/déplaire à quelqu'un
refuser quelque chose à
   quelqu'un
rendre visite à quelqu'un
répondre à quelqu'un
ressembler à quelqu'un
téléphoner à quelqu'un

prendre/voler quelque chose à
   quelqu'un *(take, steal from)*

Un très petit groupe de verbes qui se suivent de la préposition *à* ne prennent pas le pronom objet indirect ; on utilise plutôt un pronom tonique (*moi, toi, lui, elle, nous, vous, eux, elles*) pour remplacer une personne : *Je pense à ma mère* → *Je pense à elle.* Les verbes les plus employés de ce genre se trouvent dans l'encadré suivant.

Verbes qui prennent le pronom tonique au lieu du pronom indirect

penser, rêver, tenir + *à*
les verbes pronominaux (*se fier, s'habituer, s'intéresser, s'attacher,* etc.) + *à*
Notez que *rêver* <u>à</u> veut dire *penser vaguement à, imaginer,* tandis que *rêver* <u>de</u> est ce qu'on fait pendant qu'on dort.

Note de vocabulaire : *tenir à*

tenir à + ...	Exemples
• <u>une chose</u> = *to value, to care about*	Je tiens à ma réputation, à la vie.
• <u>un objet inanimé</u> = *to be attached to, fond of*	Elle tient à sa robe rouge.
• <u>une personne</u> = *to be fond of, to care for*	Elle tient à ses amis.

Note linguistique : les verbes *manquer* et *(dé)plaire*

Notez la structure des phrases avec *(dé)plaire* et *manquer* :

Il manque à ses enfants. → Il leur manque.	*They miss him.*
Ses enfants manquent à Luc. → Ses enfants lui manquent.	*He misses them.*
L'idée plaît au garçon. → L'idée lui plaît.	*He likes the idea. It pleases him.*

Variante linguistique : *lui* pour remplacer une chose

Dans la langue parlée et courante, il arrive assez souvent que l'objet indirect non-animé soit représenté par le pronom *lui* (au lieu du pronom *y*). Dans ce cas, la notion *d'endroit* de l'objet est niée : on ne dit pas *où* mais plutôt *à quel individu* (quoique ce soit un objet et pas une personne) l'action du verbe se réfère. Étudiez le choix de pronom objet dans les phrases suivantes (exemples pris de Yaguello 1998) :

J'ajoute un bouton à ma veste.
→ J'<u>y</u> ajoute un bouton. (= dessus)
→ Je <u>lui</u> ajoute un bouton. (comme si la veste était un individu)

Je ménage une place à mon ordinateur. → Je <u>lui</u> ménage une place. (Le pronom *y* ne marche pas car on ne souligne pas la notion d'endroit.)

J'attache une corde au chariot. → J'<u>y</u> attache une corde. (Le pronom *lui* ne marche pas car la notion d'endroit est la plus importante.)

Notez aussi que les verbes *devoir*, *ressembler* et *donner* (et verbes synonymes comme *accorder*, *confier*, *attribuer*) n'emploient jamais le pronom *y*, même si l'objet est une chose et pas une personne.

Si je suis encore en vie, c'est grâce à ma voiture. Je lui dois une fière chandelle !

(à suivre)

> Regarde ce portefeuille ! Tu ne trouves pas qu'il ressemble à celui que tu as perdu ? Oui, en effet, il lui ressemble beaucoup.
>
> C'est une cause importante ; nous lui donnons notre temps et argent.

IV. LE PRONOM Y

Le pronom y remplace:

- un endroit précédé d'une préposition de lieu (*à, dans, sur, derrière*, etc.) :
  Il va <u>au cinéma</u>.→ Il y va.
  Il était <u>dans sa voiture</u>. → Il y était.
- un substantif qui représente une chose (jamais une personne), une phrase subordonnée ou un verbe (à l'infinitif), précédé de la préposition *à*. (Mais voyez la variante linguistique à la fin de la section III, ci-dessus.)
  Il a répondu <u>à la lettre</u>. → Il y a répondu.
  Il s'intéresse <u>à la biologie</u>. → Il s'y intéresse.
  Il s'intéresse <u>à ce que vous dites</u>. → Il s'y intéresse.
  Il s'habitue <u>à son nouvel emploi du temps</u>. → Il s'y habitue.
  Il s'habitue <u>à travailler plus d'heures</u>. → Il s'y habitue.

Les verbes les plus employés qui se suivent de la préposition <u>à +</u> <u>une chose, une proposition subordonnée ou un verbe</u> se trouvent dans l'encadré suivant.

Verbes qui prennent le pronom y

assister + *événement*	tenir
jouer + *sport/jeu*	s'attacher
penser	s'attendre
réfléchir	se fier
renoncer	s'habituer
rêver	s'intéresser

Note de vocabulaire : expressions populaires avec le pronom *y*

Le verbe *aller* sans destination précise :

Il faut que j'y aille.	*I have to go.*
Allez-y ! Vas-y !	*Go ahead!*
Allons-y.	*Let's go.*
On y va ?	*Shall we go?*

D'autres exemples:

On n'y voit rien.	*You can't see a thing (in here)!*
Je n'y manquerai pas !	*I certainly will!*
J'y suis !	*Got it! (J'ai compris !)*
Il s'y connaît.	*He knows (all) about it/this.*
savoir s'y prendre	*to know how to handle (someone/ something)* (Avec les enfants, il faut savoir s'y prendre.)
Ça y est !	*Here we go! Got it! We made it!* (La chose qu'on attendait est arrivée.)
y compris	*including* (Tous sont partis, y compris les enfants.)
s'y faire	*to get used to it* (Elle ne peut pas s'y faire.)
Je ne m'y reconnais pas.	*I am completely lost.*
C'est à s'y tromper !	*You would hardly know the difference.*

V. LE PRONOM *EN*

Le pronom *en* remplace

- un objet direct *qui n'est pas spécifique*, c'est-à-dire, un substantif précédé:
  d'un numéro
  d'une quantité (*beaucoup de, un kilo de, une tasse de, pas de,* etc.)
  des articles indéfinis et partitifs (*un, une, des, du, de la, de l'*)
    Il a trois amis. → Il en a trois.
    Il a beaucoup d'argent. → Il en a beaucoup.
    Il veut du pain. → Il en veut.
- une chose (pas une personne), une phrase subordonnée ou un infinitif précédé de la préposition *de* :
    Il arrive de l'église. → Il en arrive.
    Il a peur des serpents. → Il en a peur.
    Il a peur d'échouer. → Il en a peur.
    Il a peur de ce qui va se passer. → Il en a peur.

Il est important de noter que certaines expressions qui se suivent de la préposition *de* avec un substantif, un verbe ou une phrase, peuvent aussi se suivre d'une phrase qui commence par le mot *que*. Même dans ce cas, l'objet du premier verbe est remplacé par le pronom *en*. *Il a honte que son fils ait échoué.* → *Il en a honte.*

Les verbes les plus employés qui se suivent de la préposition *de* et une chose se trouvent dans l'encadré suivant.

Verbes qui prennent le pronom *en*

avoir honte / envie / besoin / peur
être sûr / fatigué / content, *etc.*
jouer + *musique* (*par ex.,* jouer du violon)
parler
profiter
rêver
s'apercevoir

(à suivre)

s'inquiéter
se méfier
s'occuper
se passer
se plaindre
se préoccuper
se rendre compte
se servir
se soucier
se souvenir

Note de vocabulaire : expressions populaires avec le pronom _en_

Je n'en crois pas mes yeux/ oreilles.	_I can't believe my eyes/ears._
Il en va de même pour moi.	_The same goes for me._
Ne vous en faites pas / Ne t'en fais pas.	_Don't worry about it._
Je m'en manque pas mal !	_I couldn't care less._
Il s'en fait du mouron.	_He is worried sick._

VI. LES PRONOMS TONIQUES (_MOI, TOI, LUI, ELLE, NOUS, VOUS, EUX, ELLES_)

Les pronoms toniques remplacent les substantifs désignant les personnes (pas les choses) qui suivent toutes les prépositions, à l'exception de la préposition _à_. (Comme nous l'avons déjà vu, avec _à_, il s'agit du pronom indirect : _Je parle à Luc._ → _Je lui parle._)

Il danse <u>avec elle</u>.
Nous dînons <u>chez eux</u>.
Elle travaille <u>pour moi</u>.
Elles ont besoin <u>de nous</u>.

N'oubliez pas les cas spéciaux où à + une personne = à + pronom tonique (section III) : *Je pense à elle.*

VII. GROUPEMENTS DE PRONOMS OBJETS

Le nombre maximum de pronoms objets qui peuvent modifier un verbe est deux. Dans la langue parlée courante, cependant, on essaie souvent d'éviter certains groupes de deux pronoms objets (voir la section VIII de ce chapitre). Pour les pronoms objets antéposés au verbe, seuls les groupements dans le tableau suivant sont possibles. En étudiant le tableau, remarquez que certains groupements sont interdits, tels que *me* + *lui* ; *le/la* + *en* ; *les* + *en* ; *lui/leur* + *y.*

Deux pronoms objets : groupements possibles	1	2	MODÈLES
Objet indirect + objet direct	me/te/se nous/vous	} le/la/les	Tu <u>me le</u> donnes. Je <u>vous le</u> donne.
Objet direct + objet indirect	le/la/les	lui/leur	Je <u>le lui</u> donne.
Pronom + *y*	m'/t'/s' nous/vous le/la/les	} y	Je <u>m'y</u> suis habitué. Nous <u>nous y</u> intéressons. Il <u>les y</u> a oubliées.
Pronom + *en*	m'/t'/s' nous/vous lui/leur	} en	Je <u>m'en</u> sers. Je <u>vous en</u> prie. Il <u>lui en</u> donne.
y + *en*	y	en	Il <u>y en</u> a.

À l'impératif affirmatif, où les pronoms objets suivent le verbe, seuls les groupements dans le tableau suivant sont possibles. Dans les cas rares où on trouve le pronom *y* avec un autre pronom dans l'impératif, le *y* vient en deuxième place : *Amène-nous-y !* Le groupement *y en* garde son ordre normal, mais des exemples à l'impératif seraient aussi très rares.

Deux pronoms objets : groupements possibles, impératif affirmatif			
	1	2	MODÈLES
Objet direct + objet indirect	-le/-la/-les	-moi/-toi	Donne-<u>le-moi</u>.
		-nous/-vous	Apportez-<u>les-nous</u>.
		-lui/-leur	Envoie-<u>la-lui</u>.
Pronom + en	-m'/-t'/-s'		Parlez-<u>m'en</u>.
	-nous/-vous	-en	Apportez-<u>nous-en</u>.
	-lui/-leur		Donnez-<u>lui-en</u>.

On peut avoir des pronoms qui modifient des verbes différents dans une phrase, mais dans ce cas, le choix de pronoms ainsi que leur position suivent les règles déjà données dans ce chapitre.

Nous avons demandé <u>aux enfants</u> de finir <u>leurs devoirs</u> avant de quitter <u>la classe</u>. → Nous <u>leur</u> avons demandé de <u>les</u> finir avant de <u>la</u> quitter.

Quand un des deux pronoms remplace un infinitif et l'autre remplace une personne, la situation devient plus compliquée. Comme nous avons déjà vu, les pronoms *y* et *en* peuvent remplacer des verbes :

Il pense <u>à quitter son travail</u>. → Il y pense.
Il a envie <u>de pleurer</u>. → Il en a envie.

Parallèlement, le pronom objet direct *le* peut remplacer un infinitif (et sa préposition *de*), mais on ne voit cette substitution qu'avec les verbes à double pronoms :

Il demande <u>au garçon</u> de s'asseoir. → Il le lui demande.

Comparez les phrases suivantes :

1. Il demande au garçon de lire. *He asks the boy to read.*
2. Il apprend au garçon à lire. *He teaches the boy to read.*
3. Il prie le garçon de lire. *He begs the boy to read.*
4. Il invite le garçon à lire. *He invites the boy to read.*

Dans ces quatre phrases, il s'agit de verbes à deux objets, dont l'un est un verbe à l'infinitif et l'autre un substantif personnel (ici, c'est *le garçon*). Puisque les phrases équivalentes en anglais ont une seule structure (verbe + objet direct + infinitif), la traduction en français devient très difficile pour l'étudiant de français. Notez qu'en français l'objet personnel peut être direct (3, 4) ou indirect (1, 2) et que l'infinitif peut se précéder de la préposition *de* (1, 3) ou *à* (2, 4). Pour choisir la bonne structure et ainsi les bons pronoms objets dans ce genre de phrase en français, l'étudiant est obligé de mémoriser les verbes dans chaque groupe. Pour faciliter ce processus, on constate que le groupe 1 (verbes comme *demander*) est grand et important et que c'est le modèle qu'on voit le plus souvent. Les trois autres groupes comprennent beaucoup moins de verbes, qui peuvent être mémorisés comme exceptions à la structure 1.

Groupe 1 : verbes comme *demander* (par ex., *Je le lui demande*)

Dans ce groupe l'objet personnel est indirect. Cet objet est facultatif quand l'objet direct est un substantif ou une phrase mais obligatoire quand l'objet direct est un verbe. L'objet direct est par contre toujours obligatoire. Ce groupe comprend les verbes de commandement, de permission, de défense, et de suggestion, ainsi que des verbes comme *offrir, proposer, reprocher* et *promettre*. Pour une liste de ces verbes, voir l'encadré à la fin de cette section.

Il demande la date (au monsieur). → Il la (lui) demande.
Il demande (aux étudiants) s'ils ont compris. → Il le (leur) demande.
Il demande à l'enfant de se taire. → Il le lui demande.

Groupe 2 : *enseigner, apprendre* (par ex., *Je le lui apprends*)

Seuls les verbes *enseigner* et *apprendre* appartiennent à ce groupe. (Pour les différences entre ces deux verbes, voyez l'appendice 21-B.) Avec ces deux verbes l'objet personnel est indirect, mais cet objet indirect est obligatoire avec *apprendre* et facultatif avec *enseigner*. L'objet impersonnel est toujours direct, bien que l'infinitif se précède de la préposition *à* :

Il enseigne le français. → Il l'enseigne.
Il enseigne le français (au petit). → Il le (lui) enseigne.

Il enseigne à lire (au petit). → Il le (lui) enseigne.

Il apprend le français au petit. → Il le lui apprend.

Il apprend à lire au petit. → Il le lui apprend.

Groupe 3 : verbes comme *prier* (par ex., *Je le prie de partir*)

Dans ce groupe, l'objet personnel est direct et obligatoire, et le deuxième objet facultatif. Cet objet impersonnel (que ce soit un substantif ou un infinitif) se précède de la préposition *de*. Ce groupe de verbes est petit, comprenant *prier*, *supplier*, *remercier*, *accuser*, *blâmer*, *féliciter*, *persuader* et *avertir*. Pour l'emploi limité de deux pronoms avec ces verbes, voir la note linguistique ci-dessous.

Il accuse le petit. → Il l'accuse.

Il l'accuse du crime. (substantif)

Il l'accuse d'avoir volé le sac. (infinitif)

Groupe 4 : verbes comme *inviter* (par ex., *Je l'invite à s'asseoir*)

Dans ce groupe, qui est aussi très petit, l'objet personnel est direct et obligatoire, et l'infinitif, qui se précède de la préposition *à*, est facultatif. Les verbes dans ce groupe comprennent *inviter*, *aider*, *encourager*, *exhorter*, *inciter* et *pousser*. L'emploi de deux pronoms avec ces verbes est très limitée (voir la note linguistique qui suit).

J'aide le garçon. → Je l'aide.

J'aide le garçon à se lever. → Je l'aide à se lever.

Note linguistique : deux pronoms dans les groupes 3 et 4

Remplacer le deuxième objet des verbes du groupe 3 (par le pronom *en*) ou du groupe 4 (par le pronom *y*) est possible mais assez rare dans la langue courante, où on préfère éviter des groupements de pronoms avec *y* et *en*. (Voir la section VIII de ce chapitre.)

Pour les verbes du groupe 3, on voit ce groupement de deux pronoms le plus souvent avec l'objet direct à la deuxième

(à suivre)

personne (*te/vous*) et les verbes suivants : *Je t'en / Je vous en remercie / prie / supplie / félicite.*

Le groupement pronom objet direct + y dans le quatrième groupe ne s'entend que très rarement dans la langue courante. On le voit le plus souvent avec le verbe **inviter**. Ce groupement est probablement plus courant parce que ce verbe peut aussi se suivre d'un endroit, qui se remplace par le pronom *y* : *Je les invite au cinéma.* → *Je les y invite.*

Révision : verbes à deux objets, dont l'un personnel et l'autre un infinitif

Groupe 1 (comme *demander*) : *Je le lui demande*

commander	interdire
défendre	permettre
demander	ordonner
dire	
conseiller	proposer
offrir	reprocher
promettre	suggérer

Groupe 2 (*apprendre, enseigner*) : *Je le lui apprends*

Groupe 3 (comme *prier*) : *Je le prie de partir ; Je vous en prie*

accuser	persuader
avertir	prier
blâmer	remercier
féliciter	supplier
menacer	

Groupe 4 (comme *inviter*) : *Je l'invite à s'asseoir*

aider	inciter
encourager	inviter
exhorter	pousser

(à suivre)

MODÈLES :

Groupe 1

Il défend le départ de la femme. (Il défend qu'elle parte.) →
Il le défend.

Il défend à la femme de partir. → Il le lui défend.

Groupe 3

Substantif	Infinitif
Il avertit la fille du danger.	Il l'avertit de ne pas oublier.
Il persuade la femme de sa culpabilité.	Il la persuade de l'écouter.
Il remercie les enfants de leur aide.	Il les remercie d'avoir aidé.
Il blâme les enfants de leur attitude.	Il les blâme d'avoir causé les dégâts.
Il félicite le couple de leur mariage.	Il les félicite d'avoir pris cette décision.
	Je vous prie de vous asseoir.
	Il m'a supplié de ne pas le quitter.

Groupe 4

J'encourage les enfants à
participer.

Je les invite à parler.

Je la pousse à faire un effort.

VIII. UN DERNIER MOT SUR LES PRONOMS OBJETS : TENDANCES DANS LA LANGUE COURANTE

Des études linguistiques (Gadet 1992, O'Connor Di Vito 1997, Yaguello 1998, Boone 1998) illustrent des changements en cours dans le système de pronoms objets dans la langue parlée.

A. Sujet-verbe-objet

D'abord, comme nous le verrons au chapitre 6, sur l'interrogatif, la phrase française se généralise de plus en plus sur l'ordre sujet-verbe-objet, ce qui fait que les pronoms objets antéposés tendent à disparaître ou sont remplacés par des formes qui se placent après le verbe (exemples a–c viennent de Gadet 1992, 65).

a. Les verres en cristal, je l'achète mais je me sers pas. (= je m'en sers pas)
b. Je le lui raconterai → Je lui raconterai ça.
c. J'en viens → Je viens de là-bas.
d. J'en ai envie → J'ai envie de ça.

B. Simplification des groupements de pronoms

Les deux premiers exemples précédents montrent aussi la tendance dans la langue courante à simplifier les groupements de deux pronoms. Même dans la position postposée, on entend des simplifications telles que *Donne-le-moi* → *Donne-moi* (ou *Donne !*). Dans la langue parlée la plupart des phrases à double pronoms objets contiennent des verbes pronominaux dans lesquels le pronom réfléchi fait partie du verbe (*s'habituer à* → *s'y habituer* ; *se souvenir de* → *s'en souvenir*). Il faut noter cependant que le groupement objet direct–objet indirect est toujours courant avec les verbes du groupe 1, discuté ci-dessus : *Je vous le demande. Il me l'a dit.*

C. Disparition des pronoms y et en

On voit aussi une diminution de l'emploi des pronoms *y* et *en*, qui disparaissent (exemple a, ci-dessus) ou sont remplacés (exemples c et d, ci-dessus). On a aussi vu le remplacement du pronom *y* par *lui* quand l'endroit de l'action du verbe n'est pas important (*Je lui ajoute un bouton, à ma veste*). Les pronoms *y* et *en* se trouvent le plus souvent dans la langue parlée dans les contextes suivants :

a. avec les verbes pronominaux (*je m'en souviens, je m'y suis habitué*, etc.)
b. dans les expressions *il y a, il y en a*
c. dans les expressions verbales avec la préposition *de*, comme *j'en ai besoin, j'en souffre, il en parle*
d. avec des quantités (y compris le partitif et l'article indéfini) : *j'en veux, j'en prends une, il en a beaucoup*
e. avec le possessif : *J'en connais l'auteur*
f. dans les expressions figées comme :
    y compris
    ça y est

je n'y vois rien

je n'y manquerai pas

j'y suis

s'y connaître

savoir s'y prendre

je n'en crois pas mes oreilles

il en va de même pour moi.

D. Perte du pronom objet direct

Il arrive qu'on laisse tomber le pronom objet direct dans la langue parlée (style relâché). Cette élision arrive plus facilement si l'objet n'est pas humain.

Tu connais ce bouquin ?	Oui, je connais.
Tu connais ce type ?	Oui, je le connais.
Tu connais Milton ?	Oui, je connais (l'auteur).
	Oui, je le connais (c'est un copain).
T'as vu le film ?	Oui, j'ai vu.
T'as vu le prof ?	Oui, je l'ai vu.

Révision : pronoms objets

Objet direct : Verbe + préposition en anglais mais pas en français (par ex., *Je le cherche*)

attendre	espérer
chercher	payer
demander	regarder
écouter	

Objet indirect : Verbe + objet indirect en français mais pas en anglais (par ex., *Je lui téléphone*)

écrire	rendre visite
faire attention	répondre
faire confiance	ressembler
obéir	téléphoner
pardonner	

(à suivre)

Objet indirect, exceptions : Verbe + *à* + pronom tonique (par ex., *Je pense à elle*)

penser	se fier
rêver	s'habituer
tenir	s'intéresser
s'attacher	

y : Verbe + *y* (par ex., *J'y pense ; Je m'y intéresse*)

assister + *lieu*	tenir
croire	s'attacher
jouer + *sport/jeu*	s'attendre
penser	se fier
réfléchir	s'habituer
rêver	s'intéresser

en : Verbe + *en* (par ex., *J'en ai honte ; J'en suis fatigué ; J'en profite ; Je m'en souviens*)

avoir honte / envie / besoin
être sûr / fatigué / content, *etc.*
jouer + *musique* (*par ex.*, jouer du violon)
parler
profiter
rêver
s'apercevoir
s'inquiéter
se méfier
s'occuper
se passer
se plaindre
se préoccuper
se rendre compte
se servir
se soucier
se souvenir

Deux pronoms : groupements possibles (tous les modes sauf l'impératif affirmatif)

* me le, me la, me les
  te le, te la, te les
  se le, se la, se les

(à suivre)

nous le, nous la, nous les
vous le, vous la, vous les
- le lui, la lui, les lui
  le leur, la leur, les leur
- m'y, t'y, s'y, l'y, les y, nous y, vous y
  m'en, t'en, s'en, lui en, leur en, nous en, vous en
- y en

Deux pronoms : groupements possibles, impératif affirmatif
- le-moi, la-moi, les-moi
- m'en, t'en, lui-en, leur-en, nous-en, vous-en
- le-lui, la-lui, les-lui, le-leur, la-leur, les-leur

Verbes à deux pronoms, dont un personnel
- **Groupe 1 : *Je le lui demande***

commander	interdire
défendre	ordonner
demander	permettre
dire	

conseiller	proposer
offrir	reprocher
promettre	suggérer

- **Groupe 2 : *Je le lui apprends***

  enseigner, apprendre
- **Groupe 3 : *Je le prie* + *de* + infinitif**

accuser	menacer
avertir	persuader
blâmer	prier
féliciter	supplier

- **Groupe 4 : *Je l' invite* + à + infinitif**

aider	inviter
encourager	pousser

Exemples de la littérature

i. Maurice Maeterlinck, *Pelléas et Mélisande*, 1892

Tu ne t'en iras plus... Entends-tu mes baisers ?... Ils s'élèvent le long

des mille mailles d'or... Il faut que chacune d'elles t'en apporte un millier ; et <u>en</u> retienne autant pour <u>t</u>'embrasser encore quand je n'<u>y</u> serai plus... Tu vois, tu vois, je puis ouvrir les mains... Tu vois, j'ai les mains libres et tu ne peux <u>m</u>'abandonner.

ii. George Sand, *La mare au diable*, 1846

Petite Marie, <u>lui</u> dit-il en <u>s</u>'asseyant auprès d'<u>elle</u>, je viens <u>te</u> faire de la peine et <u>t</u>'ennuyer, je <u>le</u> sais bien : mais l'homme et la femme de chez <u>nous</u> (désignant ainsi, selon l'usage, les chefs de famille) veulent que je <u>te</u> parle et que je <u>te</u> demande de <u>m</u>'épouser. Tu ne <u>le</u> veux pas, <u>toi</u>, je <u>m</u>'y attends.

Exercices oraux : objets directs
Exercice 1. *Aimer*

Demandez à votre partenaire ce qu'il/elle pense des choses dans la liste (*Tu aimes... ? Comment tu trouves... ?*). Dans le style courante, répondez avec un pronom objet direct (*le, la, l', les*) pour les personnes et les choses spécifiques et avec *ça* pour les choses génériques.

le café
la bière
le vin
le président
la classe
le livre
les champignons
les épinards
les présentations orales
les fruits de mer... (*continuez avec d'autres choses et personnes*)

Exercice 2. Verbes avec objet direct en français mais pas en anglais

Discutez de ces questions avec un partenaire. Posez toujours une question complète au présent et répondez par une phrase complète avec un pronom objet direct (*le, la, l', les*).

MODÈLE : *chercher la vérité.*

       Tu cherches toujours la vérité ?

       Oui, je la cherche toujours.

1. chercher ... la vérité, le bonheur, l'amour ; tes clés ; ton portable, ton portefeuille ?
2. demander toujours ... la justice ?
3. écouter ... le jazz, le rock, le blues, le rap, le country, la musique classique ?
4. payer ... tes livres de classe, tes repas, tes études ?
5. attendre avec impatience ... la fin du semestre, les vacances ?
6. regarder souvent ... la télé ; les émissions de sport, les émissions de musique, les émissions culturelles ?

Exercice 3. Phrases où l'objet direct est une phrase subordonnée

Discutez de ces questions avec un partenaire. Posez toujours une question complète au présent et répondez par une phrase complète avec le pronom objet direct *le*.

1. croire que nous sommes seuls dans l'univers ?
2. penser que cette classe est difficile ?
3. penser que la grammaire française est logique ?
4. vouloir savoir si je parle une autre langue ?
5. vouloir savoir où je suis né(e) ?
6. vouloir savoir quel jour nous passons le prochain quiz ?

Exercice 4. Verbes au présent

Discutez de ces questions avec un partenaire. Posez toujours une question complète au présent et répondez par une phrase complète avec un pronom objet direct (*le, la, l', les*).

1. parler espagnol ?
2. finir toujours les devoirs dans cette classe ?
3. manger la viande ?
4. faire souvent le ménage ?
5. préparer le dîner ce soir ?
6. commander souvent le dessert au restaurant ?

Exercice 5. Verbe modal + infinitif

Discutez de ces questions avec un partenaire. Posez toujours une question complète au présent et répondez par une phrase complète avec un pronom objet direct (*le, la, l', les*).

1. espérer visiter la France un jour ?
2. aller vendre le livre de français à la fin du semestre ?
3. aimer prendre le bus ?
4. devoir faire la vaisselle après les repas ?
5. vouloir parler français avec moi ?
6. pouvoir finir cet exercice ?

Exercice 6. Verbes au passé composé

Discutez de ces questions avec un partenaire. Posez toujours une question complète au passé composé et répondez par une phrase complète avec un pronom objet direct (*le, la, l', les*).

1. regarder la télé hier soir ?
2. visiter déjà la France ?
3. finir les devoirs pour demain ?
4. prendre le bus ce matin ?
5. perdre déjà tes devoirs ?
6. écouter les nouvelles ce matin ?

Exercices oraux : objets indirects
Exercice 7. Objet indirect ou pronom tonique ?

Discutez de ces questions avec un partenaire. Posez toujours une question complète au présent et répondez par une phrase complète avec un pronom objet indirect (*lui, leur*) ou un pronom tonique (*à lui, à elle, à eux, à elles*).

1. téléphoner souvent à tes amis ?
2. obéir toujours à tes parents ?
3. parler souvent au professeur de français ?
4. penser souvent à ton/ta meilleur(e) ami(e) ?
5. répondre correctement au professeur ?
6. rêver souvent à tes amis ?

7. rendre souvent visite à tes amis ?
8. ressembler à ta mère ?
9. faire attention au professeur ?
10. te fier au président ?
11. t'habituer au professeur ?
12. écrire souvent à tes parents ?
13. manquer à tes parents ?
14. t'intéresser à tes amis ?

Exercice 8. *Faire plaisir*

Choisissez une personne que vous connaissez bien (votre meilleur[e] ami[e], un parent, une sœur, un frère) et dites si ces activités lui/leur *feraient plaisir*.

> MODÈLE : *votre mère*
>
> Est-ce qu'elle aimerait aller voir un film français ?
> Oui, ça lui ferait plaisir.

Activités :
aller voir un film français
aller à un match de football
assister à l'opéra
visiter l'Afrique
apprendre une langue étrangère
faire de l'escalade
faire une croisière
suivre des cours culinaires
étudier en France... (*imaginer d'autres activités*)

Exercice 9. *Manquer*

Discutez de ce qui vous manque ici à l'université. (*Qu'est-ce qui te manque ?*)
> MODÈLES : *Mon chien me manque. Mes parents me manquent.*

Exercice 10. *Appartenir*

Dans la maison de vos parents, nommez les objets qui appartiennent à une personne (votre mère, votre père ou une autre personne).

MODÈLE : *Parlant de ma mère, sa voiture lui appartient, ses livres lui appartiennent.*

Exercice 11. Passé composé

Discutez de ces questions avec un partenaire. Posez toujours une question complète au passé composé et répondez par une phrase complète avec un pronom objet indirect (*lui, leur*) ou un pronom tonique (*à lui, à elle, à eux, à elles*).

1. téléphoner à ton/ta meilleur(e) ami(e) hier soir ?
2. écrire à tes parents récemment ?
3. répondre au professeur aujourd'hui ?
4. parler à tes amis hier ?
5. faire attention au professeur dans la dernière classe ?
6. t'habituer à tes professeurs ce semestre ?

Exercice 12. Phrases avec un verbe modal

Discutez de ces questions avec un partenaire. Posez toujours une question complète au présent et répondez par une phrase complète avec un pronom objet indirect (*lui, leur*) ou un pronom tonique (*à lui, à elle, à eux, à elles*).

1. aimer répondre au professeur ?
2. aller parler à tes amis ce soir ?
3. vouloir rendre visite à tes parents ce week-end ?
4. devoir obéir au professeur ?

Exercice 13. Objet direct ou indirect ?

Formulez des questions sur le professeur (ou une autre personne) auxquelles votre partenaire va répondre, à l'affirmatif ou au négatif, selon le cas, toujours avec une phrase complète et un pronom objet indirect (*lui*) ou direct (*le, la, l'*). Mettez tous les verbes au présent.

MODÈLES :

aimer : *Tu aimes le professeur ?*   *Oui, je l'aime bien.*

parler : *Tu parles souvent au professeur ?*   *Oui, je lui parle souvent.*

Verbes à utiliser :
chercher
comprendre
obéir
ressembler
écrire souvent
attendre
voir bien
rendre visite
penser souvent
téléphoner souvent
répondre toujours

Exercices oraux : *y*
Exercice 14. Destinations

Discutez de ces questions avec un partenaire. Posez toujours une question complète et répondez par une phrase complète avec le pronom y. Employez le temps du verbe indiqué.

MODÈLE : *(présent) étudier souvent à la bibliothèque ?*
Tu étudies souvent à la bibliothèque ?
Oui, j'y étudie souvent.

1. *(présent)* aller en classe le lundi ?
2. *(passé composé)* aller au supermarché hier ?
3. *(présent)* aimer aller au cinéma ?
4. *(présent)* assister souvent aux spectacles de danse ?
5. *(passé composé)* assister à un match de football le week-end dernier ?
6. *(présent)* vouloir aller en France ?

Exercice 15. Objet indirect ou *y* ?

Discutez de ces questions avec un partenaire. Posez toujours une question complète et répondez par une phrase complète avec un pronom objet indirect (*lui, leur*), un pronom tonique ou le pronom y. Employez le temps du verbe indiqué.

1. *(présent)* obéir toujours... au code de la route ? à tes parents ?
2. *(présent)* savoir répondre... au professeur ? à la question ?

3. (*passé composé*) hier soir, téléphoner... à tes amis ? à l'université ?

4. (*présent*) te fier... à tes amis ? à notre système politique ?

5. (*présent*) t'intéresser... à la musique ? à tes amis ?

6. (*passé composé*) t'habituer... à nos examens ? au professeur ?

7. (*présent*) tenir... à tes amis ? à ta réputation ?

8. (*présent*) croire au hasard ?

9. (*présent*) savoir jouer au football ?

Exercice 16. Objet indirect, *y* ou pronom tonique ?

Discutez de ces questions avec un partenaire. Posez toujours une question complète et répondez par une phrase complète avec un pronom objet indirect (lui, leur), un pronom tonique ou le pronom y. Employez le temps du verbe indiqué.

Au présent :

1. penser souvent à la mort ?

2. t'intéresser à la culture française ?

3. te fier à tes amis ?

Au passé composé :

4. assister à un match de football le week-end dernier ?

5. aller en France l'année dernière ?

Avec un deuxième verbe :

6. savoir jouer au tennis ?

7. aimer téléphoner à tes amis ?

Exercice 17. À + une phrase subordonné ou un infinitif

Discutez de ces questions avec un partenaire. Posez toujours une question complète au présent et répondez par une phrase complète avec le pronom y.

1. penser...

    à ce que tu as fait le week-end dernier ?

    à ce que tu vas faire après la classe ?

2. rêver...

    à vivre en France un jour ?

    à être riche?

    à quitter la ville pour aller vivre à la campagne ?

    à ce que tu peux contribuer dans le monde ?

3. s'habituer...

    à lire en français ?

    à écrire en français ?

    à parler en français ?

    à te lever tôt le matin ?

4. t'intéresser...

    à faire des travaux bénévoles ?

    à habiter un pays étranger ?

    à devenir professeur ?

    à apprendre encore d'autres langues étrangères ?

    à voyager en Asie ?

5. renoncer...

    à manger des fast-food ?

    à boire de l'alcool ?

    à fumer des cigarettes ?

Exercices oraux : *en*
Exercice 18. Quantités

Discutez de ces questions avec un partenaire. Posez toujours une question complète et répondez par une phrase complète avec le pronom objet *en*. Employez le temps du verbe indiqué.

1. (*présent*) tu as combien de...

    sœurs ?

    classes ?

    voitures ?

    téléviseurs ?

    argent ?

    temps libre ?

2. (*présent*) Dans ton frigo, il y a...

    du lait ?

    du jus de pommes ?

    du poisson ?

une tarte aux cerises ?

du poulet, du fromage ?

des champignons ?

des fruits ?... (*imaginez d'autres choses*)

3. (*présent*) Au restaurant, tu prends souvent...

du bœuf ?

du poisson ?

du vin ?

une bière ?

un dessert ?

des légumes ?... (*imaginez d'autres choses*)

4. (*présent*) Ce soir tu vas manger...

de la viande ?

des pâtes ?

des fruits ?

des fruits de mer ?

un dessert ?

des légumes ?... (*imaginez d'autres choses*)

5. (*passé composé*) Hier soir est-ce que tu as bu...

du café ?

du thé ?

du lait ?

de l'eau ?

une bière ?

du chocolat chaud ?... (*imaginez d'autres choses*)

Exercice 19. *Avoir besoin / envie / peur*

A. Comparez ce que vous avez *besoin* de faire ce week-end en employant le pronom *en*.

MODÈLE : *Moi, j'ai besoin d'étudier.*

Moi aussi, j'en ai besoin. J'ai aussi besoin de laver ma voiture.

Ah bon ? Moi je n'en ai pas besoin... (etc.)

B. Dans le même style que A, comparez ce que vous avez *envie* de faire un jour dans la vie.

C. Dans le même style que A et B, comparez ce que vous avez *peur* de faire.

Exercice 20 : Présent, passé, verbe modal

Avec une autre personne dans la classe, discutez des questions suivantes. Formulez bien les questions et répondez toujours avec une phrase complète qui contient le pronom *en*. Écrivez les questions et les réponses pour en parler avec toute la classe. Attention au temps du verbe.

MODÈLE (au présent) : *te souvenir... première classe de français ?*

Tu te souviens de ta première classe de français ?

Oui, je m'en souviens. / Non, je ne m'en souviens pas.

Au présent :

avoir besoin d'une nouvelle voiture ?

être content de ta note dans cette classe ?

avoir combien de frères et de sœurs ?

Au passé composé :

profiter du beau temps le week-end dernier ?

te servir d'un dictionnaire pour écrire ta dernière composition ?

Avec un verbe modal :

pouvoir te passer de ton ordinateur pendant les vacances ?

aimer parler de la politique avec tes amis ?

Exercice 21. *En* ou objet direct

Posez ces questions à votre partenaire, qui répond toujours avec une phrase complète et un pronom objet direct (*le, la, l', les*) ou le pronom objet *en*. Attention au temps du verbe.

1. (*présent*) aimer les pâtisseries ?
2. (*présent*) manger souvent une pâtisserie ?
3. (*présent*) avoir un ordinateur ?
4. (*présent*) avoir le livre de français ?
5. (*présent*) regarder souvent la télé ?
6. (*présent*) regarder souvent des films français ?
7. (*passé composé*) voir déjà un film français ?
8. (*présent*) voir déjà le film *Amélie* ?
9. (*présent*) boire du lait au dîner ?

10. (*présent*) écouter bien le professeur ?
11. (*passé composé*) acheter du lait cette semaine ?
12. (*passé composé*) prendre l'autobus ce matin ?
13. (*présent*) aimer faire des promenades ?
14. (*présent*) devoir écouter les nouvelles en français ?
15. (*présent*) faire quelquefois des erreurs ?
16. (*présent*) faire toujours tes devoirs ?
17. (*présent*) vouloir apprendre le japonais ?
18. (*présent*) aller acheter des fruits demain ?

Exercices oraux : pronoms toniques
Exercice 22. Questions personnelles

Discutez de ces questions avec un partenaire. Posez toujours une question complète au présent et répondez par une phrase complète avec un pronom tonique.

1. avoir peur du professeur ?
2. habiter encore chez tes parents ?
3. vouloir dîner avec moi ce soir ?
4. penser souvent à tes amis ?
5. travailler pour ton père ?

Exercice 23. À + pronom tonique

Discutez de ces questions avec un partenaire. Posez toujours une question complète et répondez par une phrase complète avec un pronom tonique. Employez le temps indiqué.

1. (*présent*) penser souvent aux SDF ? (aux sans domicile fixe, ou sans-abris)
2. (*présent*) tenir à tes parents ?
3. (*présent*) rêver à ta/ton petit(e) ami(e) / femme / mari / meilleur(e) ami(e) ?
4. (*présent*) t'intéresser à la reine d'Angleterre ?
5. (*présent*) te fier au président ?
6. (*passé composé*) t'attacher à tes amis ?
7. (*passé composé*) t'habituer déjà à tes professeurs ce semestre ?

Exercices oraux : groupements de pronoms
Exercice 24. *Me le, me la, me les*

Discutez de ces questions avec un partenaire. Posez toujours une question complète au présent et répondez par une phrase complète avec deux pronoms objets. Pour chaque question, substituez le vocabulaire donné.

1. Je te <u>donne</u> le livre ?
    prête
    refuse
    cache
    montre
    vole
    prends
    enlève
    emprunte
2. Je te <u>dis</u> la vérité ?
    demande
    montre
    suggère
    pardonne
    cache
    refuse
3. Je te donne <u>le livre</u> ?
    la réponse
    les faits
    mon opinion
    les réponses
    ton adresse
4. Je te prête <u>mon stylo</u> ?
    ma voiture
    mes chaussures
    mon portable
    mes lunettes de soleil
5. Je te cache <u>la vérité</u> ?
    mon nom
    tes clés
    mon numéro de téléphone

6. Je te pardonne <u>ton erreur</u> ?
    ton retard
    tes fautes

Exercice 25. *Te le, te la, te les*

Discutez de ces questions avec un partenaire. Posez toujours une question complète au présent et répondez par une phrase complète avec deux pronoms objets. Pour chaque question, substituez le vocabulaire donné.

1. Tu me <u>dis</u> la vérité ?
    demandes
    montres
    suggères
    pardonnes
    caches
    refuses
2. Tu me donnes <u>le livre</u> ?
    la réponse
    les faits
    ton portable
    ton adresse
3. Tu me prêtes <u>ton stylo</u> ?
    ta voiture
    tes chaussures
    ton livre
    tes lunettes de soleil
4. Tu me pardonnes <u>mon erreur</u> ?
    mon retard
    mes fautes

Exercice 26. *Le lui, la lui, les lui, le leur, la leur, les leur*

Discutez de ces questions avec un partenaire. Posez toujours une question complète au présent et répondez par une phrase complète avec deux pronoms objets. Pour chaque question, substituez le vocabulaire donné.

1. Tu donnes <u>le livre</u> au professeur ?
> la réponse
> les clés
> ton stylo
> ta chemise

2. Tu demandes <u>la clé</u> aux enfants ?
> le cahier
> leurs noms
> l'heure
> les réponses

3. Tu prêtes souvent ta voiture <u>à ton/ta meilleur(e) ami(e)</u> ?
> à tes parents
> à ton professeur
> à tes voisins

4. Tu caches quelquefois la vérité <u>à ton/ta meilleur(e) ami(e)</u> ?
> à tes parents
> à ton professeur
> à tes voisins

5. Tu pardonnes toujours les bêtises <u>à ton/ta meilleur(e) ami(e)</u> ?
> à tes parents
> à ton professeur
> à tes voisins

6. Tu demandes souvent l'heure <u>à ton/ta meilleur(e) ami(e)</u> ?
> à tes parents
> à ton professeur
> à tes voisins

Exercice 27. M'y, m'en

Discutez de ces questions avec un partenaire. Posez toujours une question complète et répondez par une phrase complète avec deux pronoms objets.

1. Tu t'intéresses <u>à la musique</u> ?
> à l'art
> à la politique
> au français

2. Tu t'es habitué(e) <u>à la vie universitaire</u> ?

    aux examens de français

    aux devoirs de français

    au climat de notre état

    à la circulation dans notre ville

3. Tu t'inquiètes <u>de ton avenir</u> ?

    du réchauffement global

    de tes notes

4. Tu peux te passer <u>de ton ordinateur</u> ?

    de ton téléphone portable

    de ta voiture

    de tes lunettes de soleil

5. Tu te souviens <u>de notre première classe</u> ?

    de ton premier jour d'école

    de ton premier anniversaire

6. Tu te rends compte <u>que nous nous parlons dans une langue étrangère</u> ?

    que nous nous comprenons sans problèmes

Exercice 28. Tous les pronoms

Discutez de ces questions avec un partenaire. Posez toujours une question complète et répondez par une phrase complète avec deux pronoms objets. Attention au temps du verbe.

1. (*présent*) parler à tes amis de tes ennuis ?
2. (*présent*) offrir souvent des fleurs à ta mère ?
3. (*présent*) dire toujours la vérité à tes amis ?
4. (*imparfait*) à l'âge de dix ans, t'inquiéter de l'avenir ?
5. (*passé composé*) te passer de télévision pendant les dernières vacances ?
6. (*présent*) te souvenir de ton premier jouet d'enfant ?
7. (*présent*) t'intéresser à la politique ?
8. (*présent*) acheter souvent des cadeaux à tes amis ?
9. (*présent*) faire tes devoirs à la bibliothèque ?
10. (*présent*) pardonner leurs défauts à tes amis ?
11. (*présent*) envoyer souvent des cadeaux à tes amis ?

Exercice 29. Phrases complexes

Discutez de ces questions avec un partenaire. Posez toujours une question complète et répondez par une phrase complète et des pronoms qui remplacent les parties soulignées. Attention au temps du verbe.

1. (*passé composé*) réussir à finir tous <u>tes devoirs</u> avant de rentrer <u>à la maison</u> hier ?
2. (*présent*) prier <u>le professeur</u> de <u>te</u> donner moins <u>de devoirs</u> ?
3. (*présent*) inviter souvent <u>tes amis</u> à <u>t</u>'accompagner <u>au théâtre</u> ?
4. (*présent*) quand écrire <u>à tes amis</u>, utiliser toujours <u>ton mél</u> ?
5. (*présent*) croire que c'est une bonne idée de permettre <u>aux jeunes gens</u> de fumer <u>les cigarettes</u> ?
6. (*imparfait*) tes parents <u>te</u> demander souvent de finir <u>tes devoirs</u> ?

Exercice 30. Objet 1 = une personne, objet 2 = un infinitif

Si j'étais parent... Imaginez quelle sorte de parent vous seriez si vous aviez des enfants. Suivez le modèle et répondez toujours par un pronom objet direct ou indirect, selon le verbe. Attention aussi au choix de préposition *à* ou *de* devant l'infinitif.

MODÈLE : *défendre*
> *Si tu étais parent, qu'est-ce que <u>tu défendrais à</u> tes enfants <u>de</u> faire ?*
> *Je <u>leur</u> défendrais <u>de</u> regarder trop de télévision.*

1. défendre
2. permettre
3. demander
4. pardonner
5. persuader
6. remercier
7. encourager
8. aider
9. inviter
10. apprendre

Exercices oraux : révision
Exercice 31. Tous les pronoms

Discutez de ces questions avec un partenaire. Posez toujours une question complète et répondez par une phrase complète avec un ou deux pronoms objets. Attention au temps du verbe.

1. (*présent*) vouloir le livre ? vouloir un livre ?
2. (*passé composé*) voir mes clés ? voir un bon film récemment ?
3. (*présent*) aimer les haricots ? manger des haricots ce soir ?
4. (*présent*) téléphoner souvent à tes parents ? téléphoner souvent à l'université ?
5. (*présent*) penser souvent à tes parents ? penser souvent à l'avenir ?
6. (*présent*) avoir peur de la nuit ? avoir peur des politiciens ?
7. (*présent*) boire souvent du lait ? aimer le lait ?
    (*imparfait*) quand être enfant, boire souvent du lait ?
    (*passé composé*) boire du lait hier ?
    (*présent*) vouloir boire du lait maintenant ?
    Faut-il que tu boives du lait tous les jours?
8. (*passé composé*) hier, regarder la télé ? regarder les nouvelles ?
    téléphoner à ton/ta meilleur(e) ami(e) ? à tes parents ?
    boire du lait ?
    étudier à la maison ?
    aller en ville ?
9. (*présent*) aimer/vouloir/désirer étudier le français ?
    avoir besoin/envie d'étudier le français ?
    l'année prochaine, espérer/devoir/pouvoir étudier le français ?
10. (*présent*) Je te donne le livre ? la réponse ? les devoirs ? ce cahier ?
    Tu donnes le livre au prof ? la craie ? les devoirs ?
    Y a-t-il des étudiants dans la classe ? des livres ? un professeur ? une poubelle ?
    Le prof te donne des devoirs ? des exercices ? des examens ? un examen final ?
    Tu fais tes devoirs dans la cuisine ? dans la salle à manger ? dans la voiture ? à la bibliothèque ?

Exercice 32. Enquête

Levez-vous et circulez dans la salle en posant ces questions à vos ca-marades de classe. Il faut toujours répondre par une phrase complète et des pronoms objets. Cherchez toujours des réponses affirmatives, et après chaque question notez le nom de la personne qui a répondu par « oui ». Après avoir fini l'exercice oral, écrivez une phrase pour chaque question qui identifie la personne qui a répondu par « oui ».

MODÈLE : *avoir peur de la nuit*

Tu as peur de la nuit ?

Oui, j'en ai peur.

Phrase écrite : *[Marie] en a peur.*

1. (*présent*) avoir besoin de cette classe ?
2. (*présent*) être fatigué(e) de toujours travailler ?
3. (*présent*) t'inquiéter de l'avenir ?
4. (*présent*) rêver à une époque où tu auras plus de temps libre ?
5. (*présent*) jouer au tennis ?
6. (*présent*) faire du ski ?
7. (*présent*) t'intéresser à la politique ?
8. (*présent*) rendre souvent visite à tes parents ?
9. (*présent*) savoir jouer du piano ?
10. (*présent*) donner souvent des conseils à tes amis ?
11. (*passé composé*) la semaine dernière, manger du bœuf ?
12. (*passé composé*) la semaine dernière, regarder la télé ?
13. (*passé composé*) la semaine dernière, parler à ta mère ?
14. (*passé composé*) la semaine dernière, rendre tes devoirs au professeur ?
15. (*passé composé*) la semaine dernière, aller au cinéma ?
16. (*présent*) vouloir me prêter ta voiture ?
17. (*présent*) espérer voyager en France un jour ?
18. (*présent*) aimer offrir des fleurs à tes amis ?

Exercice 33. Vocabulaire

Travaillant dans des groupes, complétez chaque phrase par tous les verbes ou expressions possibles.

1. Je m'y...
2. Je m'en...

3. Je lui...

4. Je le lui...

5. Je vous en...

6. J'en suis...

7. J'en ai...

8. Je [*verbe*] à elle...

Exercice 34. Pronoms objets + impératif

Dans des groupes de deux personnes, posez une question avec les éléments donnés et répondez-y avec l'impératif et des pronoms objets. Attention aux objets directs et indirects.

> MODÈLE : *Est-ce que je dois... donner + les devoirs + le professeur*
>
> *Est-ce que je dois donner les devoirs au professeur ? Oui, donne-les-lui !*

Est-ce que je dois...

1. payer + l'addition
2. attendre + la fin du concert
3. chercher + mes clés
4. téléphoner + mes parents
5. penser + mes amis
6. tenir + mes amis
7. penser + l'avenir
8. manger + du pain
9. profiter + le beau temps
10. remercier + mes hôtes
11. féliciter + ma collègue
12. aider + mes amis
13. pardonner + leur retard + les invités
14. apprendre + enfants + lire
15. interdire + enfants + fumer
16. permettre + enfants + jouer dans le jardin
17. me fier + mes amis
18. t'expliquer + la leçon
19. te donner + mon numéro de téléphone
20. te demander + réponse

Exercices écrits : les pronoms objets

Exercice 1. Descriptions

a. Écrivez cinq phrases qui décrivent vos sentiments pour et/ou votre relation avec une (ou plusieurs) personne(s) (e.g., vos parents, le président, le professeur). Utilisez des expressions verbales avec des pronoms objets directs et indirects, ainsi que des pronoms toniques.

MODÈLE : *ma mère*

    Je l'aime. Je lui ressemble. Je pense souvent à elle, etc.

b. Faites de même pour une chose ou un endroit (e.g., le français, les avions, votre enfance, le gouvernement américain, le Colorado). Utilisez les pronoms directs, *y* et *en*.

MODÈLE : *cette classe*

    Je l'adore. J'y apprends beaucoup. J'en ai besoin.

Exercice 2. Réponses

Répondez aux questions par des phrases complètes. Remplacez toutes les parties soulignées par des pronoms.

1. Suivez-vous toujours <u>les conseils de vos amis</u> ?
2. Etes-vous fatigué(e) <u>de travailler</u> ?
3. Etes-vous content(e) <u>de votre situation financière</u> ?
4. <u>Vous</u> fiez-vous <u>à vos amis</u> ?
5. Pensez-vous souvent <u>à votre premier amour</u> ?
6. Tenez-vous <u>à finir vos études</u> ?
7. Profitez-vous <u>des films français qui passent en ville</u> ?
8. Croyez-vous <u>à la vie extraterrestre</u> ?
9. Faites-vous confiance <u>aux politiciens</u> ?
10. Avez-vous promis <u>à vos parents</u> <u>de toujours faire de votre mieux</u> ?
11. Cachez-vous <u>vos émotions</u> <u>à vos amis</u> ?
12. <u>Vous</u> êtes-vous habitué(e) <u>à penser en français</u> ?
13. <u>Vous</u> souvenez-vous <u>de votre première visite chez le dentiste</u> ?
14. Conseillez-vous <u>à vos amis</u> <u>de ne pas fumer</u> ?
15. <u>Vous</u> préoccupez-vous <u>des dangers causés par la pollution</u> ?

LES PRONOMS COMPLÉMENTS D'OBJET 93

Exercice 3. Composition

Écrivez un petit paragraphe sur quelqu'un que vous connaissez bien (père/mère/frère/sœur/ami). Employez les verbes de la liste suivante et des pronoms objets personnels (*Je l'invite à... Je lui demande de...*). Attention au choix de préposition (*à* ou *de*) devant les infinitifs.

Verbes à utiliser :

inviter

encourager

aider

pousser

remercier

féliciter

persuader

prier

demander

permettre

défendre

conseiller

4 • Les pronoms relatifs

Un pronom relatif est un pronom qui relie deux phrases partageant un seul substantif :

Est-ce que tu connais l'homme **qui** vient d'entrer dans la salle ?
Phrase 1 : Est-ce que tu connais l'homme ?
Phrase 2 : Cet homme vient d'entrer dans la salle.
Pronom relatif : qui

La phrase complexe qui résulte consiste d'une proposition principale (*Est-ce que tu connais l'homme ?*) et une proposition subordonnée (*qui vient d'entrer dans la salle*). La proposition subordonnée commence toujours par un pronom relatif (qui dans notre exemple) et donne des renseignements supplémentaires sur un substantif dans la proposition principale (*l'homme* dans notre exemple). On appelle ce substantif l'*antécédent* de la phrase subordonnée.

Exemple : Je cherche <u>le chapeau.</u> J'ai mis <u>le chapeau</u> sur la table.
Je cherche le chapeau | **que** j'ai mis sur la table.
(proposition principale) | *(proposition subordonnée)*
Le chapeau = antécédent ; **que** = pronom relatif

La position de la phrase subordonnée est bien réglée. Le pronom relatif doit toujours être le premier mot dans la phrase subordonnée et suivre directement son antécédent :

<u>La fille</u> **qui** vient de partir s'appelle Marie.
Tu connais <u>le type</u> **avec qui** elle danse ?
C'est <u>la maison</u> **où** habite <u>le garçon</u> **qui** travaille en ville.

Notez l'inversion du verbe-sujet (*habite le garçon*) dans ce troisième exemple. Cette inversion est nécessaire pour que le sujet (*le garçon*) puisse être modifié par une autre proposition relative, qui doit le suivre directement. Sans inversion la phrase serait maladroite : **C'est la maison où le garçon qui travaille en ville habite.*

Si deux (ou plusieurs) propositions relatives modifient un seul antécédent, elles ne peuvent pas toutes suivre directement l'antécédent. Dans ce cas, il faut les séparer par la conjonction *et*. Comparez les deux exemples ci-dessous : dans (a), *je vous ai parlé <u>du prix</u>* (l'antécédent qui précède directement le pronom relatif *dont*), et dans (b), *je vous ai parlé <u>du garçon</u>.*

a. Voici <u>le garçon qui </u>vient de gagner <u>le prix dont</u> je vous ai parlé.
b. Voici <u>le garçon qui </u>vient de gagner le prix <u>et dont</u> je vous ai parlé.

Le seul autre cas où la phrase relative ne suit pas directement son antécédent contient un pronom objet personnel qui sert d'antécédent (puisque les pronoms objets sont antéposés aux verbes). Comparez ces phrases avec pronoms objets aux phrases équivalentes avec objets nominaux:

Voici la femme qui parle. → La voici qui parle.
J'ai remarqué Pierre qui traversait la rue. → Je l'ai remarqué qui traversait la rue.

Dans certains cas, on met des virgules (correspondantes à des pauses dans la langue parlée) devant et derrière la phrase subordonnée. Ces virgules s'emploient lorsque la phrase subordonnée n'est pas essentielle à la compréhension du message. Mais si le contenu de la phrase subordonnée donne un renseignement nécessaire à la phrase principale, on ne met pas de virgules.

Étudiez les deux phrases suivantes :

a. Ma sœur, qui habite à Marseille, a deux enfants.
b. Ma sœur qui habite à Marseille a deux enfants.

Dans la phrase (a), on comprend que je n'ai qu'une seule sœur. Le fait qu'elle habite à Marseille n'est pas essentiel au message *ma sœur a deux enfants*, donc on ajoute les virgules. Dans la phrase (b), on comprend que j'ai au moins deux sœurs. La phrase subordonnée donne un renseignement essentiel au message : *c'est la sœur qui habite à Marseille qui a deux enfants*. Dans ce cas, il ne faut pas mettre de virgules dans la langue écrite ni faire de pauses dans la phrase parlée.

I. CHOIX DE PRONOM RELATIF

Le choix de pronom relatif dépend de son rôle grammatical dans la proposition subordonnée. Étudiez les exemples suivants :

a. Je cherche le ballon | <u>qui</u> est tombé.
b. Je cherche les clés | <u>que</u> j'ai perdues.
c. Je cherche le livre | <u>dont</u> j'ai besoin.
d. Je cherche le stylo | <u>avec lequel</u> j'écrivais.
e. Je cherche le magasin | <u>à côté duquel</u> habite mon copain.
f. C'est la ville | <u>où</u> il est né.
g. C'était l'heure | <u>où</u> nous aimions nous promener.

a. Le pronom relatif **qui** remplace le substantif (l'antécédent) lorsqu'il sert de **sujet du verbe** dans la phrase subordonnée.

<u>X</u> est tombé (<u>X</u> = le ballon)
<small>sujet verbe</small>

Le pronom sujet *qui* peut avoir un antécédent animé ou inanimé :
le ballon qui... / le garçon qui...
Pour s'exprimer d'une manière plus élégante, on peut souvent remplacer le groupement *qui est/était + adjectif* (*une femme qui était belle*) par
l'adjectif seul (*une belle femme*).

b. Le pronom relatif **que** remplace le substantif (l'antécédent) lorsqu'il
sert d'**objet direct du verbe** dans la phrase subordonnée.

J'ai perdu   X   (X = les clés)
_{sujet verbe}   _{objet direct}

L'antécédent du pronom *que* peut être animé ou inanimé :
les clés que... / les enfants que...
N'oubliez pas que le participe passé doit s'accorder avec le pronom
objet direct qui le précède. On voit cet accord aussi avec le pronom
relatif *que* quand il remplace un substantif féminin et/ou pluriel : *les
clés que j'ai perdues* ; *la faute que j'ai faite*.

c. Le pronom relatif **dont** remplace le substantif (l'antécédent) lorsqu'il
sert d'**objet de la préposition *de*** dans la phrase subordonnée.

J'ai besoin   de X   (X = le livre)
_{sujet verbe}   _{de + objet}

On voit cette préposition dans les contextes suivants :
- après une expression verbale : *parler de, avoir besoin de*
  Voilà la femme dont je parlais. Voilà le livre dont j'ai besoin.
- après un adjectif : *être capable de*
  C'est une erreur dont il n'est pas capable.
- après un substantif pour indiquer le possessif : *la capitale de*
  C'est un pays dont la capitale est petite. (*a country* whose *capital...*)
- après une quantité : *la plupart de, une centaine de*
  Les acteurs, dont la plupart (étaient) français, nous ont accueillis après la pièce. (*most of whom were French...*)

Notez que les numéros et le mot *plusieurs* ne se suivent pas de
la préposition *de* mais s'emploient aussi avec le pronom relatif
dont :

Je cherche les enfants, dont plusieurs / dont cinq sont déjà
partis. (*many of whom / five of whom*)

d. Si le pronom relatif remplace un substantif suivi d'**une préposition autre que** *de* dans la phrase subordonnée, le pronom relatif consiste de cette **préposition** + une variante du pronom *lequel*.

J'écrivais avec X   (X = le stylo)
sujet verbe   prép. ≠ de + objet

Le pronom dans cette structure s'accorde avec l'antécédent :

Je cherche le livre avec lequel je travaillais.

la femme avec laquelle

les papiers avec lesquels

les filles avec lesquelles

L'antécédent du pronom *lequel* peut être animé ou inanimé, comme nous le voyons dans les exemples précédents. Mais si l'antécédent est une personne, on peut remplacer *lequel* par *qui* :

Je cherche l'ordinateur avec lequel je travaillais.

Je cherche le garçon avec lequel / avec qui je travaillais.

Notez qu'avec les prépositions *parmi* et *entre*, *qui* n'est pas possible :

…les ouvriers parmi lesquels on a distribué le journal…

Dans (b)–(d), ci-dessus, nous avons vu que si le substantif partagé par les deux phrases (principale et subordonnée) est l'objet du verbe subordonné, le choix de pronom relatif dépend de la préposition (ou manque de préposition) qui suit ce verbe. Cet objet est-il direct, indirect ou l'objet de la préposition *de* ou d'une autre préposition ? Pour pouvoir choisir le bon pronom relatif, il faut savoir quels verbes prennent des prépositions devant un objet suivant. Voir la note de vocabulaire vers la fin de cette section pour les verbes les plus courants avec les prépositions qui les suivent devant un substantif.

e. On emploie les formes *duquel, desquels, de laquelle* et *desquelles* après les **prépositions composées** dont le dernier élément est *de*. Pour une liste de ces prépositions, voir l'encadré ci-dessous.

Mon copain habite à côté de X   (X = le magasin)
sujet   verbe   prép. composée + de + objet

C'est le lac près duquel il a fait construire sa maison.

C'est la montagne au sommet de laquelle il a perdu son sac.

Prépositions composées

près de	à force de
loin de	à l'abri de
à côté de	à la merci de
au milieu de	à la mode de
au centre de	à l'égard de
au dessous de	à l'encontre de
au dessus de	à l'exception de
auprès de	à raison de
aux environs de	au dehors de
en face de	au-delà de
proche de	face à
le long de	faute de
au commencement de	grâce à
à la fin de	par rapport à
à cause de	en compagnie de

f. Si l'antécédent du pronom relatif indique **un lieu ou un moment dans le temps**, on peut remplacer le groupement <u>préposition + *lequel*</u> (*dans lequel, auquel*) par le pronom relatif **où.**

la ville <u>où</u> il est né (= dans laquelle)

l'heure <u>où</u> nous aimions nous promener (= à laquelle)

Notez qu'on n'emploie jamais l'adverbe *quand* comme pronom relatif :

the day when...　　le jour <u>où</u>...

Mais si le pronom relatif qui remplace un lieu ou un temps fonctionne comme sujet, objet direct ou objet des prépositions *à* ou *de* dans la proposition subordonnée, on dit toujours :

C'est un mois <u>qui</u> a 30 jours.

C'est la ville <u>que</u> je préfère.

C'est le moment <u>auquel</u> je pense.

C'est le pays <u>dont</u> je parle.

Note linguistique : pronoms relatifs
après le pronom démonstratif

Si l'antécédent du pronom relatif se trouve non pas dans la proposition principale mais dans une phrase précédente, le pronom relatif se précède du pronom démonstratif *celui, celle, ceux, celles*. (Pour une révision des pronoms démonstratifs, voir l'appendice 3.)

Avez-vous acheté un nouveau disque compact? Oui, j'ai acheté celui que nous avons écouté hier.

Tu vois ces chaussures? Ce sont celles que tu voulais, n'est-ce pas?

Parallèlement, on utilise les pronoms démonstratifs suivis de pronoms relatifs pour indiquer des personnes déjà nommées: *Tous ceux qui ont fini peuvent partir.*

Notez que *celui qui* devient *qui* dans des proverbes et expressions tels que *Qui vivra, verra* et *Qui a bu, boira*.

Notes linguistiques : pronoms relatifs + lieu/temps

Avec les expressions *cela (ça) fait / voilà / voici / il y a* + une expression qui indique une durée de temps, il faut le pronom relatif *que* : *Voilà trois ans que nous habitons ici.*

Après le mot *fois* on peut utiliser les pronoms relatifs *que* et *où* : *C'était la première fois que/où je l'ai vu.*

Le pronom relatif *où* peut se combiner avec les prépositions *de* et *par* : *Je ne sais pas d'où il arrive ni par où il passera.*

Notes de vocabulaire : verbes + pronoms relatifs

Verbe + objet direct (par ex., *le livre que je cherche*)

attendre	espérer
chercher	payer
demander	regarder... *etc.*
écouter	

Verbe + *à* + substantif (par ex., *le livre auquel je pense, la fille à qui j'ai téléphoné*)

appartenir	rendre visite
assister	répondre
croire	ressembler
demander	rêver
(dé)plaire	téléphoner
écrire	tenir
faire attention	s'attacher
jouer	s'attendre
manquer	se fier
obéir	s'habituer
parler	s'intéresser... *etc.*
penser	

Verbe + *de* + substantif (par ex., *une décision dont il a honte*)*

avoir honte/peur/envie/besoin	se méfier
être + *adjectif*	s'occuper
jouer	se souvenir
parler	se passer
profiter	se plaindre
rêver	se préoccuper
s'agir	se rendre compte
s'apercevoir	se servir
s'inquiéter	

Verbe + *avec* + substantif (par ex., *celui avec qui je parlais*)

parler	se fiancer
travailler	se marier... *etc.*
s'entendre	

*Notez aussi **dont** pour indiquer le possessif (par ex., *La femme dont le mari est mort est venue me voir*), ainsi que dans les expressions *la façon/ manière dont...*

Résumé des pronoms relatifs (avec antécédent)

Fonction dans la proposition subordonnée	Pronom relatif	Exemple
sujet	*qui*	le livre qui est sur la table
objet direct	*que*	le livre que je cherche
objet de la préposition *de*	*dont*	le livre dont j'ai besoin
objet d'autres prépositions	prép. + *lequel/qui*	le livre auquel je pense
avec antécédent de lieu/temps	*où*	la ville où il est né
après préposition composée	prép. comp. + *lequel*	le parc au centre duquel il joue

II. PRONOMS RELATIFS INDÉFINIS

On peut trouver des pronoms relatifs qui n'ont pas d'antécédent précis dans la phrase principale ou dont l'antécédent est une proposition (pas un mot). Dans ces cas, on précède le pronom relatif du pronom *ce*. Comparez :

Voilà un vin qui est bon.	Voilà ce qui est bon.
Voilà la voiture que je veux.	Voilà ce que je veux.
Voilà le cahier dont j'ai besoin.	Voilà ce dont j'ai besoin.

Exemples où l'antécédent est une proposition :

L'enfant a mangé ses légumes, ce qui a plu à sa mère.

Elle a fini ses devoirs avant le dîner, ce que son père trouve admirable.

Elle a gagné le prix en surmontant plusieurs obstacles, ce dont elle est fière.

Pour les pronoms relatifs indéfinis avec des prépositions (quoique rares), on utilise *quoi* à la place de *lequel* et le *ce* précédent n'est pas obligatoire :

Voilà le livre auquel je pense.   Voilà (ce) à quoi je pense.
Voilà l'outil avec lequel je travaille.   Voilà avec quoi je travaille.

Exemples avec préposition où l'antécédent est une proposition :
Il a fait la réparation de sa voiture, ce à quoi je ne m'attendais pas.
La fille a fini son travail, grâce à quoi elle peut sortir avec ses amis.

À la place du pronom *ce* on voit parfois un mot de sens vague (*quelque chose, chose, fait*):

C'est quelque chose à quoi je tiens.

Note linguistique : *tout ce qui, tout ce que*

Attention aux expressions *tout ce qui* et *tout ce que*. La prononciation courante, [tu ski] et [tu skə], est identique à celle pour *tous qui* et *tous que*, mais le sens est bien différent dans les deux cas.
C'est tout ce que je veux pour le moment.
C'est tout ce qui importe pour le moment.
Tous qui ont fini peuvent partir. (= tous les gens qui)
Tous que j'ai appelés doivent rester. (= tous les gens que)

On voit aussi, quoique rarement, des pronoms relatifs indéfinis qui se rapportent à une personne (toujours indéfinie). Dans ce cas, on emploie toujours le pronom *qui* tout seul : *J'aimerais qui me dirait des choses semblables* (exemple de Molinier 2002).

III. VARIATIONS STYLISTIQUES : EMPLOI DES PRONOMS RELATIFS DANS LE FRANÇAIS MODERNE

Le système de pronoms relatifs est considéré complexe même par les francophones et comme résultat, on entend et lit beaucoup de nouvelles structures qui évitent certains des pronoms relatifs présentés dans ce chapitre. C'est surtout les pronoms *qui* et *que* qu'on voit et entend le plus souvent dans les genres qui favorisent la langue parlée, style familier. Les locuteurs natifs ont donc trouvé des moyens d'éviter les

autres pronoms, surtout *dont* et les formes composées avec des prépositions (par ex., *avec lequel*). Ceci ne veut pas dire, cependant, que les
formes « traditionnelles » ont disparu de la langue. Tout au contraire,
elles s'emploient couramment dans les genres favorisant la langue écrite
(y compris certaines formes orales, telles que les conférences, le journal télévisé et les interviews). Et comme nous le verrons pour d'autres
structures avec des variantes non-traditionnelles (comme la négation
sans *ne* et des structures interrogatives comme *Tu vas où ?*), même dans
la langue parlée, presque tous les locuteurs de tous les niveaux sociaux
connaissent les formes traditionnelles et s'en servent dans des situations
qui demandent un parler plus soigné. On peut donc dire que certaines
parmi les formes du pronom relatif présentées ci-dessus constituent des
variantes de prestige dans la langue parlée.

Dans cette section nous présentons quelques formes non-traditionnelles du pronom relatif pour que l'étudiant de français ne soit pas
déconcerté lorsqu'il les entend ou les lit. Quant à son propre parler, cependant, il doit surtout maîtriser et employer les formes traditionnelles
présentées plus haut. Mais évidemment, au fur et à mesure que ses
connaissances de la langue s'approchent de celles d'une personne parlant français comme langue maternelle, l'étudiant peut se permettre de
commencer à imiter les variantes « non-traditionnelles » de la langue.

A. *Qui* et *que*

Comme nous venons de le constater, à l'oral et à l'écrit, à tous les
niveaux de langue (familier jusqu'à soutenu), *qui* et *que* sont les deux
pronoms relatifs qu'on entend le plus souvent. On entend ces deux pronoms relatifs surtout dans des tournures qui mettent en relief une partie
de la phrase (*c'est ce film que…* ; *c'est la pièce qui…*) et avec un pronom
démonstratif (*celui qui*).

Dans la langue populaire parlée on remplace souvent tous les autres
pronoms relatifs (sauf *qui*) par le pronom relatif *que*. Examinez les
exemples suivants (pris de Gadet 1992). Dans le premier groupe, il
s'agit d'une simple substitution de *que* pour un autre pronom. Dans le
deuxième groupe, il y a la même substitution et parfois aussi l'addition
de quelque chose plus loin dans la phrase qui rappelle la fonction du
pronom (une préposition, un adverbe de lieu, un pronom possessif).
Le dernier groupe est intéressant parce qu'on voit le pronom relatif
correct mais aussi l'addition d'un autre élément comme dans les phrases

du deuxième groupe, ce qui suggère que le pronom relatif peut être en train de perdre sa valeur originale, celle de démontrer la fonction de l'objet dans la phrase.

	Langue populaire	**Forme traditionnelle**
i.	J'ai vendu la petite maison que je tenais tant.	J'ai vendu la petite maison à laquelle je tenais tant.
	Elle me coûte cher ma salle de bain, que je me sers pas, d'ailleurs.	Elle me coûte cher ma salle de bain, dont je ne me sers pas, d'ailleurs.
ii.	un copain que j'ai passé mon enfance avec lui	un copain avec qui j'ai passé mon enfance
	Prends le pot que c'est écrit dessus.	Prends le pot sur lequel c'est écrit.
	une mère qu'on exécute son fils devant ses yeux	une mère dont on exécute le fils devant ses yeux
iii.	un train où il y a personne dedans	un train où il n'y a personne
	C'est une petite ville où il ferait assez bon y vivre.	C'est une petite ville où il ferait assez bon vivre.
	tous les gens auxquels je leur en ai parlé	tous les gens auxquels j'en ai parlé

B. *Dont*

On emploie ce pronom relatif assez rarement dans le français oral et écrit. On l'emploie le plus souvent dans les environnements suivants :

- dans les expressions *la façon dont ; la manière dont*
- pour indiquer le possessif (*la femme dont le fils* : the woman whose son...)
- pour introduire un complément d'adjectif (*dont je suis fier*)
- dans les expressions verbales avec le verbe *avoir* (*dont j'ai envie*)
- avec une quantité (*dont la plupart ; dont plusieurs*)

C. Préposition + *lequel*

On n'entend pas souvent les structures comme *dans lesquels, avec laquelle* dans la langue populaire, où on les remplace par des formes avec *que* (voir les exemples plus haut). Elles restent cependant répandues dans certains styles de la langue écrite, comme la description narrative.

D. *Où*

Ce pronom relatif a un emploi très répandu dans la langue parlée, où il remplace les structures plus longues (comme *dans lequel, auquel*). On entend *où* le plus souvent avec un antécédent de temps ou de lieu : *C'est la ville où il est né. C'est le jour où il est né.*

Exemples de la langue parlée

Étudiez l'emploi des pronoms relatifs dans les exemples suivants.

i. Un professeur de lycée parle d'un projet de collaboration
    avec un autre professeur (Amiens 2000)

[…] donc avec mon collègue de lettres qui a le même type de classe que moi, […] nous allons avoir une classe qui se destine aux sciences médico-sociales, c'est à dire aux professions d'infirmière, aide soignante, etc. Donc… il y a le Louvre, qui propose un projet très intéressant, qui est de travailler sur les représentations du corps sous diverses formes, le corps et ses atteintes, le corps et sa parure, etc. […] et on a pensé travailler donc ensemble sur ce projet : emmener [les élèves] au Louvre. Parce que ce sont des élèves qui n'ont pas souvent l'occasion d'aller à Paris, ni au musée, […]. Travailler sur l'analyse de l'image […], qui est importante en première et puis en parallèle, faire des textes sur justement le corps, les métamorphoses du corps, la représentation du corps […] et [aller] aussi au cinéma peut-être avec quelque chose comme *Edouard aux mains d'argent*, […] le corps mutilé transformé, etc. […] Donc ça va être un projet assez complet pour des élèves qui en général sont en difficulté en français mais sont pleins de bonne volonté et qui s'intéressent beaucoup aux choses. Donc je pense que ça a quelque chose qui peut vraiment les motiver [...]

ii. Un professeur parle de ses habitudes personnelles
(Amiens 2000)

Alors ça, c'est pour deux raisons, c'est et pour ma religion, et pour le chant. Mais donc en fait, ça tombe très, très bien parce que tout ce que je ne fais pas pour ma religion, c'est exactement ce qu'il faut pas faire pour le chant. Donc voilà, je ne bois pas d'alcool...

iii. Un étudiant plutôt mécontent parle
de ses études (Amiens 2000)

Je dirais que cette année je n'ai pas de temps libre dans la mesure où ce que je fais c'est ce qui me plaît donc... enfin si, j'ai préparé des concours de journalisme qui m'intéressaient. Enfin le contenu de ce que j'avais étudié ne m'intéresse absolument pas, mais bon... Sinon le reste du temps, je faisais des enquêtes sur ma ville, sur comment vivaient les étrangers dans ma ville, comment se déroulaient les jugements. Cet après-midi je viens de passer l'après-midi au Palais de Justice, par exemple, pour voir ce qui se passe au tribunal correctionnel...

iv. Un professeur parle de sa formation
professionnelle (Amiens 2000)

[...] nous sommes formés pendant un an dans ce que nous appelions à l'époque « les écoles normales nationales d'apprentissage » [...] qui sont les écoles qui forment les professeurs d'enseignement professionnel pendant un an [...] et nous avons un enseignement, <u>qui</u> est tourné vers la pédagogie, comment... comment faire un cours, comment intéresser les élèves à... à notre matière. Comment... comment faire pour qu'une classe fonctionne en bonne harmonie. Il n'y a pas vraiment de recettes. On ne sait pas exactement <u>ce qu</u>'il faut faire, mais on nous apprend surtout <u>ce qu</u>'il ne faut pas faire.

v. Un professeur de littérature au lycée parle
de son travail (Amiens 2000)

La préparation de l'examen est assez lourde. Donc il faut préparer des textes <u>dont</u> l'objectif ce n'est pas de donner quelque chose de tout fait, [...] aux élèves, mais c'est de leur faire trouver par eux-mêmes, [...] <u>ce que</u> contient le texte, son intérêt, [...] provoquer leur amour de la littérature tout en améliorant la langue...

vi. Un professeur donne son opinion sur la langue
française et son enseignement aux étrangers (Amiens 2000)

C'est un véhicule pour notre culture <u>dont</u> nous sommes si fiers et parfois trop fiers.

vii. Un professeur parle de ses études (Amiens 2000)

J'ai fait mes études... à la faculté <u>où</u> a étudié Albert Camus, c'est la raison <u>pour laquelle</u> je parle souvent de mon compatriote Albert Camus.

viii. Un professeur de chant parle de ses
vacances (Amiens 2000)

Cet été, j'ai vraiment eu des vacances idéales, parce que... j'ai fait un concert, donc on est parti avec les pianistes <u>avec qui</u> j'ai joué, et ça a fait des vacances en même temps parce qu'on passait plusieurs jours sur le lieu du concert avec la famille des descendants du compositeur <u>dont</u> on faisait le concert… donc c'était vraiment des super vacances…

Exemples de la littérature

i. Michel Leiris, *L'âge d'homme*, 1939

[…] si je dis « Cléopâtre », je pense […] aux lions <u>par lesquels</u> elle faisait dévorer ses amants.

ii. François Mauriac, *Thérèse Desqueyroux*, 1927

Argelouse est réellement une extrémité de la terre ; un de ces lieux <u>au-delà desquels</u> il est impossible d'avancer, <u>ce qu</u>'on appelle ici un quartier ; quelques métairies sans église, ni mairie, ni cimetière, disséminées autour d'un champ de seigle, à dix kilomètres du bourg de Saint-Clair, <u>auquel</u> les relie une seule route défoncée.

iii. Marguerite Yourcenar, *Le lait de la mort*,
     dans *Nouvelles orientales*, 1963

Croyez-moi, Philip, <u>ce dont</u> nous manquons, c'est des réalités. La soie est artificielle, les nourritures détestablement synthétiques ressemblent à ces doubles d'aliments <u>dont</u> on gave les momies, et les femmes stérilisées contre le malheur et la vieillesse ont cessé d'exister. Ce n'est plus que dans les légendes des pays à demi barbares qu'on rencontre encore ces créatures riches de lait et de larmes <u>dont</u> on serait fier d'être enfant...

© Éditions Gallimard (www.gallimard.fr)

Exercices oraux
Exercice 1. À discuter en classe

Utilisez un pronom relatif pour modifier les phrases à gauche par les phrases à droite.

MODÈLE : *Je cherche le livre. / Il était sur la table.* → *Je cherche le livre qui était sur la table.*

1. Je cherche le livre.
   Quel livre ?
   a. Il était sur la table. *qui*
   b. Je le lisais. *que je lisais*
   c. Je vous en parlais. *dont*
   c'est un objet d. Je travaillais avec ce livre. *avec lequel*

2. Tu connais la fille ?
   Quelle fille ?
   a. Elle vient de partir. *qui*
   b. Jacques la cherche. *que Jacques cherche*
   c. Je vous parle d'elle. *dont*
   c'est une personne d. Je vais lui téléphoner. *à qui*
   → alors, 'qui' e. Jacques danse avec elle. *avec qui*
   f. Je dîne ce soir chez elle. *chez qui*

3. C'est le mois.
   Quel mois ?
   a. Je me suis mariée ce mois-là. *où*
   b. Ma fille est née ce mois-là. *où*
   c. J'ai fini mes études ce mois-là. *où*
   d. Ce mois est le plus difficile pour moi. *ce qui*
   e. Je préfère ce mois. *que*
   f. J'ai horreur de ce mois. *dont*

4. Voici la rivière.
   Quelle rivière ?
   ... au long de laquelle

   Nous nous promenions le long de cette rivière quand tu m'as proposé de t'épouser.

5. Voilà le bâtiment.
   Quel bâtiment ?
   ...à côté duquel

   ... près duquel

   a. Mon magasin se trouvait à côté de ce bâtiment avant la guerre.
   b. Le meurtre a été commis près de ce bâtiment.

6. Voilà le parc.
   Quel parc ?

   La statue dont je parlais se trouve au centre de ce parc.

   Le parc au centre duquel se trouve la statue dont je parlais.

Exercice 2. *Qui / que* : jeu d'équipes

Divisez la classe en deux. A tour de rôle, tout en choisissant le bon pronom relatif (qui ou que) l'équipe 1 lit une phrase de sa liste et l'équipe 2 a cinq secondes pour identifier la chose ou la personne décrite dans la phrase.

Équipe 1

1. un sport _que_ les Français aiment beaucoup
2. le plat _qu'_ on sert après le plat principal en France
3. la femme _qui_ a découvert le radium
4. la cathédrale _qui_ donne sur la Seine à Paris
5. les langues _qu'_ on parle en Suisse
6. le roi français _qui_ a perdu sa tête pendant la Révolution
7. le palais _que_ Louis XIV s'est fait construire à la campagne près de Paris
8. le peintre italien _qui_ François I a invité vivre à son château à Amboise
9. l'auteur français _qui_ a écrit L'étranger
10. le philosophe français _qui_ a dit « Cogito ergo sum » (*Je pense, donc je suis*)

Équipe 2

1. le sculpteur français _qui_ a fait *Le penseur*
2. la langue _que_ les troubadours parlaient
3. la chanteuse française _qu'_ on appelle « la Môme »
4. une petite forêt _qui_ se trouve au plein milieu de Paris
5. la ville en France _que_ les antipapes ont choisie pour y établir leur résidence au 14e siècle
6. le compositeur français _qui_ a écrit *Clair de lune*
7. la grande course de bicyclette _qui_ a lieu chaque été en France
8. le roi normand _qui_ a envahi l'Angleterre en 1066
9. le genre de musique _que_ Django Reinhardt a joué dans les clubs de Paris pendant les années 30 et 40
10. la boisson _qu'_ on devrait prendre avec le poisson

Exercice 3. *Dont*

Dans un petit groupe discutez des sujets suivants en utilisant les structures données dans le modèle.

MODÈLE : être fier

    Quelle <u>est une chose dont</u> tu es fier/fière ?

    Mes notes ! Ça c'est <u>une chose dont</u> je suis très fier/fière.

être sûr(e)

être content(e)

avoir besoin

avoir envie

aimer te plaindre   *dont j'aime me plaindre*

t'inquiéter

ne pas pouvoir te passer

te servir tous les jours

ne pas te souvenir   *dont je ne me souviens pas*

aimer parler avec des amis   *dont j'aime parler avec mes amis*

Exercice 4. *Qui, que, dont*

Travaillez dans un groupe pour identifier la fonction des appareils dans la liste ci-dessous. Pour chaque appareil donnez des définitions avec les pronoms relatifs qui, que et dont.

    MODÈLE : un ouvre-boîtes

        C'est un appareil <u>qui ouvre</u> les boîtes, <u>qu'on utilise</u> pour ouvrir les boîtes,

        et <u>dont on a besoin</u> pour ouvrir les boîtes.

Appareils

1. un four à micro-ondes
2. un sèche-cheveux
3. un fer à friser
4. une machine à laver
5. un lave-vaisselle
6. un fer à repasser
7. un appareil photo numérique
8. un batteur électrique
9. une pince à ongles

Exercice 5. Les enfants

Travaillez avec un partenaire et donnez une description de ces enfants à partir des phrases dans la liste. Utilisez les pronoms relatifs qui, *que*, *dont* et preposition + qui.

> MODÈLE : *un enfant extraverti*
>
> *Un enfant extraverti c'est un enfant qui a beaucoup d'amis, qui aime être avec les autres.*

Les enfants

gâté	introverti
sage	précoce
turbulent	capricieux
bavard	maladroit
timide	curieux
sportif	méchant

Les qualités

1. On lui donne tout ce qu'il demande. *gâté*
2. Il obéit toujours à ses parents. *sage*
3. Ses parents sont fiers de lui. *précoce*
4. Il parle tout le temps. *bavard*
5. On le choisit toujours pour son équipe de football. *sportif*
6. Les autres ne l'invitent pas parce qu'il préfère être seul. *introverti*
7. Il a peur de parler. *timide qui a peur de parler.*
8. Ses amis ne sont pas nombreux. *introverti*
9. Les autres lui demandent de l'aider avec les devoirs. *précoce*
10. Les désirs et les demandes de cet enfant changent constamment. *capricieux*
11. Les autres parents n'aiment pas l'inviter parce qu'il tombe souvent et il casse des choses. *maladroit*
12. Il sait toujours les réponses aux questions de la maîtresse.
13. Les autres enfants ont peur de lui. *méchant*
14. Il parle, il bouge en classe. *turbulent*
15. Il aime apprendre de nouvelles choses. *curieux*

Exercice 6. Devinettes

Dans des groupes de quatre personnes, choisissez un des sujets suivants : **une personne** célèbre ou connue, **une date** connue, **un endroit**
bien connu, **une chose** ou **un appareil** connu. Dressez ensuite une liste
de définitions de ce sujet employant chaque fois **un pronom relatif
différent.** Essayez d'employer autant de pronoms relatifs que possible.
Vos camarades de classe vont ensuite devenir l'identité de votre sujet.

> MODÈLES :
>
> C'est une fête <u>qui</u> tombe toujours dans le deuxième mois de l'année,
> un jour <u>que</u> les amoureux aiment, un jour <u>où</u> on offre des fleurs à son/
> sa bien-aimé(e), un jour <u>dont</u> les amoureux rêvent, un jour <u>auquel</u> les
> amoureux pensent souvent, etc.
>
> C'est une personne qui..., que..., dont... , à qui..., etc.
>
> C'est un objet qui..., que..., dont..., avec lequel..., etc.
>
> C'est un monument qui..., que..., dont..., un endroit où..., le bâtiment
> dans lequel..., etc.

Exercice 7. Prépositions autre que *de*

Posez ces questions à d'autres personnes dans la classe et notez leurs
réponses.

1. Demandez *une raison pour laquelle* il/elle étudie le français. [Réponse :
   Une raison pour laquelle j'étudie le français... c'est que...]
2. Demandez *une raison pour laquelle* il/elle a choisi cette université.
3. Demandez *un sujet auquel* il/elle s'intéresse beaucoup.
4. Demandez *un type de spectacle auquel* il/elle aime assister.

Exercice 8. Prépositions composées

Avec un partenaire, écrivez deux phrases fascinantes qui emploient des
pronoms relatifs avec des prépositions composées. Essayez de trouver
au moins une préposition composée qui n'est pas dans la liste donnée
dans ce chapitre. MODÈLE : *Dans mon jardin il y a un arbre <u>sous l'ombre duquel</u>*
j'aime lire.

Exercice 9. Pronoms relatifs indéfinis

Avec un partenaire discutez des sujets donnés suivant le modèle. Employez toujours des pronoms relatifs indéfinis *ce qui, ce que, ce dont, (ce) à quoi.*

MODÈLE : *J'ai peur de quelque chose.*

Étudiant 1 : *J'ai peur de quelque chose. Tu sais <u>ce dont</u> j'ai peur ?*

Étudiant 2 : *Non, dis-moi ce dont tu as peur.*

Étudiant 1 : *Ce dont j'ai peur c'est* [...]

1. J'ai peur de quelque chose. *ce dont*
2. Quelque chose est arrivé hier. *ce qui*
3. Je pense à quelque chose. *à ce quoi*
4. Je veux quelque chose. *ce que*
5. Je m'inquiète de quelque chose. *ce dont*
6. Je cherche quelque chose dans la vie. *ce qui*
7. Quelque chose m'étonne. *ce dont*

Exercice 10. Pronoms relatifs après le pronom démonstratif

Parlez de vos préférences avec votre partenaire suivant le modèle. Employez toujours un pronom démonstratif et variez les pronoms relatifs.

MODÈLE : *amis*

Quant aux amis, je préfère / j'aime <u>ceux qui</u> me font rire, <u>ceux que</u> je peux respecter et <u>ceux dont</u> j'apprécie l'honnêteté ; <u>ceux à qui</u> je peux me fier, <u>ceux sur qui</u> je peux compter et <u>ceux avec qui</u> je peux plaisanter. Et toi ? Quel type d'amis est-ce que tu préfères ?

amis

professeurs

livres

films

vêtements

voyages

voitures

Exercice 11. Élaborer les phrases

Travaillez ensemble dans des groupes de quatre ou cinq étudiants pour élaborer les phrases de base données ci-dessous en offrant des détails sur tous les substantifs. Chaque étudiant dans le groupe doit ajouter une phrase subordonnée avec un pronom relatif différent.

MODÈLE : *Le chien grignotait l'os devant la maison.*

1. *le chien qui s'appelle Fido*
2. *le chien dont j'ai peur*
3. *l'os avec lequel il jouait*
4. *la maison où nous nous sommes rencontrés*
5. *la maison que j'ai achetée l'année dernière*

Nouvelle phrase : *Le chien qui s'appelle Fido, et dont j'ai peur, grignote l'os avec lequel il jouait devant la maison où nous nous sommes rencontrés et que j'ai achetée l'année dernière.*

Phrases :

1. Le petit garçon a perdu la balle dans le jardin.
2. Le traineau glissait lentement sur la route à travers le champ.
3. La petite fille a mis la pomme dans le panier.
4. Sur la plage la vague a démoli le château de sable.
5. Le petit oiseau se tenait immobile sous la neige sur un poteau.

Exercices écrits : pronoms relatifs
Exercice 1. Révision

Complétez chaque phrase d'une façon logique.

1. Voilà le chien qui... *m'aime.*
2. Voilà le chien avec qui... *j'ai grandi.*
3. Voilà le chien dont... *il a peur.*
4. Voilà le chien que... *j'ai adopté.*
5. Où sont les clés que... *j'ai perdu?*
6. Où sont les clés auxquelles...
7. Où sont les clés qui... *sont grandes?*
8. Où sont les clés dont... *tu as besoin?*
9. C'est la ville où... *il est né.*

10. C'est une ville qui... *est en France.*
11. C'est une ville dont... *j'ai pensé.*
12. C'est une ville que... *je voudrais visiter.*

Exercice 2. Dont

Reliez les deux phrases avec le pronom relatif dont.

1. Cet auteur a écrit plusieurs livres. Trois d'entre eux ont gagné des prix littéraires. *dont trois*
2. Le réalisateur a répondu aux questions des spectateurs. Plusieurs d'entre eux n'avaient pas encore vu son film. *dont plusieurs*
3. La salle était remplie d'enfants. Certains d'entre eux pleuraient et cherchaient leur mère. *dont certains*
4. Les invités ont posé beaucoup de questions. Deux des invités étaient étrangers. *dont deux*
5. Le Ministre du Travail a déjeuné avec 200 personnes. La moitié d'entre eux étaient au chômage. *dont la moitié*
6. La femme a téléphoné à la police. Son fils avaient disparu.
7. Le monsieur m'a accueilli à l'aéroport. J'en connais le fils. *dont je connais...*
8. Nous allons visiter une ville. La mairie en a été détruite dans l'orage. *dont*

Exercice 3. Prépositions composées

Traduisez en français.

1. There once was a beautiful lake, in the middle of which lived an old woman. *au milieu duquel*
2. The house overlooked a lovely river, along which the young couple liked to stroll. *au long de laquelle*
3. They were seated by the fireplace, over which hung a very large portrait of the queen. *au dessus de laquelle*
4. The man stood facing a tree, in the shelter of which there slept a tiny puppy. *à l'abri duquel*
5. The house had a large garage, in front of which were parked three cars. *face auquel*
6. I saw the man with a woman, in whose company he was taking a stroll. *en compagnie de laquelle*

Exercice 4. *Dont* et prépositions composées

Reliez les phrases en employant un pronom relatif.

1. Voici les couleurs. Il faut choisir parmi elles.
2. Il est entré dans le magasin. La femme mystérieuse habite au-dessus du magasin.
3. La fille s'appelle Monique. Il est arrivé avec elle.
4. Quelle est la raison ? Il est parti pour cette raison.
5. Voici les questions. J'y pensais.
6. Vous avez vu l'homme ? Je lui parlais.
7. Le livre a disparu. Elle en a besoin.
8. C'est une personne. J'ai très peu de sympathie envers elle.
9. C'est un homme. Elle ne veut pas se fâcher contre lui.
10. Où est l'outil ? Nous avons réparé la machine à l'aide de cet outil.
11. Voici la porte. Ils sont passés par cette porte.
12. J'ai vu une émission. Les femmes sont plus sensibles que les hommes selon cette émission.
13. Il faut trouver la chaise. Nous avons caché les cadeaux derrière cette chaise.

Exercice 5. Phrases complexes

Élaborez la première phrase de chaque groupe par les renseignements dans les autres phrases. **La première phrase doit rester la phrase principale.** Évitez le groupement qui est/était + adjectif, par ex., une femme qui était belle; dans ce cas il est préférable de dire une belle femme.

MODÈLE : *Les fleurs venaient d'une région.*
- *Elles étaient belles.*
- *Tu as donné les fleurs à la fille.*
- *Elle occupe la chambre en face de l'escalier.*
- *Personne n'avait jamais entendu parler de la région.*

Les belles fleurs que tu as données à la fille qui occupe la chambre en face de l'escalier venaient d'une région dont personne n'avait jamais entendu parler.

1. La dame habite une maison.
   - Je vous parle de cette dame.

- La maison est jolie et petite.
- La maison est à la campagne.
- À côté de la maison se trouve un pré.
- Le pré est grand.
- Nous aimions jouer dans ce pré.

La dame dont je vous parle habit une jolie et petite maison à la campagne à côté duquel on se trouvé un grand pré où nous aimions jouer.

2. Le professeur de ma sœur vient d'un pays.
   - C'est un professeur de linguistique.
   - Cette sœur étudie les langues étrangères.
   - Ce pays est très lointain.
   - On ne parle pas anglais dans ce pays.

Le prof de linguistique de ma sœur qui étudie les langues étrangères vient d'un pays très lointain où on ne parle pas anglais.

3. Les gens aiment aussi les livres.
   - Ces gens aiment les films.
   - Dans ces films il fait toujours nuit.
   - Le but de ces livres est de faire peur.

Les gens qui aiment les films où il fait toujours nuit aiment aussi les livres dont le but faire peur.

4. Ma copine a interviewé la femme.
   - J'habite avec cette copine.
   - Elle travaille comme journaliste.
   - La fille de cette femme prétend avoir vu une soucoupe volante derrière le magasin.
   - Son père travaille à ce magasin.

5. L'homme a acheté une voiture.
   - Ma sœur habite avec cet homme.
   - J'ai rencontré cet homme pour la première fois hier.
   - La voiture est grosse et américaine.
   - La voiture roule très vite.

6. Le professeur a fait des recherches.
   - Nous allons entendre la conférence de ce professeur demain.
   - Ces recherches étaient importantes.
   - Il a gagné le Prix Nobel pour ces recherches.

7. L'article pourrait bien intéresser mes amis.
   - J'ai lu cet article ce matin dans le journal.
   - Ce journal est quotidien.
   - J'achète ce journal tous les jours au kiosque.
   - Le kiosque est devant la maison.
   - Dans cet article on parle des élections.
   - Ces élections sont au Canada.
   - Ces amis étudient les sciences politiques.

8. Mon oncle voyagera à un lac.
   - Mon oncle est un scientifique très connu.
   - Il vient de parler à un congrès international.
   - Le lac est dans les Alpes.
   - Au milieu de ce lac se trouve une île.
   - Un oiseau habite cette île.
   - Cet oiseau est rare.
   - Les œufs de cet oiseau contiennent un produit chimique.
   - On a besoin de ce produit chimique pour faire un sérum contre une maladie grave.

Exercice 6. Phrases à élaborer

Élaborez les phrases en ajoutant au moins une proposition relative à chaque substantif. Essayez de varier les pronoms relatifs (et de ne pas employer toujours qui et que). Évitez aussi le groupement qui est/était + adjectif, par ex., *une femme qui était belle* ; dans ce cas il est préférable de dire *une belle femme*. Vous pouvez changer les articles devant les substantifs (par ex., *une femme* → *la femme*).

MODÈLE : *J'ai discuté le livre avec l'homme.*

J'ai discuté le livre que vous m'avez donné avec l'homme dont je t'ai parlé, celui qui habite en face de chez moi.

1. Une femme se reposait dans le jardin.
2. J'allais prendre le train pour rendre visite à une copine.
3. Les enfants ont vu un chien dans la rue.
4. Le directeur va passer ses vacances sur un lac.
5. La maison se dressait sur une montagne.
6. Les filles venaient de voir le film.
7. L'homme a un chien et trois chats.
8. Le magasin se trouve dans un bâtiment.

Exercice 7. Composition

Récrivez l'histoire en combinant les phrases et en éliminant les éléments répétés. Utilisez des pronoms relatifs, des pronoms objets, des participes présents et des mots de transition, et mettez tout le dialogue dans le discours indirect. Vous pouvez ajouter des adjectifs et des adverbes pour rendre le récit plus clair ou plus intéressant si vous voulez. Vous êtes libre de changer l'ordre des phrases.

Annick prenait son petit déjeuner. Elle habite à la campagne. Elle était dans son jardin. Annick était très fière de ce jardin. Elle se sentait bien dans son jardin. Toutes les fleurs du printemps poussaient et ajoutaient de belles touches de couleurs (ces couleurs étaient vibrantes) dans ce jardin. Elle aimait bien aussi ses arbres. Elle avait l'habitude de se reposer à leur ombre.

Après quelques minutes, Annick a cru entendre une sorte de petit cri. Le son venait du haut du cerisier. Elle avait planté cet arbre dix ans auparavant.

Elle a regardé de plus près. Elle a aperçu un chat. Il était petit et blanc. Sa patte lui faisait mal et il miaulait pitoyablement.

Annick est vite allée chercher une échelle et un panier. Elle est retournée à l'arbre avec ces objets. Elle a appuyé l'échelle contre l'arbre. Elle est montée dans l'arbre. Elle a pris le chat. Elle a mis le chat dans le panier. (Elle s'inquiétait au sujet du chat.) Le chat l'a accueillie avec joie. Il ronronnait.

Maintenant Annick et le chat sont les meilleurs amis. Elle n'oubliera jamais ce beau matin. Elle a rencontré son petit compagnon ce matin-là.

5 · Les adverbes

Un adverbe modifie un verbe, un adjectif ou un autre adverbe. Il est toujours invariable, c'est-à-dire qu'il ne change jamais de forme. Un adjectif, par contre, modifie un substantif et s'accorde avec le nombre et le genre de ce substantif. Comparez les adjectifs et les adverbes dans les exemples suivants :

Adjectifs :
C'est une <u>bonne</u> réponse.
Ils ont des enfants <u>actifs</u>.
Elles sont <u>naïves</u>.

Adverbes :
Il a <u>bien</u> répondu.
Ils participent <u>activement</u>.
Elle y croit <u>naïvement</u>.
C'est un <u>très</u> petit lapin.
Il parle <u>trop</u> <u>fort</u>.

Les adverbes se divisent en plusieurs groupes : les adverbes de manière, de quantité, de temps, de lieu et de négation. Il y a aussi des adverbes interrogatifs et exclamatifs.

Manière :	Il est parti rapidement.
Quantité :	Il mange trop.
Temps :	Il va partir demain.
Lieu :	Il habite ailleurs.
Négation :	Il ne parle jamais.
Interrogatif :	Quand va-t-il arriver ?
Exclamatif :	Que je me sens bien !

Pour les adverbes interrogatifs, voir le chapitre 6. Dans ce chapitre-ci nous examinons la formation, l'emploi et le placement de tous les autres adverbes.

I. ADVERBES DE MANIÈRE

La plupart des adverbes de manière sont dérivés de la forme féminine des adjectifs qualificatifs à laquelle on ajoute le suffixe -ment :

Adjectif masculin	Adjectif féminin	Adverbe
lent	lente	lentement
actif	active	activement
nerveux	nerveuse	nerveusement
discret	discrète	discrètement
divin	divine	divinement
doux	douce	doucement
sot	sotte	sottement
fou	folle	follement
facile	facile	facilement

Il est important de noter que la transformation adjectif féminin + -ment → adverbe ne marche pas pour tous les adjectifs. Dans certains cas, il faut utiliser une phrase nominale :

blanc : blanchement de couleur blanche
fâché : fâchéement d'un ton / d'un air fâché

L'exception la plus importante de l'adverbe en -ment concerne le groupe d'adjectifs terminés en -ent, -ant, pour lesquels la terminaison adverbiale est -emment, -amment (tous les deux prononcés avec la voyelle [a] dans la première syllabe: *patient* → *patiemment* [pa sja mɑ̃], *constant* → *constamment* [kɔ̃ sta mɑ̃]).

Notez les cas spéciaux suivants : *lent* → *lentement* ; *présent* → *présentement* (vieux ou régional) ; *véhément* → *véhémentement* (forme littéraire).

Notez aussi que les adverbes *notamment* et *précipitamment* sont dérivés des participes présents *notant* et *précipitant*.

Pour les adjectifs dont la forme masculine se termine par une voyelle prononcée, on dérive l'adverbe de cette forme masculine, donc on supprime le *e* féminin de la forme écrite : *joliment, absolument, passionnément*.

Deux orthographes sont possibles pour les adverbes correspondant aux adjectifs *gai* et *nu* : *gaîment/gaiement* ; *nûment/nuement*.

Notez aussi que certains adjectifs terminés en -u ajoutent un accent circonflexe sur le u de l'adverbe : *dûment, assidûment, continûment, crûment*.

Il existe également des adverbes où on ajoute un accent aigu sur le *e* de l'adjectif. Il est possible que cette structure soit par analogie avec les adverbes formés sur les participes passés (par ex., *aisé* → *aisément*). Quelques adverbes dans ce groupe sont :

précisément
profondément
énormément
aveuglément
confusément
obscurément
opportunément
importunément
profusément
exquisément
conformément
intensément
commodément
uniformément

Notez les cas spéciaux suivants :

L'adjectif *bref* (fém. *brève*) devient *brièvement*.
L'adjectif *gentil* (fém. *gentille*) devient *gentiment*.
Les adverbes *vachement* et *diablement* viennent des substantifs *vache* et *diable*.

Un petit groupe d'adverbes de manière ont des formes particulières, y compris

bien
mal
mieux
pis*
vite
volontiers
exprès
plutôt
ensemble
*(forme plutôt vieillie ou littéraire, sauf dans l'expression *tant pis*)

D'autres sont des **adjectifs employés comme adverbes**. Ceux-ci se trouvent surtout dans des expressions figées telles que

tenir bon
voir clair
marcher droit
travailler dur
coûter cher
chanter faux
chanter juste

Notez aussi l'emploi de l'adjectif *soudain* comme adverbe. On trouve cet emploi à côté de celui de l'adverbe *soudainement* : *Il commence soudain(ement) à pleurer.*

Note linguistique : emplois particuliers de l'adverbe *bien*

Les adverbes *bien* et *mal* correspondent aux adjectifs *bon* et *mauvais* ; c'est-à-dire que *bon* et *mauvais* modifient des substantifs tandis que *bien* et *mal* modifient des verbes (ou des adjectifs ou d'autres adverbes). Par exemple :

> C'est un bon danseur. Il danse bien.
> C'est un mauvais orateur. Il s'exprime mal.

Avec les verbes *savoir*, *comprendre* et *falloir*, l'adverbe *bien* donne un sens de renforcement au verbe :

Je sais bien qu'il est parti.	*I do know (I am well aware) that he left.*
Tu comprends bien que…	*You must understand that ...*
Il faut bien y répondre.	*We really must answer.*

Avec les verbes *vouloir*, *croire/penser* et *aimer*, cependant, l'adverbe *bien* a l'effet opposé—il diminue la force du verbe :

> *Je veux bien* est moins fort que *Je veux*.
> *Je crois bien* admet plus de doutes que *Je crois*.
> *Je t'aime bien* est moins fort que *Je t'aime*.

On voit le mot *bien* employé comme adjectif dans le sens suivant : *C'est une fille très bien* (a very fine, upstanding girl).

Le mot *bien* s'emploie aussi comme adverbe de quantité synonyme aux adverbes *très* et *beaucoup* :

> Il est bien fatigué.
> Bien des spectateurs ne le croyaient pas.
> Je vous souhaite bien de la chance.

Comparez la structure de la phrase nominale avec *bien* et avec *beaucoup* :

> *bien* + article partitif + substantif : *bien de la chance*
> *bien* + article indéfini pluriel + substantif : *bien des gens*
> *beaucoup* + de + substantif : *beaucoup de gens*

Le placement de l'adverbe de manière dépend de la forme du verbe qu'il modifie. Il se met :

• directement après le verbe simple (en anglais par contre il peut précéder ce verbe) : *Il se lève lentement.*

- s'il est court, entre l'auxiliaire et le participe passé dans les temps composés : *J'ai bien mangé.*
- s'il est long, après le participe passé : *Il a parlé longuement.*
- s'il est court, avant l'infinitif : *Il va vite comprendre.*
- s'il est long, après l'infinitif : *Il faut répondre correctement.*

II. ADVERBES DE QUANTITÉ

Les adverbes de quantité marquent l'intensité, le degré, la quantité ou le degré de comparaison. Quelques-uns se forment avec la terminaison -ment : *totalement, entièrement, complètement, absolument.*

Les autres sont des mots particuliers comme *très, beaucoup, peu, trop, assez, tant, tellement, presque, plus, moins, autant, aussi.* Notez surtout les adverbes de comparaison dans les quatre derniers exemples.

Il est très occupé.
Il est complètement perdu.
Il mange beaucoup.
Il a trop bu.
Il s'amuse plus/moins/autant qu'elle.
Il a plus/moins/autant d'amis qu'elle.
Il court plus/moins/aussi rapidement qu'elle.
Il est plus/moins/aussi petit qu'elle.

Trois adjectifs s'emploient comme des adverbes de degré : *grand, tout* et *fort.*

Comme adverbe de quantité, *fort* veut dire *beaucoup, excessivement, extrêmement.* On voit cet emploi surtout dans le français soigné. (L'adjectif *fort* s'emploie aussi comme adverbe de manière : *Serrez-moi fort. Crier fort.*) L'adverbe *fort* (comme tous les adverbes) reste invariable, même devant un adjectif :

J'en doute fort.
Elle est fort peinée.
Il est de fort bonne humeur.

L'usage de l'adjectif *grand* comme adverbe de quantité est assez limitée. À l'écrit il est variable : *ouvrir grande la bouche.* À l'oral, il tend à rester invariable : *des yeux grand ouverts. Des portes grand ouvertes.*

La forme de l'adverbe *tout* dépend du mot qu'il modifie. Devant un adverbe, il reste invariable: *Faites-le tout doucement*. Devant un substantif, la forme varie selon l'expression. Cet usage est très limité :

Elle était tout [tut] yeux et tout [tut] oreilles.
Il était toute intelligence.

Devant un adjectif,

- Il reste invariable pour le nombre. C'est-à-dire qu'on n'écrit ni ne prononce jamais un s pluriel : *ils sont tout petits, ils sont tout‿abimés* ; *elles sont toute petites, elles sont tout abimées*.
- Par contre, il est variable pour le genre selon le système suivant. Si l'adjectif est féminin, on prononce l'adverbe toujours [tut]. Ceci s'écrit *toute* devant l'adjectif commençant par une consonne ou un h aspiré—*toute petite(s), toute honteuse(s)*—et *tout* devant l'adjectif commençant par une voyelle (car le t doit toujours se prononcer dans cette liaison obligatoire) : *tout‿entière(s), tout‿habituée(s)*. Si l'adjectif est masculin, on dit [tu], sauf devant une voyelle, où on entend la liaison [tut] : *tout petit(s), tout‿ému(s)*.

L'adverbe de quantité qui modifie un verbe suit les mêmes règles de placement que l'adverbe de manière. Il se place :

- directement après le verbe simple : *Il aime beaucoup la classe*.
- avant ou après le participe passé dans les temps composés (selon sa longueur) :
    Il a trop mangé.
    Ayant assez vu,...
    Après avoir beaucoup mangé...
    Il a parlé longuement.
    Il s'est perdu complètement.
    Ayant compris complètement,...
- avant ou après l'infinitif (avant, s'il est court ; après, s'il est long) :
    Il va beaucoup manger.
    Il va le manger complètement.

III. ADVERBES DE TEMPS

Les adverbes de temps décrivent le moment de l'action (*demain*), sa durée (*longtemps*), sa fréquence ou sa répétition (*souvent*) ou la chronologie des actions (*ensuite*). Des exemples d'adverbes de temps se trouvent dans la note de vocabulaire suivante.

Note de vocabulaire : adverbes de temps

actuellement   à l'heure actuelle   maintenant   à présent
   aujourd'hui

n'importe quand   toute la journée   le week-end

à cette époque-là   à ce moment-là = alors (+ verbe à l'imparfait : *Ils habitaient alors à Paris*)

après   avant   auparavant (*previously, beforehand*)

demain   après-demain   le lendemain   bientôt

hier   avant-hier   la veille   il y a trois jours

soudain   tout à coup   tout de suite   aussitôt (*immediately*)

d'abord   ensuite   enfin

toujours   parfois   quelquefois   de temps en temps
   rarement   jamais

tôt   tard   en avance   en retard   à temps

depuis   désormais/dorénavant (*henceforth*)

longtemps   brièvement   à jamais (= pour toujours)

dans trois jours   en trois jours (pour représenter la fin d'une
   période de temps on utilise *dans* ; pour la durée on utilise *en* :
   Il arrivera dans trois jours. Il a fini le projet en trois jours.)

Les adverbes de temps suivent les mêmes règles de placement que celles des adverbes de quantité et de manière pour les verbes simples et composés, mais on peut les placer aussi au début ou à la fin de la phrase pour la mise en relief.

- avec le verbe simple :
    Souvent, il oublie ses devoirs.
    Il oublie souvent ses devoirs.
    Il oublie ses devoirs assez souvent.

- avec les temps composés :

  Souvent, il a oublié ses devoirs.

  Il a souvent oublié ses devoirs.

  Il a oublié ses devoirs assez souvent.

  De temps en temps, il a oublié ses devoirs.

  Il a oublié de temps en temps ses devoirs.

  Il a oublié ses devoirs de temps en temps.

Cependant avec les adverbes qui marquent le moment dans le temps, l'adverbe doit venir soit au début soit à la fin de la phrase :

Hier, il a oublié ses devoirs.

Il a oublié ses devoirs hier.

Avec l'infinitif, l'adverbe de temps se met après. On peut le mettre aussi au début ou à la fin de la phrase :

Il va arriver bientôt.

Il va partir demain.

Bientôt, il va chanter.

Demain, il va arriver.

IV. ADVERBES DE LIEU

Les adverbes de lieu, qui sont nombreux, situent le verbe dans un endroit. En voici quelques exemples :

ailleurs (*elsewhere*) ici là là-bas nulle part partout quelque part
dedans dehors derrière devant en bas en haut (tout) près
  loin
(tout) autour là-dedans là-dessous là-dessus là-haut
  Allez le faire ailleurs.
  Les enfants jouent dehors.
  Il habite très loin.

Dans la langue parlée courante, on remplace souvent *ici* par *là* : *Il n'est pas là* (He's not here).

On peut ajouter *là-* à certains adverbes : *là-dedans* (inside it), *là-dessous* (underneath it), *là-dessus* (on top of it), *là-haut* (up there) (comparez : *là-bas*).

Comparez la préposition *dans* avec l'adverbe *dedans* : *Il est dans la classe. Il est dedans.*

N'oubliez pas dans la langue soignée d'employer la particule *ne* avec l'adverbe *nulle part* : *Il n'est nulle part.*

Ne faites pas de liaison devant le mot *haut* : *en _x haut.*

Les adverbes de lieu, comme les adverbes de temps, peuvent se placer au début et à la fin de la phrase pour la mise en relief.

- Avec le verbe simple, ils se mettent aussi directement après le verbe :
    Ici, on parle français.
    On parle ici le français.
    On parle français ici.
- Avec les temps composés et l'infinitif, l'adverbe de lieu se place après le participe passé ou après l'infinitif :
    On l'a cherché partout.
    Ils ont joué ailleurs.
    Il aime manger dehors.
    Il préfère rester ici.

V. ADVERBES DE NÉGATION

Les adverbes de négation se composent traditionnellement de deux parties : ne + un deuxième élément (mais voyez l'usage dans la langue familière, plus bas) :

pas	personne
plus	pas encore
jamais	nulle part
point	nullement
guère	aucunement
rien	

> ## Note de vocabulaire : *ne ... plus ; ne ... pas encore*
>
> La négation de *encore... ?* est *ne ... plus*. La négation de *déjà ?* est *ne ... pas encore*.
>> Vous habitez encore chez vos parents ? Non, je n'habite plus chez eux.
>> Avez-vous déjà visité la France ? Non, je ne l'ai pas encore visitée.

Dans la langue parlée et le style familier, le *ne* tombe presque toujours :

> Je le veux pas.
> J'y vais jamais.
> J'en sais rien.

Ce phénomène n'est pas du tout limité aux classes ouvrières ; même les locuteurs les plus éduqués laissent tomber systématiquement le *ne* dans les situations informelles. Néanmoins, il est intéressant de noter que, quand on les questionne, beaucoup de Français déclarent que la chute du *ne* constitue du « mauvais français » (probablement parce que cette particule est obligatoire dans la langue écrite). Ces mêmes personnes savent bien cependant varier leur production personnelle du négatif (incluant ou éliminant le *ne*) selon la situation dans laquelle elles se trouvent. On voit cette habilité à travers tous les niveaux sociaux, d'ailleurs. Par exemple, on a tendance à garder plus souvent le *ne* si le sujet de conversation est plus sérieux (l'éducation vs. le football), et si on parle devant le public ou avec quelqu'un qu'on veut impressionner. Dans ces cas, le maintien du *ne* est une *variante de prestige*. L'âge du locuteur joue aussi un rôle, les plus âgés gardant en général plus souvent le *ne*. À part les facteurs sociologiques, il en existe d'autres d'origine linguistique (voir la note linguistique ci-dessous).

Il est important que l'étudiant de français comprenne que le maintien et la chute du *ne* négatif ne sont pas du tout en variation libre. Dans certains contextes il est préférable (sinon obligatoire) de garder le *ne* et dans d'autres, son maintien serait bizarre. On doit donc toujours faire très attention à la situation sociolinguistique dans laquelle on se trouve avant de choisir de garder ou de laisser tomber la particule *ne* dans la négation.

Variante linguistique : facteurs linguistiques influençant la particule négative *ne*

La particule *ne* tend à se perdre
- dans certaines expressions, telles que :
    Je sais pas.
    C'est pas mon ordinateur.
    Il y a pas assez de temps.
    Il y en a pas.
    Il faut pas le faire.
- après le sujet impersonnelle *il*, qui peut se prononcer [i] ou disparaître complètement : *[i] y a pas, [i] faut pas*.
- après les pronoms sujets (plutôt que les sujets nominaux) :
    T'as pas vu ?
    Je comprends pas.
    Il sait pas.
    Vous croyez pas ?

On garde la particule *ne* surtout
- après les adverbes négatifs *personne* et *rien* comme sujet : *Rien n'est parfait. Personne n'est venu.*
- avec les adverbes négatifs *plus* et *que* : *Il ne mange plus. Il ne fait que parler.*
Dans le premier cas, on veut peut-être distinguer le *plus* négatif du *plus* comparatif. Dans le deuxième, on maintient la structure complète parce qu'il s'agit plutôt d'une restriction que d'une négation.

Les adverbes *personne*, *rien* et *jamais* gardent leur connotation négative lorsqu'on répond à une question par cet adverbe seul :

Qui est venu ? Personne.
Qu'est-ce que tu fais ? Rien !
Vous l'avez vu combien de fois ? Jamais !

On voit souvent des groupements de plusieurs mots négatifs, par exemple :

Il ne fait jamais rien.
Je ne vois plus personne.
Elle ne veut plus rien.

Les mots *personne* et *rien* s'emploient comme pronoms indéfinis qui peuvent être l'objet ou le sujet du verbe :

Je ne vois personne.
Personne n'est venu.
Je n'ai rien bu.
Rien ne s'est passé.

Le groupement *ne… que* marque plutôt l'exclusion que la négation :

Je n'ai qu'une chose à dire. (J'ai seulement une chose à dire.)

Avec la négation *ne… ni… ni*, il s'agit de conjonctions (pas d'adverbes) :

Il n'a trouvé ni paix ni solitude.
Il ne connaît ni ma mère ni mon père.

Les adverbes de négation suivent les mêmes règles de placement que celles des adverbes de manière et de quantité. Il faut cependant parfois aussi ajouter le mot *ne* devant le verbe. Remarquez que les négations *personne* et *nulle part*, qui sont assez longues, suivent toujours le participe passé et l'infinitif. De la même façon, si le deuxième élément est long (*rien d'intéressant, aucune réponse, plus de pommes*…), il suit le participe passé et l'infinitif.

Le deuxième élément de l'adverbe de négation qui modifie un verbe se place

- directement après le verbe simple :

    Il n'aime pas la classe.

    Il ne nage guère.

    Elle ne comprend rien.

    Il ne chante plus.

    Il ne connaît personne.

- dans les temps composés, entre l'auxiliaire et le participe passé où après le participe passé, selon la longueur de l'adverbe :

    Il n'a jamais répondu.

    Il n'avait pas mangé.

    N'ayant pas encore fini...

    Il n'a jamais parlé.

    Je n'ai rien fait.

    N'ayant pas compris,...

    Il n'a vu personne.

    N'ayant vu personne,…

    Il ne l'a vu nulle part.

    Il n'a donné aucune explication.

    Il n'a dit rien d'important. / Il n'a rien dit d'important.

    Il n'a acheté plus de pommes. / Il n'a plus acheté de pommes.

- avant ou après l'infinitif, selon sa longueur :

    Je ne veux pas partir.

    Il ne va plus parler.

    Il ne sait rien faire.

    Il préfère ne rien dire.

    Il a décidé de ne jamais partir.

    Il a décidé de ne voir personne.

    Il ne veut aller nulle part.

    Il ne va dire rien d'important.

    Il a peur de ne trouver aucune explication.

Notez le placement de l'adverbe de négation avec l'infinitif passé : dans la langue courante on dit *je crains de ne pas avoir compris* mais dans la langue soignée on peut dire *je crains de n'avoir pas compris*.

Note linguistique : *ne*, employé seul

L'adverbe *ne* peut se trouver seul avec le sens négatif, avec certains verbes, surtout aux temps simples ou suivis d'un infinitif. Cet usage est plutôt soigné ou littéraire. Ces mêmes verbes se trouvent dans la langue courante avec un deuxième élément négatif.

savoir : Il est parti, on ne sait pourquoi, par la porte de derrière.

pouvoir : Elle ne peut répondre.

oser : Il n'ose parler.

cesser : Il ne cessa de la regarder.

Notez que la particule *ne* seule se trouve aussi dans certaines structures sans connotation négative : *Il craint qu'elle ne soit fatiguée.* Pour cette structure, voir le chapitre 9.

VI. ADVERBES EXCLAMATIFS

On peut commencer une phrase exclamative par les adverbes *comme, que, ce que, qu'est-ce que* et *combien*. Le choix d'adverbe exclamatif est déterminé par le niveau de style. *Qu'est-ce que* et *que* s'emploient dans un style très familier ; *comme* et *ce que* dans un style familier ; et *combien* dans un style soigné.

Qu'est-ce qu'il fait beau aujourd'hui ! (très familier)
Qu'il est bon de flâner dans le parc ! (très familier)
Comme il voulait lui parler ! (familier)
Ce qu'il est bête ! (familier)
Combien il se sentait petit ! (soigné)

Notez que *quelle* dans la phrase exclamative *Quelle jolie robe !* est un adjectif, pas un adverbe.

Exercices oraux : adverbes de manière
Exercice 1. *Bien*

Avec un partenaire, expliquez (en français) le sens des phrases soulignées.

1. Il comprend <u>bien des choses</u>.
2. Je <u>crois bien</u> qu'il viendra.
3. Il est <u>bien en retard</u> ce matin.
4. Il y avait <u>bien 500</u> messages qui m'attendaient à mon retour.
5. Vous <u>êtes bien</u> le chef du département, n'est-ce pas ?
6. Je l'<u>aime bien</u>.
7. Je <u>veux bien</u> vous aider.
8. Il est <u>bien content</u> de pouvoir vous aider.
9. Il <u>a bien dit</u> qu'il allait le faire, n'est-ce pas ?

Exercice 2. Les adverbes en -*ment* et *bien*

Avec un partenaire, complétez les petits dialogues en ajoutant dans la réponse un adverbe formé de l'adjectif donné. Attention à la forme et à la position de l'adverbe.

> MODÈLE : *Tu as oublié notre rendez-vous ?* (complet)
>
> *Oui, je l'ai <u>complètement</u> oublié.*

1. Tu mangeais quand les voisins sont arrivés ? (*tranquille*)
   Il y avait une tartelette qui restait? (*seul*)
   Tu voulais la manger ? (*absolu*)
   Alors, tu as mangé ? (*bon*)
2. Le conférencier a parlé ? (*intelligent et franc*)
   Et tu l'as rencontré après? (*bref*)
   Tu lui as posé quelques questions ? (*gentil*)
   Et il a compris tes remarques? (*certain*)
   Et il y a répondu ? (*poli mais nerveux*)
3. Le prisonnier a été accusé ? (*faux*)
   Il a pleuré ? (*impitoyable*)
   Il devait être fatigué de cette affaire, non ? (*vrai*)
4. Alors, il faut réagir à la situation, n'est-ce pas? (*actif*)
   Il faut écrire notre réponse ? (*lisible*)
   Quand faut-il qu'on le fasse ? (*immédiat*)
   Comment faut-il qu'on avance ? (*doux, lent, prudent, mais pas aveugle*)
   Et il faut mettre fin à ce procès ? (*sûr*)
5. Le facteur, il arrive en retard ? (*habituel*)
   Il fait sa ronde entre 9 heures et 10 heures ? (*régulier*)
   Il doit l'avoir finie à cette heure, non ? (*certain*)

Exercices oraux : adverbes de temps
Exercice 3. Vocabulaire difficile

Traduisez les phrases avec un partenaire. Il y a parfois plus d'une traduction possible.

1. I'm leaving in a week.
2. I finished the book in a week.
3. At the time, we were living in France.
4. Previously, we had lived in Switzerland.
5. He arrived the next day.
6. She had left the day before.
7. They left three days ago.
8. When shall we bring it? Whenever; we'll be here all day long.
9. From now on [henceforth], they will speak only French.

Exercice 4. La fréquence

Avec votre partenaire, parlez de la fréquence avec laquelle vous avez fait
ces choses cette année ou l'année dernière. Mettez tous les verbes au
passé composé. Choisissez les adverbes de la liste donnée. Faites attention à leur position dans la phrase.

Activités
aller au cinéma
voir un film français
manger au restaurant
inviter des amis chez vous
voyager en avion
boire de l'alcool
regarder la télévision
changer un pneu crevé
avoir un accident
acheter du pain
parler en français
téléphoner à votre meilleur(e) ami(e)

Fréquence
jamais
(pas) souvent
fréquemment
rarement
deux fois, trois fois, *etc.*
de temps en temps
d'autres adverbes...

Exercice oral : adverbes de lieu
Exercice 5. Vocabulaire

Contredisez ce que dit votre partenaire selon le modèle.

    MODÈLE : *Tu habites <u>très loin</u> ?*
                Non, j'habite <u>tout près</u>.

1. Ta chambre est <u>en bas</u> ?
2. Tu te mets <u>derrière</u> ?
3. Ce livre se vend <u>quelque part</u> ?
4. C'est <u>loin</u>, le restaurant ?
5. C'est <u>ici</u>, le magasin ?
6. Les enfants sont toujours <u>dehors</u> ?

Exercices oraux : adverbes de négation
Exercice 6. *Pas encore*

Avec votre partenaire, faites une liste des choses que vous n'avez pas encore faites, mais que vous aimeriez faire un jour.

    MODÈLE : *Je n'ai pas encore visité le Japon.*

Exercice 7. *Ne plus*

Avec votre partenaire, faites une liste de choses que vous ne faites plus.

    MODÈLE: *Je n'habite plus chez mes parents.*

Exercice 8. Une personne qui se montre très négative

Posez ces questions à votre partenaire, qui répond toujours au négatif.

1. Qu'est-ce que tu aimes ?
2. Qu'est-ce que tu as fait hier ?
3. Qu'est-ce que tu veux faire ce soir ?
4. Qu'est-ce qui t'intéresse ?
5. Où veux-tu aller ce soir ?
6. Qui est-ce que tu as rencontré en ville hier ?
7. Avec qui veux-tu parler maintenant ?

Exercice 9. Une investigation criminelle

Imaginez que la police vous interroge sur un crime qui a eu lieu dans un bar près de chez vous. Répondez toujours par un adverbe négatif (*personne, jamais, rien, nulle part*) et une phrase complète. Attention au temps du verbe et à la position de l'adverbe.

MODÈLE : *Vous avez rencontré qui ce soir-là ?*

Mais je n'ai rencontré personne !

1. Combien de fois est-ce que vous avez visité ce bar ?
2. Qu'est-ce qui s'est passé entre vous et le patron ce soir-là?
3. Qu'est-ce que vous avez dit au patron ? Vous avez dit quelque chose ?
4. Qui connaissez-vous qui travaille dans ce bar ?
5. Avec qui avez-vous parlé ce soir-là ? Vous avez certainement parlé avec quelqu'un ?
6. Qui avez-vous vu ? Vous avez vu quelqu'un ?
7. Où êtes-vous allé à 8 heures ce soir-là ?

Exercice oral : adverbes exclamatifs
Exercice 10. Des exclamations

Ajoutez tous les adverbes exclamatifs possibles aux phrases suivantes, en tenant compte du niveau de langue pour chaque adverbe. Ensuite, inventez vos propres exclamations.

MODÈLE : *Il fait froid.*

Qu'est-ce qu'il fait froid ! Qu'il fait froid ! (très familier)

Comme il fait froid ! Ce qu'il fait froid ! (familier)

Combien il fait froid ! (recherché)

1. Je suis fatigué(e) !
2. Je (ne) suis (pas) content(e) !
3. Je me sens bien !
4. Il fait beau aujourd'hui !
5. La vie est belle !
6. Cet exercice est [*ajoutez un adjectif*] !
7. Cette classe est [*ajoutez un adjectif*] !

Exercices écrits
Exercice 1. Adverbes de lieu

Traduisez en français.

1. Where's Charles?
2. I looked for him everywhere! He must be somewhere.
3. He's not upstairs. Is he downstairs?
4. No, he's not here. Let's look somewhere else.
5. There he is.
6. I was looking for him inside, but he's playing outside.
7. He's in a field with flowers all around and a lake nearby.

Exercice 2. Tous les adverbes

Rendez les phrases plus descriptives en ajoutant des adverbes. Il peut s'agir des adverbes de manière, de quantité, de temps, de lieu, de négation ou des adverbes exclamatifs ou interrogatifs.

MODÈLE : *J'ai mangé.* → *Que j'ai bien mangé !*

1. Le bébé pleurait.
2. Le chat miaulait.
3. La fille lisait dans le jardin.
4. Les oiseaux volaient dans le ciel clair.
5. L'élève a répondu à la question.
6. Le garçon est tombé dans le lac.
7. Le voleur s'est emparé de mon sac.
8. Elle va accepter l'invitation.
9. Ils ont cru à cette histoire absurde.
10. Le prof nous a interdit d'utiliser le livre.
11. Il gagnait sa vie.
12. Il parlait avec le petit.
13. Les deux amis aiment aller à la pêche le dimanche.

6 • L'interrogatif

Si on veut poser une question en français, plusieurs structures sont possibles. Par exemple, toutes les phrases suivantes posent la même question :

Où est-ce que le garçon habite ?
Où le garçon habite-t-il ?
Où habite le garçon ?
Le garçon habite où ?
Il habite où, le garçon ?
Où c'est qu'il habite, le garçon ?

Pour l'étudiant du français, il ne suffit pas de reconnaître ni de reproduire ces formes sans réflexion. On doit pouvoir bien choisir celle qui convient le mieux à chaque situation dans laquelle on se trouve. L'usage dépend de plusieurs facteurs, dont on mentionne les principaux ici et dont on discutera plus longuement dans le chapitre.

D'abord, on ne peut pas dire tout simplement qu'il existe certaines formes interrogatives pour la langue orale et d'autres pour l'écrit. Il faut tenir compte des innombrables genres qui existent dans la langue orale et dans la langue écrite. À l'oral, par exemple, dans le domaine du dialogue, en outre la conversation spontanée, on a des interviews plus structurées et des débats. Il existe aussi des situations où le locuteur s'adresse à un groupe sans dialoguer, comme à des conférences ou dans le journal parlé. Quant à la langue écrite, à côté des maintes [*many*] types de littérature (théâtre, roman, polar, poésie, entre autres), on a [*range*] tout une gamme d'autres genres, tels que la correspondance (personnelle ou officielle), la publicité, les magazines, le journal et les guides touristiques.

La situation se complique davantage par le fait que dans un seul genre (par exemple la conversation orale spontanée), le niveau de langue dépendra de l'auditeur (ou du lecteur) à qui on s'adresse. Il faut trouver le style qui convient sur le continuum de styles suivant : relâché ↔ familier (ou courant) ↔ soigné (ou soutenu).

D'autres facteurs (syntaxiques et lexiques) qui influencent le choix de tournure interrogative seront aussi présentés dans ce chapitre.

L'étudiant est donc censé ne pas se contenter d'employer n'importe quelle structure interrogative dans n'importe quelle situation. Il doit toujours essayer de choisir la forme qui convient le mieux à la situation dans laquelle il se trouve.

Pour aider l'étudiant à poser des questions non seulement grammaticalement correctes mais aussi appropriées à la situation, la présentation de chaque structure interrogative dans ce chapitre contiendra des indications sur son usage en français moderne.

Ce chapitre s'organise autour des deux types de questions qui existent en français : les **questions totales** et les **questions partielles**. Les questions totales contiennent tout ce qu'il faut pour répondre et ne demandent qu'un simple *oui*, *non* ou *si* comme réponse. Les questions partielles, par contre, demandent de l'information supplémentaire. Celles-ci contiennent un mot interrogatif, comme *pourquoi*, *qui* ou *lequel*.

I. QUESTIONS TOTALES

Tout manuel de grammaire offre à l'étudiant trois possibilités pour poser une question totale en français :

1. l'intonation montante de la phrase : par ex., *Vous comprenez ?*
2. l'addition de l'expression *est-ce que* au début de la phrase : par ex., *Est-ce que vous comprenez ?*
3. l'inversion du sujet et du verbe : par ex., *Comprenez-vous ?*

Il serait absolument erroné, cependant, de suggérer que ces trois structures s'emploient « également » dans la langue française, et que l'on puisse choisir n'importe laquelle des trois chaque fois qu'on pose une question totale. Dans les sections suivantes, nous examinerons l'emploi de chacune de ces structures dans les questions totales.

A. Intonation montante

Toutes les questions totales contiennent une intonation montante, tandis que dans toutes les questions partielles l'intonation descend à la fin de la phrase. Le premier type de question totale donné ci-dessus utilise pourtant cette intonation montante toute seule, sans autre indication de l'interrogation (comme l'expression *est-ce que* ou l'inversion de l'ordre normal du sujet et du verbe). Cette intonation montante seule est la tournure qu'on voit presqu'à l'exclusion des deux autres options pour poser une question totale dans la conversation en français. Ceci est vrai pour tous les niveaux de style, de la langue relâchée jusqu'au style soigné. Or, il est important de se rappeler que la conversation ne se limite pas à la langue parlée : elle existe aussi dans plusieurs types de la langue écrite. On peut spécifier donc qu'on préfère l'intonation montante seule pour poser une question totale dans tous les genres de la langue orale ainsi que de la langue écrite qui favorisent le dialogue. On peut citer comme exemples la conversation orale spontanée à l'écrit, des scènes de théâtre, la correspondance personnelle, même parfois la publicité.

Pour les autres genres, ceux qui excluent le dialogue (beaucoup de littérature écrite, conférences, discours publics), on ne voit presque jamais l'intonation montante seule dans une question totale. L'emploi dans ces contextes est discuté plus loin dans les sections qui suivent.

Il faut ajouter que la seule façon de poser une **question de confirmation** est par l'intonation seule : *Je suis venue voir le directeur.* → *Ah, vous êtes donc venue voir le directeur ?* Cette question est impossible avec *est-ce que* ou l'inversion, structures qui démontrent l'ignorance de l'information donnée dans la première phrase. Notez aussi l'addition de l'expression *n'est-ce pas* à la fin d'une question de confirmation: *Vous êtes venue voir le directeur, n'est-ce pas ?* Cette expression est souvent remplacée par le mot *non ?* dans la langue populaire parlée.

Il faut aussi noter que dans la conversation, quand le sujet de la question totale est un pronom, l'emploi de l'intonation montante seule dans une question totale est presque universelle (*Tu viens ? Vous comprenez ?*). Pour imiter cette structure, quand il s'agit d'un sujet nominal, on entend très souvent une tournure qui remet le sujet nominal à la fin de la phrase et commence par le pronom qui le remplace : *Il vient aussi, ton père ?* (au lieu de *Ton père vient aussi ?*). On entend aussi des phrases du type *Et ton père, il vient aussi ?* Cette dernière tournure s'entend plutôt quand le sujet (*ton père*) est nouveau dans la conversation.

B. *Est-ce que*

Les questions totales avec *est-ce que* sont assez rares en français. Elles sont presque absentes des genres (écrits ou parlés) qui excluent le dialogue. (Nous verrons comme exception, par exemple, qu'un conférencier utiliserait *est-ce que* quand il pose une question rhétorique à ses auditeurs.) Et même dans la conversation (de tous les genres, écrits aussi bien que parlés) son emploi est très limité. À titre d'exemple, on peut citer une étude du parler des enfants de trois ans, qui n'a trouvé aucune question posée avec *est-ce que*, ni par les enfants, ni par les adultes (Redard 1976). Ce n'est que dans des situations spécifiques qu'on rencontre cette structure dans la conversation. Voici les contextes principaux dans lesquels on la voit.

1. On entend souvent *est-ce que* avec le pronom *je*. L'inversion avec ce pronom est presque toujours interdite (voir les notes de grammaire pour l'inversion, plus bas). Pour la plupart des verbes donc on n'a recours qu'à l'intonation montante seule (*Je vous suis ?*) ou à la tournure avec *est-ce que* (*Est-ce que je comprends bien ?*).

   Il semble que la structure avec *est-ce que* soit plus courante si le groupe verbal est court : *Est-ce que j'ai bien entendu ?* Mais si le groupe verbal est long, on préfère la structure interrogative plus simple : *Je prends celui-ci ou celui-là ? J'attends ici ou je viens avec vous ?*

   Une très petite liste de verbes accompagne régulièrement le pronom *je* dans des questions totales (*pouvoir, devoir, avoir, être, aller, faire*).

Although Quoiqu'on entende ces deux structures avec ces verbes et le pronom *je*, celle avec *est-ce que* est un peu plus polie.

> (Est-ce que) je peux rester encore un peu ?
>
> (Est-ce que) j'ai le temps de finir ?
>
> (Est-ce que) je suis à l'heure ?
>
> (Est-ce que) je dois vous téléphoner ?
>
> (Est-ce que) je vais être en retard ?
>
> (Est-ce que) je fais une erreur ?

Il faut noter que dans la conversation ces six verbes emploient aussi l'inversion avec le pronom *je* dans un style très soigné, comme nous le verrons dans la prochaine section.

2. Le préfixe interrogatif *est-ce que* sert parfois à rendre la communication plus claire, en « annonçant » une question longue ou difficile à comprendre. Les Français l'utilisent alors souvent

   - quand ils parlent au téléphone (surtout si la communication n'est pas bonne).
   - quand ils parlent avec des gens dont le français n'est pas la langue maternelle. C'est pour cette raison que l'étudiant étranger entend cette structure si souvent dans ses classes de français, où le professeur est souvent inconscient de sur-employer une structure que les Français utilisent si rarement lorsqu'ils parlent entre eux.
   - dans des entrevues et des conférences qui favorisent les questions longues et les phrases complexes (que ces questions soient rhétoriques ou non).

3. On peut aussi utiliser *est-ce que* dans la conversation

   - quand on veut souligner la question ou montrer de l'indignation, de la surprise ou du doute.

     > Est-ce que c'est ici qu'on devait attendre ?
     >
     > Est-ce que nous devons vraiment vous croire ?

   - pour introduire des questions abstraites, hypothétiques ou rhétoriques (souvent avec le verbe au conditionnel, au futur ou au négatif) :

     > Est-ce qu'on pourrait discuter plus longuement de… ?
     >
     > Est-ce qu'il n'a pas suggéré que… ?

   - pour introduire un nouveau sujet dans la conversation
   - pour mettre en relief la question
   - pour offrir au locuteur du temps pour composer son discours, pour préparer ce qu'il veut dire.

C. Inversion ✗

C'est surtout dans la langue écrite qu'on voit l'inversion dans une question totale. Il est pourtant important de noter que dans les genres qui favorisent le dialogue (théâtre moderne, contes de fée) on voit beaucoup moins d'inversion. La prose du 20e et du 21e siècles tend aussi à montrer moins d'inversion que celle des siècles précédents.

As for Quant à la conversation, l'emploi de l'inversion est réservé presqu'uniquement au style soutenu, et ceci avec un sujet pronominal : *Comprenez-vous ? Puis-je vous aider ?* On entend plus souvent l'inversion dans les genres oraux qui sont proches de la langue écrite (conférences, le journal parlé) que dans les genres qui se prêtent au dialogue (conversations, interviews).

Il faut noter une exception importante au manque de l'inversion dans les questions totales dans la conversation. On l'entend régulièrement dans ce contexte avec les verbes *vouloir, pouvoir, savoir, avoir, être* et *aller,* surtout à la deuxième personne du pluriel :

Voulez-vous le faire ?
Pouvez-vous venir ?
Savez-vous son nom ?
Avez-vous fini ?
Êtes-vous prêts ?
Allez-vous partir ?

Cet emploi est cependant fortement concurrencé par l'interrogation par l'intonation montante seule :

Vous voulez le faire ?
Vous pouvez venir ?
Vous savez son nom ?
Vous avez fini ?
Vous êtes prêts ?
Vous allez partir ?

Une étude (Terry 1970) a trouvé la distribution suivante :

- l'inversion le plus souvent avec *vouloir, pouvoir* et *savoir* (*Voulez-vous bien m'écouter ? Pouvez-vous le faire ? Savez-vous pourquoi il est parti ?*)

- est-ce que avec avoir (Est-ce que vous l'avez ?)
- l'intonation montante seule avec aller et être (Vous y allez ? Vous y êtes ?)

Note linguistique : facteurs qui influencent l'inversion

Avec un sujet nominal (SN), l'inversion directe entre le verbe et le sujet est impossible. Donc on ne dit pas, par exemple, *Viendra Paul ? *Comprennent les enfants ? On trouve à sa place <u>SN + verbe + pronom redondant</u>: Paul viendra-t-il ? Les enfants comprennent-ils ?

N'oubliez pas que si le verbe se termine par une voyelle, il faut interposer un t entre le verbe et le pronom sujet commençant par une voyelle : Va-t-elle nous accompagner ? Pierre a-t-il compris ?

L'inversion est interdite entre le pronom je et les verbes qui n'appartiennent pas au premier groupe (-er) : *Finis-je ? *Le vends-je? ; l'inversion est d'ailleurs très rare entre je et les verbes du premier groupe, où elle est limitée à la langue écrite (style soutenu). On voit cependant l'inversion avec je dans un style très <u>soigné</u> (à l'oral et à l'écrit) avec les verbes *avoir, être, aller, faire, dire, devoir, pouvoir, savoir* et *voir* (au présent de l'indicatif) :

Ai-je le temps de finir ?
Suis-je en retard ?
Dois-je vous téléphoner ?
Puis-je vous inviter ?

Exemples de la littérature

i. Stendhal, *Le rouge et le noir*, 1830

Remarquez la préférence pour l'intonation montante seule dans cette conversation entre Mme de Rênal et Julien, le jeune paysan.

— Quoi, monsieur, lui dit-elle enfin, <u>vous savez le latin</u> ?

Ce mot de monsieur étonna si fort Julien qu'il réfléchit un instant.

— Oui, madame, dit-il timidement.

Madame de Rênal était si heureuse, qu'elle osa dire à Julien :

— <u>Vous ne gronderez pas trop ces pauvres enfants</u> ?

— Moi, les gronder, dit Julien étonné, et pourquoi ?

— N'est-ce pas, monsieur, ajouta-t-elle, après un petit silence et d'une voix dont chaque instant augmentait l'émotion, <u>vous serez bon pour eux</u>, <u>vous me le promettez</u> ?

ii. Marivaux, *La vie de Marianne*, 1731–41

Comparez avec la préférence pour l'inversion dans ce texte du 18ᵉ siècle. Il s'agit de conseils que Mme Dutour donne à Marianne au sujet d'un jeune homme qui l'aime.

Premièrement, il faut du temps pour que vous l'aimiez ; et puis, quand vous ferez semblant de commencer à l'aimer, il faudra du temps pour que cela augmente ; et puis, quand il croira que votre cœur est à point, <u>n'avez-vous pas</u> l'excuse de votre sagesse ? Est-ce qu'une jeune fille ne doit pas se défendre ? <u>N'a-t-elle pas</u> mille bonnes raisons à dire aux gens ? <u>Ne les prêche-t-elle pas</u> sur le mal qu'il y aurait ?

D. Résumé de l'usage dans les questions totales : conseils pour l'étudiant

L'étudiant étranger doit être conscient de deux facteurs qui influencent sa compétence en français : la <u>compréhension passive</u> de la langue qu'il entend ou lit et son <u>besoin de s'exprimer</u> oralement ou à l'écrit.

Quant il s'agit de sa compréhension passive de l'interrogatif, l'étudiant verra l'inversion dans certains textes écrits mais il ne l'entendra pas souvent (la plupart du temps avec les verbes comme *vouloir* et *pouvoir*). On lui posera des questions avec *est-ce que* par le fait qu'il est étranger, mais il ne lira ni n'entendra pas souvent cette structure parlée entre deux Français, à moins que ce soit à la radio ou à la télévision. Ce qui importe le plus pour sa compréhension orale, c'est qu'il doit se préparer à entendre la plupart du temps des questions totales qui se servent de l'intonation montante seule.

Lorsque l'étudiant étranger veut poser une question lui-même, son choix de structures diffère un peu de celui des Français. En tant qu'étranger, son usage de l'expression *est-ce que* dans la conversation spontanée ne choquera pas. Plus il augmentera son niveau de connaissances dans la langue, moins il se servira de cette expression pour la remplacer par l'intonation montante seule. Tout étudiant doit tout de même éviter l'inversion dans les questions totales dans la conversation, sauf avec les verbes comme *vouloir* et *pouvoir*.

II. QUESTIONS PARTIELLES AVEC ADVERBES INTERROGATIFS

Comme nous l'avons vu, les questions partielles sont celles qui contiennent un mot interrogatif (MI), tels que *quand* et *où*, et demandent plus qu'un simple *oui* ou *non* comme réponse. Nous examinons d'abord l'emploi des adverbes interrogatifs *où*, *quand*, *pourquoi*, *comment* et *combien*. Les pronoms et adjectifs interrogatifs sont discutés plus loin dans ce chapitre.

Si le MI est le sujet de la phrase, une seule structure est possible, celle du verbe qui suit le sujet : *Combien d'enfants sont restés ?*

Mais la position du MI dans les questions qui ont déjà un sujet mérite une discussion plus longue. Les phrases suivantes illustrent les quatre structures les plus courantes pour poser ce type de question partielle en français moderne.

Avec sujet pronominal	Avec sujet nominal
1. Où est-ce que tu vas ?	1. Où est-ce que Pierre va ?
2. Où vas-tu ?	2a. Où va Pierre ?
	2b. Où Pierre va-t-il ?
3. Tu vas où ?	3. Pierre va où ?
4. Pourquoi tu pars?	4a. Pourquoi il part, Pierre ?
	4b. Pourquoi Papa il travaille tout le temps ?

Comme pour les questions totales, bien que plusieurs structures existent, certaines s'emploient rarement dans la langue courante parlée. Nous allons pouvoir constater que, comme les questions totales, les questions partielles limitent l'inversion plutôt aux genres qui ne favorisent pas le dialogue et que tous les genres n'emploient que rarement l'expression *est-ce que*. Ce sont, en fait, les deux structures qu'on n'enseigne pas traditionnellement aux étudiants étrangers (numéros 3 et 4, ci-dessus) qu'on entend le plus souvent dans la conversation. Dans les sections suivantes, nous examinerons l'emploi de chacune de ces quatre structures.

A. *Est-ce que* : MI + *est-ce que* + sujet + verbe (*Où est-ce que vous allez ?*)

Comme dans les questions totales, il est rare qu'on voie l'expression *est-ce que* après un mot interrogatif dans la langue écrite (c'est le plus évident dans les genres qui contiennent des dialogues). On la voit un peu plus dans les dialogues, mais beaucoup moins souvent que les deux dernières structures interrogatives qu'on examinera plus loin dans ce chapitre.

Comme pour les questions totales, on peut ajouter *est-ce que* à la question partielle dans une conversation pour la clarté quand on parle au téléphone ou avec des étrangers, avec le pronom sujet *je*, et dans des phrases longues et complexes qui contiennent des idées abstraites, hypothétiques ou rhétoriques. On l'entend aussi dans une conversation style familier pour choquer l'auditeur, pour mettre un peu de distance entre lui et celui qui parle. Par exemple dans le film contemporain *La faute à Fidel* un jeune couple se dispute et un instant après, la femme lance : *Comment est-ce que tu as pu me faire ça ?!*

Le choix de mot interrogatif influence aussi la fréquence de l'expression *est-ce que*. Bien que beaucoup moins employée avec les autres MI, on a constaté que cette structure se voit plus souvent avec les MI courts (*où* et *quand*) qu'avec ceux qui sont plus longs (*comment*, *pourquoi*, dans le style soigné).

Et enfin la longueur du groupe verbale peut influencer le choix de cette expression interrogative. On la trouve plus souvent avec un verbe simple qu'avec un verbe composé : *Où est-ce que vous mangez ?* mais *Où avez-vous mangé ?*

Il faut noter qu'on trouve parfois dans la littérature (style soigné) le groupement est-ce que + inversion : *Qu'est-ce que fait cet homme ?* Cette structure n'est jamais correcte dans la langue parlée, où il faut toujours suivre *est-ce que* par sujet + verbe.

B. Inversion : MI + verbe + sujet *(Où allez-vous ?)*

Comme pour les questions totales, l'inversion dans les questions partielles se limite presque complètement à la langue écrite, ou plutôt aux genres qui ne contiennent pas de dialogue. Parallèlement, si on voit son emploi dans la conversation c'est dans un style soigné et presque toujours avec un sujet pronominal. On l'entend aussi régulièrement dans certaines expressions figées (*Comment dirais-je ? Quelle heure est-il ?*) et dans des tours de politesse (*Comment puis-je vous servir ?*). Mais la tendance à éviter l'inversion dans la conversation est si forte que mêmes certaines questions populaires (*Quelle heure est-il ? Comment allez-vous ?*) sont concurrencées par des structures sans l'inversion ni *est-ce que* (*Il est quelle heure ?* ou même *Vous avez l'heure, s'il vous plaît ? Comment ça va ?*). Nous parlerons de ces structures plus loin dans ce chapitre. Il est intéressant de noter, cependant, que quand on demande aux Français de décrire leur parler, ils prétendent souvent utiliser l'inversion beaucoup plus qu'ils ne le font en réalité (Behnstedt 1973, 235A).

Quoique l'inversion soit rare dans la langue familière et relâchée, on peut néanmoins la choisir pour souligner la question ou montrer une émotion. Par exemple, dans le film *Caché*, parmi les maintes questions partielles du style familier, seules deux (celles-ci entre un mari et sa femme) emploient l'inversion et dans chaque cas, c'est pour indiquer l'impatience ou la colère : *Comment veux-tu que je le sache ? Où étais-tu tout ce temps ?*

N'oubliez pas que l'inversion est interdite entre le pronom *je* et les verbes qui n'appartiennent pas au premier groupe (-er) et qu'elle est très rare avec *je* et les verbes du premier groupe. On voit cependant l'inversion avec *je* dans des questions partielles et dans un style très soigné avec un petit groupe de verbes:

Que sais-je ?
Où vais-je ?
Comment dirais-je ?
Qui suis-je ?
Que puis-je faire pour vous ?

Avec un sujet nominal, l'inversion directe est impossible avec *pourquoi* : **Pourquoi pleurent les enfants ?*

Avec tout autre mot interrogatif (MI), deux structures sont permissibles avec un sujet nominal:

a. Inversion directe

MI + verbe + sujet nominal

Où conduit ce chemin ?

Comment va votre mère ?

Combien coûte cet objet ?

Quand arrive le train ?

b. Inversion + pronom redondant

MI + sujet nominal+ verbe + pronom

Où ce chemin conduit-il ?

Comment votre mère va-t-elle ?

Combien cet objet coûte-t-il ?

Quand le train arrive-t-il ?

Dans les genres qui évitent la conversation, qu'ils soient oraux ou écrits (magazines, guides touristiques, conférences, journal parlé), on préfère la deuxième structure. Dans le dialogue (conversations orales, interviews, théâtre moderne), à tous les niveaux de langue, on entend couramment la première structure, surtout si le sujet est long : *D'où viennent ces jolies fleurs blanches ?*

Il faut ajouter qu'on entend souvent dans le dialogue (style soigné) une autre structure invertie, celle où on remet le sujet nominal à la fin de la phrase pour la remplacer par un pronom :

Que font-ils, vos enfants ?

D'où viennent-elles, ces jolies fleurs ?

Dans la phrase avec un sujet nominal, si le verbe a un complément d'objet, l'inversion directe est impossible. On ne peut pas dire, par exemple, **Où a acheté Louise cette robe ? *Quand chantent les enfants à l'école ?*

De la même manière, s'il ne s'agit pas d'un verbe simple—c'est-à-dire composé d'un seule mot, comme le présent ou le future simple—on préfère la structure b (toujours style soigné). On n'entendra jamais, par exemple, **À quelle heure se sont couchés les enfants ? *Comment vont arriver vos parents ?*

C. MI postposé ou antéposé (*Tu vas où ? Pourquoi il pleure ?*)

Ce sont les deux structures qui évitent l'inversion et l'expression *est-ce que* qu'on entend le plus souvent dans la conversation (langue familière) en France aujourd'hui. Dans ces structures on garde l'ordre normal du sujet-verbe et ajoute le MI à la fin ou au début de la phrase. Au lieu de (a) donc, on entend (b) :

a. Plus soigné

Où vas-tu ?

Pourquoi est-ce que tu pars ?

b. Langue familière

Tu vas où ? (MI postposé)

Pourquoi tu pars ? (MI antéposé)

La structure avec MI antéposé s'entend le plus souvent avec les mots interrogatifs *pourquoi* et *comment* et la structure postposée avec *combien, où* et *quand* / *à quelle heure* / *en quelle année*, etc.

MI antéposé :
Pourquoi il a dit ça ?
Comment il a fait pour venir ?

MI postposé :
Je vous dois combien ?
Vous êtes où ?
Tes parents arrivent à quelle heure ?

Il est important de noter que bien que ce soient les structures qu'on entend le plus souvent dans la langue familière (selon des études linguistiques), les autres possibilités ne sont pas exclues de la langue familière. On entend également des phrases comme :

MI postposé :
Et ils vous ont viré pourquoi ? (cinéma : *Le placard*)
Tu t'appelles comment ?

MI antéposé :
Combien je te dois ?
Où tu vas, Maman ? (cinéma : *La faute à Fidel*)

Dans la structure MI postposé, on peut avoir un sujet nominal ou pronominal. Avec le MI antéposé, cependant, on préfère un sujet pronominal. Si le sujet est un substantif, on le transpose souvent à la fin de la phrase, tout en suivant le MI par un pronom. On voit cette structure aussi pour le MI postposé et un sujet nominal.

A quelle heure <u>il</u> a lieu, <u>ce pot</u> ? (cinéma : *Le placard*)
Comment <u>elle</u> est, <u>la nouvelle</u> ? (roman : Dominique Fabre, *La serveuse était nouvelle*, 2005)
<u>Elles</u> montent jusqu'où, <u>ces bottes</u> ? (Myers 2007)

On voit aussi l'addition d'un sujet pronominal après le sujet nominal :
Pourquoi Papa il est tout le temps avec Pilar et sa maman ? (cinéma :
  La faute à Fidel)

Note linguistique : anté- ou postposition du MI ?

Il est probable que le MI *comment* s'entend le plus souvent dans la position antéposé car il existe tant d'expressions figées comme *Comment ça se fait ?*, *Comment ça se dit ?* et *Comment ça s'appelle ?*

Certains linguistes trouvent que quand on met le MI dans la position postposée, celui qui pose la question connaît déjà la réponse ou la réponse est évidente ou facile à donner. Tandis que *où* demande un simple endroit et *quand* une simple expression de temps, *pourquoi* demande presque toujours une explication plus longue et compliquée. C'est pour cette raison que les MI *où* et *quand* se trouvent le plus souvent à la fin de la question et *pourquoi* est presque toujours au début. Dans l'exemple plus haut *Et ils vous ont viré pourquoi ?*, la personne qui pose la question sait déjà la réponse ; elle pose la question seulement pour souligner l'idée que son camarade avait perdu son travail pour cette raison.

On n'entend presque jamais le MI *quand* en tête de la phrase interrogative et directement devant le sujet (*Quand il arrivera ?*), pour éviter la confusion avec une phrase déclarative qui commence par la conjonction *quand* : *Quand il arrivera, nous partirons.*

Dans une autre structure qu'on entend souvent dans les conversations (langue familière), on précède le MI par *c'est* et le suit du mot *que*. On entend cette tournure le plus souvent avec le MI *quand* : **C'est quand que** vous partez ?

Exemples de la langue parlée
Films contemporains

Exemples pris des films *Il y a longtemps que je t'aime*, 2008 ; *La faute à Fidel*, 2006 ; *Angel-A*, 2005 ; *Le fabuleux destin d'Amélie Poulain*, 2001 ; *Le placard*, 2001.

Pourquoi je ne me souviens pas ? (*Longtemps*)

Pourquoi tu ne nous l'as pas dit ? (*Longtemps*)

Pourquoi Papa il va plus à son bureau ? (*Fidel*)

Mais pourquoi elles ne peuvent pas rentrer chez elle ? (*Fidel*)

Pourquoi vous y êtes pas allés ? (au téléphone ; *Fidel*)

Pourquoi elle s'intéresserait à moi ? (*Fidel*)

Elle est comment ? Elle est grande ? Elle est petite ? Elle est blonde ?
   Elle est brune ? (*Amélie*)

Il s'appelle comment ? (*Amélie*)

Comment elle s'appelle ? (*Fidel*)

Comment c'était chez Marga et Pilar ? (*Fidel*)

Comment tu sais, toi, si c'est le mouton ou l'esprit de groupe ? (*Fidel*)

Tu crois qu'elle va rester combien de temps ? (*Longtemps*)

Vous avez passé combien de temps en prison ? (*Longtemps*)

Tu as eu combien ? (*Fidel*)

Combien il te faut pour être heureux ? (*Angel-A*)

Et vous avez rencontré votre mari où ? (*Longtemps*)

Elle est où Panayota ? (*Fidel*)

Tu vas où là ? (*Angel-A*)

C'est où que vous allez danser ? (*Longtemps*)

C'est où ta maison ? (*Fidel*)

Alors, elle revient quand maman ? [elle = maman] (*Longtemps*)

C'est quand la dernière fois qu'on y est allées ? (*Longtemps*)

Quand c'est que vous rentrez ? (au téléphone ; *Fidel*)

Alors, c'est quand que je viens dormir chez toi ? (*Fidel*)

Exemples du style soutenu

Revues et journaux

Comment vous, le spécialiste des animaux, en êtes-vous venu à produire ce film ? (*Paris Match*, 12–18 juin 2008)

Pourquoi alors la profession [dentaire] hurle-t-elle à l'arnaque ? (*Le
   Nouvel Observateur*, 3–9 janvier 2013, n° 2513)

III. QUESTIONS PARTIELLES AVEC ADJECTIFS ET PRONOMS INTERROGATIFS

À part les adverbes interrogatifs dont on vient de parler, il existe aussi des adjectifs et des pronoms interrogatifs. Nous traitons ces sujets dans les sections suivantes.

A. Les adjectifs et pronoms invariables interrogatifs

Les adjectifs interrogatifs sont *quel(s)* et *quelle(s)*. Comme tous les autres adjectifs, l'adjectif interrogatif doit s'accorder avec le substantif qu'il modifie. Dans la plupart des cas, l'adjectif précède directement le substantif : *quelles fleurs ?* L'adjectif interrogatif peut aussi être séparé du mot qu'il modifie par le verbe être : *Quel est son nom ?* Comme avec les adverbes interrogatifs, si le groupe nominal avec *quel* n'est pas le sujet de la phrase, le choix de structure dépend du niveau de style et du genre de communication (par exemple roman, théâtre, conversation spontanée, conférence).

Quel pays est renommé pour ces cathédrales ? (Quel *pays* = sujet)
Quelles villes avez-vous visitées ? (style soigné)
Tu viens à quelle heure ? (style familier)

Note de vocabulaire : expressions qu'on voit souvent avec *quel* + *être*

Quelle est la date ? son adresse ? sa profession ? sa nationalité ? Quel est son nom ? son numéro de téléphone ? son acteur préféré ?

Il est important de noter, cependant, que les expressions avec Quel + être + substantif s'emploient le plus souvent dans la langue soutenue. Dans la langue familière on entend des formules telles que :

formal

Comment tu t'appelles ?   = Quel est ton nom ?
Combien ça coûte ? / Ça coûte   = Quel est le prix ?
   combien ?

Qu'est-ce que vous faites dans la vie ?	= Quel est votre métier ?
Qu'est-ce que tu penses de… ?	= Quelle est ton opinion de… ?
Tu habites où ?	= Quelle est ton adresse ?
Tu préfères qui comme acteur ?	= Quel est ton acteur préféré ?
Vous venez d'où ?	= Quelle est votre nationalité ?
C'est quoi le problème ?	= Quel est le problème ?

Les pronoms interrogatifs variables sont *lequel, laquelle, lesquels, lesquelles*. Pour chacun des adjectifs interrogatifs il existe un pronom équivalent. Ce pronom remplace l'adjectif et le substantif. Le choix de tournure interrogative dépend du niveau de langue et du genre de communication.

Quels étudiants ont compris ? Lesquels ont compris ? (MI = sujet)
Vous allez voir quel film ? Vous allez voir lequel ? (style familier)
Quelle robe voulez-vous ? Laquelle voulez-vous ? (style soigné)
Quel gâteau est-ce que vous prenez ? Lequel est-ce que vous prenez? (soigné)
Quelles fleurs tu préfères ? Lesquelles tu préfères ? (style familier, relâché)

N'oubliez pas que *lequel, lesquels/lesquelles* deviennent *auquel, auxquels/auxquelles* quand le verbe en question prend la préposition *à* et *duquel, desquels/desquelles* quand il prend *de*.

Il s'agit de cinq livres : duquel tu parles ? (style familier)
J'ai vu plusieurs professeurs : auxquels pensiez-vous ? (style soigné)

B. Le pronom invariable *qui*

Pour demander l'identité d'une personne inconnue en français on utilise le pronom qui. Si qui est le sujet de la phrase on entend et lit le plus souvent (dans tous les styles et genres) des phrases telles que *Qui est à l'appareil ?*

Mais dans le style soigné (langue parlée ou écrite), on entend aussi *Qui est-ce qui* suivi du verbe. Cette structure représente en effet la création d'une phrase complexe : une phrase principale (*qui* + l'inversion du sujet et verbe : *est-ce*) suivi d'une phrase subordonnée, avec le pronom relatif *qui* dans la position du sujet, suivi d'un verbe.

Qui <u>est-ce</u> qui ne comprend pas ? (soigné)

Dans le style relâché on entend le même groupement mais sans inversion :

Qui <u>c'est</u> qui ne comprend pas ? (relâché)

Dans ces structures, le style soigné respecte donc la règle traditionnelle de l'inversion après MI (est-ce) mais le style relâché emploie la structure populaire MI + sujet + verbe.

Le MI qui comme objet direct du verbe ou objet d'une préposition se trouve dans toutes les structures où il s'agit d'adverbes, d'adjectifs et de pronoms variables interrogatifs déjà discutées dans ce chapitre, c'est-à-dire avec est-ce que, l'inversion et le MI antéposé ou postposé. Notez la nécessité d'employer est-ce que dans le premier exemple ci-dessous pour éviter l'ambiguïté de la question Qui cherche Paul ?

Qui est-ce que Paul cherche ? (style familier)
Avec qui travaillez-vous ? (style soigné)
Vous êtes qui ? (style familier, du film Amélie)
Vous avez tué qui ? (style familier, du film Il y a longtemps que je t'aime)
Vous parliez de qui ? (style familier, du film Le placard)
Pour qui tu l'as acheté ? (style familier)

C. Les pronoms invariables interrogatifs que et quoi

S'informer sur l'identité d'une chose est plus compliqué en français qu'en anglais, qui n'a qu'un seul MI : what ? En français, le MI change selon sa fonction grammaticale dans la phrase.

Si le MI est le sujet de la phrase on emploie toujours Qu'est-ce qui, qui parallèle la structure avec qui discutée ci-dessus mais avec un changement de MI, c'est-à-dire, une phrase principale MI (que) + verbe-sujet (est-ce) suivie d'une phrase subordonnée (pronom relatif sujet qui + verbe) : Qu'est-ce qui est arrivé ?

On emploie quoi si le MI est dans une position accentuée dans la phrase, c'est-à-dire s'il est placé après une préposition, après l'expression c'est ou à la fin de la phrase dans la position d'objet direct: Avec quoi ? C'est quoi, ça ? Il t'a dit quoi ?

Si le MI est l'objet direct de la phrase et il est placé devant le sujet et le verbe, on emploie soit *que* devant l'expression *est-ce que*, soit l'inversion : *Qu'est-ce que tu dis ? Que voulez-vous ?*

Comparez la structure des pronoms interrogatifs dans le tableau suivant.

Structure des pronoms interrogatifs invariables

	Phrase principale		Phrase subordonnée	
	MI	*verbe-sujet*	*Pronom relatif*	
<u>Qu'est-ce qui</u> s'est passé ?	que	est-ce	*sujet* : qui	+ *verbe* : s'est passé
<u>Qu'est-ce que</u> tu veux ?	que	est-ce	*objet direct* : que	+ *sujet-verbe* : tu veux
<u>Qui est-ce qui</u> est parti ?	qui	est-ce	*sujet* : qui	+ *verbe* : est parti
<u>Qui est-ce que</u> tu as vu ?	qui	est-ce	*objet direct* : que	+ *sujet-verbe* : tu as vu

N'oubliez pas qu'on emploie l'adjectif *quel* avec le verbe *être* suivi d'un substantif : *Quelle est votre adresse ? Quelles sont les possibilités ?*

Comparez <u>quel + être + substantif</u> avec <u>qu'est-ce qui + verbe</u> (≠ *être*) :

What is the problem?	Quel est le problème ? (adjectif *quel* modifie *problème*)
What happened?	Qu'est-ce qui est arrivé ? (sujet du verbe *arriver*)

Variations stylistiques : *que* et *quoi*

Comme avec tous les autres MI, l'emploi de *qu'est-ce que*, *que* et *quoi* varie selon le niveau de langue et le genre de l'énoncé. Voici quelques notes spécifiques sur ces tournures.

L'expression *qu'est-ce que* est très populaire et s'entend dans tous les niveaux de langue, y compris la langue relâchée. Comme

(à suivre)

nous l'avons constaté, ce n'est pas le cas pour les autres MI, qui se suivent de l'expression *est-ce que* seulement dans des contextes spécifiques (tels que des conférences et pour la clarté).

Dans un style très familier, on entend souvent la postposition du MI *quoi* : *Il fait quoi ?* (au lieu de *qu'est-ce qu'il fait ?*).

Parfois (mais pas toujours) la postposition du MI *quoi* à la place de l'expression courante *qu'est-ce que* peut signaler une différence de sens : *Qu'est-ce que tu fais ? ≠ Tu fais quoi ?* Comme nous l'avons vu plus haut avec les adverbes interrogatifs, la postposition du MI peut marquer le fait que la réponse est connue, évidente ou facile à donner. Par exemple, dans le film *Il y a longtemps que je t'aime*, quand une sœur demande à l'autre (style familier) *Vous auriez pu faire quoi ?* tout le monde sait que la réponse est *rien*. Quand la même personne demande à son futur employeur (style soutenu) *Vous comprenez quoi ?* elle veut dire qu'en effet il ne comprend rien.

On n'entend jamais l'antéposition du MI *que* devant le sujet-verbe : **Que tu fais ?* À sa place on entend dans la langue familière et relâchée : *C'est quoi que tu fais ?*

Dans la langue parlée courante, on évite l'inversion après *que* si le verbe commence par une voyelle : **Qu'aiment-ils ? *Qu'avez-vous dit ?* Cette structure s'utilise couramment cependant dans la langue écrite, style soutenu.

Note linguistique : MI et pronom relatif

Il est important de ne pas confondre les pronoms relatifs indéfinis *ce qui, ce que* et *ce dont* avec les pronoms interrogatifs *qu'est-ce qui, que* et *quoi* puisque tous ces pronoms se traduisent par le même mot en anglais (*what*). Comparez les formes dans les exemples suivants.

Qu'est-ce qui reste ?	*What's left ?*
Voilà ce qui reste.	*Here's what's left.*

(*à suivre*)

Que voulez-vous ?	*What do you want ?*
Voilà ce que je veux.	*Here's what I want.*
De quoi avez-vous besoin ?	*What do you need ?*
Voilà ce dont j'ai besoin.	*Here's what I need.*
À quoi pensez-vous ?	*What are you thinking about?*
Voici (ce) à quoi je pense.	*Here's what I'm thinking about.*

IV. RÉSUMÉ DE L'USAGE DANS LES QUESTIONS PARTIELLES ; CONSEILS POUR L'ÉTUDIANT

Pour sa compréhension passive des questions partielles dans tous les genres, l'étudiant lira et entendra l'inversion et (moins souvent) *est-ce que*, mais cet usage se limitera pour la plupart à la langue soutenue. Dans les interviews, par exemple, les questions partielles se posent presque toujours avec l'inversion. Dans la littérature, surtout d'avant le 20ᵉ siècle, on voit le plus souvent l'inversion mais les exemples avec *est-ce que* ne sont pas rares. Dans la conversation de tous les jours, *est-ce que* est plus ou moins absent mais l'inversion s'entend régulièrement au style soutenu.

N'oubliez pas ces exceptions importantes :

• l'inversion directe avec un sujet nominal : *Combien coûte cette chemise ?*
• l'inversion avec les verbes comme *vouloir* : *Que voulez-vous ?*
• *qu'est-ce que* est la formule préférée pour le MI *que*.

Pour comprendre les conversations dans la langue familière, l'étudiant doit s'attendre aux structures qui excluent l'inversion et *est-ce que* : *Pourquoi vous avez rien dit ? T'as appris ça où ?* (exemples du film *Il y a longtemps que je t'aime*).

Quand l'étudiant étranger veut poser une question partielle lui-même, il doit toujours tenir compte du niveau de langue : relâché, familier ou soutenu.

Aux niveaux les plus élevés de la langue orale (et quand il écrit), il doit se servir de l'inversion et parfois de l'expression *est-ce que* pour poser des questions partielles. Mais dans la langue familière et surtout dans la langue relâchée, il fera mieux d'éviter ces deux structures et de mettre le MI soit au début soit à la fin de la phrase sujet + verbe. Son choix entre ces deux dernières structures dépendra des facteurs discutés ci-dessus. Il doit aussi ne pas oublier les trois exceptions cités ci-dessus (*combien coûte cette chemise ? que voulez-vous ? et qu'est-ce que ?*). Et en fin de compte, comme avec toute autre structure, pour bien maîtriser l'interrogatif en français, il vaut mieux bien écouter et suivre les modèles des Français avec lesquels on parle.

Exemples du style soutenu

i. Film contemporain *Le placard*

    Quels produits traitons-nous ?

ii. *Paris Match*, 12–18 juin 2008

    Questions posées à Jacques Chirac :
    Monsieur le Président, comment allez-vous ?
    Comment vous êtes-vous réveillé le 16 mai 2007 ?
    Vous travaillez également à un livre ?
    Que faites-vous par ailleurs ?
    Que vous manque-t-il le plus : l'action ou le pouvoir ?
    Quel est le but de votre fondation ?
    Allez-vous organiser des conférences ?
    Comment recueillez-vous des fonds ?
    Pour vous, quelles sont les urgences du XXIe siècle ?
    Quels sont, à vos yeux, les effets de la mondialisation ?
    Auriez-vous découvert les vertus de la sieste ?
    Imagineriez-vous retourner un jour à l'Élysée ?
    La télévision, la radio et les journaux sont-ils importants ? Réussis-
        sez-vous enfin à « donner du temps au temps » et à ne pas vous
        ennuyer ?
    Pensez-vous qu'un président de la République en exercice soit loin
        du monde ?
    Jacques Chirac peut-il être un père et un grand-père ordinaire ?
    Comment contez-vous l'Histoire à votre petit-fils ?
    Avez-vous des regrets ?
    Qu'emporteriez-vous sur une île déserte ?

Le mot « vacances » vous donne-t-il le vertige ?
Quel message adressez-vous aux Français ?

iii. Alphonse Daudet, *Les vieux*, du recueil *Lettres de mon moulin*, 1869

Deux vieilles personnes posent des questions :

Comment va-t-il ? Qu'est-ce qu'il fait ? Pourquoi ne vient-il pas ? Est-ce qu'il est content ?

iv. Victor Hugo, *Les misérables*, 1862

Jean Valjean se mit à songer dans les ténèbres. « Où en suis-je ? — Est-ce que je ne rêve pas ? — Que m'a-t-on dit ? Est-il bien vrai que j'aie vu ce policier et qu'il m'ait parlé ainsi ? — Que peut être ce Champmathieu ? Il me ressemble donc ? — Est-ce possible ? — Quand je pense qu'hier j'étais si tranquille à pareille heure ! Qu'y a-t-il dans cet incident ? Comment cela se dénouera-t-il ? Que faire ? »

v. Stendhal, *Le rouge et le noir*, 1830

Conversation entre un père et son fils :

— Réponds-moi sans mentir, si tu peux, chien de lisard ; d'où connais-tu Madame de Renard, quand lui as-tu parlé ? [lisard = quelqu'un qui lit beaucoup]

— Je ne lui ai jamais parlé, répondit Julien, je n'ai jamais vu cette dame qu'à l'église.

— Mais tu l'auras regardée, vilain effronté ?

— Jamais ! Vous savez qu'à l'église je ne vois que Dieu, ajouta Julien [...]

— [...] Au fait, je vais être délivré de toi, et ma scie n'en ira que mieux. [...] Va faire ton paquet, et je te mènerai chez M. de Rênal, où tu seras précepteur des enfants.

— Qu'aurai-je pour cela ?

— La nourriture, l'habillement et trois cents francs de gages.

— Je ne veux pas être domestique.

— Animal, qui te parle d'être domestique ? est-ce que je voudrais que mon fils fût domestique ?

— Mais, avec qui mangerai-je ?

vi. Marivaux, *La vie de Marianne*, 1731–41

J'ai peur de vous aimer trop, Marianne, me disait-il ; si cela était que feriez-vous ?... Vous ne me dites mot ; est-ce que vous m'entendez ?

vii. Molière, *L'avare*, 1668

Au voleur ! Au voleur ! À l'assassin ! Au meurtrier ! Justice ! Juste Ciel ! Je suis perdu, je suis assassiné, on m'a coupé la gorge, on m'a dérobé mon argent.

Qui peut-ce être ? Qu'est-il devenu ? Où est-il ? Où se cache-t-il ? Que ferais-je pour le trouver ? Où courir ? Où ne pas courir ? N'est-il point là ? N'est-il point ici ?

Qui est-ce ? Arrête. Rends-moi mon argent, coquin. (*Il se prend lui-même le bras.*) Ah ! c'est moi. Mon esprit est troublé, et j'ignore où je suis, qui je suis et ce que je fais.

Exemples du style familier

i. Films contemporains

Exemples pris des films *Il y a longtemps que je t'aime*, 2008 ; *The Da Vinci Code*, 2006 ; *La faute à Fidel*, 2006 ; *Le fabuleux destin d'Amélie Poulain*, 2001 ; *Le placard*, 2001.

> Il est <u>quelle heure</u> pour vous ? (*Fidel*)
> Elle avait <u>quel âge,</u> la petite Lys ? (*Longtemps*)
> Vous êtes arrivée ici <u>en quelle année</u> ? (*Amélie*)
> <u>C'est qui</u>, le peintre ? (*Longtemps*)
> C'est <u>pour qui,</u> ce chocolat ? (*Placard*)
> Vous êtes <u>qui</u> ? (*Amélie*)
> Ça me sert <u>à quoi</u> ? (*Fidel*)
> <u>De quoi</u> vous parliez ? (*Longtemps*)
> <u>Qu'est-ce qu</u>'il y a au courrier aujourd'hui ? (*Placard*)
> Elle est malade ? <u>Qu'est-ce qu</u>'elle a ? (*Fidel*)
> <u>Qu'est-ce qu</u>'il y a ? (*Placard*)
> <u>Qu'est-ce qu</u>'ils veulent ? (*Fidel*)
> <u>Qu'est-ce que</u> je vous sers ? (*Amélie*)
> <u>Qu'est-ce que</u> nous traitons dans cette usine ? <u>Que</u> traitons-nous ?
>   (*Placard*)
> <u>Qu'est-ce que</u> tu racontes ? (*Placard*)
> <u>Qu'est-ce que</u> vous allez en faire ? (*Placard*)
> Et toi, tu voulais faire <u>quoi</u> ? (*Longtemps*)
> <u>Qu'est-ce qu</u>'elle fait dans la vie ? (*Placard*)
> C'est <u>quoi</u> son métier ? (*Longtemps*)
> Il fait <u>quoi</u>, là-dedans ? (*Da Vinci*)
> <u>Qu'est-ce que</u> tu fais là, toi ? (*Placard*)
> <u>Qu'est-ce que</u> c'est, ça ? (*Placard*)
> <u>Qu'est-ce que</u> c'est ? (*Placard*)
> C'est <u>quoi</u> ça ? (*Longtemps*)
> <u>Qu'est-ce que</u> c'est un « beatnik-hippie » ? (*Fidel*)
> Vous allez ramener <u>quoi</u> comme cadeau ? (*Fidel*)

ii. Raymond Devos, « Ça fait déguisé », du recueil *Ça n'a pas de sens*, 1968

L'autre jour j'étais dans ma voiture, je me fais arrêter par un agent de police. Il me dit :

AGENT :	Donnez-moi vos papiers !
MOI :	<u>À quel titre</u> ?
AGENT :	Police !
MOI :	Je ne vous crois pas.
AGENT :	Puisque je vous le dis !
MOI :	Prouvez-le !
AGENT :	J'ai l'uniforme !
MOI :	Justement, il ne vous va pas ! Ça fait déguisé !
AGENT :	<u>Vous ne m'avez pas bien regardé, non</u> ?
MOI :	Si ! Et plus je vous regarde, plus je trouve que vous n'avez pas l'air vrai !
AGENT :	<u>Qu'est-ce qui vous choque</u> ?
MOI :	Tout !… Le képi est de travers !… les manches sont trop longues… et votre bâton, il est douteux !
AGENT :	C'est réglementaire !
MOI :	Bon. <u>Vous avez vos papiers</u> ?
AGENT :	Oui !
MOI :	Passez-les-moi. (*Je regarde ses papiers.*) Oui, il y a bien marqué « agent de police », mais rien ne prouve que ces papiers soient les vôtres ! […] <u>Vous prétendez être un agent de police</u> ?
AGENT :	Oui !
MOI :	Bon ! Eh bien ! Je vais vous demander quelques renseignements…
AGENT :	À votre service !
MOI :	<u>Où se trouve le boulevard Haussmann</u> ? Oh ! Ce n'est pas la peine de regarder dans votre carnet!… <u>Vous ne savez pas</u> ?
AGENT	Non !
MOI :	C'est grave ! C'est grave !… et <u>la rue de la Chaussée-d'Antin</u> ?

AGENT :	Ça, je l'ai su !...
MOI :	<u>Et vous ne le savez plus</u> ?... C'est très grave !!!
AGENT :	Les rues, ce n'est pas mon fort !
MOI :	Bon ! Je vais vous poser quelques questions sur le code de la route... Je suis dans ma voiture, je roule à droite... une voiture venant de la gauche me rentre dedans... <u>qu'est-ce que vous faites</u> ?
AGENT :	Je fais un constat !
MOI :	Non, Monsieur !
AGENT :	<u>Pourquoi</u> ?
MOI :	Parce que quand on a besoin de vous, vous n'êtes jamais là !
AGENT :	C'est juste ! Je n'y avais pas pensé.
MOI :	Faites attention ! C'est que c'est grave ! C'est grave !
AGENT :	!!!
MOI :	Bon ! Une autre question ! J'arrive à un carrefour, je brûle un feu rouge,... <u>qu'est-ce que vous faites</u> ?
AGENT :	Rien !
MOI :	<u>Pourquoi</u> ?
AGENT :	Parce que je ne suis pas là !
MOI :	Si, Monsieur, quand on brûle un feu rouge, il y a toujours un agent qui est là !
AGENT :	C'est juste ! Je suis là ! Je suis caché, mais je suis là !
MOI :	Bon ! <u>Que faites-vous</u> ?
AGENT :	Je vous demande vos papiers.
MOI :	<u>À quel titre</u> ?
AGENT :	Police !
MOI :	Je ne vous crois pas !
AGENT :	Puisque je vous le dis !
MOI :	Prouvez-le !
AGENT :	Je ne peux pas... alors là... j'avoue... je ne peux pas.
MOI :	Bon ! Vous allez me suivre au commissariat de police.
AGENT :	J'en viens !
MOI :	Vous allez y retourner.
AGENT :	Je ne veux pas y retourner ! Je ne veux pas retourner au commissariat !
MOI :	Pas d'enfantillage ! Ils ne vous feront pas de mal !
AGENT :	Vous ne les connaissez pas !

MOI :	Écoutez !... vous prétendez être un agent de police... vous ne connaissez ni le code, ni le nom des rues... <u>Savez-vous seulement où se trouve le commissariat de police</u> ?
AGENT :	Oui ! C'est à l'angle du boulevard Haussmann et de la rue de la Chaussée-d'Antin.
MOI :	Ah ! C'est maintenant que ça vous revient ? C'est trop tard ! Allez ! Au poste !
	Je l'ai emmené au poste. J'ai dit au commissaire:
MOI :	<u>Vous connaissez ce Monsieur</u> ?
COMMISSAIRE :	Oui !... <u>Qu'est-ce qu'il a encore fait</u> ?
MOI :	Il veut me faire croire qu'il est agent de police !
COMMISSAIRE :	C'est exact ! Ce n'est pas la première fois qu'on nous le ramène ! Il n'a pas le physique... Personne n'y croit... Nous-mêmes, on n'y croit plus...

Exercices oraux : questions partielles avec adverbes interrogatifs
Exercice 1. Variations stylistiques

Travaillant dans des groupes et suivant le modèle, posez toutes les questions possibles, en indiquant toujours le style.

MODÈLE :	*pourquoi le ciel est bleu*
Style soigné :	*Pourquoi le ciel est-il bleu ?*
Style familier :	*Pourquoi est-ce que le ciel est bleu ?*
Style relâché :	*Pourquoi le ciel est bleu ?*

1. combien coûte le livre de classe
2. où le professeur va passer ses prochaines vacances
3. pourquoi la grammaire française est si difficile
4. à quelle heure le soleil se lèvera demain
5. quand les prochains Jeux Olympiques auront lieu
6. comment on prépare des crêpes

Exercice 2. *Pourquoi*, style soigné

Dans des petits groupes, écrivez deux ou trois questions qui traitent des grandes questions de l'existence en utilisant *pourquoi* et l'inversion du genre : *Pourquoi les oiseaux chantent-ils ?* Ensuite, imaginez les réponses à ces questions. N'oubliez pas que cette structure représente le style **soigné**.

Exercice 3. *Pourquoi*, style familier

Dans des petits groupes, écrivez deux ou trois questions plus personnelles avec *pourquoi* suivi du sujet + verbe, du genre *Pourquoi tu étudies le français ?* Ensuite, donnez les réponses à ces questions. N'oubliez pas que cette structure représente le style **familier**.

Exercice 4. *Où, quand, comment* et *combien*, style familier

Dans le style familier, posez des questions personnelles qui emploient les mots interrogatifs *où, quand, combien* et *comment*. N'employez ni l'inversion ni *est-ce que*. Mettez les MI *où, quand* et *combien* à la fin de la question et *comment* au début. Ensuite, donnez les réponses à ces questions.

Exercice 5 : *Quel*

Discutez des réponses à ces questions avec votre partenaire, suivant le modèle.

MODÈLE : *Quelle est ta <u>nationalité</u> ?*

nationalité
profession
couleur favorite
restaurant favori
classe favorite

Exercices oraux: questions partielles avec *qui, que* et *quoi*
Exercice 6. *Qu'est-ce qui*

Parlez des sujets suivants avec votre partenaire, selon le modèle.

MODÈLE : *Qu'est-ce qui t'<u>intéresse</u> beaucoup ?*
La politique m'intéresse beaucoup.

choque
amuse
plaît à cette université

déplaît

manque

Exercice 7. *Qu'est-ce que* : préférences

Parlez des sujets suivants avec votre partenaire, selon le modèle.

MODÈLE : Qu'est-ce que tu détestes ?

Je déteste la violence.

aimer boire au dîner

devoir faire ce week-end

regarder à la télévision

aller faire pendant les vacances

Exercice 8. *Qu'est-ce que* : opinions

Parlez des sujets suivants avec votre partenaire, selon le modèle.

MODÈLE : notre campus universitaire

Qu'est-ce que tu penses de notre campus universitaire ?

Je l'aime beaucoup. / Je ne l'aime pas.

Je le trouve intéressant / joli / assez grand...

Je pense qu'il est [adjectif]...

cette classe

le président français

le système scolaire aux États-Unis

les possibilités d'emplois après tes études

les problèmes de l'environnement

Exercice 9. Préposition + *quoi*

Parlez des sujets suivants avec votre partenaire, selon les modèles. Attention au choix de préposition *à* ou *de*.

MODÈLES :

avoir peur : De quoi est-ce que tu as peur ?

s'intéresser : À quoi est-ce que tu t'intéresses ?

avoir peur

t'intéresser

croire (*to believe in*)
avoir besoin
t'inquiéter
parler avec tes amis
te servir pour écrire tes devoirs

Exercice 10. *Qui, que, quoi* et *quel*

Dans des petits groupes, traduisez en français. Imaginez que vous êtes des collègues qui emploient *vous* et le style familier. Faites attention à la structure de la question et expliquez le choix de pronom interrogatif dans les questions 7–13.

1. Who is speaking? *Qui parle?*
2. Who did you see? *Qui as-tu vu?*
3. Who were you dancing with? *Avec qui dansais-tu?*
4. Who did you call? *Qui as-tu téléphoné?*
5. Who do you need? *De qui as-tu besoin?*
6. Who do you work for? *Pour qui travailles-tu?*
7. What happened? *Qu'est-ce qui est arrivé?*
8. What did you say? *Qu'est-ce que tu as dit?*
9. What do you need? *De quoi as-tu besoin?*
10. What are you working with? *Avec quoi travailles-tu?*
11. What are you thinking about? *À quoi penses-tu?*
12. What time is it? *Quelle heure est-il?*
13. What is your phone number? *Quel est ton numéro?*

Exercice 11. *Qui, que* et *quoi* : une soirée chez moi

Votre partenaire décrit vaguement une soirée récente dans la maison qu'il/ elle partage avec plusieurs colocataires, mais vous voulez en savoir plus. Posez des questions pour apprendre les détails. Employez le style familier.

MODÈLE : *Quelqu'un regardait la télé.*

Qui regardait la télé ?

C'était moi qui regardais la télé.

1. Quelqu'un lisait un roman.
2. Jean-Louis écoutait quelque chose.

3. Alice téléphonait <u>à quelqu'un.</u>
4. Valérie a apporté <u>quelque chose à manger.</u>
5. Sylvie est arrivée avec <u>quelque chose à boire.</u>
6. <u>Quelqu'un</u> a commencé à manger.
7. <u>Quelque chose</u> était délicieux.
8. Tout le monde pensait <u>quelque chose.</u>

Exercice 12. *Qui, que* et *quoi* : l'aventure du chien

Votre chien a fait quelque chose de mal hier soir. Pour chaque phrase
que vous dites, votre partenaire en demandera les détails. Donnez-lui
une réponse logique. Employez le style familier et suivez le modèle.

> MODÈLE : *Je faisais <u>quelque chose</u> dans la cuisine.*
>
> *<u>Qu'est-ce que</u> tu faisais ?*
>
> *Je lisais le journal.*

1. <u>Quelqu'un</u> travaillait dans la cuisine.
2. Mon père parlait <u>avec quelqu'un.</u>
3. <u>Quelqu'un</u> a ouvert la porte.
4. Le chien a vu <u>quelqu'un</u> dehors.
5. Le chien a couru <u>après ce quelqu'un.</u>
6. <u>Quelque chose</u> est tombé par terre.
7. <u>Quelqu'un</u> a rattrapé le chien.
8. Le chien a cassé <u>quelque chose.</u>
9. <u>Quelqu'un</u> n'était pas content.

Exercice 13. *What:* interrogatif ou pronom relatif ?

Dans des petits groupes, traduisez en français. Employez *vous* et le style
familier, comme si vous étiez des collègues qui se vouvoyaient.

1. What's happening?
2. I don't know what's happening.
3. What do you want?
4. I don't know what I want.
5. What do you think about this?
6. You never listen to what I think!
7. What are you thinking about?

8. I don't want to tell you what I'm thinking about.
9. What movie did you see?
10. What's the movie about?
11. I've forgotten what it's about.
12. What's wrong?
13. What's your address?

Exercices oraux : révision
Exercice 14. Analyse de l'interview avec Jacques Chirac

Avec un partenaire, étudiez les phrases interrogatives dans l'interview avec Jacques Chirac (pages 163–164, « Exemples du style soutenu », ii) et répondez aux questions suivantes.

1. Combien de questions emploient l'expression *est-ce que* ?
2. Quel est le moyen préféré pour poser une question totale ? Y a-t-il des exceptions ?
3. Combien de questions partielles emploient l'inversion ?
4. Quelle autre tournure interrogative marque le style soutenu dans cette interview ?

Exercice 15. Analyse du sketch « Ça fait déguisé »

Avec un partenaire, étudiez les phrases interrogatives dans le sketch « Ça fait déguisé » (pages 167–169, « Exemples du style familier », ii) et répondez aux questions suivantes.

1. Combien de questions emploient l'expression *est-ce que* ? Expliquez cet usage.
2. Quel est le moyen préféré de poser une question totale ? Donnez-en des exemples.
3. Combien de questions partielles emploient l'inversion ? Et de questions totales ? Expliquez ces exemples de l'inversion.
4. Trouvez la question avec un <u>pronom</u> interrogatif comme sujet de la phrase.

Exercice 16. Jouez des rôles

Travaillez avec un partenaire. Suivant le sketch de Devos (voir exercice 15, ci-dessus), écrivez un petit dialogue entre deux personnes dont une est dans une position d'autorité. Questionnez l'identité de cette personne (suggestions : politicien, gangster, dentiste, médecin, prêtre, professeur, vétérinaire, roi…) en posant au moins **trois** questions auxquelles elle devrait savoir les réponses. Attention au niveau de style. On vous demandera de présenter des parties de votre dialogue en classe.

Exercice 17. Variations linguistiques

Divisez la classe en trois groupes. En employant le niveau de style approprié, chaque groupe trouvera des questions pour obtenir les informations qui manquent dans les phrases suivantes and inventera aussi des réponses logiques. S'il y a un substantif dans la phrase, laissez-le dans la question.

> **Groupe 1** : le directeur de l'entreprise et son assistant (qui se vouvoient et emploient le style soigné)
> **Groupe 2** : des collègues dans une grande entreprise (qui se vouvoient et emploient un style familier mais pas trop relâché)
> **Groupe 3** : des étudiants universitaires (qui se tutoient et emploient un style relâché)

> MODÈLE : *Ma sœur cherche quelqu'un.*
> G1 : *Qui votre sœur cherche-t-elle ? Qui cherche-t-elle, votre sœur ? Qui est-ce que votre sœur cherche ?*
> G2 : *Qui est-ce que votre sœur cherche ? Elle cherche qui, votre sœur ?*
> G3 : *Elle cherche qui, ta sœur ? Ta sœur cherche qui ? C'est qui que ta sœur cherche ?*

1. Quelque chose est arrivé hier soir.
2. Quelqu'un est venu me rendre visite.
3. J'ai dit quelque chose d'important.
4. J'ai vu quelqu'un dans la rue hier.
5. Ma sœur a besoin de quelque chose.
6. Le président a honte de quelque chose.

7. Vous devriez vous inquiéter de quelque chose.
8. Les politiciens travaillent pour quelqu'un.
9. Mes parents vont acheter une maison quelque part.
10. L'avion va atterrir à une certaine heure.
11. Mon ami partira pour une bonne raison.
12. La femme a acheté un certain nombre de tomates.
13. La lettre a été envoyée d'une certaine façon.

Exercice 18. *Comment ? Je n'ai pas compris.*

Votre partenaire vous a parlé, mais vous n'avez pas bien entendu. Demandez qu'il/elle répète. Remplacez l'expression soulignée par un pronom interrogatif. Employez le style familier.

MODÈLE :   Mon frère *a acheté une voiture.*
Vous :   *Qui a acheté une voiture ?*
Votre partenaire :   Mon frère !

1. Sophie a écrit une lettre.
2. Elle était dans sa chambre.
3. Elle écrivait à ses parents.
4. Elle leur demandait de l'argent.
5. Ils lui ont répondu quelques jours plus tard.
6. Ils lui ont envoyé l'argent.
7. Sa mère lui a téléphoné hier soir.
8. Elle lui a dit que son frère était malade.
9. Sa maladie lui fait peur. *(His illness scares her.)*
10. Elle a peur parce qu'elle aime beaucoup son frère.

Exercice 19. Jouez des rôles

Imaginez que vous passez un an en France pour faire vos études à la Sorbonne. Pour chaque situation ci-dessous, demandez les renseignements suivants, faisant toujours attention au niveau de langue. Quelles autres questions poseriez-vous ? Écrivez les questions et puis présentez votre dialogue devant la classe.

Pour des renseignements spécifiques

À qui vous parlez	*Ce que vous voulez savoir*
1 votre concierge	le prix du loyer, quand il faut le payer, etc.
2 un professeur : a. jeune b. plus âgé	où acheter le livre de classe, si vous pouvez venir dans son bureau lui poser des questions, etc.
3 un agent de police	où se trouve le musée de l'art moderne, à quelle heure il s'ouvre, etc.
4 un fonctionnaire à la gare	l'heure du départ du prochain train pour Nice, le prix d'un billet aller-retour, la durée du voyage, etc.
5 un passant dans la rue : a. un étudiant b. une dame d'un certain âge	où se trouve le bureau de tourisme, s'il est ouvert le lundi
6 un passant dans le métro : a. un étudiant b. un monsieur d'un certain âge	comment acheter un billet, le prix d'un billet, les choix de billets, comment lire le plan du métro, comment aller au Sacré-Cœur, etc.
7 un serveur au restaurant	ce qu'il recommande, si le plat est piquant, quel vin prendre avec ce plat, etc.
8 un employé à l'hôtel	plus de serviettes de bain et un sèche-cheveux, à quelle heure le petit-déjeuner est servi, etc.
9 un employé au magasin	où se trouve le rayon de chaussures à quelle heure le magasin se ferme

(à suivre)

| | si vous pouvez payer par chèque
où se trouvent les cabines d'essayage
s'il a la même chemise mais d'une autre couleur, etc. |
| 10   un vendeur au marché | le prix des tomates,
comment préparer le poisson, etc. |

Pour des renseignements plus personnels

À qui vous parlez	*Ce que vous voulez savoir*
11 un autre étudiant dont vous venez de faire la connaissance	ce qu'il étudie, s'il veut aller boire un coup, d'où il vient en France, etc.
12 les parents d'un ami français qui vous invitent au dîner chez eux	comment ils ont préparé la viande, depuis combien de temps ils habitent là, ce qu'ils font comme travail, etc.
13 les grands-parents d'un ami français	s'ils ont toujours habité à Paris, où ils ont grandi, s'ils gardent des souvenirs de la guerre, etc.
14 l'enfant de votre prof (âgé de huit ans)	son nom, où il va à l'école, etc.

Exercices écrits
Exercice 1. *Répétez, s'il vous plaît*

Imaginez que vous parlez avec votre professeur mais que vous ne l'entendez pas bien. Posez-lui des questions pour les réponses suivantes.

Employez *vous*. Dans vos questions, gardez toujours les substantifs non soulignés (ne les remplacez pas par des pronoms).

MODÈLE : *Jean est venu <u>avec sa mère</u>.*

Avec qui est-ce que Jean est venu ?

1. Pierre est parti <u>parce qu'il était fatigué</u>.
2. Les étudiants vont manger ensemble <u>après la classe</u>.
3. Vous devez m'attendre <u>devant mon bureau</u>.
4. Le livre a été expédié <u>par avion</u>.
5. La conférence commence à <u>5 heures</u>.
6. Le directeur parlait à <u>son collègue</u>.
7. <u>Le livre</u> est tombé par terre.
8. Je vous ai demandé <u>deux</u> devoirs.

Exercice 2. *Qui, que* et *quoi*, style familier

Imaginez qu'un bon ami vous dit les phrases suivantes. Posez-lui des questions logiques. Employez *tu* et le style familier.

MODÈLE : *Quelqu'un a téléphoné.*

Qui a téléphoné ?

1. Quelque chose sent bon.
2. Ma sœur a peur de quelque chose.
3. Je n'aime pas quelqu'un.
4. J'ai parlé de quelque chose.
5. Je pense à quelqu'un.
6. Quelqu'un est parti.
7. J'achèterai une certaine voiture.
8. J'ai peur de quelque chose.
9. Je déteste quelque chose.
10. J'ai peur de quelqu'un.
11. Je pense à quelque chose.
12. Je suis content de quelque chose.

Exercice 3. *Qui, que* et *quoi*, style soutenu

Imaginez que vous aidez une personne âgée. Posez-lui ces questions. Employez *vous* et le style soutenu.

1. What do you need?
2. What do you want?
3. What are you afraid of?
4. What do you remember?
5. What did you forget?
6. What are you talking about?
7. What are you thinking about?
8. What are you worried about?
9. What are you preoccupied with?
10. What are you sure of?
11. What are you tired of?
12. What are you waiting for?
13. What are you looking for?
14. What are you looking at?
15. What are you listening to?

Exercice 4. Une interview

Imaginez que vous êtes un journaliste pour *Le Monde*. Écrivez une liste de cinq questions (style soutenu) que vous allez poser au président français, au président américain ou à un autre politicien qui traitent des sujets pertinents (pas de questions sur sa vie personnelle !). Faites très attention au style et à la structure des questions.

7 • Les temps du passé à l'indicatif

La langue française, comme l'anglais, possède trois temps verbaux : le présent, le passé et le futur. Puisque l'emploi du futur et du présent ne posent guère de problèmes pour l'étudiant avancé du français, nous ne les discutons pas dans ce livre. Par contre, le choix de temps passé reste un des aspects les plus difficiles de la langue pour l'étudiant anglophone. C'est donc à ces temps du passé que nous consacrons ce chapitre.

L'étudiant avancé connaît bien les formes des trois temps du passé dans la langue parlée et courante (le passé composé, l'imparfait et le plus-que-parfait). Puisque les formes littéraires lui sont peut-être moins connues, nous en parlons un peu ici. Pour un résumé de toutes les formes du passé (courantes et littéraires), ainsi qu'un résumé des règles de l'accord avec le participe passé aux temps composés et une liste des verbes conjugués avec être, consultez les appendices 6–8. Dans ce chapitre nous présentons surtout une explication détaillée de l'emploi de tous les temps du passé.

Le choix de temps verbal au passé est souvent très difficile pour l'étudiant anglophone car l'emploi dans les deux langues diffère beaucoup.

Pour maîtriser ce choix en français, il faut d'abord comprendre l'usage très limité de l'imparfait.

I. L'IMPARFAIT

Ce temps s'emploie dans deux contextes dans le français standard (nous verrons une variante appelée l'*imparfait narratif* plus tard dans ce chapitre). Il s'agit de deux emplois très différents l'un de l'autre. Si l'étudiant ne peut pas justifier l'usage de l'imparfait par un de ces deux contextes, il doit utiliser le passé composé ou le plus-que-parfait.

A. Premier contexte : actions habituelles

Pour les actions habituelles au passé, dans un contexte temporel défini, on emploie toujours l'**imparfait.** Il faut que ce contexte soit bien clair : il faut qu'on comprenne quand l'action habituelle a eu lieu (*quand j'étais jeune ; autrefois ; en ce temps-là*). Par conséquent, une phrase comme *Je ne travaillais pas beaucoup* n'a pas de sens toute seule. Mais lorsqu'elle est située dans un contexte, et raconte le souvenir d'une action habituelle à cette époque, on la comprend. Les textes suivants illustrent cet emploi de l'imparfait. D'autres exemples se trouvent à l'appendice 22.

Exemples

i. Jean-Philippe Toussaint, *La salle de bain*, 1985

Les après-midi s'écoulaient paisiblement. Quand je faisais la sieste, je me réveillais de mauvaise humeur, les mâchoires engourdies. Boutonnant mon pardessus, je descendais au bar qui, à cette heure, était particulièrement désert. Dès qu'il me voyait arriver, le barman quittait son fauteuil et, à pas lents, me précédait jusqu'au comptoir. [...] [Il] vissait sèchement un filtre dans le percolateur, déposait une soucoupe devant moi. Lorsqu'il m'avait servi, il avançait le sucrier jusqu'à ma tasse, s'essuyait les mains et, reprenant son journal, allait se rasseoir dans son fauteuil.

© 1985 by Les Éditions de Minuit. Reprinted by permission of Georges Borchardt, Inc., on behalf of Les Éditions de Minuit.

ii. Jean Giono, *Regain*, 1930

[À l'époque, c]'est Gaubert qui <u>faisait</u> les meilleures charrues. Il <u>avait</u> un sort. [...] Quand il <u>voulait</u> faire une charrue, il <u>prenait</u> une grande pièce de frêne et il la <u>mettait</u> à tremper dans [un] trou [rempli d'eau]. Il la <u>laissait</u> là pas mal de temps, de jour et de nuit, et il <u>venait</u> quelquefois la regarder en fumant sa pipe. Il la <u>tournait</u>. Il la <u>palpait</u>, il la <u>remettait</u> dans l'eau, il la <u>laissait</u> bien s'imbiber, il la <u>lavait</u> avec ses mains. Des fois, il la <u>regardait</u> sans rien faire. Le soleil <u>nageait</u> tout blond autour de la pièce de bois. Quand il <u>revenait</u> à la forge, Gaubert <u>avait</u> les genoux des pantalons tout verts d'herbe écrasée. Un beau jour, c'<u>était</u> fait ; il <u>sortait</u> sa poutre et il la <u>rapportait</u> sur l'épaule, toute dégoutante d'eau [...] ; puis, il <u>s'asseyait</u> devant sa forge. Il <u>mettait</u> la pièce de bois sur sa cuisse. Il la <u>pesait</u> de chaque côté à petites pesées ; il la <u>tordait</u> doucement et le bois <u>prenait</u> la forme de la cuisse. Eh bien, ça, fait de cette façon, c'<u>étaient</u> les meilleures charrues du monde des laboureurs.

L'imparfait des actions habituelles se traduit souvent en anglais par les locutions verbales *used to, would*. Mais attention ! Il ne faut pas utiliser l'imparfait (IMP) en français pour le *would* anglais de la phrase conditionnelle. Ceci se traduit par le conditionnel (COND) en français. Comparez :

Habitude	*On weekends, we <u>would go</u> to the movies.*	Le week-end, on <u>allait</u> au cinéma (IMP).
Condition	*I <u>would go</u> to the movies if I had the money.*	J'<u>irais</u> au cinéma (COND) si j'avais l'argent.

B. Deuxième contexte : situation et arrière-plan

Le deuxième emploi de l'imparfait en français est plus difficile à comprendre pour les anglophones. Dans **le récit** d'un événement au passé, les verbes à l'imparfait décrivent **la situation, l'atmosphère** ou **l'arrière-plan.** (Par contre, l'action de l'histoire se déroule au passé composé [PC] ou, dans les textes plus formels, au passé simple [PS].) Ces verbes à l'imparfait se traduisent souvent (mais pas toujours !) par le participe présent en anglais : le *soleil brillait* = the sun <u>was shining</u> (mais il *faisait beau* = it was nice out).

> Il <u>faisait</u> beau. Le soleil <u>brillait</u>. Les gens <u>parlaient</u> tranquillement et <u>jouaient</u> au football dans le parc. Tout <u>était</u> calme… Je <u>me sentais</u> bien… quand *soudain...* (→ *action au PC*), quelque chose *est tombé* du ciel !

Exemple à l'imparfait (arrière-plan)

Étudiez le paragraphe suivant, dans lequel tous les verbes soulignés sont à l'imparfait pour donner l'effet d'un tableau vivant. Seul le dernier verbe (en italique), qui introduit l'action, est au passé simple.

Albert Camus, « Recherche du père »,
dans *Le premier homme*, 1994

Dans le ciel plus pâle, des petits nuages blancs et gris <u>passaient</u> lentement, et du ciel <u>tombait</u> tour à tour une lumière légère puis obscurcie. Autour de lui, dans le vaste champ des morts, le silence <u>régnait</u>. Une rumeur sourde <u>venait</u> seule de la ville par-dessus les hauts murs. Parfois, une silhouette noire <u>passait</u> entre les tombes lointaines. Jacques Cormery, le regard levé vers la lente navigation des nuages dans le ciel, <u>tentait</u> de saisir derrière l'odeur des fleurs mouillées la senteur salée qui <u>venait</u> en ce moment de la mer lointaine et immobile quand le tintement d'un seau contre le marbre d'une tombe le *tira* de sa rêverie.

II. LE PASSÉ COMPOSÉ
A. Le déroulement de l'action

Quand il ne s'agit pas d'un des deux contextes décrits ci-dessus, c'est-à-dire, d'une action habituelle ou de l'arrière-plan à une action ou à une suite d'actions, on doit utiliser soit le **passé composé** (ou son équivalent littéraire, le passé simple) soit le **plus-que-parfait** (voir plus tard dans ce chapitre pour l'emploi de ce temps). Pour le déroulement de l'action dans un récit au passé, comme on vient de le voir, on emploie le passé composé. La plupart du temps, l'action de chaque verbe au passé composé commence **après** la terminaison de l'action du verbe précédant au passé composé et finit **avant** le commencement de l'action du verbe suivant au passé composé. On peut donc faire une liste de tous les verbes au passé composé. Pour mieux visualiser l'emploi du passé composé vis-à-vis celui de l'imparfait dans le récit d'une histoire, imaginez une pièce de théâtre. Quand le rideau se lève, ce que l'on voit sur la scène — le décor, les lumières, les couleurs, et les acteurs, qui font un tableau vivant — représente l'imparfait. Lorsque la pièce commence, les actions qui avancent le récit de l'histoire représentent le passé composé.

Si les verbes au passé composé avancent l'histoire dans un récit, il s'ensuit logiquement que quand il s'agit d'un seul verbe (pas dans un récit) et que ce n'est ni une action habituelle, ni une description de la situation dans une période de temps défini (*[lorsque j'habitais en France] : je prenais toujours le métro ; j'étais content de ma vie*), on n'utilise jamais l'imparfait. Comme dans un récit, le passé composé seul indique une action qui s'est passée.

Il est parti.	*He left.*
Il a plu hier.	*It rained yesterday.*

Par contre, si on disait « Il partait » ou « Il pleuvait », l'auditeur ou le lecteur se demanderait, « Et alors, que s'est-il passé ? Ce verbe à l'imparfait sert d'arrière-plan à quelle action ? ».

Exemples du passé composé

Étudiez les récits suivants, dans lesquels tous les verbes sont au passé composé, puisqu'il ne s'agit que d'une simple liste d'actions. Notez le style courant de ces dialogues, où on supprime souvent le *ne* dans les négations.

i. Est-ce que vous avez toujours habité ici à Amiens ?
(Amiens 2000)

- Ah, non, non, non, j'<u>ai pas toujours habité</u> à Amiens. Je suis un Tourangeau [originaire de la Touraine] qui <u>est venu</u> s'établir à Amiens. Je <u>suis donc né</u> en Touraine, j'<u>ai passé une jeunesse</u> en Touraine et donc ensuite je <u>suis allé</u> à l'école hôtelière à Paris pendant trois ans et j'<u>ai vécu</u> un peu à Paris et puis j'<u>ai pas mal voyagé</u>. J'<u>ai été</u> un an en Italie, j'<u>ai travaillé</u> à l'ambassade de France en Italie et ensuite j'<u>ai travaillé</u> dans le... dans le Var, dans le département du Var et également en région parisienne avant de me fixer à Amiens.
- Non, j'<u>ai habité</u> dans d'autres endroits. On <u>a même habité</u> dans pas mal d'endroits mais à chaque fois qu'on <u>est sorti</u> d'Amiens on <u>est quand même revenu</u> très rapidement.

ii. Vous avez voyagé à l'étranger ? (Amiens 2000)

- Je <u>suis allé</u> deux fois en Biélorussie, je parle un peu russe. Je <u>suis allé</u> au Maroc en vacances avec mes parents... Et en Biélorussie, j'en <u>ai profité</u> pour écrire un livre sur la Biélorussie... Sinon, j'<u>ai passé</u> un an aux États-Unis.... J'<u>ai voyagé</u> au Texas, à Seattle et en Louisiane.
- Euh, oui, j'<u>ai été</u> au Danemark, euh, Italie que j'<u>ai déjà fait</u>, Suisse, Allemagne et Canada. [Au Canada], on <u>a été</u> dans un tournois qui s'appelle le tournoi « Pink » à Québec, et on <u>a encadré</u> des jeunes là-bas et on y <u>est resté</u> une huitaine de jours. On <u>a fait</u> une journée à Montréal, puis le reste du temps à Québec même, et j'<u>ai préféré</u> Québec par rapport à Montréal.

iii. La Fête du Nouvel An (Amiens 2000)

Je suis allé passer le Nouvel An chez mes grands-parents, qui m'ont accueilli aux cris de Manu, Manu ! [...] Bon, ensuite on a fait une visite du cimetière, [...] on a été visiter la tante, la tombe de la tante Amélie [...] ensuite on est retourné à l'intérieur et on a regardé les vœux du pape à la télévision et on s'est couché avant minuit et demi. Ça fait un caractère pittoresque et folklorique et en un sens, je me suis bien amusé ce soir-là.

iv. Comment avez-vous trouvé ce travail ? (Amiens 2000)

Bah, ça fait dix-huit ans que je suis le hockey sur glace, et je suis venu par des amis et [...] ça m'a intéressé et ils m'ont embauché, il y a deux ans.

Et avant, qu'est-ce que vous avez fait ?

Euh, bon, j'ai fait mes études. Je suis cuisinier de métier. Ensuite j'ai fait l'armée en France. Je suis rentré de l'armée, j'ai fait de l'intérim et tout ça. Mais... après, bon, j'ai trouvé mon emploi au hockey sur glace.

v. Un échange culturel (Amiens 2000)

[...] le dernier échange sportif que nous avons organisé c'est avec la Lettonie, ... et nous avons dans un premier temps reçu l'an dernier des enfants qui font partie d'un club de patinage artistique, ... cinq petits enfants [...] sont venus avec leur entraîneur, leur chorégraphe, ... [et ils] ont passé une semaine à Amiens, [où ils] [...] ont participé aux séances d'entraînement et [...] ont présenté à la fin un petit programme, un petit spectacle de… de… de leur façon de patiner. Et l'année suivante, donc cette année, ce sont les petits Français qui <u>sont partis</u> en Lettonie pour le retour de cet échange et qui <u>ont suivi</u> là-bas un programme d'entraînement, donc voilà un exemple d'échange sportif et, on peut dire, culturel, parce que avec ces liens à l'étranger, ils apprennent à découvrir un autre pays, d'autres habitudes de vie, et d'autres régions et tout ce qui va avec.

B. Remarques sur l'opposition entre le passé composé et l'imparfait

Dans le récit au passé du discours indirect, les verbes de narration (tels que *dire, demander* et *répondre*) sont toujours au passé composé (souligné ci-dessous) ou au passé simple, puisqu'ils avancent le récit. En revanche, le contenu du message, c'est-à-dire, ce qu'on a dit, n'est jamais au passé composé ; c'est à l'imparfait, au plus-que-parfait ou au conditionnel (en gras ci-dessous). (Pour le discours indirect, voir le chapitre 8.)

<u>Il a dit</u> qu'il **voulait** partir.
<u>Elle a demandé</u> si nous **avions compris**.
<u>Il a promis</u> que sa femme **reviendrait** dans dix minutes.

Puisqu'il s'agit souvent d'une suite d'actions quand on emploie le passé composé, certains adverbes de temps se trouvent au passé presque toujours avec les verbes au passé composé, par exemple :

d'abord
ensuite
enfin
tout à coup
soudain
soudainement.

Par contre, certaines expressions verbales s'emploient toujours pour décrire l'arrière-plan, la scène ou la situation, et sont donc toujours à l'imparfait (jamais au passé composé ou passé simple). Ces expressions comprennent *être en train de* + infinitif (voir l'appendice 21-G), le passé récent (*venir de* + infinitif) et le futur proche (*aller* + infinitif) :

Il était en train de manger.
Il venait de partir.
Il allait partir.

Le verbe *faillir* n'est jamais à l'imparfait puisqu'il s'agit d'une action qui est sur le point d'être accompli. Au passé, on le trouve au passé composé ou passé simple et au plus-que-parfait :

Il a failli / Il faillit tomber.	*He almost fell.*
Il avait failli mourir.	*He had almost died.*

(Pour une explication de ce verbe, voir l'appendice 21-H.)

Comme tous les verbes, le verbe *devoir* suit les règles pour la distinction entre le passé composé et l'imparfait. C'est-à-dire qu'au passé composé il indique toujours une action, et à l'imparfait une situation. Ce qui pose un problème pour les anglophones, c'est la traduction de ce verbe en anglais, qui utilise plusieurs locutions verbales différentes. Étudiez la traduction du verbe *devoir* au passé dans les exemples suivants (et voyez l'appendice 14 pour d'autres détails sur ce verbe) :

IMP :	Je devais partir.	*I was supposed to leave.* (situation)
PC/PS :	J'ai dû / Je dus partir.	*I had to leave (and I did).* (action)

Quand on emploie le verbe *devoir* pour indiquer une *supposition* au passé, on trouve et l'imparfait et le passé composé / passé simple, selon la situation.

Pour assurer le bon choix du temps en français, refaites la même phrase en remplaçant le verbe *devoir* par une expression comme *peut-être*, *probablement*, ou *sans doute*.

PC/PS :	Il a dû / Il dut oublier.	*He must have forgotten.*
		(= Il a <u>sans doute</u> oublié.)
IMP :	Il devait être malade.	*He must have been sick.*
		(= Il était <u>peut-être</u> malade.)

Dans les phrases avec *quand* au passé, on voit le passé composé et l'imparfait dans les deux parties de la phrase :

Elle <u>habitait</u> à Paris quand elle <u>avait</u> dix-neuf ans.
(IMP *quand* IMP : deux situations simultanées)

Elle <u>habitait</u> à Paris quand elle <u>a fait</u> la connaissance de son mari.
(IMP *quand* PC : la situation au moment où quelque chose s'est passé)

Elle <u>a quitté</u> Paris quand elle <u>avait</u> vingt ans.
(PC *quand* IMP : quelque chose est arrivé pendant une certaine situation)

Elle <u>a poussé</u> un cri quand elle <u>a vu</u> le serpent.
(PC *quand* PC : une action est la réaction à l'autre action)

Quoique les verbes dits *d'état* soient souvent à l'imparfait au passé, ils peuvent aussi tous être au passé composé (ou au passé simple), mais le message est bien différent dans les deux cas. Étudiez les exemples suivants.

Imparfait (situation)	**Passé composé (action)**
J'étais malade.	Tout à coup j'ai été malade (j'ai vomi !).
Elle avait un mari et un enfant.	Elle a eu un enfant (à l'hôpital) en mai.
Il y avait des nuages dans le ciel.	Soudain, il y a eu un coup de tonnerre.
Je le connaissais bien.	Je l'ai connu l'année dernière. (= J'ai fait sa connaissance.)
Je pouvais répondre (mais je n'ai pas parlé).	Après quelques minutes, j'ai pu répondre. (= J'ai répondu.)
Je savais la réponse (mais je n'ai rien dit).	Quand elle a lu la lettre, elle a su la vérité. (= Elle l'a apprise.)
Je voulais partir (mais je n'ai pas osé).	Quand elle a entendu le téléphone, elle a voulu se lever. (= Elle a essayé de se lever.)

Il pleuvait quand elle est partie.	Il a plu tout l'été.
Je crois qu'elle avait dix ans quand je l'ai connue.	Elle a eu dix ans mardi dernier. (= C'était son anniversaire.)

Passé composé et imparfait : résumé

Dans un récit,
- tous les verbes à l'imparfait répondent à la question : *Quelles étaient les conditions ?* (IMP)

et

- tous les verbes au passé composé répondent à la question : *Qu'est-ce qui s'est passé ensuite ?* (PC)

Exemples du choix passé composé (souligné) / imparfait (en gras)

i. Parlez un peu de votre découverte de la musique
   (Amiens 2000)

Alors, disons que j'ai commencé par le piano lorsque j'**avais** cinq ans. Et en fait, j'ai commencé le piano parce que ma sœur **faisait** du piano, donc [il] y **avait** un piano à la maison, mais en fait j'ai toujours voulu faire de la harpe, et je ne sais pas pourquoi parce qu'il n'y **avait** personne qui **jouait** de la harpe dans ma famille. Et donc après avoir harcelé mes parents, ma sœur m'a inscrite au conservatoire dans la classe de harpe en cachette et ensuite, on a enfin... bon, devant le fait accompli, ils ont bien été obligés d'accepter que je joue de la harpe, et donc voilà, et donc j'ai, j'ai fait le conservatoire à Amiens, ensuite je suis rentrée dans un conservatoire à Paris avec un professeur avec qui je **voulais** travailler depuis très, très longtemps et j'ai eu mon prix au conservatoire de Paris, et voilà, et maintenant je fais une formation pour être professeur de harpe en conservatoire.

ii. Pouvez-vous nous parler de votre voyage [en Égypte]?
(Amiens 2000)

En Égypte donc, je fais de la plongée sous-marine comme distraction, comme passe-temps avec mon mari, et nous faisons partie d'un club et le club a proposé un séjour d'une semaine pour plonger dans la mer Rouge, et nous sommes partis là avec d'autres personnes qui font de la plongée [...] une vingtaine de personnes. Alors le séjour là-bas c'**était** sur un bateau du matin au soir avec une plongée le matin, un peu de repos à midi, une plongée l'après-midi, et le soir un petit peu de découverte, les environs, la ville, les souks égyptiens, et le dernier jour comme nous ne **pouvions** pas plonger, nous avons fait une excursion dans le désert égyptien, là on a vu de grandes étendues de sable, c'**était** un bon complément de ce séjour, parce que la mer c'est une chose mais le désert c'est une autre.

iii. Jean Giono, *Regain*, 1930

Dans cet extrait, remarquez l'emploi du présent (en italique) à la place du passé composé. Cet emploi, qu'on appelle *le présent de la narration*, rend l'histoire plus vivante.

... Son homme, c'**était** un puisatier [...]. On **faisait** un puits, nous, à Aubignane ; lui, il **était** de l'autre côté des Alpes, peut-être bien tranquille. Nous, avec notre puits, on *arrive* à un endroit difficile tout en sable qui coule, et notre maçon qui **était** des Corbières nous *dit* : « Je ne descends plus là-dedans ; j'ai pas envie d'y rester. » Lui, le Piémontais, *c'est* juste à ce moment qu'il *arrive* à Aubignane, avec guère de sous et une femme qui **allait** faire le petit. [...]

— Moi je descends, qu'il *dit*.

Il a creusé au moins quatre mètres. Il **remontait** tous les soirs, blanc, gluant, comme un ver, avec du sable plein le poil. Et, un soir vers les six heures, on a entendu, tout par un coup, en bas, comme une noix qu'on écrase entre les dents ; on a entendu couler du sable et tomber des pierres. Il n'a pas crié. Il n'est plus remonté. On n'a jamais pu l'avoir. Quand au milieu de la nuit, on a descendu une lanterne au bout d'une corde pour le voir, on a vu monter l'eau au-dessus de l'écroulement. Elle **montait** vite. On **était** obligé de hausser la corde à mesure. Il y **avait** au moins dix mètres d'eau au-dessus de lui.

C. Variante linguistique : l'imparfait narratif

L'étudiant de français avancé lira et entendra assez souvent un emploi de l'imparfait qui ne se conforme pas aux emplois décrits dans ce chapitre. Nous proposons ici une explication pour cet emploi non-traditionnel pour que l'étudiant comprenne son existence. Nous déconseillons cependant fortement l'imitation de cette forme par l'étudiant car son abus donnerait facilement l'impression qu'il ne comprend pas la distribution traditionnelle des temps du passé et qu'il fait une faute de grammaire.

Comme nous l'avons vu, les verbes qui avancent l'action d'une narration sont traditionnellement au passé composé ou passé simple et les verbes qui fournissent l'arrière-plan à ces actions successives, à l'imparfait. Mais il arrive très souvent qu'un passé composé ou passé simple « logique » se remplace par un imparfait dans une narration. Appelé le plus souvent l'*imparfait narratif* (ou *pittoresque*), cet usage se trouve non seulement dans des textes littéraires mais aussi dans la langue écrite populaire (par ex., les romans policiers). Il s'agit normalement de quelques verbes à l'imparfait situés au milieu d'une narration commencée et terminée par des verbes au passé composé ou passé simple.

Cet imparfait de narration s'entend aussi dans la langue parlée quand on raconte des rêves, des souvenirs et des visions: *Voici mon rêve : Je marchais tranquillement dans un champ, je voyais soudain une porte ; je l'ouvrais ; j'entrais dans une petite salle ...*

Quand on emploie l'imparfait à la place du passé composé ou passé simple dans la narration, l'effet est de sortir cette action ou cette succession d'actions du contexte temporel de l'histoire, libérant l'action de l'accumulation chronologique, « gelant » ce moment dans le temps, le dissociant de l'avancement de l'histoire et le mettant en relief de sorte qu'il serve d'arrière-plan au reste de l'histoire. Quand on veut recommencer la narration principale, on retourne au passé composé ou passé simple.

Dans des dialogues au passé, on voit souvent la « libération » des verbes du discours (*dire, répondre*) de la progression des actions par l'emploi de l'imparfait narratif.

Exemple de l'imparfait narratif (verbes soulignés)

Georges Simenon, *Le meurtre d'un étudiant*, 1971

Le commissaire Maigret est en visite chez son ami le Docteur Pardon :

De quoi avaient-ils parlé ensuite ? De choses banales qu'on ne se rappelle pas le lendemain. Pardon était assis devant son bureau, fumant sa cigarette. Maigret dans le fauteuil rigide réservé aux malades. Il régnait ici une odeur particulière que le commissaire connaissait bien, car il la retrouvait à chacune de ses visites. Une odeur qui n'était pas sans rappeler celle des postes de police. Une odeur de pauvre.

Les clients de Pardon étaient des habitants du quartier, presque tous d'un milieu très modeste.

La porte s'ouvrait. Eugénie, la bonne, qui travaillait depuis si longtemps boulevard Voltaire qu'elle faisait un peu partie de la famille, annonçait :

— C'est l'Italien, Monsieur...

— Quel Italien ? Pagliati ?

— Oui, Monsieur... Il est dans tous ses états... Il paraît que c'est très urgent...

Il était dix heures et demie. Pardon se leva, ouvrit la porte du triste salon d'attente où des magazines étaient éparpillés sur un guéridon.

Plus tard, Maigret et Pardon vont trouver un homme blessé sur le trottoir :

A cinquante mètres de ce café, peut-être, une femme au corps replet se tenait debout, immobile, sous un parapluie que le vent secouait, et un réverbère permettait de distinguer à ses pieds la forme d'un corps étendu. [...]

L'homme était jeune. Il paraissait à peine vingt ans, portait un blouson de daim et ses cheveux étaient longs sur la nuque. Il était tombé en avant et le dos de son blouson était plaqué de sang...

— Vous avez averti la police ?

Pardon, accroupi près du blessé, <u>intervenait</u> :

— Qu'elle envoie une ambulance...

Cela signifiait que l'inconnu était vivant et Maigret se dirigea vers la lumière qu'il apercevait à cinquante mètres. On lisait, sur la devanture faiblement éclairée, les mots : « Chez Jules ». Il poussa la porte vitrée tendue d'un rideau crème et pénétra dans une atmosphère si calme qu'elle en était comme irréelle. On aurait pu croire à un tableau de genre.

C'était un bar à l'ancienne mode, avec de la sciure de bois sur le plancher et une forte odeur de vin et d'alcool. Quatre hommes d'un certain âge, trois d'entre eux gras et rougeauds, jouaient aux cartes.

— Je peux téléphoner ?...

On le <u>regardait</u> avec stupeur se diriger vers l'appareil mural, près du comptoir d'étain et des rangées de bouteilles.

III. LE PLUS-QUE-PARFAIT

Ce temps du passé indique une action qui s'est terminé **avant le contexte temporel du récit**, une action qui ne fait donc pas partie de l'arrière-plan (imparfait) ni ne figure dans la suite des actions du récit (passé composé).

Comparez les trois paragraphes suivants. Dans le premier, il s'agit d'une simple liste d'actions (verbes au passé composé, soulignés). Dans le deuxième on ajoute l'arrière-plan (verbes à l'imparfait, en italique) et dans le troisième on ajoute d'autres détails sur des actions terminées avant le contexte temporel du paragraphe (verbes au plus-que-parfait, en gras).

1. Il est monté dans sa chambre s'habiller pour la fête. Il a choisi un beau costume et puis il a mis sa nouvelle cravate.
2. Il est monté dans sa chambre s'habiller pour la fête. Il *était* très content. Il *faisait* très beau et la fête *allait* être dehors. Il a choisi un beau costume et puis il a mis sa nouvelle cravate.
3. Il est monté dans sa chambre s'habiller pour la fête à laquelle on l'**avait invité**. Il *était* très content. Il *faisait* très beau et la fête *allait* être dehors. Il a choisi un beau costume et puis il a mis la nouvelle cravate qu'il **avait achetée** la veille.

Exemples du plus-que-parfait

Étudiez les récits suivants, dans lesquels on trouve des verbes au passé composé (la suite des actions, souligné), à l'imparfait (l'arrière-plan, en italique) et au plus-que-parfait (détails venant d'une période antérieure, en gras).

i. Jean-Philippe Toussaint, *La salle de bain*, 1985

Edmondsson *se maquillait* devant le lavabo. Elle **avait ouvert** un des rideaux, qu'elle **avait coincé** contre une chaise, et le soleil *entrait* largement dans la pièce. [...] Assis en tête à tête à côté de la fenêtre, nous *étions* seuls dans la salle à manger de l'hôtel. A travers les rideaux de tulle que le soleil *amincissait*, on *pouvait* voir ce qui *se passait* dans la rue.

Nous **avions terminé** le petit déjeuner. Les bras croisés, fumant une cigarette devant ma tasse de café vide, j'*expliquais* que j'**avais acheté** deux liquettes de chez Benetton, une jaune pâle et une bleue, mais que je n'*avais* pas de short. Edmondsson n'*écoutait* pas.

© 1985 by Les Éditions de Minuit. Reprinted by permission of Georges Borchardt, Inc., on behalf of Les Éditions de Minuit.

ii. Études, travail (Amiens 2000)

Eh ben, j'ai <u>commencé</u> en 1978. J'<u>ai fait</u> un apprentissage de deux ans chez un employeur. […] Trois semaines chez un employeur, une semaine dans un centre de formation […] un peu de mathématiques, un peu de français, puis de la technologie et puis au bout on a un CAP [Certificat d'aptitude professionnelle], puis après on cherche un emploi. Moi, j'<u>ai eu</u> la chance d'avoir un emploi dans la même entreprise où j'**avais fait** mon CAP. Et puis après, euh, la vie suit son cours. Le service militaire, quelques remplacements, et un beau jour, on s'installe.

iii. Les fêtes (Amiens 2000)

- Euh, le Nouvel An, je <u>suis allée</u> avec des amis dans une [petite] ville […], et, euh, on *était* très, très, très, très nombreux on <u>a fait</u> un bal, enfin c'*était* vraiment sympathique et on <u>s'est beaucoup amusé</u> […] Et puis … auparavant il y **avait eu** une énorme tempête en France qui **avait déraciné** tous les arbres et c'*était* assez difficile de circuler, euh, on <u>est resté</u> plusieurs heures bloquées sur la route […] donc, je crois aussi que les gens <u>sont restés</u> chez eux parce que […] ça les *ennuyait* de prendre la voiture alors qu'il y **avait eu** toute cette tempête.

- Bah, on <u>a rien fait</u> de spécial… Le Nouvel An, on l'<u>a fêté</u> tout simplement à deux. On **avait fini** notre journée, on *était* fatigué. Et le 14 juillet, on <u>a rien fait</u> d'exceptionnel, euh, le temps s'y *prêtait* pas non plus. Non, non, rien de spécial. On <u>a regardé</u> le Tour de France.

• [...] alors pour le Nouvel An, nous *étions* en famille dans la région de Bordeaux parce que mes parents habitent à côté de Bordeaux, donc nous <u>avons décidé</u> d'être avec ma famille et nous <u>avons passé</u> la soirée du 31 décembre dans une… soirée organisée dans une auberge, dans une ferme auberge avec un repas et des danses toute la soirée jusqu'à 5 heures du matin.

— Les enfants aussi ?

— Les enfants aussi, les enfants aussi. Alors ils <u>n'ont pas résisté</u> jusqu'à cette heure-là mais nous **avions pris** des chambres d'hôtel à côté, donc ils <u>sont allés</u> se coucher et nous <u>avons de temps en temps jeté</u> un œil pour voir si tout *allait* bien dans la chambre.

iv. Un repas au restaurant (Amiens 2000)

… alors au dîner, nous *étions* avec des professeurs de français lettons, c'*était* un repas d'adieu un petit peu, et nous <u>sommes allés</u> dans une brasserie dans le quartier de Saint-Lure, alors nous <u>avons visité</u> cette brasserie avec le propriétaire qui fait la bière lui-même, donc il nous <u>a expliqué</u> le processus de fabrication de la bière… Et cet établissement fait également restaurant, donc nous <u>avons mangé</u> là hier soir. Alors c'*était* un menu composé d'un apéritif, un cocktail à base de bière et d'alcool, c'*était* très, très bon, je **n'avais jamais goûté** cette assemblage de bière et d'alcool avant. Ensuite nous <u>avons eu</u> une entrée, c'*était* une salade composée avec salade verte, concombre, petits morceaux de chèvre, donc du fromage, des tomates, et des olives…

IV. LE PASSÉ ET LES PRÉPOSITIONS AVEC
EXPRESSIONS DE DURÉE DE TEMPS

Le système de prépositions qui introduisent les périodes de temps en français est beaucoup plus compliqué que celui de l'anglais, qui n'emploie la plupart du temps qu'une seule préposition : for. Notez la traduction en français des phrases suivantes.

1. *He worked (for) three hours.*	Il a travaillé pendant trois heures.
2. *He will work (for) three hours.*	Il va travailler pendant/pour trois heures.
3. *He usually works (for) three hours.*	Il travaille normalement pendant trois heures.
4. *He has been working (for) three hours.*	Il travaille depuis trois heures. Voilà / Ça fait / Il y a trois heures qu'il travaille.
5. *He hasn't worked for/in three months.*	Il ne travaille plus depuis trois mois. Il n'a pas travaillé depuis trois mois. Ça fait / Voilà / Il y a trois mois qu'il n'a pas travaillé.

Le choix de préposition dans les phrases françaises dépend de l'étendue de la période de temps qui la suit. Celle-ci peut commencer et se terminer dans un seul contexte temporel (par exemple, le passé). Elle peut aussi commencer dans un contexte temporel et se terminer (ou continuer) dans un autre, par exemple, commencement au passé et continuation au présent. Dans les cinq exemples ci-dessus, nous remarquons donc les différences suivantes :

1. action commencée et terminée dans le passé
2. action qui commencera et se terminera à l'avenir
3. action qui commence et se termine au présent
4. action commencé au passé et qui continue au présent
5. action accomplie dans le passé mais qui continue à influencer le présent.

Dans la version française de ces cinq phrases on voit une grande variation de prépositions pour marquer la durée de temps. L'étudiant de français doit apprendre lesquelles à employer dans chaque contexte. Il doit aussi faire attention à son choix de temps verbal. Ce sont les deux sujets que nous discutons dans cette section.

A. *Pendant*

On choisit cette préposition si l'action se déroule dans un seul contexte temporel.

- **Action commencée et terminée au présent** : *Il court normalement pendant une heure.*
- **Action commencée et terminée au passé** : *Elle a habité en Suisse pendant huit ans.*
- **Action à commencer et à terminer à l'avenir** : *Il restera à Paris pendant huit jours.*

Il est important de noter que, comme en anglais, aucune préposition n'est obligatoire dans ce contexte. On peut aussi dire : *Il court une heure ; elle y a habité huit ans ; il y restera huit jours.*

On peut aussi employer la préposition *pour* dans le contexte futur : *Il va en France pour huit jours.* On n'emploie jamais cette préposition dans les contextes présents ou passés.

Dans le contexte temporel passé, le verbe est toujours au passé composé ou passé simple (jamais à l'imparfait).

B. *Depuis*

On emploie *depuis* si l'action commence dans un certain contexte temporel et se termine dans un autre. Cette préposition peut aussi se suivre d'un moment dans le passé (*depuis janvier*). Le choix de temps verbal dans ce genre de phrase est parfois difficile pour l'étudiant anglophone car il dépend non seulement de l'étendu du contexte temporel (passé → présent ; passé antérieur → passé) mais aussi de la présence ou l'absence d'une négation dans la phrase.

- **Action commencée au passé et continuée au présent** (verbe à l'affirmatif): *Il habite Paris depuis trois mois / depuis janvier.* (He has been living in Paris for three months / since January).

- **Action accomplie dans le passé mais qui continue à influencer le présent** (verbe au négatif) : *Il ne fume plus depuis trois mois / depuis juin* ou *Il n'a pas fumé depuis trois mois / depuis juin.* (He hasn't smoked for three months / since June.)

Dans la phrase affirmative, le verbe est (logiquement) au présent puisque l'action n'est pas encore terminée ; elle est toujours en train. Il faut noter que dans la traduction anglaise, le verbe est aussi au présent (*present perfect progressive : has been living*).

Dans la phrase négative, le verbe peut être au présent (de préférence avec *ne...plus*, qui souligne les conséquences présente) ou au passé composé (de préférence avec *ne...pas*, qui souligne la dernière fois que l'action a eu lieu, c'est-à- dire, au passé).

- **Action commencée au passé antérieur et continuée au passé** (verbe à l'affirmatif) : *Quand je l'ai vu, il habitait Paris depuis trois mois / depuis l'an précédent.* (When I saw him, he had been living in Paris for three months / since the previous year.)
- **Action accomplie dans le passé antérieur mais qui a continué à influencer le passé** (verbe au négatif) : *Quand je l'ai vu, il ne fumait plus depuis trois mois / depuis l'an précédent* ou *Quand je l'ai vu, il n'avait pas fumé depuis trois mois / depuis l'an précédent.* (When I saw him, he hadn't smoked for three months / since the previous year.)

Dans la phrase affirmative, le verbe est à l'imparfait.

Dans la phrase négative, le verbe peut être à l'imparfait (de préférence avec *ne...plus*) ou au plus-que-parfait (de préférence avec *ne...pas*).

C. *Il y a ; cela/ça fait ; voilà*

Ces trois expressions ont le même sens que la préposition *depuis* mais se trouvent dans une structure bien différente : expression (au début de la phrase) + durée de temps + *que* + phrase (sujet-verbe). Comparez la structure de la phrase de gauche avec celles de droite :

Il y habite depuis trois mois.

Il y a trois mois qu'il y habite.
Ça fait trois mois qu'il y habite.
Voilà trois mois qu'il y habite.

Le choix de temps verbal avec les trois structures à droite suit les mêmes règles que pour la préposition *depuis*. Notez que l'expression *voilà* s'emploie seulement si les actions continuent au présent (ou continuent à influencer le présent).

Voilà trois mois qu'il n'a pas fumé / qu'il ne fume plus.
Il y a trois mois qu'il n'a pas fumé / qu'il ne fume plus.
Cela/Ça fait trois mois qu'il n'a pas fumé / qu'il ne fume plus.

Il y avait trois mois qu'il n'avait pas fumé / qu'il ne fumait plus.
Ça faisait trois mois qu'il n'avait pas fumé / qu'il ne fumait plus.

Variante linguistique : *depuis* et *il y a*

On peut quelquefois substituer la préposition *depuis* à l'expression *il y a*. Cette substitution ne change pas le sens ; elle correspond plutôt à un autre point de vue où on insiste sur l'origine d'une action qu'on voit comme encore importante :

Les voleurs ont quitté le pays <u>depuis</u> bien du temps. =
Les voleurs ont quitté le pays <u>il y a</u> bien du temps.

Note de vocabulaire : *il y a*

La tournure *il y a*, suivie d'une expression de durée (comme *il y a trois jours*, *il y a un an*), peut aussi s'employer pour marquer un moment dans le passé, le moment du commencement d'une action. Elle se traduit par le mot *ago* en anglais (*three days ago*). Dans ce cas, c'est une entité indépendante, qui peut exister seule (*Quand l'avez-vous vu ? Il y a trois jours*), au début ou à la fin d'une phrase (*Il y a trois jours, j'ai vu Pierre ; je l'ai vu il y a trois jours*).

Par contre, pour l'expression qui se traduit *for three days* en anglais, *il y a* se place au début de la phrase, suivi par <u>le période de temps + que + une phrase</u> (*Il y a trois jours que je ne l'ai pas vu*).

(*à suivre*)

> Quand on marque un moment dans le passé (et pas une durée), le verbe est toujours au passé, mais il peut s'agir d'une action (passé composé) ou d'une situation (imparfait) :
> J'ai vu le film il y a trois jours.
> Il y a cinq ans, j'habitais à Paris.

Exemples

Étudiez l'emploi de la préposition *depuis* dans les récits suivants. (Amiens 2000)

- Alors j'ai vécu trente-deux ans à Amiens, et depuis deux ans, j'habite Paris. Voilà.

- Et bien, je suis professeur de cuisine dans un lycée d'enseignement professionnel depuis vingt ans maintenant. Donc j'enseigne… j'enseigne la cuisine.

- Ben, je suis installé depuis quatorze ans maintenant. Enfin, nous sommes installés depuis quatorze ans. Et puis ben, on travaille artisanalement, c'est-à-dire qu'on fabrique tout nous-mêmes. La pâtisserie, la viennoiserie, c'est-à-dire les croissants, tout ça, le pain aussi.

- — En fait, je suis étudiante à Paris depuis neuf ans alors maintenant… Au début, les trois premières années, je faisais les trajets Paris-Amiens et maintenant depuis six ans, j'habite Paris.

  — Tu suis encore des cours, alors !

  — Alors, euh, en fait j'enseigne depuis… depuis très longtemps, mais je suis parallèlement des cours.

- […] je suis rentrée dans un conservatoire à Paris avec un professeur avec qui je voulais travailler depuis très, très longtemps.

V. LES TEMPS LITTÉRAIRES AU PASSÉ :
PASSÉ SIMPLE, PASSÉ ANTÉRIEUR

Les temps littéraires ne sont plus utilisés dans la conversation, mais on les trouve souvent dans la langue écrite et on entend quelques-uns dans les formes orales de la langue écrite (conférences, journal parlé), surtout avec l'expression *il y a* et les verbes *être*, *faire* et *falloir* à la troisième personne du singulier (*il y eut ; il fut ; il fit ; il fallut*). L'étudiant typique n'utilisera presque jamais ces formes et n'aura donc pas besoin de les mémoriser ; cependant, il doit pouvoir les reconnaître en lisant. (Bien sûr, il peut s'en servir en écrivant ses rédactions, mais ce ne sera qu'aux niveaux les plus avancés de la langue.)

Dans la langue écrite, le passé simple est l'équivalent du passé composé (mais voir la note linguistique suivante) et le passé antérieur peut remplacer le plus-que-parfait:

Langue parlée
imparfait
passé composé
plus-que-parfait

Langue littéraire
imparfait
passé simple
plus-que-parfait / passé antérieur

Note linguistique : passé simple et passé composé

La différence entre le passé simple et le passé composé s'explique traditionnellement comme une distinction entre l'usage **littéraire** et **non-littéraire**. Mais la réalité est plus compliquée. Même si on ne parle que de textes littéraires (mettant du côté donc articles de presse, correspondance personnelle, guides touristiques, etc.), on voit que certains genres refusent l'emploi du passé simple presque catégoriquement (pièces de théâtre contemporain) tandis que d'autres s'en servent presqu'uniquement (romans policiers, contes de fée, folklore). Dans d'autres genres écrits (littéraires et non-littéraires), le passé simple s'emploie à côté du passé composé, souvent pour différencier la narration (PS) du dialogue (PC).

À titre d'explication, il paraît que la distribution entre ces deux temps du passé dans la langue écrite dépende plutôt de leur

(à suivre)

fonction dans le discours. Le passé simple sert à créer une distance entre le lecteur et le texte (évident dans les œuvres de fic-
tion qui n'ont aucun rapport avec la réalité du lecteur). Le passé
composé, par contre, crée un lien entre le texte et le présent
(comme dans les pièces de théâtre). Dans les textes qui alternent
les deux temps, le passé simple crée un sens de détachement
dans la narration tandis que le passé composé dans le dialogue
met le lecteur carrément dans la conversation (qui reflète la réalité de la langue parlée, où on n'emploie presque jamais le passé
simple).

Pour l'étudiant anglophone, qui n'aura pas à produire les formes
littéraires, l'identification du passé simple et du passé antérieur n'est
pas difficile. Pour la plupart des verbes au passé simple, le radical est
identique à celui de l'infinitif (*parl-*/er, *fin-*/ir, *vend-*/re) et le verbe
est évident même si le radical diffère de celui de son infinitif. Il suffit
donc de reconnaître les terminaisons verbales pour savoir que le verbe
est au passé simple. Le passé antérieur se compose du verbe auxiliaire
(*avoir* ou *être*) conjugué au passé simple, suivi du participe passé (*il eut
parlé* ; *il fut parti*). Une révision des formes littéraires se trouve à l'appendice 8.

Exemples de la langue littéraire

Dans les textes suivants, étudiez l'emploi des temps du passé : **le passé
simple,** le passé composé, l'imparfait et le plus-que-parfait.

i. Paragraphe adapté du *Petit Robert 2*, 1987

Marie Curie (née Skłodowska) **naquit** en 1867 à Varsovie. Intéressée
par le phénomène de radioactivité dès la découverte d'H. Becquerel,
elle **entreprit**, sur les conseils de son mari Pierre, des recherches
qui les **conduisirent** tous deux à la découverte du polonium et du
radium (1898). Elle **fut** la première femme nommée professeur à la

Sorbonne. Elle **reçut** les Prix Nobel de physique en 1903 et de chimie en 1911. Elle **mourut** en 1934.

ii. Antoine de St-Exupéry, *Le petit prince*, 1943

Je crois qu'il **profita**, pour son évasion, d'une migration d'oiseaux sauvages. Au matin du départ, il **mit** sa planète bien en ordre. Il **ramona** soigneusement ses volcans en activité. Il *possédait* deux volcans en activité. Et c'était bien commode pour faire chauffer le petit déjeuner du matin. Il *possédait* aussi un volcan éteint. Mais, comme il *disait*, « On ne sait jamais ! » Il **ramona** donc également le volcan éteint…. Le petit prince **arracha** aussi, avec un peu de mélancolie, les dernières pousses de baobabs. Il *croyait* ne jamais devoir revenir. Mais tous ces travaux familiers lui **parurent**, ce matin-là, extrêmement doux. Et, quand il **arrosa** une dernière fois la fleur, et **se prépara** à la mettre sous son globe, il **se découvrit** l'envie de pleurer.

iii. Jean-Philippe Toussaint, *La salle de bain*, 1985

Le train **arriva** avec deux heures et demie de retard. Il y **eut** soudain du bruit autour de moi, des portes qui *s'ouvraient*, des chocs de valise contre le sol, des voix, presque des cris. On *passait* devant moi, on me *croisait*. Des gens me *frôlaient*. J'*attendais* sur le quai, très droit, la tête en évidence. Dès qu'Edmondsson **m'aperçut**, elle me **fit** de larges signes avec les raquettes de tennis, **avança** vers moi en se balançant, gonflant les joues, me souriant. Elle **accourut** à ma rencontre. Je l'*attendais*. Elle me **toucha** le visage, me **félicita** de mes cheveux propres.

© 1985 by Les Éditions de Minuit. Reprinted by permission of Georges Borchardt, Inc., on behalf of Les Éditions de Minuit.

iv. Albert Camus, « Recherche du père »,
dans *Le premier homme*, 1994

J'ai connu un homme, dit-il,... qui n'*aimait* pas les pâtisseries et sa femme n'en *mangeait* jamais non plus. Eh bien, au bout de vingt ans de vie commune, il **surprit** sa femme chez le pâtissier, et il **se rendit** compte en l'observant qu'elle *allait* plusieurs fois par semaine s'empiffrer d'éclairs au café. Oui, il *croyait* qu'elle n'*aimait* pas les douceurs et en réalité elle *adorait* les éclairs au café.

v. Jean-Philippe Toussaint, *La salle de bain*, 1985

J'*avais réservé* une table pour vingt et une heures. Lorsque nous **arrivâmes** au restaurant, bien qu'il fût plus de onze heures, le maître d'hôtel, très accueillant, ne nous **fit** pas de reproches. Nous **laissâmes** la valise et les raquettes au pied d'un porte-manteau et le **suivîmes** dans la salle, nous-mêmes suivis d'une dame qui *tâchait* vainement de me mettre un ticket de vestiaire dans la main, et qui **essaya** même, lorsque je me **débarrassai** de mon pardessus, de s'emparer du vêtement ; mais je **fus** très prompt et, avec beaucoup de souplesse, **réussis** à éloigner le manteau de la portée de ses bras pour le mettre à l'abri. La dame **regarda** méchamment Edmondsson, et **déposa** le ticket sur la table.

© 1985 by Les Éditions de Minuit. Reprinted by permission of Georges Borchardt, Inc., on behalf of Les Éditions de Minuit.

vi. Philippe Soupault, *Les dernières nuits de Paris*, 1928

Nous **fîmes** dans [la] rue de Seine, qui s'étonne encore de son existence, une rencontre qu'on ne peut qualifier ni d'agréable, ne de choquante, ni de désespérante, mais qui **laissa** une trace d'ombre, une raie noire dans le paysage de notre soirée. Un chien noir, un barbet, un mâtin sans doute, *courait* en zigzag d'un trottoir à l'autre, comme s'il *avait perdu* la conscience. Ni l'heure ni le temps maussade ne *parvenaient* à ralentir les allées et venues de ce toutou de contrebande. J'**eus** la certitude qu'il nous *attendait*. Il n'avait cependant pas la tête d'un chien qui va faire un mauvais coup. Quand il **aperçut** ma compagne, il **sembla** la reconnaître et **tourna** autour d'elle en jappant. Je ne **pus** savoir si elle le *reconnaissait*, car elle lui **murmura** d'abord : « Tais-toi, chien. » Et elle **ajouta** : « Qu'est-ce que c'est que ce cabot ? »

vii. Marivaux, *La vie de Marianne*, 1731–41

Un carrosse de voiture qui *allait* à Bordeaux **fut**, dans la route, attaquée par les voleurs ; deux hommes qui *étaient* dedans **voulurent** faire résistance, et **blessèrent** d'abord un des voleurs ; mais ils **furent** tués avec trois autres personnes. Il en **coûta** aussi la vie au cocher et au postillon, et il ne *restait* plus dans la voiture qu'un chanoine de Sens et moi, qui *paraissais* n'avoir tout au plus que deux ou trois ans. Le chanoine **s'enfuit**, pendant que, tombée dans la portière, je *faisais* des cris épouvantables, à demi étouffée sous le corps d'une femme qui *avait été* blessée, et qui, malgré cela, voulant se sauver, *était retombée* dans la portière, où elle **mourut** sur moi, et m'*écrasait*.

Exercices oraux : passé composé et imparfait
Exercice 1. L'imparfait des actions habituelles

Avec un partenaire, parlez de ce que vous faisiez d'une façon habituelle lorsque vous étiez enfant. N'oubliez pas de situer vos actions dans un contexte temporel et de mettre les verbes à l'imparfait.

MODÈLE : <u>Quand j'étais très jeune</u>, avec ma famille, nous passions toujours le mois de juillet au bord de la mer. Nous allions à la pêche, nous nagions dans la mer, etc.

Exercice 2. L'imparfait pour mettre la scène

Avec un partenaire, choisissez parmi les situations suivantes et décrivez **l'atmosphère** dans chaque cas. Ne vous limitez pas aux descriptions simples de **l'état** des choses (par ex., il faisait chaud) ; n'oubliez pas d'inclure aussi **les actions** qui avaient lieu et qui faisaient partie de l'arrière-plan (par ex., le professeur attendait devant le tableau). Employez autant de verbes possible, tous à l'imparfait.

Décrivez :

- la salle quand vous êtes arrivé en classe aujourd'hui.
- l'atmosphère autour de vous quand vous vous êtes réveillé ce matin.
- l'atmosphère à l'intérieur de l'autobus (ou du train) quand vous y êtes entré pour venir au campus aujourd'hui.
- le campus quand vous êtes descendu de votre voiture/bicyclette ou de l'autobus/du train en arrivant sur le campus aujourd'hui.

Exercice 3. Le passé composé pour le déroulement de l'action

Parlez de ces sujets avec un partenaire. N'employez que des verbes au passé composé.

1. votre vie : où vous êtes né(e), où vous avez habité et étudié
2. vos voyages : où et quand
3. vos activités du dernier Nouvel An

Exercice 4. Le récit d'un événement

Parlez de quelque chose d'intéressant qui vous êtes arrivé ou qui est arrivé à quelqu'un que vous connaissez. Employez le passé composé pour l'action et l'imparfait pour la situation. MODÈLE : J'ai vu un météorite traverser l'horizon derrière notre maison ! J'avais onze ans. Il était quatre heures de l'après-midi et je jouais avec mes sœurs dans le jardin.

Exercice 5. *Être en train de*

Examinez les phrases suivantes avec un partenaire. Pour chaque phrase, indiquez si on peut utiliser *être en train de*. Si oui, transformez la phrase en employant cette tournure.

1. Il était au lit.
2. Il fumait un cigare.
3. Elle fait la sieste.
4. Nous écoutons une belle chanson.
5. Tu travailles ?
6. La voiture faisait 100 km/l'heure.

Exercice 6. *Devoir*

Avec un partenaire, identifiez la forme (temps/mode) du verbe *devoir* et puis expliquez son usage. Enfin, traduisez le verbe en anglais.

1. Nous <u>avons dû</u> acheter une nouvelle voiture.
2. Tu <u>devrais</u> faire attention en classe.
3. Cette classe <u>doit</u> être intéressante.
4. Elle <u>a dû</u> oublier le rendez-vous.
5. Vous <u>n'auriez pas dû</u> dire cela.
6. Jean n'est pas encore là ? Il <u>devait</u> arriver avant nous.
7. Le film <u>doit</u> commencer à quelle heure ?

Exercice 7. *Devoir*

Avec un partenaire, traduisez avec une forme du verbe *devoir*.

1. Vous _____ vous excuser. (*should, ought to*)
2. Tu _____ oublier tes clés chez toi. (*must have*)
3. La conférence _____ être remise à un autre jour. (*will have to*)
4. Nous _____ écouter ce qu'il a dit. (*should have*)
5. J'ai dit ça ? Je _____ être fatiguée. (*must have*)
6. Elle _____ partir avant la fin du concert. (*had to*)

Exercice 8. *Devoir*

Avec un partenaire, parlez d'une chose...

1. que vous <u>avez dû</u> faire le week-end dernier (et que vous avez donc faite).
2. que vous <u>deviez</u> faire le week-end dernier (mais que vous n'avez pas faite).
3. que vous avez faite et que vous <u>n'auriez pas dû</u> faire.

Exercice 9. Des récits au passé composé et à l'imparfait

Dans le deuxième récit (b) de chaque histoire qui suit (exercices 1 et 2), soulignez ce qui est de plus (ce qui décrit l'arrière-plan du récit, donc avec tous les verbes à l'imparfait).

1. Qu'est-ce que tu as fait pour fêter le 14 juillet ? (Amiens 2000)
   a. Rien, j'ai dormi toute la journée. Ah si, je suis allée au fabuleux pique-nique. Tout le monde est venu nous demander [quelque chose]. Il n'y a pas eu de soleil.
   b. Rien, j'ai dormi toute la journée. J'étais extrêmement fatiguée. Ah si, je suis allée au fabuleux pique-nique qui traversait la mairie de Vienne et, euh, j'étais avec des amis très organisés qui avait un barnum extra parce qu'on avait peur qu'il pleuve. Donc on était les plus organisés, tout le monde est venu nous demander si on faisait partie de l'organisation du pique-nique. En plus, j'avais un imperméable fluorescent comme les organisateurs. Donc, euh... mais c'était un petit peu décevant parce qu'il n'y a pas eu de soleil. Il y avait une fanfare australienne, etc.... Donc c'était assez, assez drôle, euh, assez sympathique.

2. Qu'est-ce que tu as fait pour fêter le Nouvel An ? (Amiens 2000)
   a. Alors le Nouvel An. On a fait un bal, en fait. Je sais même plus le nom du village.
   b. Alors le Nouvel An. J'étais où ? Bah, on était avec des amis et je sais même plus, on était dans un petit village, on a fait un bal, en fait. Je sais même plus le nom du village et c'était du côté d'Angers et on était à peu près 150 à faire la fête. Oui. Voilà... c'était dans

une espèce d'auberge de jeunesse. Avec une grande salle commune dans le réfectoire.

Exercice 10. Visualisation

Mettez les verbes du paragraphe suivant au passé en faisant bien attention au choix du temps verbal. Ensuite, faites **la visualisation** de l'histoire en dressant une liste à deux colonnes dans laquelle celle de gauche donne les verbes au passé composé (actions) et celle de droite donne les verbes à l'imparfait (arrière-plan).

C'est une nuit noire et silencieuse… trop silencieuse ! Je marche lentement quand soudain, j'entends quelque chose dans la forêt. C'est un monstre ! Il a cinq pieds et deux têtes. Tout à coup, il avance et m'attrape ! Il commence à manger ma main quand le réveil sonne. J'ai mal à la tête.

Exercice 11. Récits de la vie, du travail (Amiens 2000)

Dans les deux récits suivants, choisissez bien le temps du verbe (passé composé ou imparfait).

1.

Je _____ (grandir),… enfin je _____ (habiter) dans l'est de la France dans le territoire du Périgord parce que mon père _____ (être) militaire donc il _____ (devoir) déménager tous les quatre ans en France pour avoir une nouvelle garnison, une nouvelle fonction, donc je _____ (habiter) quatre ans le territoire de Belford ; je _____ (habiter) également à Paris pendant quatre années ; je _____ (habiter) quatre années en Allemagne et je _____ (naître) à Paris, mais je _____ (faire) ma petite enfance dans la ville de Poitiers, voilà, un parcours itinérant.

2.

Alors je _____ (commencer) à chanter lorsque je _____ (avoir) dix-huit ans, donc quand je _____ (venir) faire mes études à Paris,... on _____ (me + envoyer) à Paris... comme le professeur que j' _____ (avoir) au lycée de musique _____ (connaître) un très, très bon professeur de chant sur Paris, elle _____ (me + mettre) en contact, donc je _____ (avoir) la chance de commencer le chant avec un très grand professeur.

Exercice 12. Une histoire

Complétez l'histoire suivante au passé en choisissant bien le temps du verbe : passé composé ou imparfait ? Ensuite, faites des listes des verbes à l'imparfait (la scène derrière les actions) et au passé composé (les actions qui avancent l'histoire).

C'_____ (être) un après-midi calme et silencieux. Le soleil _____ (ne... pas + briller) et il _____ (faire) froid. Les oiseaux _____ (ne... pas + chanter). La neige _____ (commencer) à tomber. Le silence _____ (être) complet. Marc _____ (se promener) tranquillement dans le parc avec son chien. Il _____ (ne... pas + faire) attention à sa route ; il _____ (réfléchir) à un argument avec son petite amie. SOUDAIN, Marc _____ (voir) une lumière brillante et jaune dans le ciel et il _____ (entendre) de

la musique fantastique. Un grand objet, qui _____
(ressembler) à un vaisseau spatial, _____ (tomber)
juste devant lui. Sa porte _____ (s'ouvrir) et une
petite créature en _____ (sortir). Imaginez sa surprise
quand il _____ (remarquer) que c'_____
(être) E.T. !

Exercice 13. *Le petit prince*

Dans le récit suivant (adapté du Petit prince), choisissez bien le temps du
verbe (passé composé ou imparfait).

Le narrateur _____ (être) dans le désert du Sahara. Il
_____ (ne... pas + pouvoir) partir parce que son moteur
_____ (être) en panne. Il _____ (être) tout seul et
_____ (se trouver) à mille miles de toute région habitée.

Un jour quand il _____ (se réveiller) il _____
(remarquer) un petit garçon. Le garçon lui _____
(demander) de dessiner un mouton. Le narrateur _____ (dessiner) une caisse et _____ (dire) au petit prince que le mouton qu'il _____ (vouloir) _____ (être) dedans. Le
petit prince en _____ (être) content.

Il n'y _____ (avoir) de l'eau à boire que pour huit jours.
Pendant ces journées, le petit prince et le narrateur _____
(parler).

Le petit prince _____ (être) d'une autre planète. Là, il y
_____ (avoir) des fleurs simples et des petits baobabs. Tous les
jours, il _____ (arracher) les baobabs, qui _____
(être) dangereux pour une petite planète.

Un jour, une nouvelle fleur _____ (commencer) à croître.

Elle _____ (mettre) des jours et des jours à se préparer, mais

enfin, un matin, elle _____ (se réveiller). Elle _____

(être) belle mais coquette. Elle _____ (demander) trois

choses au petit prince: son petit-déjeuner, un paravent et un globe.

Le petit prince lui _____ (obéir) mais il _____

(devenir) malheureux parce que la fleur _____ (être) si

contradictoire. Il l'_____ (aimer) mais il _____

(ne... pas + la + comprendre). Il _____ (juger) la fleur sur

ses mots (et pas sur ses actes) et donc il _____ (décider) de

quitter sa planète.

Exercices oraux : Passé composé, imparfait et plus-que-parfait
Exercice 14. Plus-que-parfait, la visualisation de l'histoire

Faites une liste à trois colonnes des verbes utilisés dans les deux premieres exemples du plus-que-parfait — Toussaint (i) et « Études, travail » (ii) — de la section III, pages 196–197. La colonne de droite donne le déroulement de l'action (passé composé), celle au milieu les conditions ou l'arrière-plan (imparfait), et celle de gauche les actions complétées avant le contexte temporel du récit (plus-que-parfait).

Exercice 15. Plus-que-parfait

Avec un partenaire, faites une phrase des deux données en utilisant le plus-que-parfait.

MODÈLE : *J'ai fini de travailler. Je suis allé au cinéma.*

J'avais fini de travailler <u>quand</u> je suis allé au cinéma.

1. Margot n'a pas encore fini sa dissertation. Elle est arrivée en classe.
2. Les étudiants ont étudié la leçon. Ils ont passé l'examen.
3. Jean s'est déjà endormi. Vous avez téléphoné.
4. Le petit a déjà entendu la nouvelle à l'école. Sa mère a téléphoné la lui dire.

5. Le train est parti. Ce passager est arrivé.

6. Nous n'avons pas encore fini de manger. Le garçon a apporté l'addition.

7. Tu es rentré chez toi. Ton père est venu te chercher.

Exercice 16. Récits

Dans les récits suivants, choisissez bien le temps du verbe (passé composé, imparfait ou plus-que-parfait).

1. *Le petit chaperon rouge*

Il était une fois une petite fille qui _____ (marcher) dans la forêt ; elle _____ (aller) rendre visite à sa grand-mère, qui _____ (être) malade. Elle _____ (porter) une corbeille pleine de bonnes choses à manger. Elle _____ (ne... pas + le + savoir), mais un grand loup la _____ (regarder) et il _____ (avoir) faim. Le loup, qui _____ (ne... pas + être) bête, _____ (parler + d'abord) à la petite fille et puis _____ (décider) d'arriver chez la grand-mère avant elle.

Quand la petite fille _____ (arriver) chez sa grand-mère, elle _____ (frapper) et puis _____ (entrer). Elle _____ (poser) plusieurs questions au loup, qui _____ (manger) la grand-mère, _____ (mettre) sa chemise de nuit, et _____ (monter) dans son lit. Quand la petite fille _____ (voir) la grande bouche du loup, elle _____ (avoir) peur. Mais il _____ (être) trop tard: le loup _____ (la + manger) comme il _____ (dévorer + déjà)

sa pauvre grand-mère.

2. Une fable de La Fontaine: le corbeau et le renard

Un jour, dans une forêt, un corbeau _____ (être) per-

ché sur un arbre. Dans son bec, il _____ (tenir) un fro-

mage qu'il _____ (trouver) par terre. Un renard,

qui _____ (avoir) faim, _____ (se pro-

mener) dans la forêt. Quand il _____ (sentir) le

fromage, il _____ (aller) vite le trouver. Quand le

renard _____ (apercevoir) le corbeau sur l'ar-

bre, il _____ (décider) d'essayer d'obtenir le fro-

mage. Le renard _____ (savoir) que tous les corbeaux

_____ (être) prétentieux, alors il _____ (faire)

un compliment au corbeau. Il lui _____ (dire) que le corbeau

_____ (être) très beau et ensuite il lui _____

(demander) s'il _____ (avoir) aussi une belle voix. Quand

le corbeau _____ (entendre) le compliment, il

_____ (oublier) qu'il _____ (avoir) un fro-

mage dans son bec; et quand il _____ (ouvrir) son

bec pour montrer sa belle voix, le fromage _____

(tomber). Le renard _____ (prendre) le fromage qui

_____ (tomber) et _____ (dire) au corbeau

que tous les flatteurs _____ (vouloir) quelque chose et que

le corbeau _____ (apprendre) une bonne leçon.

Exercices oraux : *depuis ; pendant ; il y a*
Exercice 17. Vos passe-temps

Avec votre partenaire, faites une liste de vos passe-temps et dites depuis combien de temps vous les faites.

MODÈLE : *Je joue de la guitare depuis cinq ans.*

Exercice 18. Activités arrêtées

Avec votre partenaire faites une liste des choses que vous avez arrêté de faire et depuis combien de temps ou depuis quand.

MODÈLES : *Je ne fume plus depuis cinq ans, depuis la naissance de mon premier enfant.*

Je n'ai pas fumé depuis septembre.

Exercice 19. Activités dans le passé

Avec votre partenaire faites une liste de choses intéressantes que vous avez faites dans le passé et pendant combien de temps vous les avez faites. MODÈLE : *J'ai habité en France (pendant) deux ans.*

Exercice 20. Récit

Complétez le récit au passé en faisant attention aux temps des verbes (Amiens 2000).

Bah, je _____ (faire) un peu de tout. Je _____ (commencer) par faire un bac scientifique, donc avec une spécialisation mathématiques-physique. Avec mes parents qui _____ (vouloir) absolument que je devienne ingénieur comme tous les parents de classe moyenne. Et ensuite je _____ (décider) de m'orienter vers le commerce, mais comme mon objectif _____ (ne... pas + être) de faire du fric, eh ben, je _____ (quitter) les écoles de commerce pour me diriger vers l'université et vers des études de lettres, puisque je _____ (lire) déjà beaucoup. Donc voilà, ça _____ (faire) quatre ans que je _____ (être) à l'université [maintenant].

Exercices oraux : les temps littéraires du passé
Exercice 21. Identifier l'infinitif

Dans les exemples du passé littéraires (section V, pages 205–208), identifiez l'infinitif de tous les verbes au passé simple.

Exercice 22. Visualiser l'histoire

Pour tous les exemples du passé littéraires (section V, pages 205–208), faites la visualisation de chaque histoire : dressez une liste à trois colonnes des verbes utilisés. La colonne de droite (passé simple) donnera le déroulement de l'action, celle du milieu (imparfait) les conditions, l'arrière-plan, et celle de gauche (plus-que-parfait), les actions complétées avant le contexte temporel du récit. Pour tous les verbes au passé simple, donnez aussi leur équivalent dans la langue parlée.

Exercice 23. Les formes littéraires

Mettez les verbes dans la biographie suivante aux temps littéraires.

Monsieur X (1) est né en Touraine. Il (2) a passé sa jeunesse en Touraine. Il (3) a fait ses études à l'école hôtelière à Paris pendant trois ans et il (4) a vécu un peu à Paris après avoir fini ses études. Il (5) a ensuite voyagé dans le monde. Il (6) a travaillé à l'ambassade de France en Italie. Il (7) a travaillé aussi dans le Var et à Paris. Il (8) s'est enfin installé à Amiens où il (9) a été professeur de cuisine jusqu'à sa retraite.

Exercices écrits : les temps du passé
Exercice 1. Imparfait habituel

Dans un petit paragraphe, faites votre portrait à un jeune âge. N'oubliez pas d'inclure vos actions habituelles. Mettez tous les verbes à l'imparfait.

Exercice 2. Passé composé

Dans un petit paragraphe, racontez les grands événements dans la vie de quelqu'un dans votre famille ou de quelqu'un que vous connaissez bien. Parlez de sa naissance (où et quand), dites où il/elle a habité et a travaillé et pendant combien de temps.

Exercice 3. *Faillir*

Traduisez en anglais.

1. Elle était tellement nerveuse qu'elle a failli oublier son nom.
2. Il a bien failli glisser sur le verglas.
3. J'ai failli rater le bus ce matin.
4. Il a failli vous téléphoner hier soir.
5. Nous avons failli partir, tellement la musique était mauvaise.

Exercice 4. *Faillir*

Traduisez en utilisant le verbe *faillir*.

1. I very nearly said yes.
2. He almost died.
3. After having almost fallen, he stopped running.
4. She had almost finished when we arrived.
5. Almost succeeding is not as good as (*ne vaut pas*) succeeding.

Exercice 5. Passé composé

Dans quelques lignes, imaginez les actions (au passé composé) qui auraient pu interrompre ce tableau vivant tiré de « Recherche du père » par Camus (1994).

Dans le ciel plus pâle, des petits nuages blancs et gris <u>passaient</u> lentement, et du ciel <u>tombait</u> tour à tour une lumière légère puis obscurcie. Autour de lui, dans le vaste champ des morts, le silence <u>régnait</u>. Une rumeur sourde <u>venait</u> seule de la ville par-dessus les hauts murs. Parfois, une silhouette noire <u>passait</u> entre les tombes lointaines.

Exercice 6. Passé composé, imparfait, plus-que-parfait

Dans une page, racontez une expérience qui vous est arrivée récemment. Faites bien attention au choix des temps au passé (passé composé, imparfait et plus-que-parfait).

Exercice 7. *Depuis ; pendant ; il y a*

Traduisez en français.

1. When he finally got home, he hadn't eaten for two days.
2. She has been driving for only a year.
3. She got her driver's license a year ago.
4. We've been waiting for an hour!
5. The musicians practiced the piece for three hours.
6. My mother-in-law is coming for an entire week.
7. He's been living here since last September.

Exercice 8. *Depuis ; pendant ; il y a*

Répondez aux questions par des phrases complètes.

1. Depuis combien de temps étudiez-vous le français ?
2. Depuis quand savez-vous conduire ?
3. Mentionnez une chose que vous n'avez pas faite depuis longtemps (et dites depuis quand).
4. Combien de temps avez-vous étudié hier ?
5. Quand avez-vous commencé à faire cet exercice ?
6. Êtes-vous allé au cinéma récemment ? Quand ?
7. Depuis combien de temps habitez-vous ici ?

8. Avez-vous déjà habité dans un autre état ou un autre pays ? Si oui, dites où et pendant combien de temps.

Exercice 9. Passé composé, imparfait, plus-que-parfait

Faites la traduction des phrases suivantes en choisissant bien le temps du verbe.

1. He didn't come to class because he was sick.
2. He got sick (*être*) when he saw the accident.
3. It rained yesterday. It rained all summer.
4. I stayed home because it was raining.
5. I met him last summer.
6. I knew him well.
7. There was a big explosion.
8. There were twenty students in the class.
9. He found out the truth (*savoir la vérité*) by reading the newspaper.
10. She turned fourteen (*avoir*) in April.
11. We stayed home because we had a lot of homework.
12. We got a lot of homework (*avoir*).
13. I couldn't think; I was afraid.
14. I became afraid; I was not able to answer when he spoke to me.
15. I knew I should answer.
16. I was hungry.
17. They lived in that house for thirty years.
18. He worked until midnight.
19. He's been working here since September.
20. She's been married for ten years.
21. We had to leave.
22. We were supposed to leave.
23. We almost left.
24. We were eating.

Exercice 10. Les temps littéraires

Écrivez votre propre biographie. Mettez les verbes au passé simple et le sujet à la troisième personne du singulier (*il*/*elle*).

8 • Le discours indirect

Quand on raconte ce que quelqu'un dit, on peut le faire soit par le discours direct, soit par le discours indirect. Dans les deux cas, il faut toujours un verbe « de narration », comme, par exemple, *dire, demander, répondre*. Ensuite, dans le discours direct, il y a toujours une citation dans la phrase:

Il dit : « J'ai vu le film ».
Elle me demande : « Veux-tu venir ? »

Dans le discours indirect, cette citation devient partie de la phrase:

Il dit qu'il a vu le film.
Elle me demande si je veux venir.

Avant d'étudier la structure des phrases au discours direct et au discours indirect, il faut d'abord apprendre le vocabulaire de la proposition introductrice, c'est-à-dire, les verbes de la narration.

Pour raconter le récit d'**une phrase interrogative directe ou indirecte**, on utilise les expressions verbales *demander* et *vouloir savoir*. Notez que le verbe *interroger*, qui ne se suit que d'une personne (*il a interrogé le témoin*) ne s'emploie pas dans le discours direct ou indirect. De la même façon, le verbe *poser* dans l'expression *poser une question* ne s'y emploie pas non plus.

Il <u>demande</u> : « Avez-vous compris ? ».
Elle <u>veut savoir</u> à quelle heure le spectacle commence.

Pour raconter le récit d'**une phrase impérative directe ou indirecte** (ordres, défense, permission, conseil), il existe plusieurs possibilités, parmi lesquelles :

dire
demander
ordonner
prier
supplier
conseiller
suggérer
permettre
défendre
interdire

Il nous <u>a dit</u> : « Attendez ! ».
Je la <u>supplie</u> : « Suivez-moi ! ».
Nous leur <u>permettons</u> de rester.
Elle nous <u>a interdit</u> d'y entrer.

Pour raconter le récit d'**une phrase déclarative directe ou indirecte**, la liste de verbes est presque sans limite. C'est ici que l'étudiant doit s'efforcer de bien varier son vocabulaire. Au lieu de toujours utiliser les verbes *dire*, *demander* et *répondre*, il doit chercher des synonymes plus intéressants, par exemple :

déclarer	ajouter
s'écrier	écrire
s'exclamer	répéter
crier	assurer (quelqu'un)
hurler	annoncer
chuchoter	affirmer
expliquer	mentionner
préciser	

Il répète : « J'en ai assez ! ».
Elle affirme qu'elle va rester.

I. STRUCTURE DE LA PHRASE

Dans la phrase au discours direct, la proposition introductrice peut se placer soit au début, soit à la fin de la phrase. Si cette proposition se trouve à la fin de la phrase, on voit souvent l'inversion stylistique du verbe-sujet. *Il déclare : « J'ai faim ! ». « Je meurs de soif ! », annonce-t-il.*

Dans la phrase au discours indirect, cependant, la proposition introductrice doit toujours être en tête de la phrase : *Il déclare qu'il a faim. Il annonce qu'il meurt de soif.*

Dans la phrase au discours direct, on ne fait que donner la citation (entre guillemets), avant ou après la proposition introductrice : *Il demande : « Tu viens ? ». « Que je suis fatigué ! », s'exclame-t-il.*

Mais dans la phrase au discours indirect, il faut employer des structures bien spécifiques.

A. Phrases impératives au discours indirect

Les éléments nécessaires à une phrase impérative au discours indirect sont <u>sujet + verbe de narration + objet indirect + de + infinitif</u> : *Il demande au garçon de partir.*

Notez que les verbes *supplier* et *prier* prennent un objet direct devant *de* + infinitif : *Il prie le garçon de partir.*

On voit aussi la structure suivante, qui emploie le subjonctif, pour certains verbes de volonté (mais le sens n'est pas tout à fait celui du discours indirect) : *Il demande que le garçon parte.*

B. Phrases déclaratives au discours indirect

Les éléments nécessaires à une phrase déclarative au discours indirect sont <u>sujet + verbe de narration + que + deuxième phrase</u> : *Il déclare que la vie est belle. Elle répond qu'il est naïf.*

C. Phrases interrogatives au discours indirect

Les éléments nécessaires à une phrase interrogative au discours indirect sont <u>sujet + verbe d'interrogation + si, mot interrogatif ou pronom relatif + phrase</u> :

Il demande <u>si</u> elle vient.
Elle veut savoir <u>où</u> il va.
Je demande <u>ce qu</u>'il veut.

Il est important de noter les modifications qui résultent de la transformation du discours direct (DD) au discours indirect (DI) :

DD	devient	DI
est-ce que	→	si
qu'est-ce que	→	ce que
qu'est-ce qui	→	ce qui

DD : Il demande : « <u>Est-ce que</u> Pierre chante ce soir? ».
DI : Il demande <u>si</u> Pierre chante ce soir.

DD : Il veut savoir : « <u>Qu'est-ce que</u> Pierre a dit ? ».
DI : Il veut savoir <u>ce que</u> Pierre a dit.

DD : Il demande : « <u>Qu'est-ce qui</u> se passera ? ».
DI : Il demande <u>ce qui</u> se passera.

Note linguistique : pronoms personnels au discours indirect

Quand on raconte une citation indirectement, il faut souvent changer le pronom personnel. Étudiez les exemples suivants :

DD :   Elle déclare : « <u>Je</u> n'ai pas compris ».
DI :   Elle déclare qu'<u>elle</u> n'a pas compris.

DD :   Il lui dit : « Attends-<u>moi</u> ! ».
DI :   Il lui dit de <u>l</u>'attendre.

Exemple de la littérature
Jean Giono, *Regain*, 1930

Je pars. [...] [Mon fils] dit qu'il a peur de cet hiver pour moi tout seul. Il dit que je serai mieux là-bas. Il dit qu'on m'a fait la chambre à côté de la cuisine pour la chaleur du poêle. Il dit que la Belline et les petits, ça me fera un peu de plaisir, que la Belline me soignera bien. J'ai quatre-vingts !

II. LA CONCORDANCE DES TEMPS AU DISCOURS INDIRECT

Si le verbe dans la phrase principale est au présent, le temps du verbe dans la phrase subordonnée au discours indirect ne change pas de celui au discours direct. La seule exception est que quand le verbe subordonné est à l'impératif au discours direct, ce verbe au discours indirect devient l'infinitif et suit la préposition *de*. Si le verbe dans la phrase principale est au passé, le temps du verbe dans la citation originale change selon les indications dans l'encadré suivant.

La concordance des temps

DD	devient	DI
présent	→	imparfait
passé composé	→	plus-que-parfait
		(à suivre)

futur	→	conditionnel présent
futur antérieur	→	conditionnel passé
impératif	→	infinitif

Cependant, les temps suivants ne changent pas :

DD	reste	DI
imparfait	=	imparfait
conditionnel présent	=	conditionnel présent
conditionnel passé	=	conditionnel passé

Dans les exemples suivants, notez que le verbe de narration dans la première partie de la phrase est toujours au passé composé (jamais à l'imparfait) et que le temps du verbe dans la deuxième partie suit les règles données ci-dessus.

DD : Il m'a demandé : « Que veux-tu? ». (présent)
DI : Il m'a demandé ce que je voulais. (imparfait)

DD : Il m'a demandé : « Qu'est-ce que tu as bu ? ». (passé composé)
DI : Il m'a demandé ce que j'avais bu. (plus-que-parfait)

DD : Il m'a demandé : « Qu'est-ce que nous ferons ? ». (futur)
DI : Il m'a demandé ce que nous ferions. (conditionnel)

DD : Il m'a demandé : « Aurez-vous terminé avant huit heures? ». (futur antérieur)
DI : Il m'a demandé si nous aurions terminé avant huit heures. (conditionnel passé)

DD : Il m'a prié : « Souviens-toi ! ». (impératif)
DI : Il m'a prié de me souvenir. (infinitif)

Cependant :

DD : Il m'a expliqué : « Ma copine voulait rester ». (imparfait)
DI : Il m'a expliqué que sa copine voulait rester. (imparfait)

DD : Il m'a demandé : « Tu <u>aimerais</u> danser? ». (conditionnel)
DI : Il m'a demandé si j'<u>aimerais</u> danser. (conditionnel)

III. LOCUTIONS ADVERBIALES AU DISCOURS INDIRECT DU PASSÉ

Quand une phrase au passé est au discours indirect, il faut choisir bien les adverbes de temps dans la phrase. En transformant la phrase du discours direct, il faut changer les locutions adverbiales de temps pour qu'ils concordent avec le temps des verbes. Une liste d'exemples de locutions adverbiales au discours direct et des expressions équivalentes au discours indirect du passé se trouve dans le tableau suivant.

Locutions adverbiales au discours indirect	
Ce qu'on dit du passé ... au DD	*... et au DI*
maintenant, en ce moment	à ce moment-là, à cette époque, alors
aujourd'hui	ce jour-là, le jour même, à l'instant même
hier, avant-hier	la veille, l'avant-veille
demain, après-demain	le lendemain, le surlendemain
dans <u>X</u> jours	<u>X</u> jours plus tard
il y a <u>X</u> jours	<u>X</u> jours auparavant
le mois prochain	le mois suivant
le mois dernier	le mois précédent

Étudiez le texte suivant (tiré de Jean Anouilh, *Antigone*, 1946) et comparez-le au deuxième texte, qui est au discours indirect. Pour d'autres exemples voir l'appendice 22.

ANTIGONE : Non nourrice. Ne pleure pas. Tu pourras regarder maman bien en face, quand tu iras la retrouver. Et elle te dira : « Bonjour, nounou, merci pour la petite Antigone. Tu as bien pris soin d'elle. » Elle sait pourquoi je suis sortie ce matin.

Voici notre transformation du dialogue d'Anouilh au discours indirect au passé :

Antigone a prié sa nourrice de ne pas pleurer. Elle lui a dit qu'elle pourrait regarder sa mère bien en face quand elle irait la retrouver. Elle l'a rassurée que sa mère la remercierait d'avoir bien pris soin de sa fille. Antigone a continué à apaiser sa nourrice en disant que sa mère savait pourquoi Antigone, elle, était partie ce matin-là.

Variantes linguistiques

Dans la langue courante, il arrive souvent que la règle de la concordance des temps au discours indirect ne soit pas observée. On voit des déviations surtout quand on parle de réalités globales ou d'événements qui n'ont pas encore eu lieu :

Elle ne savait pas que, sur la terrasse des maisons, la pluie fait des lacs quand les gouttières sont bouchées. (Gustave Flaubert, *Madame Bovary*, 1856)

Elle croyait que les gens en général sont honnêtes.

Il a dit qu'il sera ici demain.

Il existe aussi la tendance de nos jours de mélanger les phrases directes et indirectes de façon qu'une question directe suive une introduction indirecte :

Nous devons décider qu'est-ce qu'il faut faire.

Elle veut savoir comment pouvons-nous trouver une solution au problème.

Cette dernière structure s'entend régulièrement à tous les niveaux de langue, même dans la langue soignée, mais elle n'est pas encore considérée du bon usage, surtout dans la langue écrite qui ne favorise pas le dialogue.

Exercices oraux
Exercice 1. Les parents

Avec un partenaire, discutez de ce que les parents devraient (1) permettre et (2) interdire ou défendre à leurs enfants de faire. Parlez d'abord des enfants très jeunes et ensuite des adolescents.

MODÈLES :

1. Les parents devraient permettre aux enfants / Ils devraient leur permettre… d'explorer leur monde.
2. Ils devraient interdire aux jeunes gens / Ils devraient leur interdire… de fumer.

Exercice 2. Des ordres

Dites à votre partenaire de faire trois choses. Ensuite, il/elle va dire à la classe ce qu'on lui a demandé de faire.

MODÈLE : *Ne fume pas !*

X m'a demandé (supplié, conseillé, etc.) de ne pas fumer.

Exercice 3. Discours indirect au présent : à discuter en classe

Mettez les phrases suivantes au discours indirect. Laissez les verbes de narration **au présent**. N'oubliez pas de changer les pronoms personnels où besoin est et d'ajouter des mots de transition (comme *d'abord, ensuite, finalement*). Faites très attention à la structure des phrases.

1. Francine déclare : « Je préfère déjeuner à la maison, mais quand j'étais plus jeune, j'adorais aller au restaurant. »
2. L'étudiante explique : « J'ai fini mes devoirs, j'ai regardé un peu la télé, et puis je me suis couchée. »
3. Vous dites : « En vacances cet été, j'irai d'abord en Europe. J'aurai déjà étudié l'allemand et l'italien avant d'y aller. »
4. Le jeune homme rentre à minuit et son père l'attend devant la porte. Celui-ci dit : « Tu sais quelle heure il est ? Entre donc ! Tu as été où ? Avec qui ? Qu'est-ce que vous avez fait ? Parle-moi ! » Le fils répond : « Ne t'énerve pas autant ! J'étais avec des copains que tu connais. On a vu un film, puis on a été boire un coup. J'aurais téléphoné mais j'ai oublié mon portable à la maison. »

Exercice 4. La concordance des temps au passé : à discuter en classe

Maintenant mettez les phrases indirectes de l'exercice 3 au passé. Tous les verbes de narration doivent être au passé composé, et le deuxième verbe doit suivre les règles de la concordance des temps. N'oubliez pas de changer les pronoms personnels où besoin est et d'ajouter des mots de transition (comme *d'abord, ensuite, finalement*).

Exercice 5. Qu'est-ce qu'on dit ?

Avec votre partenaire, reformulez la conversation (tirée de Marguerite Yourcenar, « Le lait de la mort », dans *Nouvelles orientales*, 1963) en la mettant au discours indirect.
Un jeune homme parle avec son ami :

— A propos, Philip, êtes-vous assez chanceux pour avoir ce qu'on appelle une bonne mère ?

— Quelle question, fit négligemment le jeune Anglais. Ma mère est belle, mince, maquillée, dure comme la glace d'une vitrine. Que voulez-vous encore que je vous dise ? Quand nous sortons ensemble, on me prend pour son frère aîné.

© Éditions Gallimard (www.gallimard.fr)

Exercice 6. Qu'est-ce qu'il a dit ?

Avec votre partenaire, reformulez le monologue (tiré de Marguerite Yourcenar, « Le lait de la mort », dans *Nouvelles orientales*, 1963) en la mettant au discours indirect.

Un jeune homme parle avec son ami :

Racontez-moi une autre histoire, vieil ami, dit Philip en s'affalant lourdement sur une chaise. J'ai besoin d'un whisky et d'une histoire devant la mer... L'histoire la plus belle et la moins vraie possible, et qui me fasse oublier les mensonges patriotiques et contradictoires des quelques journaux que je viens d'acheter sur le quai. Les Italiens insultent les Slaves, les Slaves les Grecs, les Allemands les Russes, les Français l'Allemagne et, presqu'autant, l'Angleterre. Tous ont raison, j'imagine.

Parlons d'autre chose... Qu'avez-vous fait hier à Scutari, où vous étiez si curieux d'aller voir de vos yeux je ne sais quelles turbines ?

© Éditions Gallimard (www.gallimard.fr)

Exercice 7. Des questions récentes

Avec votre partenaire, comparez les questions que vous avez posées récemment. Utilisez le discours indirect et faites attention à la concordance des temps.

MODÈLES :

Vendredi j'ai demandé à mon mari ce qu'il _avait acheté_ au supermarché.

Ce matin, je lui ai demandé à quelle heure il _allait_ rentrer ce soir.

J'ai demandé à ma fille où je _devais_ la trouver après ses classes aujourd'hui.

Exercice 8. Mon week-end dernier

Avec votre partenaire, parlez d'au moins trois choses que vous avez faites le week-end dernier. Ensuite, racontez à la classe ce que votre partenaire a dit.

MODÈLE : J'_ai mangé_ au restaurant.

Il _a dit_ qu'il _avait mangé_ au restaurant...

Exercice 9. Des questions indirectes

Posez trois questions à votre partenaire, la première avec un verbe au présent, la deuxième au passé composé et la troisième au futur. Notez les réponses et puis racontez-les à la classe en employant le discours indirect.

MODÈLE (passé composé) :

Tu es allé(e) au cinéma hier ?

Non, je suis resté(e) à la maison pour finir mes devoirs de français.

Rapport : Quand [A] m'a demandé si j'étais allé(e) au cinéma, je lui ai répondu que j'étais resté(e) à la maison pour finir mes devoirs de français. Ou : Quand j'ai demandé à [B] s'il/elle était allé(e) au cinéma... il/elle a répondu qu'il/elle était resté(e) à la maison pour faire ses devoirs.

Exercice 10. Une interview

Imaginez que le journal universitaire veut publier votre profile. Vos parents veulent savoir ce que l'intervieweur a demandé, alors vous leur racontez l'interview en utilisant le discours indirect.

MODÈLE : « *Merci d'avoir accepté de nous parler.* » → *D'abord, ils m'ont remercié(e) de leur parler.*

L'interview

1. « Nous sommes très contents de pouvoir parler avec vous. »
2. « Qu'est-ce que vous faites comme études ? »
3. « Quelle est votre matière favorite ? »
4. « Avez-vous envie de voyager à l'étranger ? »
5. « Qu'est-ce qui vous fait peur ? »
6. « De quoi avez-vous besoin dans la vie ? »
7. « Ne soyez pas tenté d'abandonner vos études ! »
8. « Bon courage avec les examens finals ! »

Exercice 11. À discuter en classe

Mettez le dialogue (tiré de Jean Cocteau, *L'aigle à deux têtes*, 1943) au discours indirect.

FÉLIX	(*il cherche la reine et aperçoit Stanislas*) — Je croyais que Sa Majesté m'attendait dans la bibliothèque. (*Il sursaute et recule.*) Ah ! (*C'est un véritable cri étouffé qu'il pousse.*)
STANISLAS	— Qu'avez-vous, monsieur le duc ?
FÉLIX	— Grand Dieu ! Hier, je regardais la reine et il faisait si sombre que je ne vous avais pas vu.
STANISLAS	— Ma ressemblance avec le roi est donc si grande ?
FÉLIX	— Elle est effrayante, monsieur, voilà ce qu'elle est. Comment une ressemblance pareille est-elle possible ?
STANISLAS	— Je m'excuse de vous avoir involontairement produit ce choc.
FÉLIX	— C'est moi, monsieur, qui m'excuse d'avoir si mal dominé mes nerfs.

Exercices écrits : le discours indirect
Exercice 1. Composition

Récrivez l'histoire en combinant les phrases et en éliminant les éléments répétés. Utilisez des pronoms relatifs, des pronoms objets, des participes présents et des mots de transition, et mettez tout le dialogue au discours indirect. Vous pouvez ajouter des adjectifs et des adverbes pour rendre le récit plus clair ou plus intéressant si vous voulez. Vous êtes libre de changer l'ordre des phrases.

Renée a frappé à la porte de la chambre. Elle a vu son amie (son amie dormait encore). Renée a ouvert les rideaux et elle a annoncé : « C'est le jour de ton mariage — il est 8 heures — et c'est l'heure de te lever. » Jacqueline (elle s'était réveillée) a protesté : « J'ai encore quelques minutes ! » Le mariage — Renée parlait de ce mariage — devait avoir lieu à 3 heures de l'après-midi à la mairie. C'était un petit mariage ; la famille et quelques amis proches étaient les seuls invités à ce mariage. Renée — elle s'occupait de la réception avec les parents de Jacqueline — savait ceci : « Nous devons être au salon de beauté pas plus tard que 10 heures ; nous allons nous faire coiffer, maquiller et manucurer dans ce salon. » Elle a donc secoué Jacqueline (elle avait toujours du mal à se lever) et lui a dit : « Si tu veux te marier cet après-midi, tu ferais mieux de te dépêcher ! » Jacqueline a souri. Elle savait que c'était un bon conseil et elle lui a dit : « Ne t'inquiète pas, je vais être à l'heure pour mon mariage. » Elle s'est levée.

Exercice 2. Dialogue au discours indirect

Dans ce passage (tiré de Georges Simenon, *Le meurtre d'un étudiant*, 1971), mettez le dialogue au discours indirect et au présent. Commencez avec la question « Où habitez-vous ? » . Dans ce dialogue, le Commissaire de Police Maigret interroge un homme soupçonné d'avoir commis un meurtre. C'est Maigret qui commence la conversation.

MODÈLE : *Maigret annonce son intention de poser quelques questions et commence en demandant le nom du monsieur. Le monsieur répond qu'il s'appelle Robert Bureau, comme un bureau. Il commence à expliquer pourquoi son nom est symbolique mais Maigret lui coupe la parole...*

— Je vais d'abord vous poser quelques questions... Comment vous appelez-vous ?

— Robert Bureau... Bureau comme un bureau... On dirait que c'est symbolique, puisque mon père et moi...

— Où habitez-vous ?

— J'ai un petit logement, rue de l'École-de-Médecine, dans un bâtiment très ancien qui se trouve au fond de la cour... Je travaille rue Laffitte, dans une compagnie d'assurances... Ou plutôt je travaillais... tout cela est fini, n'est-ce pas ? [...]

— De quelle ville êtes-vous originaire ?

— Saint-Amand-Montrond, au bord du Cher... Il y a là une grande imprimerie Mamin et Delvoye, qui travaille pour plusieurs éditeurs de Paris... [...] Nous vivions — mes parents y vivent encore — dans une petite maison près du canal du Berry... [...]

— Vous n'aimiez pas votre ville ?

— Non.

— Pourquoi ?

— J'avais l'impression d'y étouffer. Tout le monde s'y connaît... Quand on passe dans les rues, on voit des rideaux qui bougent aux fenêtres... J'ai toujours entendu mes parents murmurer : « Qu'est-ce que les gens diraient... »

— Vous étiez bon élève ?

— Jusqu'à l'âge de quatorze ans et demi, j'étais premier de ma classe... Mes parents s'y étaient si bien habitués qu'ils me grondaient quand il y avait un point de moins à mon carnet...

— Quand avez-vous commencé à avoir peur ?

Maigret eut l'impression que son interlocuteur devenait plus pâle, que deux petits creux se formaient près de ses narines et que ses lèvres devenaient sèches.

— Je ne sais pas comment j'ai pu garder le secret jusqu'au présent...

— Que s'est-il passé quand vous aviez quatorze ans et demi ?...

Exercice 3. Composition

Transformez ce passage (tiré de Jean Anouilh, *Voyageur sans bagage*, 1937) en discours indirect **au passé**. Employez des mots de transition comme *d'abord, ensuite, et puis, alors*. Faites attention aux temps des verbes et aux choix des pronoms personnels.

— Le petit garçon demande à Gaston : « Pouvez-vous me donner un renseignement ? ».

— « Oui », lui répond Gaston.

— Alors le petit garçon dit : « Je cherche le petit endroit ». [*le petit endroit* = les WC]

— Gaston ne comprend pas et demande : « Quel petit endroit? ».

— « Je cherche le petit endroit où on est tranquille », réplique le petit garçon.

— Gaston comprend, le regarde et éclate d'un bon rire ; il lui répond : « Oh ! moi aussi, je le cherche en ce moment le petit endroit où on est tranquille ».

— « Je me demande bien alors à qui nous allons pouvoir le demander », dit le petit garçon.

— Et Gaston ajoute en riant : « Je me le demande aussi ».

— Puis le petit garçon lui dit : « Si vous restez là, vous n'avez vraiment pas beaucoup de chances de le trouver ».

— Tout à coup, le petit garçon aperçoit les débris d'une glace cassée ; il demande à Gaston : « Est-ce que c'est vous qui avez cassé la glace ? ».

— « Oui, c'est moi », répond Gaston.

— À quoi le petit garçon réplique : « Je comprends alors que vous soyez très ennuyé ; mais vous feriez mieux de le dire carrément, vous êtes un monsieur et donc on ne peut pas vous faire grand-chose ». Puis il ajoute: « On dit que ça porte malheur de casser une glace ».

— « On le dit », répond Gaston.

— Et le petit garçon dit en s'en allant: « Je m'en vais voir dans les couloirs si je rencontre un domestique ; dès qu'il m'aura donné le renseignement, je reviendrai vous expliquer où se trouve le petit endroit ».

Exercice 4. Composition

Racontez ce récit (tiré de André Maurois, *Une conférence mouvementée*, 1963) au passé, dans des phrases complètes et au discours indirect. Il s'agit d'une conférence donnée en anglais, au Carnegie Hall, par l'auteur belge Maurice Maeterlinck (qui ne parle pas anglais).

Le lendemain, conférence. Une salle pleine à craquer. Cinq mille personnes. Une recette magnifique. Je commence et, tout de suite, je perçois qu'il y a du flottement. Les gens se regardent, chuchotent. On me crie : « Plus haut ! ». J'essaie de parler plus fort. On crie encore : « Plus haut ! ». Je hurle. Ma voix s'éraille. À ce moment, une dame se lève dans le public et me dit en français : « Mais Monsieur, il est inutile de crier... Ce n'est pas votre voix qui est trop basse ; c'est votre langage qui est incompréhensible. — Ma foi, lui dis-je, ça ne me surprend pas... Moi, je ne sais pas l'anglais... Voulez-vous que je continue en français ? ». La moitié de la salle crie : « Oui ! », l'autre moitié proteste.

Exercice 5. Compositions

Dans le monologue suivant (tiré de Vassilis Alexakis, *Pourquoi tu pleures ?* 1991), racontez ce qu'a fait ou ce qu'a dit la mère du point de vue de l'enfant. Mettez le passage au passé et commencez avec les mots *Maman m'a dit de...* (Les derniers cinq paragraphes de ce passage se trouvent à l'appendice 22.)

[1] Mets ton manteau ! Où sont tes bottes ? Va chercher tes bottes ! Si tu ne trouves pas tes bottes, tu auras une baffe ! Et on restera à la maison ! Tu veux qu'on reste à la maison ? Tu sais, moi, je n'ai aucune envie de sortir, surtout par ce temps. Et j'ai plein de choses à faire à la maison, plein.

[2] Non, bien sûr, tu ne veux pas rester à la maison... Alors, va chercher tes bottes ! Bon, ça y est ? Tu es prêt ? Tu vois bien que je ne suis pas prête, non ? Bon, allons-y. Où sont mes clés ? Tu ne les as pas vues, par hasard ? Elles étaient sur la table, j'en suis sûre. Ah non ! Je les ai. Allons-y. Donne-moi la main.

[3] Quel temps ! Ne parle pas sinon tu vas prendre froid à la gorge et on appellera le docteur. Tu n'as pas envie qu'on appelle le docteur, n'est-ce pas ? Alors, tais-toi. Et marche plus vite ! On n'a pas beaucoup

de temps. Laisse cette ficelle ! Je t'ai dit cinquante fois de ne rien ramasser par terre. C'est plein de microbes. Tu tomberas malade et on appellera le docteur. Je te donnerai un bout de ficelle à la maison, si tu es gentil, bien sûr.

[4] Ne traîne pas les pieds comme ça ! Tu es fatigué ou quoi ? Quand on est fatigué, on reste à la maison. Tu n'avais qu'à ne pas me demander de sortir. J'ai plein de choses à faire à la maison, plein ! Qu'est-ce que tu veux encore ? Un pain au chocolat ? Je t'en achèterai un au retour, si tu es sage. Et ne marche pas dans les flaques d'eau ! On dirait que tu le fais exprès, ma parole !

9 • Le subjonctif

En français, comme en anglais, il existe trois temps verbaux qui situent la phrase dans le temps : le présent, le passé et le futur. Outre ces trois temps, le français a quatre **modes**, qui indiquent l'attitude mentale de celui qui parle ou qui écrit. Ce sont l'indicatif, l'impératif, le conditionnel et le subjonctif.

L'emploi des trois premiers modes est facile à décrire :

- L'indicatif est le mode de « la réalité constatée » (Frontier 1997, 509) : *Il vient*.
- L'impératif s'emploie quand on donne des ordres ou offre des suggestions : *Viens*.
- Le conditionnel présente la plupart du temps une situation hypothétique : *Je viendrais (si j'avais le temps)*.

Mais quand il s'agit du subjonctif (*Qu'il vienne !*), les linguistes ne sont pas d'accord ni sur sa définition ni même sur sa survivance dans la langue moderne. Ceux qui croient que le mode subjonctif existe toujours en français moderne l'appellent le mode de l'**irréalité,** de la **subjectivité,** de la **possibilité,** de l'**état d'esprit** (émotions, volition, jugement, doute) ou tout simplement le mode de la **subordination**. D'autres linguistes nient la valeur modale du subjonctif dans la langue moderne — c'est-à-dire qu'ils pensent que le choix du subjonctif à la place de l'indicatif ne change jamais le sens de la phrase. Ils prétendent qu'on n'utilise le subjonctif que dans certains contextes figés, comme après l'expression il *faut que*, et que si on y mettait l'indicatif au lieu du subjonctif, la phrase ne changerait pas de sens (quoi qu'elle soit incorrecte grammaticalement). Nous considérons les deux côtés de cet argument dans ce chapitre en examinant le subjonctif automatique et non-automatique. En ce faisant, nous espérons démystifier cette forme verbale jusqu'ici si difficile à comprendre et à employer pour l'étudiant étranger.

Pour une révision des formes du subjonctif, consultez l'appendice II. Dans ce chapitre nous étudierons l'emploi du subjonctif dans la langue moderne.

I. LE SUBJONCTIF DANS LES PHRASES INDÉPENDANTES

Le subjonctif se trouve, quoique rarement, dans des phrases indépendantes après ou sans le mot *que*. Dans une phrase commençant par le mot *que*, le subjonctif indique un désir ou un vœu:

Qu'il vienne !	*Let him come! Have him come!*
Que le meilleur gagne !	*May the best man win!*

Il est intéressant de noter que dans cette structure, il s'agit en réalité d'une idée **subordonnée** parce que ce qui est sous-entendue est une phrase principale comme *Je veux que...* ou *Je souhaite que...*. Cet emploi du subjonctif dans la phrase indépendante est vivant et productif dans la langue moderne (oral et écrit, tous les genres) — c'est-à-dire qu'on peut l'employer avec n'importe quel verbe. Elle se limite à la troisième personne (*il/elle, ils/elles*), car on emploie l'impératif pour exprimer un vœu ou un désir à la deuxième personne (*Viens ! Venez !*) et l'infinitif à la première personne (*Je veux venir ; nous voulons venir*).

Dans les phrases indépendantes sans le mot *que* le subjonctif se limite aux expressions figées comme *Vive le roi ! Sauve qui peut ! Dieu vous bénisse !*

ou aux contextes littéraires : *Vienne la nuit sonne l'heure / Les jours s'en vont je demeure* (Guillaume Apollinaire, « Le pont Mirabeau », 1913).

On voit aussi dans des textes littéraires, style soigné, des verbes au plus-que-parfait du subjonctif dans des phrases hypothétiques au passé : *L'eût-il demandé, elle l'eût accepté (S'il avait demandé, elle aurait accepté)*. On entend également l'expression *Qui l'eût cru ? (Qui l'aurait cru ?)* assez souvent dans la presse contemporaine. Nous étudierons cet emploi au chapitre 10 (le conditionnel).

Note linguistique : soit !

L'expression *soit !* (être, troisième personne du singulier au subjonctif présent) dans la phrase indépendante sert à affirmer (*so be it ; be that as it may ; all right*) :
Voulez-vous nous jouer quelque chose ? Soit, mais ne vous attendez pas à la perfection.

II. LE SUBJONCTIF DANS LES PHRASES SUBORDONNÉES

C'est dans des phrases subordonnées qu'on emploie le verbe au subjonctif de loin le plus souvent : par ex., *Je veux que tu partes*. Ces phrases complexes consistent de

- une phrase principale [*Je veux* (quelque chose)] +
- le mot *que* +
- une phrase subordonnée avec le verbe au subjonctif (*tu partes*).

Le sujet de la phrase principale (*je*) doit être différent de celui de la phrase subordonnée (*tu*). Si les deux phrases ont le même sujet, on emploie presque toujours un infinitif dans la deuxième partie de la phrase (par ex., *Je veux partir*). Nous étudierons ce sujet plus loin dans ce chapitre.

La structure de la phrase subjonctive consiste donc de :

sujet 1 + verbe + que + sujet 2 + verbe au subjonctif

Dans la langue courante, à tous les niveaux de style et dans tous les genres (conversation spontanée, poésie, chansons, etc.), il existe un

présent et un passé du subjonctif. (Pour les formes littéraires du subjonctif, voir la section VI de ce chapitre.) Il est important de comprendre que ces deux formes n'ont aucun rapport avec le contexte temporel
réel : c'est-à-dire que le passé du subjonctif ne représente pas toujours
le temps passé, ni le subjonctif présent le temps présent. On emploie
le présent du subjonctif pour exprimer une action ou un état qui a lieu
simultanément avec ou **après** le verbe de la proposition principale (le
temps de ce verbe principal dépendra du contexte).

> Il est content (*maintenant*) que vous compreniez (*maintenant*).
> Il était content (*hier*) que vous compreniez (*hier*).
> Il sera content (*demain*) que vous compreniez (*demain*).

La fonction du passé du subjonctif est de marquer l'antériorité d'un
verbe à l'autre. C'est-à-dire que le passé du subjonctif décrit une action
ou un état qui a lieu avant le contexte temporel du verbe principal (que
ce verbe soit au présent, au passé ou au futur).

> Il est content (*maintenant*) que vous ayez compris (*hier*).
> Il était content (*hier*) que vous ayez compris (*avant-hier*).
> Il sera content (*demain*) que vous ayez compris (*demain, avant qu'il soit
> content*).

C'est l'emploi du subjonctif dans les phrases subordonnées qui mys-
tifie le plus l'étudiant de français. Pour maîtriser cet emploi, il doit se
rendre compte de quatre points essentiels.

- La traduction de l'anglais ne l'aidera nullement. (Voir la note linguistique à la fin de cette section.)
- Avec très peu d'exceptions, on n'a pas de choix entre le subjonctif et
  l'indicatif ; dans une phrase l'un est correct et l'autre incorrect. La
  plupart des subjonctifs sont **automatiques** et ne demandent aucune
  réflexion de la part de la personne qui parle ou qui écrit. Dans ces
  cas, le subjonctif n'a aucune valeur sémantique (c'est-à-dire qu'il ne
  change pas le sens de la phrase), et il est donc inutile de chercher à
  rationaliser son emploi. On n'a qu'à mémoriser les contextes du subjonctif automatique (énumérés ci-dessous, section III) pour utiliser
  correctement ce mode verbal la plupart du temps.

- Dans un nombre très limité de contextes, le subjonctif garde une valeur sémantique : c'est-à-dire que dans ces phrases le choix de mode détermine le sens de la phrase. Ce sont les contextes que l'étudiant français aura à comprendre pour pouvoir choisir entre le subjonctif et l'indicatif. Nous examinerons ces contextes dans la section IV, ci-dessous.

- Malgré son manque habituel de valeur sémantique, le subjonctif reste important en français moderne. Le mauvais choix de mode dans une phrase peut choquer l'auditeur ou le lecteur francophone non pas parce que la compréhension est menacée mais parce qu'un code linguistique n'a pas été respecté. C'est comme si on n'accordait pas un adjectif ou un article avec son substantif. Il faut donc que l'étudiant du français apprenne bien à employer le subjonctif en français.

Note linguistique : le subjonctif en anglais

Quand un anglophone apprend une langue étrangère comme adulte, il a l'avantage de sa première langue comme point de repère. Mais il n'en est pas du tout question pour le subjonctif en français. Tandis qu'il est vrai que le subjonctif existe en anglais, la plupart des anglophones ne sont même pas conscients de son existence. Ils l'utilisent par habitude dans des phrases comme *Be quiet!* et tendent à l'éviter dans tout autre contexte. Seuls les niveaux les plus soignés de la langue gardent ce mode en anglais.

On voit en anglais le remplacement régulier du subjonctif par l'indicatif ou par un infinitif.

> It's important that he study hard. (subjonctif)
> → It's important that he studies hard. (indicatif)
> → It's important for him to study hard.

La substitution du subjonctif par l'indicatif en anglais n'est pas étonnant. Ceci vient du fait que presque toutes formes de ce mode sont identiques à celles de l'indicatif au temps présent : *I/you/we/they study.* → *It's important that I/you/we/they study.* Seule la troisième personne du singulier change au subjonctif : *He studies.* → *It's important that he study.* On voit aussi une différence de forme avec *to be*, où on emploie l'infinitif pour toutes les

(à suivre)

personnes au subjonctif : *It's vital that you be on time*. Une dernière différence se trouve au temps passé, beaucoup moins employé que le présent, où on marque le subjonctif par un manque de concordance des temps : *He suggested* (verbe au passé) *we leave* (verbe au présent).

Des contextes traditionnels qui demandent le subjonctif en anglais, presque tous sont en train de disparaître dans la langue courante. Le subjonctif peut indiquer un ordre adressé à quelqu'un d'autre (par ex., *Let him wait; Be quiet!*), une supposition ou une possibilité (*Till death do us part ; Though this be madness...*), un sens d'urgence ou d'importance ou un désir imposé sur la phrase subordonnée (*It's essential / I insist he be on time*) ou une situation hypothétique (*If I were rich...*).

Seul le premier contexte garde systématiquement le subjonctif en anglais. Le subjonctif indiquant une supposition ou possibilité se trouve surtout dans des expressions figées ou bien connues, mais on n'entend pas cet usage dans la langue courante. On voit la substitution régulière du subjonctif par l'indicatif dans les situations hypothétiques (*If he was here...*) et après les expressions notant l'urgence, l'importance ou le désir (*It's essential / I insist he is on time*). Par conséquent, on constate que le subjonctif ne s'emploie plus que dans les niveaux les plus soignés de la langue. Il est rare, par exemple, que l'anglophone moyen comprenne la différence subtile mais important entre les deux phrases suivantes :

Indicatif :   *I'm suggesting that he <u>drinks</u> wine with every meal.* (= *I claim* [un fait])

Subjonctif : *I'm suggesting that he <u>drink</u> wine with every meal.* (= *I recommend* [un désir]).

III. LE SUBJONCTIF AUTOMATIQUE

Dans la plupart des cas, le choix du subjonctif dans la phrase subordonnée est **automatique**. On dit que quelque chose dans la phrase principale *gouverne* le subjonctif. Il n'est pas question de comprendre pourquoi on utilise le subjonctif dans ces phrases ; il suffit de savoir que son emploi y est obligatoire. Il est vrai que dans ces phrases on peut bien voir des éléments qui montrent la **subjectivité**, l'**irréalité**, la **possibilité** ou l'**état d'esprit** mais ce n'est pas le verbe au subjonctif qui montre ces idées, c'est le vocabulaire dans la phrase principale. Nous présentons ici les six contextes qui gouvernent le subjonctif automatique.

Contextes pour le subjonctif automatique

On trouve le subjonctif automatique :
- après les expressions impersonnelles
- après les verbes de volonté
- après les expressions d'émotion
- après les expressions qui montrent un manque de certitude (doute, négation)
- après certaines conjonctions de subordination
- dans certaines expressions indéfinies

A. Expressions impersonnelles (par ex., *Il faut que tu partes*)

Les expressions avec le sujet impersonnel il (un pronom qui ne se réfère pas à un objet ou une personne spécifique) sont très populaires dans la langue courante. Dans les expressions avec <u>être + adjectif</u>, on peut remplacer le pronom *il* par le pronom *ce* dans la langue familière ou relâchée. Les expressions impersonnelles qui gouvernent le subjonctif comprennent :

falloir :	Il faut que tu comprennes.
valoir mieux :	Il vaut mieux que tu comprennes.
sembler/paraître :	Il semble/paraît que nous ayons gagné.
il se peut :	Il se peut qu'il ait oublié notre rendez-vous.
il est / c'est + *adjectif* :	Il est / C'est important que tu comprennes.

D'autres adjectifs possibles sont, par exemple :

bon
possible
nécessaire
(in)utile

facile
difficile
défendu
(dés)agréable
dangereux
triste
essentiel
indispensable
douteux
juste
dommage
urgent, *etc.*
Notez aussi l'expression il est temps que.

Il est important de constater que les expressions impersonnelles *de certitude* gouvernent l'indicatif : <u>Il est évident</u> que tu comprends (ou Il est certain, sûr, clair, probable...).

Notez donc que l'expression *il est possible* gouverne le subjonctif, mais *il est probable* gouverne l'indicatif. De la même manière, *il semble* gouverne le subjonctif, mais *il <u>me</u> semble* gouverne l'indicatif, la deuxième expression n'étant plus impersonnelle.

Il <u>est possible</u> qu'il <u>pleuve</u> demain.	Il <u>est probable</u> qu'il <u>pleuvra</u>.
Il <u>semble</u> que tu <u>aies</u> compris.	Il <u>me semble</u> que tu <u>as</u> compris.

On peut exprimer l'obligation avec le verbe impersonnelle *falloir*, l'expression impersonnelle *être nécessaire* et les verbes *devoir* et *avoir à*. Pour une comparaison de ces expressions, voir l'appendice 14. Notez que le verbe *falloir* au négatif a le sens de l'interdiction. Pour exprimer l'idée d'un manque d'obligation on utilise *être nécessaire* au négatif.

Il ne faut pas que tu partes.	*You must not leave.*
Il n'est pas nécessaire que tu partes.	*You don't have to leave.*

Note de vocabulaire : le verbe *devoir*

Le verbe *devoir* indique souvent un sens d'obligation, comme le verbe *falloir* :

Je dois partir = Il faut que je parte.　　*I must / have to leave.*
J'ai dû partir = Il a fallu que je parte.　　*I had to leave.*

Le verbe *devoir* peut aussi s'employer pour indiquer une supposition :

Il doit être malade.
Il a dû oublier notre rendez-vous.

Exemples avec les expressions impersonnelles (Amiens 2000)

i. [...] donc quand le couple travaille, <u>il faut que les tâches soient par-tagées</u> et <u>que le mari ait</u> aussi sa part de responsabilité au sein d'une famille.

ii. Ben, oui, je me promène, je vois des amis,... quand je peux, je vais au théâtre, euh, au concert, je vais très souvent au cinéma... <u>Il faut que je prenne</u> le temps de me reposer un petit peu...

iii. ...alors le cinéma aussi [est] bon, mais <u>il faut que le film vaille</u> le déplacement.

iv. <u>Il est question donc que j'aille</u> passer une semaine en montagne avec ma femme et mes enfants parce que nous sommes passionnés de la montagne. <u>Il se pourrait donc qu'on se prenne</u> une douzaine de jours, une semaine, et <u>qu'on aille</u> du côté de Chamonix faire une randonnée de montagne. Ça, on adore.

B. Verbes de volonté (par ex., *Je veux qu'il parte*)

Les verbes de volonté comprennent les verbes de désir, de comman-dement, de permission et de défense :

désir :
désirer
vouloir

aimer mieux
préférer
souhaiter
avoir envie
avoir besoin
recommander, *etc.*

commandement :
commander
exiger
insister
demander
ordonner, *etc.*

permission :
permettre
consentir, *etc.*

défense :
défendre
empêcher
interdire, *etc.*

Notez l'exception importante : le verbe *espérer* gouverne l'indicatif ;
par ex., *J'espère qu'il partira.*

Notez aussi qu'un petit groupe de verbes (*dire, suggérer, prétendre,* etc.)
changent de sens selon le mode qui les suivent. Avec le subjonctif ce
sont des verbes de volonté et avec l'indicatif, des verbes d'affirmation :

Je dis qu'il vienne = Je le souhaite, je le veux.
Je dis qu'il viendra = Je l'affirme.

Exemples avec les verbes de volonté

i. Sacha Guitry, *Une vilaine femme brune,* 1917

LUI : Qu'est-ce que tu veux ?

ELLE : <u>Je voudrais que tu aies</u> la gentillesse de m'expliquer ce que fait
ce dix de pique ?

LUI : Ah, mais je n'en sais rien... tu commences à m'embêter avec tes cartes !

ELLE : Eh bien, moi je vais te l'expliquer... 1, 2, 3, 4, 5... trahison !!!

LUI : Mais <u>qu'est-ce que tu veux que je fasse</u> ?...

ii. Un étudiant universitaire parle de ce qu'il aimerait
voir chez ses professeurs (Amiens 2000)

<u>J'attends</u> une disponibilité, <u>qu'on puisse</u> aller rencontrer les profs dans leurs bureaux à la fac.

C. Expressions d'émotion (par ex., *Il est content qu'elle soit venue*)

L'émotion peut s'exprimer par un verbe, <u>*être* + adjectif</u> ou certaines expressions avec *avoir* :

Je <u>regrette</u> qu'il <u>soit</u> en retard. (ou craindre, se réjouir, se fâcher, s'étonner, *etc.*)

Je <u>suis triste</u> qu'il <u>parte</u>. (ou [mal]heureux, fâché, furieux, surpris, désolé, *etc.*)

J'<u>ai honte/peur</u> qu'il <u>soit</u> en retard.

N'oubliez pas que le verbe *espérer* gouverne l'indicatif : J'<u>espère</u> qu'il <u>a</u> <u>reçu</u> ma lettre.

Avec les verbes de crainte, on trouve parfois le **ne explétif** (voir la note linguistique, ci-dessous) : J'<u>ai peur</u> qu'il <u>ne soit</u> parti.

Note linguistique : le *ne* explétif

Le *ne* explétif (ou pléonastique) n'a aucune valeur négative. Cette variante stylistique s'emploie dans la langue soignée, mais l'usage est en train de disparaître. On peut le trouver :
- après les conjonctions *avant que*, *à moins que*, *sans que* ;
- après les verbes de *crainte*, de *doute*, d'*empêchement* ;
- après les comparaisons d'*inégalité* (mais si le verbe principal est au négatif, le *ne* explétif n'est pas possible).

(à suivre)

Nous le ferons à moins qu'il (ne) pleuve.	*We'll do it unless it rains.*
Je crains qu'il (ne) soit déjà parti.	*I fear he has already left.*
Évitez qu'il (ne) vienne.	*Keep him from coming.*
C'est plus difficile que je (ne) croyais.	*It's harder than I imagined.*
Mais :	
Mes notes ne sont jamais meilleures que je l'espérais.	*My grades are never better than I hoped.*

Exemples avec les verbes d'émotion

i. Un professeur parle du 14 juillet (Amiens 2000)

Je suis allée au fabuleux pique-nique qui traversait la mairie de Vienne et, euh, j'étais avec des amis très organisés qui avaient un barnum extra parce qu'<u>on avait peur qu'il pleuve</u>.

ii. Un professeur parle du Centre de Liaison
et d'Échanges Internationaux (Amiens 2000)

<u>Nous sommes très heureux qu'il y ait</u> beaucoup d'étudiants américains, mais il y a des étudiants qui sont venus au CLÉI de tous les pays, et <u>nous souhaitons d'ailleurs que les cours d'été soient</u> très ouverts à toutes les nationalités.

iii. Sacha Guitry, *L'illusionniste,* 1917

Oui, Honorine vient de me le dire. Je lui avais donné l'ordre de répondre que j'étais partie ce matin à cinq heures... mais <u>j'ai peur qu'il veuille</u> s'en assurer, et comme je ne veux pas de scènes...

D. Manque de certitude : négation/doute (par ex., *Je doute qu'il comprenne*)

Les verbes de doute et de négation, ainsi que la négation des verbes d'opinion (*croire, penser, trouver*) ou d'assertion (*dire, affirmer*), gouvernent le subjonctif. Par contre, notez qu'un verbe d'opinion à l'affirmatif gouverne l'indicatif (par ex., *Je crois qu'il viendra*), et si ce verbe est à l'interrogatif, on choisit le mode du deuxième verbe selon le sens (voir la section IV, sur le subjonctif non-automatique).

Notez que dans le style soigné on peut trouver le *ne* explétif après les verbes de doute (comme dans le premier exemple ci-dessous).

Je doute qu'il (ne) soit en retard.
Je nie qu'il ait dit cela.
Je ne crois pas qu'il vienne.
Je ne dis pas qu'il soit en retard.
Ça ne veut pas dire qu'il ait compris.

Exemple : manque de certitude
Michel Leiris, *L'âge d'homme*, 1939

Je n'ai jamais eu de facilité pour écrire ; à tel point que, pendant longtemps, <u>l'idée ne me serait même pas venue que je puisse</u> être un jour ce qu'on appelle un écrivain.

E. Certaines conjonctions de subordination (par ex., *Il est parti sans que je le voie*)

Beaucoup de conjonctions (comme *parce que*) lient une phrase principale à une phrase subordonnée avec un verbe à l'indicatif (voir la note linguistique qui suit). Les conjonctions suivantes, cependant, gouvernent le subjonctif dans la phrase subordonnée. Parmi elles, certaines (*à moins que, sans que, avant que* et *de peur que*) peuvent se suivre du *ne* explétif.

sans que (*without*)	Elle est partie sans qu'on (ne) le sache.
pour que / afin que (*so that*)	Il se lève pour qu'on le voie mieux.

de peur/crainte que (for fear that)	Il l'appelle de peur qu'elle (ne) l'ait oublié.
à condition que (on the condition that)	Nous viendrons à condition que tu viennes aussi.
avant que (before)	Faites-le avant qu'il (ne) soit trop tard !
à moins que (unless)	Nous viendrons à moins qu'il (ne) pleuve.
pourvu que (provided that)	Je serai là pourvu qu'il ne pleuve pas.
bien que / quoique (although)	Bien qu'elle ait faim, elle refuse de manger.
jusqu'à ce que (until)	Nous insisterons jusqu'à ce que vous acceptiez.
autant que (as far as)	Autant que je sache, il est parti.
à supposer que / en attendant que (assuming)	À supposer / En attendant qu'il y ait de la neige, nous irons faire du ski ce week-end.
trop... pour que	Il fait trop chaud pour que nous sortions.
non que (not that)	Non que ce travail soit difficile, mais il est long.
soit que... soit que... (whether... or whether...)	Soit qu'elle ait sommeil, soit qu'il soit trop tard, elle refuse de me voir.

Notez que l'expression *s'attendre à ce que* (to expect) se suit aussi du subjonctif : *Je m'attendais à ce qu'il fasse un effort.*

Exemples avec des conjonctions

i. Si je gagne à la loterie (Amiens 2000)

... si je gagne beaucoup j'en achète un [un appartement] pour ma sœur aussi, euh, <u>pour qu'elle soit</u> heureuse aussi d'être à Paris.

ii. Sacha Guitry, *L'illusionniste*, 1917

Nous ne pouvons pas aller passer quelques jours à Paris pour nous évader, puisque nous y sommes ! <u>À moins que vous ne veniez</u> habiter l'hôtel avec moi pendant huit jours.

iii. Juliette Benzoni, *Un homme pour le roi*, 1999

Mon mari me l'avait donné [un damier] <u>pour que je le fasse réparer.</u>

iv. Max Gallo, *Louis XIV, le Roi-Soleil*, 2007

Il veut qu'on ouvre les portes de la salle du Petit Bourbon, <u>afin que le peuple, lui aussi, puisse</u> le voir.

v. Sacha Guitry, *Une vilaine femme brune*, 1917

ELLE : Oui, monsieur, elle se teint aussi bien qu'elle se farde et qu'elle se fait tirer la peau...

LUI : Mais jamais de la vie...

ELLE : Ah, ah! je vois qu'on ne peut même pas y toucher <u>sans que tu sois bouleversé</u>...

vi. Sacha Guitry, *L'illusionniste*, 1917

L'habitude ? Non, sûrement il y a un truc... et ma foi, je reviendrai <u>jusqu'à ce que j'aie deviné</u> !...

Note linguistique : les conjonctions

Les **conjonctions de coordination** lient deux mots, groupes de mots ou phrases indépendantes.

Vous <u>et</u> moi. / A <u>ou</u> B ?

Il n'est <u>ni</u> beau <u>ni</u> laid.

Il entre, <u>puis</u> il s'assied.

Voilà ce que je pense, <u>mais</u> qu'en pensez-vous ?

Il quitta l'abri <u>car</u> la pluie s'arrêta de tomber.

Je vois ce que vous dites, <u>cependant</u> je me demande si vous comprenez bien la situation.

Ce sera à douze heures, <u>c'est-à-dire</u> à l'heure du déjeuner.

(à suivre)

D'autres conjonctions de coordination sont :

soit
tantôt
or
en effet
donc
alors
aussi
ainsi
d'où
par conséquent
car
pourtant
néanmoins
toutefois

Les **conjonctions de subordination** lient une phrase principale à une phrase subordonnée. Parmi une centaine de ces conjonctions, seuls quatre (*que, si, comme, quand*) ne sont pas composées de deux mots dont le dernier est le mot *que*.

Certaines conjonctions de subordination gouvernent le subjonctif, d'autres l'indicatif :

C'est <u>parce que</u> c'est mon frère.
Je ne le connais pas, <u>bien que</u> ce soit mon frère.

Les conjonctions de subordination suivies de l'indicatif comprennent :

quand
comme
si
parce que
puisque
lorsque
dès que
aussitôt que
depuis que
tandis que
pendant que
alors que

F. Expressions indéfinies (par ex., *Quoi que tu dises,...*)

Le subjonctif se trouve dans des expressions indéfinies. Ce sont les exemples avec le verbe *être* qui s'entendent le plus souvent dans la langue moderne.

Quoi que ce soit...	*Whatever it may be...*
Quoi qu'il en soit...	*Be that as it may...*
Quels que soient vos problèmes...	*Whatever your problems may be...*
Qui que vous soyez ...	*Whoever you are...*
Où que vous alliez...	*Wherever you go...*
Quoi que vous disiez...	*Whatever you say...*
Quelques fautes que vous fassiez...	*Whatever mistakes you make...*
Si petit qu'il soit...	*However small he may be...*
Quelque fort qu'il soit...	*However strong he may be...*

Exemples avec les expressions indéfinies

i. À la maison de retraite (Amiens 2000)

Je n'ai même pas à m'occuper de la propriété que j'avais avant, ni de quoi que ce soit. Je suis libre.

ii. Jean Cocteau, *L'aigle à deux têtes*, 1943

LA REINE : Vous étiez le seul ami du roi et je vous parle. Je vous demande de ne jamais oublier mes paroles, Willenstein. Et de témoigner devant les hommes que, quoi qu'il arrive, je l'ai voulu.

iii. Juliette Benzoni, *Un homme pour le roi*, 1999

Leur tour viendra ! Pour l'heure c'est celui de ceux-ci. Qu'ils aient travaillé pour qui que ce soit, ils n'en ont pas volé le bien du peuple. [...]

Il faut vous mettre dans la tête que si le besoin s'en faisait sentir, je vous abandonnerais encore. Quel que soit le danger que vous couriez.

iv. Jean Giono, *Le moulin de Pologne*, 1952

Il n'était plus question pour elle de mettre une mesure quelconque
dans quoi que ce soit.

IV. LE SUBJONCTIF NON-AUTOMATIQUE

Quoique la plupart des verbes au subjonctif se trouvent dans des
emplois **automatiques**, il existe tout de même un nombre limité de
cas où on peut choisir le subjonctif pour rendre une nuance au verbe
subordonnée. Dans ces phrases, l'opposition **indicatif vs. subjonctif** se
réalise presque toujours comme celle de **réalité absolue vs. non-réalité
ou possibilité**. Si le locuteur met le verbe subordonné à l'indicatif,
il veut représenter un fait réel, mais s'il le met au subjonctif, il veut
qu'on voie l'action de ce verbe comme seulement une possibilité. Le
subjonctif dans ce verbe subordonné peut aussi marquer **l'opinion ou
un jugement** du locuteur ou scripteur sur la phrase subordonnée. Dans
cette section nous examinons les quatre cas où on peut choisir entre
l'indicatif et le subjonctif dans une phrase subordonnée.

Contextes pour le subjonctif non-automatique

On a le choix de mode (subjonctif ou indicatif) :
- après les conjonctions *de manière que, de façon que, de sorte
  que, en attendant que*
- après l'interrogatif d'un verbe d'opinion
- dans des phrases subordonnées avec un pronom relatif
- après le superlatif ou un restrictif

A. Conjonctions *de manière que, de façon que, de sorte que* et *en attendant que*

Après les conjonctions *de manière que, de façon que, de sorte que* et *en attendant que*, l'indicatif exprime un fait réalisé et le subjonctif une possibilité :

Elle a expliqué la leçon de façon que j'ai compris. (*in such a way that
I understood*: un fait, une conséquence)

Elle a expliqué la leçon de façon que je puisse comprendre. (*in a way that I might understand*: possibilité mais pas certitude)

... en attendant qu'il vient. (il est sûr qu'il viendra)
... en attendant qu'il vienne. (il est possible qu'il vienne)

B. Verbes d'opinion

Après l'interrogatif d'un verbe d'opinion (*croire, penser, trouver*, etc.), le subjonctif montre les doutes de celui qui parle ou qui écrit sur la vérité de la phrase subordonnée :

Croyez-vous qu'il soit content ? (Moi, je le doute.)
Croyez-vous qu'il est content ? (Moi, je n'ai pas d'opinion.)

C. Après un pronom relatif

Dans des phrases subordonnées avec un pronom relatif (*qui, que, dont*), le subjonctif indique que l'existence ou la réalité de l'antécédent (souvent indéfini) est doutée, niée ou incertaine. Il peut aussi souligner une opinion.

Je connais l'homme qui le sait. (Cet homme existe.)
Je cherche un homme qui le sache. (Existe-t-il ?)

Voilà quelqu'un qui le sait. (Cette personne existe.)
Il n'y a personne qui le sache. (Cette personne n'existe pas.)
Y a-t-il quelqu'un qui le sache? (L'existence de cette personne n'est pas sûre.)

Il n'y a rien qu'il ne puisse pas faire. (existence nié)

Je cherche un exemple qu'il comprendra. (Il en existe un.)
Je cherche un exemple qu'il comprenne. (Y en a-t-il un ?)

Il n'y a pas beaucoup de gens qui savent parler cette langue. (un fait)
Il n'y a pas beaucoup de gens qui sachent parler cette langue. (opinion)

D. Après le superlatif ou un restrictif

Après le superlatif ou un restrictif (*le seul, le premier*), le subjonctif indique une attitude subjective (une opinion, un jugement, un choix, une émotion) et l'indicatif un fait.

C'est le plus bel homme que je connais / que je connaisse.
C'est le meilleur prof que nous avons / que nous ayons.
C'est le seul homme qui pourrait me comprendre / qui puisse me comprendre.
C'était le premier qui a réussi (nous le constatons).
C'était le premier qui ait réussi (nous le félicitons).
Il n'y a que Pierre qui m'a téléphoné (je le constate).
Il n'y a que Pierre qui m'ait téléphoné (j'en suis surpris ou ému).

Il est cependant important de noter que les Français préfèrent le subjonctif après le superlatif et essaient d'éviter l'indicatif :

Je connais le plus bel homme.
Nous avons le meilleur prof.
Lui seul peut me comprendre.
C'est lui qui a réussi le premier.
Il n'y a que Pierre à m'avoir téléphoné.

Exemple avec le superlatif (Amiens 2000)

[...] donc j'ai eu la chance de commencer le chant avec un très grand professeur, ce qui est vraiment une chance parce que je crois que je suis une de ses dernières débutantes..., je suis une des dernières qu'elle ait débutées, et donc ça c'était vraiment une très, très grande chance que j'ai eue.

V. SUBJONCTIF OU INFINITIF ?

Si les verbes dans les deux propositions (principale et subordonnée) ont le même sujet, il faut presque toujours mettre l'infinitif (présent :

parler, ou passé : *avoir parlé*), et non pas un verbe conjugué, dans la deuxième partie de la phrase. On met quelquefois la préposition *de* devant cet infinitif. Voici un résumé de cette alternance subjonctif/infinitif dans les contextes qui gouvernent automatiquement le subjonctif en proposition subordonnée.

A. Expressions impersonnelles

On utilise l'infinitif après une expression impersonnelle si le sujet de la deuxième proposition est aussi impersonnel. Dans ce cas, on peut également utiliser le pronom <u>on + le verbe au subjonctif</u> : *Il est temps de partir.* = *Il est temps qu'on parte.* La préposition *de* s'emploie toujours devant l'infinitif et après les expressions impersonnelles du type <u>Il est + adjectif</u>, mais l'infinitif suit directement les verbes *falloir* et *valoir mieux*.

Il est bon que je comprenne.	Il est bon *de* comprendre.
Il faut que je comprenne.	Il faut comprendre.
Il vaut mieux que tu viennes.	Il vaut mieux venir.

B. Verbes de volonté

De tous les verbes de volonté, ce n'est qu'avec les verbes de **désir** qu'on peut parler du même sujet dans les deux parties de la phrase, car avec les verbes de commandement, de défense et de permission, la volonté du locuteur doit s'imposer sur quelqu'un d'autre. L'infinitif suit directement le verbe de désir. Notez la seule exception : la préposition *de* suit toujours l'expression *avoir envie*.

Je veux que tu partes.	Je veux partir.
J'ai envie que tu partes.	J'ai envie *de* partir.

Avec certains verbes de commandement, de défense et de permission, il est également possible de mettre un infinitif dans la deuxième partie de la phrase, mais celui-ci se réfère à un deuxième sujet. La phrase avec infinitif est synonyme à la phrase complexe avec le deuxième verbe au subjonctif. On ajoute toujours la préposition *de* devant l'infinitif avec ces verbes. Notez aussi que pour ces trois catégories de verbes il faut exprimer l'objet du premier verbe pour pouvoir utiliser l'infinitif (c'est-à-dire, il faut préciser à qui on impose la volonté).

Je commande qu'il parte.   Je lui commande *de* partir.
Je défends qu'il parte.   Je lui défends *de* partir.
Je permets qu'il parte.   Je lui permets *de* partir.
J'empêche qu'il (ne) parte.   Je l'empêche *de* partir.

C. Expressions d'émotion

On met toujours la préposition *de* entre une expression d'émotion et l'infinitif suivant.

Je suis content(e) qu'il   Je suis content(e) *de* comprendre.
    comprenne.
J'ai peur qu'il (ne) soit mort.   J'ai peur *de* mourir.
Je regrette qu'il soit parti.   Je regrette d'être parti(e).

D. Doute ou négation

La préposition *de* s'emploie avec l'infinitif après le verbe *douter* mais pas après les verbes *croire, penser* et *nier*. Noter qu'avec le verbe *nier* on peut avoir le même sujet dans les deux parties de la phrase.

Je doute qu'il comprenne.   Je doute *de* comprendre.
Tu crois qu'il puisse le faire ? Je crois pouvoir le faire.
Tu nies que tu l'aies fait ?   Tu nies l'avoir fait ?

E. Conjonctions

Certaines conjonctions ont une préposition correspondante (par ex., *sans que* ↔ *sans*), qui peut être suivi de l'infinitif au cas où les deux parties de la phrase ont le même sujet.

<u>Il</u> est parti sans que <u>je</u> lui dise au revoir.
<u>Il</u> est parti sans dire au revoir.

L'infinitif suit directement les prépositions *sans* et *pour*, mais les autres prépositions ajoutent la préposition *de* devant un infinitif :

sans qu'il comprenne   sans comprendre
pour qu'il comprenne   pour comprendre
afin qu'il comprenne   afin *de* comprendre
avant qu'il (ne) comprenne   avant *de* comprendre

à condition qu'il comprenne
à moins qu'il comprenne
de peur/crainte qu'il comprenne

à condition de comprendre
à moins de comprendre
de peur/crainte de comprendre

D'autres conjonctions ne correspondent pas à une préposition. Avec celles-ci, on ne peut pas éviter le subjonctif, même si les deux phrases ont le même sujet. Les conjonctions *pourvu que*, *bien que*, *quoique* et *jusqu'à ce que* ne sont jamais suivies de l'infinitif.

Il viendra pourvu qu'il ait le temps.
Il est parti bien qu'il / quoiqu'il ne soit pas fatigué.
Il étudiera la leçon jusqu'à ce qu'il la comprenne.

VI. TEMPS LITTÉRAIRES : IMPARFAIT ET PLUS-QUE-PARFAIT DU SUBJONCTIF
A. Formes du subjonctif littéraire

L'étudiant du français n'aura jamais à produire ces formes littéraires, mais il les rencontrera, surtout dans la littérature précédant le 20e siè-cle. Ces formes ne sont d'ailleurs pas difficiles à reconnaître : toutes contiennent un double -ss-, sauf celle de la troisième personne au sin-gulier (*il/elle*), où l'accent circonflexe remplace le double -ss- qui aurait suivi la voyelle. Comparez ces formes du subjonctif avec les formes littéraires à l'indicatif dans le tableau suivant. Notez surtout la différence à la troisième personne du singulier des verbes *avoir* et *être* entre l'im-parfait du subjonctif (employé ci-dessous comme l'auxiliaire du plus-que-parfait du subjonctif : *il eût, il fût*) et le passé simple (l'auxiliaire du passé antérieur : *il eut, il fut*).

Formes littéraires du subjonctif et de l'indicatif

Imparfait du subjonctif
je parlasse, finisse, vendisse
tu parlasses, finisses, vendisses
il/elle parlât, finît, vendît

Passé simple (indicatif)
je parlai, finis, vendis
tu parlas, finis, vendis
il/elle parla, finit, vendit

(à suivre)

nous parlassions, finissions, vendissions

vous parlassiez, finissiez, vendissiez

ils/elles parlassent, finissent, vendissent

Plus-que-parfait du subjonctif

j'eusse parlé, je fusse parti(e)

tu eusses parlé, fusses parti(e)

il/elle eût parlé, fût parti(e)

nous eussions parlé, fussions parti(e)s

vous eussiez parlé, fussiez parti(e)(s)

ils/elles eussent parlé, fussent partis

nous parlâmes, finîmes, vendîmes

vous parlâtes, finîtes, vendîtes

ils/elles parlèrent, finirent, vendirent

Passé antérieur (indicatif)

j'eus parlé, je fus parti(e)

tu eus parlé, fus parti(e)

il/elle eut parlé, fut parti(e)

nous eûmes parlé, fûmes parti(e)s

vous eûtes parlé, fûtes parti(e)(s)

ils/elles eurent parlé, furent partis

B. Emploi des temps littéraires du subjonctif

Ces deux formes du subjonctif sont limitées à la langue écrite, style littéraire, où le premier représente le présent du subjonctif et le second le passé du subjonctif de la langue parlée.

Langue littéraire		**Langue parlée**
passé simple	=	passé composé
passé antérieur	=	plus-que-parfait
imparfait du subjonctif	=	subjonctif présent
plus-que-parfait du subjonctif	=	passé du subjonctif

Notez que l'emploi de l'imparfait du subjonctif dans la langue parlée peut rendre un ton humoristique, comme dans cet exemple d'un dialogue :

Moi, Monsieur, si j'avais un tel nez, il faudrait sur-le-champ que je me l'amputasse ! (Edmond Rostand, *Cyrano de Bergerac*, 1899)

Dans des textes littéraires ou dans la presse courante, on voit parfois des verbes au plus-que-parfait du subjonctif dans des phrases hypothétiques au passé. Cette forme peut se trouver dans les deux parties de la phrase, c'est-à-dire pour remplacer le verbe au plus-que-parfait ou le verbe au conditionnel passé. Étudiez cet usage dans les phrases suivantes.

Qui l'eût cru ?

L'eût-il demandé, nous eussions accepté.

Il eût été plus judicieux d'attendre. (*Le Soir*, Bruxelles, 23 février 1996 ; exemple de Frontier 1997)

Je ne l'aurais pas reçu aussi civilement que je fis, si je l'eusse connu… (Abbé Prévost, *Manon Lescaut*, 1731 ; exemple de Frontier 1997)

Si l'on m'eût mis au pain sec, il m'eût porté des confitures… (Jean-Paul Sartre, *Les mots*, 1963 ; exemple de Frontier 1997)

La terrasse du restaurant donnait paradoxalement sur l'Adriatique, reparue là en pleine ville, à l'endroit où on l'eût le moins attendu […]. (Marguerite Yourcenar, « Le lait de la mort », dans *Nouvelles orientales*, 1963 ; © Éditions Gallimard [www.gallimard.fr])

[Le roi] écoute [son valet] dont il connaît le dévouement, qui a servi avec fidélité Anne d'Autriche [la mère du roi], subissant les pressions des hommes de Richelieu, refusant de livrer, même menacé de la torture, les secrets qu'il détenait et qui eussent pu fournir aux accusateurs de la reine des prétextes, des arguments, peut-être des preuves. (Max Gallo, *Louis XIV, le Roi-Soleil*, 2007)

Exemples du subjonctif littéraire

i. Robert Merle, *Fortune de France*, 1992

> La mort de ma mère me poigna quelque peu la conscience : <u>il me</u> <u>semblait que j'eusse dû</u> m'affliger davantage et d'autant que je savais maintenant que j'avais été son fils préféré. Mais Isabelle consentait si peu en sa hauteur à connaître ses enfants et <u>bien qu'elle les aimât</u> fort, elle les aimait de si loin, que je n'avais jamais senti d'elle à moi assez de chaleur <u>pour que mon cœur allât</u> à sa rencontre.

ii. François-René de Chateaubriand, « Les pyramides »,
   dans *Itinéraire de Paris à Jérusalem*, 1861

> <u>On voudrait</u> aujourd'hui <u>que</u> tous les monuments <u>eussent</u> une utilité physique.

iii. Victor Hugo, *Notre-Dame de Paris*, 1831

> Il sentait pourtant que la grande porte chancelait <u>quoiqu'il n'entendît</u> <u>pas</u>, chaque coup de bélier...

iv. Prosper Mérimée, *Carmen*, 1843

> [...], je lui offris tout, <u>pourvu qu'elle voulût</u> m'aimer encore !

v. Vercors, *Le silence de la mer*, 1942 (exemple de Glättli 1964)

> Cela dura, dura, — combien de temps ? — dura <u>jusqu'à ce qu'</u>enfin la jeune fille <u>remuât</u> les lèvres.

VII. DEUX DERNIERS MOTS SUR LE SUBJONCTIF EN FRANÇAIS

A. La « complexité » du subjonctif

Même « démystifié » et réduit à un emploi presque toujours automatique et sans valeur sémantique, le subjonctif peut encore inspirer une certaine anxiété chez l'étudiant. Il n'est pas possible de simplifier davantage la présentation de ce mode ; on sera toujours obligé d'apprendre les contextes où on le voit. Mais il existe certaines réalités de la langue parlée qui, l'étudiant les sachant, lui accorderaient plus de confiance à parler sans faire des erreurs. Les voici :

- On n'utilise guère que les formes du présent et (beaucoup moins souvent) du passé du subjonctif.
- On utilise le subjonctif le plus souvent avec un nombre très limité de verbes, surtout *être*, *avoir*, *faire*, *pouvoir*, *savoir*, *aller*, *prendre*, *dire*, *attendre* et *venir*.
- On utilise le subjonctif le plus souvent dans un nombre très limité de contextes, surtout après les expressions impersonnels (*il faut*, *c'est + adjectif*) et après le verbe *vouloir*.
- On peut aussi constater que quant aux conjonctions, on emploie le plus fréquemment celles n'exigeant pas le subjonctif. Ainsi on entend des phrases telles que : *Quand même il saurait le faire...* au lieu de *Quoiqu'il sache le faire...* (Gadet 1992, 89).

Ces réalités tiennent surtout pour la conversation spontanée. Quand on écrit, on a le temps de réfléchir et de bien choisir ses mots ; on utilise des structures plus compliquées avec, par exemple, des phrases subordonnées et des conjonctions (comme *jusqu'à ce que* ou *quoique*) et on recherche un vocabulaire plus riche. Écrire en français demande donc à l'étudiant qu'il démontre une connaissance plus profonde des formes et de l'emploi du subjonctif.

B. L'avenir du subjonctif en français ?

Certains linguistes trouvent que le subjonctif est en train de disparaître dans la langue courante parlée, citant des exemples de l'indicatif après les conjonctions *bien que* et *quoique*. D'autres croient le contraire : que le subjonctif est en train d'agrandir son domaine automatique pour inclure des expressions telles que *après que*, *le fait que*, *il est probable que* et le verbe *espérer*. Il est certain que l'étudiant entendra et lira des déviations du système présenté dans ce chapitre. Le français est, après tout, une langue vivante, en train d'évoluer. Mais si dans son propre emploi de la langue l'étudiant suit les règles que nous avons données, il arrivera à utiliser le subjonctif d'une manière à la fois correcte et courante.

Exercices oraux : le subjonctif présent ou passé ?

Exercice 1. À discuter en classe

Changez le temps du verbe principal selon l'indication. Le deuxième verbe ne changera pas.

1. (→ imparfait)   Il <u>est</u> bon que tu saches la vérité.
   Il <u>est</u> bon que tu aies su la vérité.

2. (→ passé composé)   Mon copain <u>viendra</u> bien que moi je ne vienne pas.
   Mon copain <u>viendra</u> bien que je sois déjà parti(e).

3. (→ imparfait)   Je <u>préfère</u> que tu finisses.
   Je <u>préfère</u> que tu aies déjà fini.

4. (→ futur simple)   Ma sœur <u>cherche</u> un mari qui soit bien éduqué.
   Ma sœur <u>cherche</u> un mari qui ait déjà fini ses études.

5. (→ imparfait)   J'<u>ai</u> honte que tu dises ça.
   J'<u>ai</u> honte que tu aies dit ça.

6. (→ imparfait)   Tu <u>crois</u> qu'il comprenne ?
   Tu <u>crois</u> qu'il ait compris ?

Exercice 2. Dans quel ordre ?

Avec un partenaire, indiquez l'ordre des actions (1, 2). Il est aussi parfois le cas que les deux actions sont simultanées (S).

MODÈLES :

Je suis triste (2) que Pierre soit parti (1).
Je regrette (S) que tu sois malade (S).

1. Ses parents sont fiers qu'elle reçoive son diplôme.
2. Le professeur doutait que l'élève comprenne la question.
3. La fille ne croyait pas que son ami lui ait dit un mensonge.
4. Ma mère sera ravie que tu viennes nous rendre visite.
5. Il faudra que tu sois à l'heure.
6. Je suis déçu qu'il ait oublié mon anniversaire.

7. Le professeur doutait que l'élève ait fait le devoir tout seul.
8. Je voudrais que vous rentriez avant minuit.
9. Je ne crois pas que mon ami trahisse mon secret.
10. Je crains qu'il n'ait pas suivi mes conseils.

Exercices oraux : expressions impersonnelles
Exercice 3. Expressions de nécessité

Travaillez avec un partenaire. Répondez d'abord avec le verbe *devoir* et ensuite avec une expression impersonnelle de nécessité. Faites attention au temps du verbe et répondez avec un pronom objet si possible.

MODÈLE : finir *ses devoirs* (présent)

Tu finis tes devoirs ?

Oui, je dois les finir. Il faut absolument que je les finisse.

1. venir à la prochaine classe (présent)
2. travailler le week-end dernier (passé composé)
3. lire tous ces articles avant de commencer la dissertation (futur)
4. écrire à tes parents (présent)
5. aller chez le médecin après l'accident (passé composé)
6. faire les courses avant de préparer le dîner (futur)

Exercice 4. Opinions

Avec un partenaire, créez deux ou trois phrases intéressantes avec **des expressions impersonnelles** + verbe au subjonctif. Choisissez parmi les expressions suivantes :

C'est dommage
Il est important
Il est essentiel
Il est urgent
Il est scandaleux

MODÈLE : *Il est essentiel qu'on conduise moins et qu'on prenne plus le train.*

Exercice 5. Des conseils

Réagissez aux commentaires de votre partenaire en utilisant **une ex-pression impersonnelle** et un verbe au subjonctif. Variez les expressions impersonnelles. Vous pouvez utiliser *Il est* ou *C'est* (style parlé).

> MODÈLE : *dormir assez*
>
> *Je ne dors pas assez !*
>
> *Mais il faut que tu dormes plus !*

avoir beaucoup de temps libre

lire beaucoup

être toujours content(e)

connaître beaucoup de gens

faire toujours mes devoirs

boire beaucoup

vouloir aller [où ?]

sécher la classe

savoir (+ infinitif)

sortir beaucoup

mettre un manteau quand il fait froid

comprendre cette leçon

Exercices oraux : verbes de volonté
Exercice 6. Mes parents

Avec votre partenaire, faites une liste de ce que vos parents voulaient (demandaient, exigeaient, défendaient) que vous fassiez lorsque vous étiez au lycée. N'oubliez pas de mettre le deuxième verbe au subjonctif.
MODÈLE : *Ma mère demandait toujours que je fasse mon lit tous les matins.*

Exercice 7. Ce que je veux

Avec votre partenaire, faites des listes de ce que vous voudriez que certaines gens fassent. N'oubliez pas de mettre le deuxième verbe au subjonctif. Commencez avec *J'aimerais que...* MODÈLE : *J'aimerais que le professeur donne moins de devoirs.*

Exercices oraux : expressions d'émotion
Exercice 8. Le passé

Certains événements ont déjà eu lieu. Desquels êtes-vous contents, mécontents, surpris ? Parlez de vos réactions avec votre partenaire et écrivez des phrases à discuter avec toute la classe. Variez le vocabulaire des émotions. MODÈLE : *Je suis ravie que la navette spatiale ait atterri sans incident.*

Exercice 9. L'actualité

De quelles situations *actuelles* (qui se passent maintenant ou se passeront bientôt) êtes-vous contents, mécontents, surpris ? Parlez de vos réactions avec votre partenaire et écrivez des phrases à discuter avec toute la classe. Variez le vocabulaire des émotions.

MODÈLE : *Nous n'avons pas de classe lundi prochain.*

Je suis triste que nous n'ayons pas de classe lundi prochain.

Exercices oraux : Manque de certitude
Exercice 10. Négation ou doute

Posez les questions suivantes à votre partenaire. Dans la question, mettez le deuxième verbe à l'indicatif mais dans la réponse (toujours au négatif), mettez le deuxième verbe au subjonctif.

MODÈLE : être sûr(e) / *le professeur sera en classe la semaine prochaine*

Tu es sûr(e) que le professeur sera en classe la semaine prochaine ?

Non, je ne suis pas sûr(e) qu'il soit en classe.

1. être certain / nous aurons un examen dans deux semaines
2. penser / le conférencier a fait une bonne présentation
3. affirmer / les voisins ont acheté un chien
4. estimer / le prisonnier est innocent
5. être persuadé(e) / le garçon peut faire ce travail

Exercice 11. Doute

Avec un partenaire, créez trois ou quatre phrases avec des expressions de doute (*Je ne crois pas, je doute*) + un verbe au subjonctif. MODÈLE : *Je doute qu'il (ne) pleuve demain.*

Exercice 12. Révision : subjonctif ou indicatif ? à discuter en classe

Complétez les phrases par la forme correcte du verbe *pouvoir*.

1. Je souhaite que tu _____ le faire.
2. Je vois que tu _____ le faire.
3. J'espère que tu _____ le faire.
4. Il est possible que tu _____ le faire.
5. Il est probable que tu _____ le faire.
6. Je suis sûre que tu _____ le faire.
7. Je ne crois pas que tu _____ le faire.
8. Je n'ai pas dit que tu _____ le faire.
9. Je ne doute pas que tu _____ le faire.
10. Elle a expliqué que tu _____ le faire.

Exercice 13. Révision : expressions impersonnelles, volonté, émotion, négation, doute ; à discuter en classe

Suivant le modèle, complétez la deuxième phrase. Attention à la structure et au mode du deuxième verbe.

MODÈLE : *Tu comprends le subjonctif.*

Je suis content(e)... <u>*que tu le comprennes.*</u>

1. Tu es venu en classe. Il est bon...
2. Je finirai mon diplôme. Mes parents veulent...
3. Nous rions en classe. Le professeur permet...
4. Son fils ne comprendra rien. Le père est certain...
5. Le professeur a cru mon histoire. Je doute...
6. La fille connaît le garçon. Le garçon nie...
7. Je suis toujours sage. Ma mère pense...
8. Je peux tout finir. Il est douteux...
9. La femme ne sait pas conduire. Son mari regrette...
10. Nous faisons nos devoirs. Le professeur demande...
11. La vie est belle. On dit...
12. Ma copine m'a rendu visite. Je suis content(e)...
13. Son fils est en prison. Le monsieur a honte...
14. Je rejoins mes amis. Il est important...

15. Tu as déjà mangé. J'ai peur...
16. Tu feras le ménage ce week-end. Je ne crois pas...
17. Je veux aller chez le dentiste. Mes amis sont étonnés...

Exercice oral : conjonctions + phrase subordonnée
Exercice 14. À discuter en classe

Traduisez en français.

1. He speaks without our understanding a word.
    Il parle _____ nous _____ un mot.
2. He explained it so that we could understand. (deux possibilités)
    Il l'a expliqué _____ / _____ nous
    _____ comprendre.
3. He left before we arrived.
    Il est parti _____ nous _____.
4. He'll leave unless we ask him to stay.
    Il partira _____ nous lui _____ de
    rester.
5. He hid out of fear that I (would) see him. (deux possibilités)
    Il s'est caché _____ / _____ je (ne) le
    _____.
6. He'll come on condition that we invite him.
    Il viendra _____ nous l'_____.
7. He'll stay provided I promise to dance with him.
    Il restera _____ je _____ de danser
    avec lui.
8. He's leaving even though (although) I want him to stay. (deux possibilitiés)
    Il part _____ / _____ je
    _____ qu'il reste.
9. He'll stay until we ask him to leave.
    Il restera _____ nous lui _____ de partir.
10. As far as I know,...
    _____ je le _____...
11. Not that this is hard, but it's boring.
    _____ ce _____ difficile, mais
    c'est ennuyeux.

12. *He left either because he wanted to or because he couldn't stay.*

Il est parti _____ il le _____,

_____ il ne _____ pas rester.

Exercices oraux : le subjonctif non-automatique
Exercice 15. Subjonctif ou indicatif ?

Avec un partenaire, complétez les phrases suivantes. Justifiez le choix de mode dans chaque phrase.

1. J'ai besoin (ou envie) d'une voiture qui…
2. Je connais un restaurant qui…
3. Je cherche un café où…
4. J'aurais préféré une classe où…
5. J'ai un prof de X qui…
6. J'aurais préféré un prof de X qui…
7. Ma mère s'est mariée avec quelqu'un qui…
8. Il n'y a personne dans notre classe qui…
9. Y a-t-il quelqu'un dans notre classe qui…
10. Il y a un(e) étudiant(e) dans notre classe qui…
11. J'ai rendu les devoirs que…
12. Je cherche un poste qui…
13. Je cherche les clés que…
14. J'aimerais un président qui…
15. J'espère avoir un enfant / un petit enfant qui…
16. X est la classe la plus difficile que…

Exercice 16. Révision : subjonctif non-automatique ; à discuter en classe

Mettez le verbe entre parenthèses à la forme convenable.

1. Elle cherche un copain qui _____ (être) sociable.
2. Elle a trouvé un copain qui _____ (être) sociable.
3. J'ai un chien qui ne _____ (mordre) pas.
4. J'aimerais un chien qui ne _____ (mordre) pas.
5. Vous êtes sûr qu'il _____ (venir) ?
6. Vous pensez qu'il _____ (gagner) ?

7. Elle a expliqué la leçon de manière que je _____ (comprendre).

8. Il fume une cigarette en attendant que nous _____ (répondre) à sa question.

9. C'est l'homme le plus généreux que je _____ (connaître).

Exercices oraux : subjonctif ou infinitif ?
Exercice 17. À discuter en classe

Faites des phrases des éléments donnés. Attention à la structure de la phrase.

1. Il est important + recycler
2. Il vaut mieux + tu + partir
3. Il faut + étudier
4. Je voudrais + voyager en France
5. Il aimerait + nous + l'accompagner
6. J'ai envie + rester
7. Il est content + vous + venir hier
8. Nous regrettons + ne pas pouvoir venir demain
9. J'ai peur + vous + vous perdre demain
10. Il est fatigué + travailler
11. Je doute + pouvoir le faire
12. Il n'est pas certain + tu + comprendre hier

Exercice 18. Conjonctions + phrase ou infinitif

Avec un partenaire, en employant les conjonctions données, faites une phrase logique des deux phrases données.

MODÈLE : *Il a triché à son examen. Il avait peur d'échouer. (de peur de/que)*
        Il a triché à son examen de peur d'échouer.

1. Elle s'assoit au premier rang. Elle pourra ainsi entendre mieux le conférencier. (pour, pour que)
2. Elle m'a montré plusieurs robes. Je pourrai ainsi choisir la plus jolie. (afin de/que)
3. Je laverai la voiture demain. Mon fils la lavera peut-être avant. (à moins de/que)

4. Je vous rendrai le livre dans une semaine. Je ne l'aurai peut-être pas encore fini. (*à moins de*/*que*)

5. Il est parti. Il ne m'a pas regardée. (*sans, sans que*)

6. J'aimerais que nous nous parlions. Nous ne devons pas nous battre. (*sans, sans que*)

7. Je vous dirai mon opinion de la dissertation. Vous me la donnerez d'abord. (*après, après que*)

8. Je partirai. Mais je mangerai quelque chose avant. (*après, après que*)

9. Il acceptera de la voir. Elle lui dira la vérité. (*à condition de*/*que*)

10. Je viendrai vous voir demain. J'aurai peut-être le temps. (*à condition de*/*que*)

11. Levez le doigt ! Vous allez parler. (*avant de*/*que*)

12. Il l'aimait déjà. Elle ne le connaissait pas encore. (*avant de*/*que*)

13. Elle se dépêchait. Elle avait peur de manquer son bus. (*de peur de*/*que*)

14. Elle n'est pas sortie. Son ex la verrait. (*de peur de*/*que*)

15. Je vous rendrai vos clés ce soir. Je les aurai peut-être perdues. (*à moins de*/*que*)

Exercices oraux : révision du subjonctif
Exercice 19. À discuter en classe

Expliquez l'emploi du subjonctif, de l'indicatif ou de l'infinitif dans les exemples suivants. (Amiens 2000)

1. ...la loi française <u>impose qu'il y ait</u> une partie du journal <u>qui soit</u> en couleurs <u>afin qu'on ne soit pas confondu</u> avec les documents administratifs, qui sont strictement en noir et blanc.

2. ...il faut essayer de l'encourager [l'élève] <u>pour qu'il puisse progresser, pour pas que l'élève se dise</u> « bon ben, y a rien à faire, je ferais mieux de faire autre chose », il faut essayer de <u>chercher à ce que l'élève participe</u> le plus possible et <u>trouve</u> une motivation dans ce qu'on lui... dans ce qu'on lui présente.

3. Eh ben, écoutez, <u>pour que je puisse</u> gagner à la loterie, <u>il faudrait encore que je joue</u>.

4. Je bois jamais de café. J'en ai bu étant jeune mais le goût m'est passé aux environs de dix-sept, dix-huit ans, <u>je crois pas avoir bu</u> du café depuis cet âge-là, et sinon ben, j'évite le Coca-Cola. <u>Ce n'est pas que je sois</u> anti-américain, hein, mais euh...

5. Eh bien, on enseigne avant tout en cuisine…, bon la cuisine c'est… c'est 95% de pratique et 5% de théorie. Mais il faut que ces 5% de théorie soient bien comprises pour que la pratique soit… soit bien réalisée.

6. [À la maison de retraite] quand le personnel part en congé, il faut que ça marche et que les malades ne se doutent pas que le personnel est en congé. Il faut que le travail se fasse quand même.

Exercice 20. À discuter en classe

Complétez les phrases en employant les éléments donnés. Justifiez vos réponses.

1. Il se peut que Jacques _____ (ne… pas encore + écrire) la lettre.

2. Allons au cinéma ce soir, à moins que tu _____ (être) trop fatigué.

3. C'est le dernier film que j' _____ (voir).

4. Tu cherches celui qui t' _____ (téléphoner) hier ?

5. Ses parents ont insisté qu'elle _____ (finir) ses devoirs avant de partir.

6. J'étais certain que le film te _____ (plaire). C'est dommage que tu _____ (ne… pas + l'aimer).

7. Il est essentiel que vous ne le _____ (perdre) pas.

8. Il a répondu immédiatement après qu'elle lui _____ (poser) la question.

9. Je suis désolé _____ (devoir) te donner la nouvelle, mais il vaut mieux que tu _____ (comprendre) la situation.

10. Il restera ici jusqu'à ce que sa mère _____ (venir) le chercher.

11. J'ai peur que vous _____ (se fâcher) quand vous apprendrez la nouvelle.

12. Je ne crois pas que vous _____ (dire) cela hier, et j'insiste que vous me l' _____ (expliquer) maintenant.

13. Je n'ai jamais rencontré personne qui _____ (être) plus sympathique que lui.

14. Ma sœur est la meilleure amie qu'on _____ (pouvoir) avoir.

15. Quoique je _____ (ne… pas + voir) le film, j'ai lu le livre.

16. Je l'aime beaucoup bien qu'il ne _____ (être) pas riche.
17. Il a travaillé dur afin _____ (pouvoir) finir ses études.
18. Le prof a expliqué la leçon jusqu'à ce que nous _____
    (la + comprendre).
19. La seule fois que j'y _____ (aller), c'était avec mon père.
20. Y a-t-il quelqu'un ici qui _____ (savoir) la réponse ?
21. Après _____ (arriver) dans la salle, il a ôté son manteau.

Exercice 21. À discuter en classe

Pour chaque verbe souligné dans l'extrait suivant, indiquez s'il est à l'indicatif ou au subjonctif et puis expliquez pourquoi.

Pierre Daninos, *Qu'est-ce que l'humour ?* 1958

Je veux bien croire qu'il <u>existe</u> des écrivains qui <u>tiennent</u> dans leur stylo la définition de l'humour. Moi non. Aussi étrange que cela <u>paraisse</u> à celui qui m'interroge, je ne possède pas cet article. [...]

Je me trouvais l'autre jour aux prises avec un expert qui, ayant engagé le combat par le rituel : « *Quelle est votre définition de l'humour ?* » me fit aussitôt chanceler en me décochant : « Considérez-vous que l'humour <u>doive</u> être un acte gratuit ? » [...]

Je rencontre souvent des gens qui m'<u>avouent</u> : « Je ne connais rien à la musique », ou « Je ne comprends rien à la peinture abstraite. » ... En revanche, je n'ai jamais rencontré quelqu'un qui <u>admette</u> : « Je suis totalement dépourvu d'humour. » [...]

... Stephen Leacock a écrit : « La meilleure définition que je <u>connaisse</u> de l'humour est l'aimable contemplation des incongruités de la vie — et l'expression artistique qui en découle. » Et il ajoutait : « Je pense que c'<u>est</u> la meilleure, parce que c'est moi qui l'<u>ai</u> trouvée. » [...]

… Mark Twain confie : « Cesser de fumer est la chose la plus aisée qui <u>soit</u> : j'en sais quelque chose, je l'ai fait un million de fois » [...]

… Storm Petersen [estime] qu'il <u>est</u> difficile de prévoir quoi que ce <u>soit</u>, mais surtout l'avenir.

Exercices oraux : le subjonctif littéraire
Exercice 22. À discuter en classe

Identifiez la forme de chaque verbe.

je parlai / je parlais / je parlasse
il regarda / il regardât
nous cherchions / nous cherchassions
il eût mangé / elle fut partie
nous eûmes fini / vous fussiez revenu
j'obéis / j'obéisse
nous finissions / nous répondissions
il répondit / il répondît

Exercice 23. À discuter en classe

Dans les phrases suivantes, remplacez les formes littéraires du subjonctif par leur équivalent dans la langue parlée. Dans chaque cas, justifiez l'usage du subjonctif.

1. Elle quitta la salle avant que les invités <u>fussent arrivés</u>.
2. Elle quitta la salle avant que son mari <u>eût téléphoné</u>.
3. Elle resta dans sa chambre jusqu'à ce que sa mère <u>fût arrivée</u>.
4. Elle resta dans sa chambre jusqu'à ce que ses parents l'<u>eussent appelée</u>.
5. Le professeur voulait que le garçon <u>sortît</u>.
6. Il exigea que l'étudiant <u>eût terminé</u> son travail avant de partir.
7. Elle ne croyait pas que le petit <u>comprît</u>.
8. Elle doutait qu'il <u>eût compris</u>.
9. Il souhaitait que je me <u>sentisse</u> à l'aise.
10. Elle fut surprise que la fille <u>parlât</u> si bien sa langue.
11. Il était content que nous <u>parlassions</u> la langue.
12. C'étaient les meilleures vacances qu'elle <u>eût passées</u>.

Exercice 24. Textes du 18ᵉ siècle : à discuter en classe

Dans les trois textes suivants :

* soulignez tous les exemples du subjonctif,
* identifiez la forme de chaque verbe au subjonctif (présent, passé, imparfait ou plus-que-parfait) et
* expliquez l'emploi de chaque verbe au subjonctif (selon les contextes présentés plus tôt dans ce chapitre).

i. Claude-Prosper Jolyot de Crébillon, *Les égarements du cœur et de l'esprit,* 1779

Je devrais attendre, sans doute, pour vous rendre un hommage public, que je pusse vous offrir un ouvrage plus digne de vous ; mais je me flatte que vous voudrez bien, dans ce que je fais aujourd'hui, ne regarder que mon zèle. [...]

... vous, mon ami, mon consolateur, mon appui, je ne crains point que vous voyiez rien qui puisse blesser le respect que j'ai pour vous dans les titres que je vous donne et que vous avez si justement acquis. Ce serait même mériter que vous ne les eussiez pas pris avec moi, que de vous en priver. Et si jamais le Public honore mes faibles talents d'un peu d'estime ; si la Postérité, en parlant de vous, peut se souvenir que j'ai existé, je ne devrai cette gloire qu'au soin généreux que vous avez pris de me former, et au désir que j'ai toujours eu que vous pussiez un jour m'avouer avec moins de regret.

ii. Charles Pinot Duclos, *Les confessions du comte de ***, première partie,* 1742

... à votre âge, et avec tous les droits que vous avez de plaire dans le monde, il serait bien difficile qu'il vous fût odieux. Pour moi, je regarde comme un bonheur de m'en être dégoûté, avant que je lui fusse devenu opportun.

iii. Marquis de Sade, *Le président mystifié*, 1787

C'était avec un regret mortel que le marquis d'Olincourt, […] voyait passer Mlle de Téroze, sa belle-sœur, dans les bras d'un des plus épouvantables mortels qui eût encore existé sur la surface du globe. Cette charmante fille, âgée de dix-huit ans, […] aimée depuis quatre ans du jeune comte d'Elbène, […] ne voyait pas non plus arriver sans frémir le fatal instant qui devait, en la réunissant au maussade époux qu'on lui destinait, la séparer pour jamais du seul homme qui fût digne d'elle…

… au fait il n'y avait qu'un homme de robe seul qui pût rendre une fille complètement heureuse.

Exercice 25. Vue d'ensemble

Complétez les paragraphes au passé en faisant très attention aux temps et aux modes des verbes.

1. L'année dernière il a fallu _____ (je + aller) à Washington en voyage d'affaires et j'ai insisté _____ (ma famille + faire) le voyage avec moi pour _____ (les enfants + pouvoir) visiter tous les monuments avec mon mari. Pendant _____ (je + assister) aux réunions, ils ont passé le temps à tout voir dans cette belle ville. À la fin de la journée, ils rentraient toujours à l'hôtel se reposer en attendant _____ (je + revenir) dîner ensemble avec eux. Je suis très contente _____ (ils + pouvoir + profiter) de cette bonne expérience.

2. Il était une fois une grenouille très laide. Un jour, elle rencontra une belle fille et lui dit : « Ah ! que je suis triste ! Il vaut mieux _____

(je + mourir) car il est impossible _____ (on + vouloir)

m'aimer ! » « Ah non ! répondit la belle fille, j'insiste _____

(vous + m'embrasser) ! » La petite créature fut ravie de trouver une

fille si agréable et l'embrassa aussitôt. Mais après une minute, la gre-

nouille remarqua tristement : « Il me semble _____ (vous

+ avoir) l'air mécontent. Je regrette _____ (vous + être)

déçue. » « N'est-il pas naturel _____ (je + être) mécon-

tente ? » répondit la fille. « J'attendais que _____ (vous +

devenir) un beau prince ! »

3. J'ai lu quelque chose d'intéressant dans le journal ce matin. Il pa-

raît _____ (un crime + avoir) lieu dans le voisinage la semaine

dernière. Deux types sont entrés dans une maison près d'ici. Ils ont

tout de suite trouvé quelques bijoux mais pendant _____ (ils +

chercher) d'autres objets de valeur, le propriétaire est rentré à la mai-

son. Quand les cambrioleurs l'ont entendu ils ont eu peur _____

(il + téléphoner) à la police et sont partis par la fenêtre. Heureusement

un agent de police qui faisait sa ronde est passé devant la maison au

moment où _____ (les gars + apparaître) dans la fenêtre. Il

les a arrêtés avant _____ (ils + pouvoir) s'échapper.

4. Vendredi soir Philippe a téléphoné à Lisa. Il voulait _____ (elle +

aller) au bal avec lui samedi soir. Quoique _____ (elle + être)

très contente _____ (son ami + téléphoner), elle a dû dire non

car elle avait déjà dit à Jacques qu'elle irait au bal avec lui. Ayant peur

_____ (Philippe + se fâcher) — il n'aime pas _____ (elle

+ sortir) avec d'autres garçons ! — Lisa lui a dit _____

_____ (il + être + possible + elle + attraper)

un rhume ; elle a expliqué _____

(elle + ne... pas + se sentir) si bien et a ajouté _____

_____ (il + valoir mieux + elle + rester chez elle

et dormir) beaucoup. Il est possible _____ (Philippe +

croire) son histoire, mais je doute _____ (il + être) si naïf.

5. La semaine dernière mon frère Luc a pris une décision importante. Il
voulait demander à sa copine Francine de l'épouser lors d'un dîner romantique. Il cherchait donc un restaurant qui _____ (avoir) une
atmosphère tranquille et romantique. Il fallait aussi _____ (il + servir) des fruits de mer. La dernière fois _____ (ils + dîner) en ville,
elle avait remarqué: « Il n'y a rien qui _____ (être) meilleur que
des moules marinières bien préparées. Je pense _____ (ce + être)
le plat le plus délicieux qui _____ (être). » Après des recherches en
ligne il a trouvé un restaurant qui lui _____ (sembler) parfait.

Pendant le repas Francine fut surprise _____ (son ami
+ ne pas manger) beaucoup — il a normalement un si bon appétit !
Mais avant _____ (elle + pouvoir) le lui dire, il a sorti une
bague de fiançailles de sa poche. Il espérait _____ (elle +
lui + dire) « oui », ce qu'elle a fait sans hésitation.

Exercices écrits : le subjonctif
Exercice 1. Le subjonctif passé

Écrivez cinq phrases qui donnent votre opinion de certains événements
passés. Employez des expressions comme :

Je suis content(e)/triste/fâché(e) (etc.) que...
C'est dommage que...
Il est bon/intéressant (etc.) que...
J'aurais aimé que...

N'oubliez pas que le sujet de la phrase subordonnée doit être différent de celui de la phrase principale, et mettez le deuxième verbe au subjonctif passé.

MODÈLE : *Je suis content(e) que notre équipe ait gagné leur dernier match.*

Exercice 2. Expressions de nécessité : *falloir* et *devoir*

Écrivez deux choses que vous **devez** faire tous les jours, et deux choses que vous **avez dû** faire récemment. Ensuite récrivez ces mêmes phrases en utilisant une expression de nécessité (il faut que, il a fallu que).

MODÈLES : *Je dois me lever tôt = Il faut que je me lève tôt.*

Hier j'ai dû aller en ville = Hier il a fallu que j'aille en ville.

Exercice 3. Expressions de nécessité

Traduisez en français. Il y a souvent plus d'une réponse possible.

1. I'll have to do it myself.
2. We must not answer too quickly.
3. You have to tell me.
4. They must be mistaken.
5. You'll have to finish quickly.
6. You don't have to do that.
7. I have to go now.
8. You have only to ask.

Exercice 4. Expressions impersonnelles : vos opinions

Donnez vos opinions en écrivant trois phrases avec des expressions impersonnelles suivies d'un verbe au subjonctif. Variez le vocabulaire.

MODÈLE : *Il est essentiel qu'on prenne les transports en commun.*

Exercice 5. Verbes de volonté : vos opinions

Donnez vos opinions en écrivant quatre ou cinq phrases avec des verbes de volonté, suivant le modèle. N'oubliez pas qu'il faut que le sujet dans la deuxième phrase soit différent de celui de la première phrase. Écrivez quelques phrases au présent et quelques-unes au passé.

MODÈLE : *J'aimerais que nous regardions des films en classe.*

J'aurais aimé que mes parents n'aient pas divorcé.

Exercice 6. Expressions d'émotion : vos opinions

Donnez vos opinions en écrivant quatre ou cinq phrases avec des expressions d'émotion, suivant le modèle. N'oubliez pas qu'il faut que le sujet dans la deuxième phrase soit différent de celui de la première phrase. Écrivez quelques phrases au présent et quelques-unes au passé.

> MODÈLE : *Je suis content(e) que nous n'ayons pas classe le week-end.*
>
> *Je suis navré(e) que mon candidat n'ait pas gagné aux dernières élections.*

Exercice 7. Expressions de doute

Écrivez une phrase qui commence avec *Je doute que*... N'oubliez pas qu'il faut que le sujet dans la deuxième phrase soit différent de celui de la première phrase et que le deuxième verbe doit être au subjonctif.

Exercice 8. Conjonctions + phrase subordonnée

Complétez les phrases d'une façon logique. Attention à la structure de la phrase et au mode du deuxième verbe.

1. Je suis parti(e) de la fête sans que
2. Nous avons étudié pour que
3. Mes parents viendront me voir avant que
4. Je serai en classe à moins que
5. J'accepte votre invitation à condition que / pourvu que
6. Je me suis tu(e) de peur que / de crainte que
7. Mon copain est resté avec moi bien que / quoique
8. La mère est restée avec le petit jusqu'à ce que
9. Je commencerai mes devoirs dès que
10. Hier soir, j'ai écouté de la musique pendant que
11. Ma mère préfère habiter à la campagne tandis que
12. Mon ami est venu me voir parce que
13. J'ai travaillé toute la nuit puisque

Exercice 9. Subjonctif non-automatique + pronom relatif

Décrivez le copain/la copine idéal(e) en complétant la phrase *Je cherche un copain qui*... Donnez au moins cinq qualités et mettez tous les verbes au subjonctif.

Exercice 10. Révision du subjonctif automatique

Traduisez en français.

1. I want you to understand the situation.
2. He doesn't think you know me.
3. It's time for me to leave.
4. I was sure you'd know the answer.
5. I doubt he understood the question.
6. It seems he has too much free time.
7. I was delighted you came.
8. I was afraid we'd be late.
9. I'm sorry he lost your book.
10. It's best you know the truth.
11. My professor prefers that we speak in French.
12. I don't doubt that we'll have a good time.
13. He's afraid she'll forget their date.
14. We hope you'll come.

Exercice 11. Conjonctions + phrase ou infinitif

Traduisez en français.

1. I'll call you so we can talk.
2. I'll call you so I can find out (*savoir*) the date of the trip.
3. He stopped talking for fear that we'd find him stupid.
4. He stopped talking for fear of appearing stupid.
5. I'll do it unless you ask me not to.
6. I'll do it unless I am too busy.
7. He said nothing even though she asked him to explain himself.
8. He said nothing even though he was very angry.
9. We'll keep working until you're ready to go.
10. We'll keep working until we're done.
11. I'll speak at the meeting provided you translate for me.
12. I'll speak at the meeting provided I have the time.

10 • Le conditionnel

Le conditionnel, comme le subjonctif, l'indicatif et l'impératif, est un mode verbal. Les deux temps du conditionnel sont le présent et le passé. Pour la formation du conditionnel présent et passé, voir l'appendice 10. La discussion dans ce chapitre se limite à l'emploi du conditionnel présent et passé en français.

I. LE CONDITIONNEL NON-HYPOTHÉTIQUE

On voit le conditionnel dans trois contextes non-hypothétiques en français.

A. La Politesse

Avec certains verbes on peut utiliser le conditionnel pour indiquer la politesse. Ceux-ci comprennent les verbes *avoir*, *pouvoir*, *savoir*, *devoir* et *vouloir*. Par exemple :

Je voudrais du thé.

Tu n'aurais pas un stylo à me prêter ?

On entend très souvent la formule de politesse (style soutenu) : *Auriez-vous la gentillesse* / *l'amabilité de… ?*

Auriez-vous la gentillesse de me passer le beurre ?

B. La conjecture

Comme un journaliste, on peut mettre un verbe au conditionnel pour marquer un fait conjectural. Cet emploi du conditionnel, qu'on appelle le style journalistique, se limite au niveau soigné de la langue. Notez l'emploi du conditionnel conjectural dans les exemples suivants.

D'après les résultats préliminaires d'une étude dévoilée par le quotidien britannique *The Guardian*, le volume estival de la banquise arctique <u>aurait fondu</u> de moitié depuis 2004. (*L'Express* n° 3191, août–septembre 2012)

Un oiseau écoutant le chant d'un congénère <u>éprouverait</u> des émotions comparables à celles d'un homme écoutant de la musique. (*Le Point*, 3 janvier 2013)

Le groupe Air France–KLM <u>serait</u> en discussions « avancées » pour prendre, cet été, le contrôle de la compagnie italienne Alitalia, dont il possède déjà 25%. (*Le Figaro* n° 21283, 7 janvier 2013)

Des figures du grand banditisme <u>se seraient lancées</u> dans le recouvrement musclé de dettes chez les nouveaux millionnaires de la fraude à la taxe carbone, la plus juteuse arnaque de ces dernières années. (*VSD* n° 1845, 3–9 janvier 2013)

C. L'avenir dans le passé

Quand on parle de l'avenir dans le passé, on utilise le conditionnel présent à la place du futur, et le conditionnel passé à la place du futur antérieur. On voit ce même emploi du conditionnel en anglais.

Il l'a promis: « Elle finira à l'heure ». → Il a promis qu'elle finirait à l'heure.

Elle sera déjà arrivée, ce qu'il a oublié. → Il a oublié qu'elle serait déjà arrivée.

II. LE CONDITIONNEL DANS DES SITUATIONS HYPOTHÉTIQUES

En français comme en anglais, c'est dans des phrases hypothétiques qu'on voit le plus souvent le verbe au conditionnel, par exemple : *Elle l'aiderait volontairement, s'il le lui demandait.*

La phrase hypothétique se compose de deux parties :

une situation imaginaire (dans une proposition subordonnée commençant par *si*) : *Si j'étais riche [mais hélas, je suis pauvre]...*
et un résultat hypothétique de cette situation (dans la proposition principale) : *...j'achèterais une maison.*

On peut imaginer des situations hypothétiques :

* dans le contexte temporel présent: *si j'étais riche* maintenant
* ou passé: *si j'avais été riche* il y a dix ans.

De même, le résultat imaginaire peut être

* au temps présent: *j'achèterais une maison* maintenant
* ou passé: *j'aurais acheté une maison* il y a dix ans.

C'est le contexte temporel de la supposition hypothétique (qui commence par le mot *si*) qui détermine le temps du verbe au conditionnel (présent ou passé) ainsi que le temps du verbe dans la proposition subordonnée. On voit donc les structures dans l'encadré suivant.

Structure des phrases hypothétiques

Au contexte temporel actuel (= *maintenant*) :
Si + IMPARFAIT, → CONDITIONNEL (présent ou passé)
   Si j'étais riche [maintenant], j'<u>achèterais</u> une maison.
   Si j'étais riche [maintenant], je <u>serais</u> déjà <u>allé</u> en France.

Au contexte temporel passé (par ex., *hier*) :
Si + PLUS-QUE-PARFAIT, → CONDITIONNEL (présent ou passé)
   Si j'avais étudié [hier], j'<u>aurais compris</u> la question [hier].
   Si j'avais étudié [hier], je <u>saurais</u> [maintenant] la réponse.

Dans la proposition hypothétique commencée par *si*, on trouve donc le verbe soit à l'imparfait (contexte temporel présent), soit au plus-que-parfait (contexte temporel passé). Il est important de constater que le verbe dans la proposition hypothétique commencée par *si* n'est <u>jamais au conditionnel</u>.

Note de vocabulaire : le conditionnel passé avec les verbes *devoir* et *pouvoir*

Mémorisez les expressions suivantes :
   Je n'aurais jamais dû suivre ce cours ! *(I never should have...)*
   Elle aurait dû l'épouser. *(She should have...)*
   Nous aurions pu être là. *(We could have...)*

Note linguistique : *au cas où* + conditionnel

On emploie le conditionnel présent et passé après l'expression hypothétique *au cas où* :
   Au cas où vous auriez besoin des documents, vous n'avez qu'à me les demander.
   Ma mère a mis un parapluie dans mon sac au cas où il pleuvrait pendant notre promenade.
   On vous le fera savoir au cas où vous auriez gagné le gros lot.

Variante linguistique : l'imparfait qui remplace le conditionnel

Dans la langue courante, on entend parfois l'imparfait à la place du conditionnel. En employant l'imparfait, on présente la conséquence comme une réalité, ainsi augmentant l'effet dramatique du narratif.

> Une minute de plus, la sauce brûlait. (Si on avait attendu une minute de plus, la sauce aurait brûlé.)
> Un pas de plus, il ratait une marche. (S'il avait pris un pas de plus, il aurait raté une marche.)

Note linguistique : le plus-que-parfait du subjonctif dans les phrases conditionnelles

On voit parfois dans des textes littéraires des verbes au plus-que-parfait du subjonctif dans des phrases hypothétiques au passé. Cette forme peut se trouver dans les deux parties de la phrase, c'est-à-dire pour remplacer le verbe au plus-que-parfait ou le verbe au conditionnel passé.

> Qui l'eût cru ? (Qui l'aurait cru ?) (Cette expression s'emploie couramment dans la presse contemporaine.)
> L'eût-il demandé, elle eût accepté. (S'il avait demandé, elle aurait accepté.)

Exemples du conditionnel présent

i. Si vous gagniez à la loterie, qu'est-ce que vous feriez ?
(Amiens 2000)

- Donc, si je gagnais cinq cents mille francs, il n'y aurait plus de tentations et il y aurait déjà un fax. Il y aurait l'Internet à la maison.

- Ce que je ferais, c'est… une première chose, je m'achèterais un appartement à Paris parce que les appartements sont extrêmement chers.

- Alors qu'est-ce que j'aimerais changer ? Ben, c'est vrai que si je pouvais avoir plus d'argent, ça me permettrait de prendre plus de cours, de faire plus de classes.

ii. Jean-François Bayard et Henri de Saint-Georges, *La fille du régiment*, 1840

Il me faudrait cesser de vivre / S'il me fallait cesser d'aimer.

iii. Yves Duteil, « Les bonheurs perdus », 1977

Si les bonheurs perdus s'envolaient en fumée

Il y aurait des nuages

Il y aurait des nuages

Si les bonheurs perdus s'envolaient en fumée

Il y aurait des nuages en plein cœur de l'été.

Mais si toi, mon amour, tu devais t'en aller

Il me pleuvrait si fort

Que j'en mourrais noyé

Et si notre bonheur s'envolait en fumée

Il y aurait un nuage autour du monde entier.

iv. Tristan Derème, *Patachou, petit garçon*, 1929

— S'il tombait une étoile au fond du jardin, me dit Patachou, elle serait à moi. Tu me la donnerais ?

— Volontiers. Mais qu'en ferais-tu ?

— Je la ramasserais.

— Tu te brûlerais.

— Ah ! Je viderais d'abord sur elle toute la carafe d'eau, et puis je la prendrais entre deux doigts, par l'une de ses cornes.

— Comment !

— Eh oui, comme une étoile de mer.

— Mais alors, mon pauvre Patachou, tu n'aurais dans les mains qu'une étoile éteinte.

… Enfin je lui ai promis que j'attraperais une étoile et que je la poserais sur le coin de son oreiller.

v. Georges Perec, *Les choses, une histoire des années soixante*, 1965

L'œil, d'abord, glisserait sur la moquette grise d'un long corridor, haut et étroit. Les murs seraient des placards de bois clair, dont les ferrures de cuivre luiraient…

[…] Ce serait une salle de séjour, longue de sept mètres environ, large de trois. À gauche, dans une sorte d'alcôve, un gros divan de cuir noir fatigué serait flanqué de deux bibliothèques en merisier pâle où des livres s'entasseraient pêle-mêle.

[…] La première porte ouvrirait sur une chambre au plancher recouvert d'une moquette claire. Un grand lit anglais occuperait tout le fond. À droite, de chaque côté de la fenêtre, deux étagères étroites et hautes contiendraient quelques livres inlassablement repris, des albums, des jeux de cartes, des pots, des colliers, des pacotilles.

[…] La seconde porte découvrirait un bureau. Les murs, de haut en bas, seraient tapissés de livres et de revues, avec, ça et là, pour rompre la succession des reliures et des brochages, quelques gravures, des dessins, des photographies.

vi. Albert Camus, *La mer au plus près*, 1959

Si je devais mourir, entouré de montagnes froides, ignoré du monde, renié par les miens, à bout de forces enfin, la mer, au dernier moment, emplirait ma cellule, viendrait me soutenir au-dessus de moi-même et m'aider à mourir sans haine.

vii. Jean Giono, *Regain*, 1930

Panturle est à la réflexion. C'est un jour clair. On voit bien des choses. Ça arrive net et propre devant les yeux et l'on voit bien les pourquoi et les comment. Il voit l'ordre. Et c'est tout clair qu'il faut vider les ordures de l'autre côté du lilas, et c'est tout clair que si on ne vidait pas les ordures de l'autre côté du lilas mais si on les vidait, par exemple là, ou là à côté du petit cerisier, ça donnerait des mouches, et puis ça sentirait mauvais, et puis ça ne serait plus de l'ordre.

Exemples du conditionnel passé

i. Jean Anouilh, *Antigone*, 1946

[... Antigone] pense qu'elle va mourir, qu'elle est jeune et qu'elle aussi, elle aurait bien aimé vivre. [...]

ANTIGONE :	Si j'avais été une servante en train de faire sa vaisselle, quand j'ai entendu lire l'édit, j'aurais essuyé l'eau grasse de mes bras et je serais sortie avec mon tablier pour aller enterrer mon frère.
CRÉON : (son oncle)	Ce n'est pas vrai. Si tu avais été une servante, tu n'aurais pas douté que tu allais mourir et tu serais restée à pleurer ton frère chez toi. [...]
ANTIGONE :	Ecoute, Hémon.
HÉMON :	Oui.
ANTIGONE :	Je voulais te dire ce matin... Le petit garçon que nous aurions eu tous les deux...
HÉMON :	Oui.

ANTIGONE :	Tu sais, je l'aurais bien défendu contre tout.
HÉMON :	Oui, Antigone.
ANTIGONE :	Oh ! je l'aurais serré si fort qu'il n'aurait jamais eu peur, je te le jure. Ni du soir qui vient, ni de l'angoisse du plein soleil immobile, ni des ombres... Notre petit garçon, Hémon ! Il aurait eu une maman toute petite et mal peignée — mais plus sûre que toutes les vraies mères du monde avec leurs vraies poitrines et leurs grands tabliers. Tu le crois, n'est-ce pas, toi ?
HÉMON :	Oui, mon amour.
ANTIGONE :	Et tu crois aussi, n'est-ce pas, que toi, tu aurais eu une vraie femme ?
HÉMON :	J'ai une vraie femme.

ii. Marguerite Duras, *Un barrage contre le Pacifique*, 1950

Carmen avait en effet des jambes d'une extraordinaire beauté. Et si elle avait eu le visage de ces jambes-là, comme il eût été* souhaitable, il y aurait eu belle lurette qu'on eût assisté* à ce délectable spectacle de la voir installée dans le haut quartier par un directeur de banque ou un riche planteur du Nord, couverte d'or, mais surtout de la gloire du scandale, qu'elle aurait très bien pu supporter, et en restant elle-même. Mais non, Carmen n'avait pour elle que ses jambes, et elle assurerait probablement jusqu'à la fin de ses jours la gérance de l'Hôtel Central.

iii. Geneviève Calbris et Jacques Montredon, *Oh là là*, 1981

— Maintenant, vous êtes épicière. Est-ce que vous êtes bien dans votre métier ?

— Oh oui, très bien.

— Mais quand vous étiez jeune, qu'est-ce que vous vouliez faire ?

— Oh ben si je vous raconte ça! J'aurais voulu étudier d'abord...

* Notez l'emploi du plus-que-parfait du subjonctif à la place du conditionnel.

— Oui…

— Puis, j'aurais voulu avoir mes parents que j'ai perdus toute jeune…

— Ah bon !

— Ce qui m'a beaucoup manqué dans ma vie, voilà. Autrement…

— Mais, euh… vous auriez aimé étudier ?

— Oh oui !

— Oui. Est-ce que vous auriez… ?

— J'aurais aimé la musique… j'aurais aimé un tas de choses que j'ai jamais pu faire : j'ai pas eu la possibilité parce que mes parents étaient pauvres.

— Oui, mais la musique, ça, ça aurait été bien, ça… ?

— Oh, oh oui, j'aurais aimé la musique, oh là là, oh là là, oui !

iv. Simone de Beauvoir, *Tout compte fait*, 1972

Que serait-il arrivé si ma situation familiale avait été autre ? Là-dessus je peux faire plusieurs suppositions… Si ma mère avait été moins indiscrète et moins tyrannique, les limites de son intelligence m'auraient moins gênée ; la rancune n'aurait pas oblitéré l'affection que je lui portais et j'aurais mieux supporté l'éloignement de mon père. Si mon père, sans même intervenir dans ma lutte contre ma mère, avait continué à s'intéresser à moi, cela m'aurait beaucoup aidée. S'il avait franchement pris mon parti, réclamant pour moi certaines libertés qu'elle m'eût alors accordées,* ma vie en aurait été allégée. Si tous deux s'étaient montrés amicaux, j'aurais tout de même

* Notez l'emploi du plus-que-parfait du subjonctif à la place du conditionnel.

été en opposition avec leur manière de vivre et de penser ; j'aurais plus ou moins étouffé à la maison et je me serais sentie seule : mais non pas rejetée, exilée, trahie. Mon destin n'en aurait pas été changé ; mais beaucoup d'inutiles tristesses m'auraient été épargnées.

III. LES PHRASES AVEC *SI* ET *QUAND*

A. Phrases avec *si*

Il existe des phrases commencées par *si* dans lesquelles il ne s'agit pas d'une situation hypothétique. On peut parler d'une **réalité** présente ou passée, d'une **généralité** (**réalité**) qui tient toujours, ou d'une **possibilité** présente, passée ou future. Notez les temps des verbes dans les deux propositions dans les exemples suivants.

Réalité

1. Si je le fais, c'est pour te plaire. (réalité présente)
2. S'il pleut, nous restons toujours à la maison. (généralité)
3. Si je l'ai fait, c'était pour te plaire. (réalité passée)

Possibilité

4. Si tu m'entends, réponds-moi ! (possibilité présente)
5. S'il pleut demain, nous resterons à la maison. (possibilité future)
6. S'il pleut demain, prends ton parapluie. (possibilité future)
7. Si tu as regardé la télé hier soir, tu as vu l'accident. (possibilité passée)

Dans les exemples suivants, comparez les phrases qui expriment (a) une réalité générale, (b) une possibilité future, (c) et (d) des situations hypothétiques :

a. S'il pleut, nous restons toujours à la maison.
   si + *présent,* → *présent*
b. S'il pleut demain, nous resterons à la maison.
   S'il pleut demain, reste à la maison !
   si + *présent,* → *futur ou impératif*
c. S'il pleuvait maintenant, nous resterions à la maison.
   si + *imparfait,* → *conditionnel présent ou passé*

d. S'il avait plu hier, nous serions restés à la maison.

    <u>si</u> + plus-que-parfait, → *conditionnel présent ou passé*

N'oubliez pas qu'on ne met jamais le verbe au conditionnel dans la proposition avec si.

Exemples : chansons à discuter en classe

Dans les chansons suivantes, mettez un cercle autour de tous les *si* et indiquez s'il s'agit d'une hypothèse ou d'une possibilité présente ou future.

i. Édith Piaf, « Hymne à l'amour », 1950

> Le ciel bleu sur nous peut s'effondrer
> Et la terre peut bien s'écrouler
> Peu m'importe, si tu m'aimes
> Je me fous du monde entier
>
> Tant que l'amour inondera mes matins
> Tant que mon corps frémira sous tes mains
> Peu m'importent les problèmes
> Mon amour, puisque tu m'aimes
>
> J'irais jusqu'au bout du monde
> Je me ferais teindre en blonde
> Si tu me le demandais
>
> J'irais décrocher la lune
> J'irais voler la fortune
> Si tu me le demandais
>
> Je renierais ma patrie
> Je renierais mes amis
> Si tu me le demandais
>
> On peut bien rire de moi
> Je ferais n'importe quoi
> Si tu me le demandais

Si un jour la vie t'arrache à moi
Si tu meurs, que tu sois loin de moi
Peu m'importe, si tu m'aimes
Car moi, je mourrai aussi

Que nous aurons pour nous l'éternité
Dans le bleu de toute l'immensité
Dans le ciel, plus de problèmes
Mon amour, crois-tu qu'on s'aime

Dieu réunit ceux qui s'aiment

ii. Maxime Le Forestier, « Mon frère », 1972

Toi le frère que je n'ai jamais eu
Sais-tu si tu avais vécu
Ce que nous aurions fait ensemble
Un an après moi tu serais né
Alors on ne se serait plus quittés
Comme deux amis qui se ressemblent.
On aurait appris l'argot par cœur
J'aurais été ton professeur
À mon école buissonnière.
Sûr qu'un jour on se serait battu
Pour peu qu'alors qu'on ait connu
Ensemble la même première.

Mais tu n'es pas là
À qui la faute ?
Pas à mon père
Pas à ma mère
Tu aurais pu chanter cela.

Toi le frère que je n'ai jamais eu
Si tu savais ce que j'ai bu
De mes chagrins en solitaire
Si tu ne <u>m</u>'avais pas <u>fait faux bon</u> (*let me down*)

Tu aurais fini mes chansons
Je t'aurais appris à en faire
Si la vie s'était comportée mieux
Elle aurait divisé en deux
Les paires de gants, les paires de claques.
Elle aurait sûrement partagé
Les mots d'amour et les pavés
Et puis les coups de matraque.

[*Refrain* (Mais tu n'es pas là…)]

Toi le frère que je n'aurai jamais
Je suis moins seul de t'avoir fait
Pour un instant pour une vie
Je t'ai dérangé, tu me pardonnes
Ici quand tout vous abandonne
On se fabrique une famille.

B. Phrases avec *quand, lorsque, dès que, aussitôt que*

Dans les phrases avec *quand, lorsque, dès que* et *aussitôt que*, les verbes dans les deux propositions (principale et subordonnée) sont toujours au même temps grammatical : au présent, au passé ou au futur. Remarquez toutefois qu'au passé on peut voir le passé composé (passé simple dans les contextes littéraires) ou l'imparfait dans les deux parties de la phrase.

Présent :	Quand il pleut, je reste toujours à la maison.
Futur :	Quand il arrivera, nous parlerons.
Passé :	Quand il est arrivé, nous avons parlé.
	Nous dînions quand il est arrivé.
	Elle habitait en France quand elle a connu son mari.
	Quand elle avait dix ans, elle habitait à Paris.

Notez surtout l'emploi au temps futur dans la phrase subordonnée, qui diffère de celui de l'anglais :

Quand il <u>arrivera</u> (futur), nous parlerons.
When he arrives (présent), *we will speak.*

Exercices oraux : le conditionnel non-hypothétique
Exercice 1. Le conditionnel de politesse

Imaginez que vous et votre partenaire voyagez à Paris et que les phrases suivantes représentent des interactions avec des Parisiens. Changez le ton de ces questions, opinions ou suggestions en mettant le verbe au conditionnel de politesse.

1. Avez-vous l'heure, s'il vous plaît ?
2. Pouvez-vous me dire où se trouve la gare ?
3. Savez-vous à quelle heure commence le concert ?
4. Y a-t-il de la place pour moi ?
5. Est-il possible de partir maintenant ?
6. À mon avis, tout le monde doit prendre le métro.
7. Nous voulons votre opinion.
8. Je veux une tasse de café, s'il vous plaît.

Exercice 2. Le futur dans le passé

Posez ces questions à votre partenaire, qui répondra avec un verbe au conditionnel.

> MODÈLE : *Il neigera ce week-end ? Oui, j'ai entendu qu'il _____ samedi.*

1. Ton frère oubliera notre rendez-vous ? Non, il a promis qu'il ne l'_____ pas.
2. Le train ne passera plus par ici ? Oui, on a annoncé qu'il ne _____ plus.
3. Tu seras déjà arrivé(e) ? C'est la deuxième fois que tu me demandes si je _____ !
4. Le spectacle commencera à l'heure ? Oui, on m'a assuré qu'il _____ à l'heure.
5. Tu me donneras ta réponse demain ? Oui, j'ai déjà dit que je te la _____ demain.
6. Il n'a pas le temps de venir me voir ? Oui, il s'est rendu compte qu'il ne l'_____ pas.

Exercices oraux : le conditionnel présent (situations hypothétiques)

Exercice 3. Un rêve : à discuter en classe

Dans le paragraphe suivant, mettez les verbes au temps convenable (imparfait ou conditionnel).

Un jeune homme rêve : « Si je _____ (pouvoir) réaliser mon rêve, je _____ (créer) une communauté où chaque individu _____ (travailler) dans sa spécialité et _____ (produire) quelque chose pour l'usage de tous. Il y _____ (avoir) des gens qui _____ (cultiver) la terre, d'autres qui _____ (fabriquer) des vêtements, des chaussures, des objets d'art et encore d'autres qui _____ (aller) vendre les produits de la communauté en ville. Ils y _____ (acheter) tout ce qu'on ne _____ (pouvoir) pas fabriquer. Nos besoins _____ (être) simples et nous _____ (se contenter) de peu. »

Exercice 4. Une histoire hypothétique

Dans des petits groupes, écrivez une chaîne d'événements hypothétiques qui suivent la phrase donnée. Écrivez toujours des phrases complexes avec une proposition subordonnée et une phrase principale. Attention ! Mettez toujours le verbe après *si* à l'imparfait et le verbe dans la phrase principale au conditionnel présent.

MODÈLE: *Si j'étais riche...*

> *Si j'étais riche, j'achèterais un bateau.* → *Si j'achetais un bateau, je voyagerais beaucoup.* → *Si je voyageais beaucoup, je visiterais la Martinique... etc.*

Si c'était aujourd'hui samedi...

Exercice 5. Imaginez

Dans des petits groupes, discutez d'un des sujets suivants en dressant une liste de phrases avec le verbe au conditionnel présent qui décrit la vie de tous les jours (activités, nourriture, transports, vêtements, etc.).

1. Si c'était l'époque préhistorique...
2. Si c'était l'an 44 avant notre ère et nous habitions à Rome...
3. Si c'était l'an 2500...
4. Si nous habitions sur la lune...

Exercices oraux : conditionnel passé (situations hypothétiques)
Exercice 6. Imaginez

Parlez avec votre partenaire de ce que vous auriez fait ou ce qui se serait passé dans les situations suivantes.

MODÈLE : *manquer le bus ce matin*

> *Qu'est-ce que tu aurais fait si tu avais manqué le bus ce matin ?*
> *J'aurais dû attendre le prochain bus et je serais arrivé(e) en retard pour notre classe.*

1. te réveiller ce matin avec un mal de tête épouvantable
2. perdre ton portefeuille hier
3. tomber et déchirer ton pantalon avant de venir en classe ce matin
4. oublier d'enlever tes pantoufles avant de quitter la maison ce matin
5. verser un verre de vin sur la robe d'une amie hier soir
6. avoir une crevaison en pleine circulation ce matin
7. tomber malade la veille des dernières vacances

Exercice 7. Des regrets ?

Parlez avec un ou deux autres de ce que vous auriez dû ou n'auriez jamais dû faire dans votre vie passée.

Exercice 8. La vie en France

Avec un partenaire imaginez votre vie passée et présente si vous aviez grandi en France. Employez le passé et le présent du conditionnel.

Exercice 9. Mon enfance

Avec un partenaire, parlez d'une ou deux choses qui aurait pu être différentes dans votre enfance et imaginez les conséquences si la situation avait été différente. Suivez le modèle de l'interview avec l'épicière : *Si mes parents n'avaient pas été pauvres, j'aurais pu étudier la musique.*

Exercices oraux : phrases avec *si*
Exercice 10. *Si* + la réalité

Suivant le modèle, avec un partenaire, expliquez les raisons pour les situations données.

> MODÈLE : *Ton père t'a donné une voiture ! (Il m'aime.)*
>
> *Oui, mais s'il m'en a donné une, c'est parce qu'il m'aime.*

1. Tu ne m'as pas offert de café. (Je ne bois pas de café.)
2. Tu n'as pas préparé le dîner. (Je n'ai pas eu le temps d'aller au marché.)
3. Comme enfant, je recevais toujours de bonnes notes. (Tu étudiais beaucoup.)
4. Tu arrives toujours en classe à l'heure. (Je me lève de bonne heure.)
5. J'ai réussi le dernier examen. (Tu as beaucoup étudié.)
6. Nous ne nous sommes pas parlé depuis longtemps. (Nous sommes très occupé[e]s.)

Exercice 11. *Si* + possibilité future

Demandez à votre partenaire ce qu'il/elle fera dans les situations suivantes.

> MODÈLE : *oublier d'apporter les devoirs à la prochaine classe*
>
> *Qu'est-ce que tu feras si tu oublies d'apporter les devoirs à la prochaine classe ?*
>
> *Je les enverrai au prof par mél après la classe.*

1. être malade le jour de l'examen final
2. ne pas comprendre la prochaine leçon

3. oublier le prochain anniversaire de ton/ta meilleur(e) ami(e)
4. oublier de mettre le réveille-matin ce soir
5. te trouver avec une petite fortune dans cinq ans

Exercice 12. *Si* + situation hypothétique présente

Avec un partenaire, nommez deux ou trois réalités dans votre vie actuelle (ou dans le monde actuel) et puis imaginez une situation différente.

MODÈLE : *Je suis mariée. Si je n'étais pas mariée, j'habiterais avec des ami(e)s.*

Exercice 13. *Si* + situation hypothétique passée

Avec un partenaire, nommez trois événements du week-end dernier et imaginez ensuite les conséquences si ces événements ne s'étaient pas passés.

MODÈLE : *Notre équipe a gagné leur match. S'ils n'avaient pas gagné, j'aurais été triste.*

Exercice 14. *Si* + possibilité future

Avec un partenaire, nommez deux ou trois événements possibles à l'avenir et la/les condition(s) qu'il faudra pour que ces événements se réalisent.

MODÈLE : *J'aurai un A dans cette classe si je travaille beaucoup.*

Exercice 15. *Quand* + futur

Avec un partenaire, parlez de ce que vous ferez dans les circonstances suivantes. Répétez toujours la proposition avec *quand / aussitôt que / dès que.*

Quand j'aurai mon diplôme...
Aussitôt que je rentrerai à la maison ce soir...
Quand je me lèverai demain matin...
Quand le semestre se terminera...
Dès que la classe se terminera...

Exercices oraux : révision

Exercice 16. Phrases avec *si* : à discuter en classe

Complétez avec la forme correcte du verbe.

1. Si j'étais plus riche, je _____ (voir) plus de pièces de théâtre.
2. Si on joue une pièce de Molière à la Comédie-Française ce week-end, j'_____ (aller) la voir. Si je vais la voir, je _____ (devoir) acheter mes billets en avance.
3. En général, au théâtre, si la queue est trop longue, je _____ (partir).
4. Si j'allais à une première, je _____ (mettre) une robe de soirée. Et tout le monde m'admirait si je _____ (porter) une robe élégante.
5. Si j'avais su que vous étiez en ville, je vous _____ (inviter) à m'accompagner.

Exercice 17. Phrases avec *si*

Discutez de ces questions avec votre partenaire selon le modèle. Attention à la forme du verbe dans la première partie de la phrase (futur simple, conditionnel présent ou conditionnel passé) et dans la phrase avec *si* (présent, imparfait, plus-que-parfait).

MODÈLE : *ne pas avoir de devoirs ce soir*

Qu'est-ce que tu <u>feras</u> si tu n'<u>as</u> pas de devoirs ce soir ?

Je <u>sortirai</u> en ville.

1. avoir un peu de temps libre ce week-end ?
2. tes amis t'inviter à dîner ce soir ?
3. tes parents t'offrir un voyage en France ?
4. être perdu(e) dans la forêt ?
5. ton réveille-matin ne pas sonner ce matin ?
6. ton chien manger tes devoirs hier soir ?

Exercice 18. Situations hypothétiques

Discutez avec votre partenaire de ce qui arriverait ou ce qui serait arrivé dans des circonstances contraires. Attention à la logique et à la forme des verbes.

MODÈLES :

> Tu es malade, alors tu vas chez le médecin, n'est-ce pas?
> Oui, mais si je n'étais pas malade, je n'y irais pas !
>
> Tu as mis ton réveil hier soir, alors tu n'as pas raté l'examen ce matin.
> Oui, mais si je n'avais pas mis mon réveil, je l'aurais raté !

1. Tu n'as pas bien dormi hier, alors tu es fatigué(e) maintenant, n'est-ce pas ?
2. Tu es rentré(e) chez toi hier soir parce que tu avais froid ?
3. Tu es content(e) parce que ton équipe a gagné le match hier ?
4. Hier soir, tu as oublié tes clés, alors tu n'as pas pu entrer chez toi ?
5. Tu n'as pas faim maintenant parce que tu as déjà mangé ?
6. Le prof est toujours à l'heure, alors nous nous inquiétons de son absence aujourd'hui !
7. Tu as expliqué ton problème, alors je t'aiderai à trouver une solution.
8. Tu n'as pas répondu au prof parce que tu as peur de lui ?

Exercice 19. *Si/Quand*

Avec un partenaire, traduisez les phrases en français, puis complétez-les de façon logique.

1. When I get to class tomorrow,
2. If I arrive late to class tomorrow,
3. If I had known the answer,
4. If I knew the answer,
5. When I find out the answer,
6. I could have answered if
7. I'd be rich if
8. I would have called you last night if
9. If I want to talk to you,
10. If I wanted to talk to you,
11. If I had wanted to ask a question,
12. I would call you if

Exercices écrits
Exercice 1. Phrases originales

Suivant le modèle, écrivez quatre phrases originales avec un verbe au conditionnel passé. Parlez des événements dans la vie d'une personne célèbre ou des événements historiques.

MODÈLE : *Si Napoléon avait gagné à Waterloo, la Louisiane n'aurait pas été vendue.*

Exercice 2. Complétez les phrases

Complétez les phrases en faisant très attention aux verbes.

1. Si j'étais né(e) en France,
2. Si je n'avais pas lu la leçon,
3. Si j'étais resté(e) à la maison ce matin,
4. J'aurais été une star à Hollywood si
5. Je serais allé(e) au cinéma le week-end dernier si

Exercice 3. Composition

Suivant le modèle de Tristan Derème (pages 292–293) posez une hypothèse et tirez-en les conclusions possibles.

Exercice 4. Composition

À la manière de Georges Perec (page 293), décrivez l'appartement ou la maison de vos rêves. Mettez les verbes au conditionnel présent.

Exercice 5. Composition

Suivant le modèle de Simone de Beauvoir (pages 296–297), imaginez comment votre vie aurait pu être différente.

Exercice 6

Complétez logiquement les phrases en faisant très attention aux verbes.

1. S'il neige demain,
2. Si j'avais le temps,
3. Si tu m'aimais,
4. Je te rendrai ton livre aussitôt que
5. Je mangerais si
6. J'aurai mon diplôme en mai si
7. Je te téléphonerai quand
8. Quand j'avais dix ans
9. Je serais venu(e) te voir si
10. J'aurais compris la leçon si
11. Je commencerai mes devoirs dès que

11 • La voix passive

Comme nous l'avons déjà constaté, le verbe français, comme le verbe anglais, a quatre modes (l'indicatif, l'impératif, le conditionnel et le subjonctif). Il a aussi trois temps : le présent, le passé et le futur. Dans ce chapitre nous étudierons les deux **voix** du verbe français : la voix active et la voix passive. Les voix indiquent la relation entre le verbe et son « vrai » sujet (l'agent du verbe) d'une part et son « vrai » objet direct d'autre part.

I. STRUCTURE DES PHRASES ACTIVE ET PASSIVE

Dans une phrase active, le sujet grammatical du verbe est aussi l'agent de l'action de ce verbe ; autrement dit, le sujet du verbe actif fait son action. Dans une phrase passive, le sujet grammatical est en réalité l'objet direct (OD) de l'action du verbe ; l'agent de l'action (s'il est exprimé) suit le verbe comme objet d'une préposition. Étudiez les exemples suivants de phrases actives et passives :

Phrase active : agent + verbe actif (+ objet facultatif)

Pierre danse.

Pierre ferme la porte.

> (C'est Pierre — l'agent — qui fait les actions exprimées par le verbe.)

Phrase passive : OD de l'action + verbe passif
(+ *par/de* + agent facultatif)

La porte a été fermée.

> (Un agent non-identifié a fermé la porte [OD de l'action].)

La porte a été fermée par Pierre.

> (C'est Pierre [l'agent de l'action] qui a fermé la porte.)

Note linguistique : l'agent du verbe passif — *par* ou *de* ?

Si l'agent du verbe passif est exprimé, cet agent s'introduit par les prépositions *par* ou *de*. On utilise *par* plutôt pour les actions et *de* pour les états. Il s'ensuit que, pour les temps du passé, si le verbe est au passé composé (actions), on entend le plus souvent la préposition *par*, et si le verbe est à l'imparfait (situations), on entend le plus souvent la préposition *de*.

La ville était entourée de collines. (un état)

Il a été soudain entouré par une foule bruyante. (une action)

Pour former une phrase passive, il faut que le verbe soit transitif (qu'il soit capable de prendre un objet direct) et qu'il exprime son objet direct (dans ce cas comme le sujet grammatical de la phrase).

Phrase active	**Phrase passive correspondante**
a. Il part.	(impossible)
b. Il mange.	(impossible)
c. Pierre ferme la porte. →	La porte est fermée par Pierre.

Le verbe *partir* (a) est intransitif (c'est-à-dire, il n'a jamais d'objet direct) ; il ne peut jamais y avoir une phrase passive avec *partir* comme verbe. Quoique transitif, le verbe *manger* (b) dans cette phrase n'a pas d'objet direct, donc une phrase passive est impossible. Le verbe *fermer* (c) est transitif et son objet direct est exprimé. Cet objet direct devient le sujet de la phrase passive.

Si l'objet du verbe actif est **indirect**, cet objet ne peut pas être le sujet de la phrase passive en français. Ce n'est pas le cas en anglais, où soit l'objet direct (OD) soit l'objet indirect (OI) de la phrase active peut servir de sujet de la phrase passive correspondante.

Actif :	*Someone gave us* (OI) *an answer* (OD).
Passif :	*An answer was given to us.*
	We were given an answer.

En français la seule phrase passive possible est celle où le sujet de cette phrase représente l'objet <u>direct</u> de la phrase active : <u>Une réponse</u> *nous a été donnée*. Pour exprimer le sens passif dans une telle phrase, on entend aussi une phrase active avec le sujet *on* : *On nous a donné une réponse*. Nous parlerons de cette structure plus tard dans ce chapitre.

Il est important de noter que la phrase passive n'est pas l'équivalent exact de sa phrase active correspondante ; c'est-à-dire, les deux ne sont pas en variation libre. La fonction du passif est de dévaluer le rôle de l'agent et à sa place de mettre en relief l'objet direct du verbe. En fait, l'agent est souvent absent de la phrase passive (par. ex., *La porte avait été fermée*). Pour souligner l'importance d'un mot ou d'une idée en français, on le met en tête de la phrase ; on annonce ainsi le thème du discours. Les phrases (a) et (b) suivantes ne sont donc pas synonymes, le sujet de la phrase annonçant ce qui importe le plus (*le sénateur* dans la phrase passive, *ses constituants* dans la phrase active).

a. Le sénateur a été réélu par ses constituants.
b. Ses constituants ont réélu le sénateur.

II. LA FORME PASSIVE DU VERBE

La forme passive du verbe en français consiste de deux éléments : **le verbe *être* (conjugué) + le participe passé**.

On trouve la voix passive (comme la voix active) à tous les modes (indicatif, impératif, subjonctif, conditionnel) et à tous les temps (présent, passé, futur). Dans les exemples suivants, remarquez l'accord du participe passé avec le sujet dans la phrase passive.

Présent :	La femme est invitée.
Imparfait :	La femme était invitée.
Passé composé :	La femme a été invitée.
Plus-que-parfait :	La femme avait été invitée.
Futur simple :	La femme sera invitée.
Futur proche :	La femme va être invitée.
Subjonctif présent :	Je veux que la femme soit invitée.
Conditionnel présent :	Elle a dit que la femme serait invitée.

Il est important de ne pas confondre

a. le verbe intransitif et actif conjugué avec *être* au passé composé : *Il est parti.*
b. le verbe transitif et passif conjugué au présent : *Il est admiré de tout le monde.*
c. le participe passé employé comme adjectif après le verbe *être* : *Il est fatigué.*

Dans une phrase passive qui n'indique pas l'agent du verbe et dont le verbe est au **présent,** à l'**imparfait** ou au **futur simple** de l'indicatif, on peut souvent interpréter le participe passé comme un simple adjectif attribut :

La porte est fermée.
La sortie était barrée.
La fenêtre sera ouverte.

Par contre, si ce même verbe est au passé composé (ou au passé simple), il s'agit d'un vrai passif, qui décrit une action et évoque un agent (même si ce dernier n'est pas nommé) :

La porte a été fermée.
La sortie fut barrée.

Note linguistique : phrases qui n'ont pas de forme passive

Tous les verbes qui prennent l'objet direct ne peuvent pas s'exprimer à la forme passive.

Plusieurs facteurs influencent cette décision mais en général, pour que la phrase passive soit possible, il faut que l'objet direct de la phrase active soit le vrai récipient de l'action du verbe. Voici les cas où le passif est impossible :

Avec le verbe *avoir* (et synonymes) :
Pierre a une maison. (*Une maison est eue par Pierre.)
Elle possède une fortune.
Le sofa mesure deux mètres.
La salle accepte/contient/admet cent personnes.
Le tome comprend dix chapitres.

Avec le verbe *sentir* (olfactif) :
La pièce sent les fleurs. *(The rooms smells like flowers.)*

Dans les expressions où l'objet direct fait parti du verbe :
Il a cassé la croûte.
Elle fait mauvaise mine.
Il doit prendre courage.
Il fait preuve de courage.

Avec les parties du corps :
Elle a baissé les yeux, hoché la tête, ouvert la bouche, *etc.*

Dans les expressions avec effacement d'une préposition (donc ce n'est pas un vrai objet direct) :
Ils ont voté (pour les) Démocrate(s).
Il travaille (pendant) la nuit.
Le film a duré (pendant) une heure.

Note linguistique : la structure passive et le style

Quoiqu'il existe une forme passive du verbe français qui ressemble à celle de l'anglais, on utilise cette structure beaucoup

(à suivre)

moins souvent en français qu'en anglais ; son emploi en français est en effet assez rare. Dans la langue parlée, on trouve la structure passive en français le plus souvent quand :

- le sujet de la phrase passive est animé
- ce sujet est singulier
- l'agent est indéterminé (ce qui arrive surtout à l'oral mais aussi à l'écrit)

Ainsi, des phrases telles que (a) et (b) ci-dessous semblent bizarres aux francophones, tandis que (c) et (d) sonnent mieux à l'oreille (exemples pris de Le Goffic 1983, 56, 59) :

    a. *Les routes de France seront parcourues par les voyageurs.
    b. *La France sera parcourue par nos amis.
    c. Le nouvel ambassadeur a été reçu à l'Élysée.
    d. M[onsieur] X a été élu.

Dans la langue écrite, cependant, on voit plus souvent la structure passive, surtout dans des phrases complexes, où un substantif sert d'antécédent à plusieurs phrases subordonnées :

    De nombreux villages, [qui sont] situés sur les grands axes de communication, sont traversés par la route et semblent littéralement coupés en deux… (Le Goffic 1983, 63)

    M[onsieur] X a été arrêté, appréhendé…, gardé, détenu…, écroué…, interrogé…, accusé…, relaxé…, condamné…, etc. (Le Goffic 1983, 61)

Exemples de la langue parlée (Amiens 2000 ; voir aussi l'appendice 22)

i. Des professeurs parlent…

de la langue française :

Le français est une langue qui <u>est appréciée</u> par beaucoup de personnes et beaucoup de pays — comme une langue de culture, quelque chose qu'on doit savoir pour faire partie du monde.

de l'enseignement du français à l'étranger :

[En Égypte] la langue française <u>est considérée</u> comme deuxième, troisième langue.

de l'alcool :

Les Français <u>sont éduqués</u> différemment — le vin fait partie de la nourriture, donc boire n'a absolument rien d'extraordinaire.

des réformes proposées dans le système d'éducation nationale :

[Le ministre de l'Éducation nationale] a proposé des réformes… qui <u>n'ont pas été acceptées</u> par tout le monde…

de la vie de couple en France :

En général en France… c'est vrai que les couples sont… comment dire… plus libres, chacun a beaucoup d'activités, aussi bien les activités culturelles et sportives que recevoir ou aller rendre visite à des amis, donc quand le couple travaille, il faut que les tâches <u>soit partagées</u> et que le mari ait aussi sa part de responsabilité au sein d'une famille.

de l'enseignement de la cuisine :

Eh bien, on enseigne avant tout en cuisine, bon la cuisine c'est… c'est 95% de pratique et 5% de théorie. Mais il faut que ces 5% de théorie <u>soient bien comprises</u> pour que la pratique […] <u>soit bien réalisée</u>.

[…] les élèves […] mettent en application ce qu'ils ont appris précédemment pour faire fonctionner un restaurant qu'on appelle un « restaurant d'application », où des clients vont être… on va leur servir la cuisine qui <u>a été réalisée</u> par ces élèves, <u>servie</u> également par des élèves du lycée.

des avantages de connaître deux cultures :

Je suis donc d'origine algérienne, je suis né en Algérie et je crois qu'il est important de rappeler le lien entre la France et l'Algérie.

C'est une ancienne colonie française, donc je suis né dans ce pays qui <u>était anciennement colonisé</u>. Je suis allé à l'école française dès la maternelle et donc <u>j'ai été un peu élevé</u> à l'école française, alors j'ai donc cet avantage <u>d'être imprimé</u> des deux cultures, donc la culture algérienne — qui dit culture algérienne, c'est-à-dire arabe ou berbère, d'accord ? — et la culture française, qui est occidentale. Voilà qu'il y a une symbiose entre les deux. Alors, voilà.

du métier de professeur :

Mon temps <u>est pris</u> au lycée. [...] Je crains de <u>ne pas être compris</u> [par les élèves].

ii. Un étudiant parle de ses professeurs :

Je pense qu'y a de gros progrès — pour employer des euphémismes — y a de gros progrès qui <u>pourraient être faits</u> en matière de pédagogie dans les universités françaises. Et je n'en dirais pas d'avantage.

iii. Une femme à la retraite parle de sa vie :

Je n'ai jamais exercé de métier payant. <u>Je n'ai jamais été payée</u> par personne... [Mon ranch] <u>n'a pas pu être racheté</u> par des particuliers, il était trop grand et trop cher ; <u>il a été racheté</u> par une banque.

Exemple de la littérature

Jean Giono, *Le moulin de Pologne*, 1952

Je lui répondis qu'en effet cette dévolution <u>avait été fixée</u> par des magistrats parisiens...

Exemple de la presse

Interview avec Luc Chatel, ancien ministre de l'Éducation

(*L'Express*, 29 août–4 septembre 2012)

Le mot libéral <u>a-t-il été prononcé</u> une seule fois au cours de la dernière campagne présidentielle ?

III. COMMENT ÉVITER LA FORME PASSIVE

Comme nous l'avons déjà constaté (dans la deuxième note linguistique de la section II), on voit la forme passive en français beaucoup moins souvent que sa forme équivalente en anglais. Ceci ne veut pas dire, cependant, qu'on nie l'idée de la passivité dans le verbe français. C'est qu'on préfère l'exprimer par d'autres structures, parmi lesquelles les structures B–D ci-dessous.

A. Agent + verbe actif : par ex., *Pierre a fermé la porte.*

Cette phrase n'a en effet aucune connotation passive. Elle est active et souligne l'agent du verbe. Si cet agent n'est pas connu ou n'est pas important, il faut choisir une structure qui transmet l'idée de passivité.

B. *On* + verbe actif : par ex., *On a fermé la porte.*

Pour utiliser cette structure, il faut

- que l'agent ne soit pas connu ou ne soit pas important, et
- que cet agent soit animé, c'est-à-dire, une (ou plusieurs) personne(s).

C. Un verbe pronominal (actif) : par ex., *Le vin se boit avec le fromage.*

Pour utiliser cette structure, il faut

- que le sujet grammatical soit inanimé, et
- que l'agent soit humain mais pas spécifique.

On voit souvent cette structure avec des verbes tels que :

dire	prononcer
voir	acheter
boire	perdre
manger	traduire
écrire	expliquer
lire	passer
pouvoir	employer
comprendre	trouver
faire	suivre
vendre	parler

Puisque l'agent est humain mais pas spécifique, les phrases avec le passif pronominal peuvent se dire aussi avec le sujet *on* (tous les deux avec le sens passif) : *Le vin se boit avec le fromage* → *On boit le vin avec le fromage*. Ces deux phrases ne sont pas, cependant, complètement synonymes. La structure pronominale s'emploie plutôt pour des actions habituelles et connues, tandis qu'on utilise le pronom *on* quand la situation est moins connue. Par exemple, pour un Français il est évident que *le vin se boit avec le fromage*, mais pour un étudiant de français on apprend qu'*en France, on boit le vin avec le fromage*.

On voit la structure pronominale le plus souvent dans le présent, l'imparfait et le futur et dans des phrases qui parlent des « vérités » générales :

La salade se mange après le plat principal.
La langue arabe s'écrit de droite à gauche.
La peau de la tomate s'enlève à l'eau bouillante.
La grammaire s'apprend en étudiant.
Ça se dit.
Ça ne se fait pas.
Ça se voit facilement.
Ça se peut.

Note linguistique : d'autres détails sur le passif pronominal

Le sujet de ce genre de phrase peut être humain s'il transmet le sens générique : *Les ouvriers se payent à la semaine* (Lamiroy 1993, 65).

La différence entre le passif périphrastique (*La porte a été fermée*) et le passif pronominal (*Le vin se boit avec le fromage*) est parfois une différence d'aspect. La périphrase indique plutôt une valeur stative (un état) tandis que la structure pronominale donne une valeur de processus (Desclés et Guentchéva 1993, 89–90, les deux premiers exemples ci-dessous) ou une valeur inaccomplie, c'est-à-dire, qui ne souligne pas la fin de l'action ou son état accompli (Lamiroy 1993, 65–66, les deux derniers exemples ci-dessous).

> Toutes les feuilles du jardin ont été ramassées (par les enfants). (état)
> Les feuilles se ramassent avec une pelle. (processus)
>
> Le pire s'est évité. (état)
> Tous les problèmes ont été clarifiés. (état)
>
> Cela se raconte partout. (valeur inaccomplie)
> Ces choses se savent depuis longtemps. (valeur inaccomplie)

D. Le *faire* causatif avec un pronom réfléchi : par ex., *Elle s'est fait gronder.*

Avec cette structure, il faut

- que le sujet grammatical soit animé, et
- que le sujet grammatical ne soit pas l'agent du verbe.

Dans cette structure, on comprend un élément, quoique petit ou même inconscient, de participation du sujet grammatical (*elle* ici) à l'action, bien que le sujet soit en réalité l'objet direct de l'action du verbe (c'est quelqu'un d'autre qui a grondé cette personne). On voit une structure similaire dans l'expression en anglais *to get oneself* + participe passé : *She got herself killed* (Elle s'est fait tuer). Cette structure s'emploie beaucoup plus souvent en français qu'en anglais, par exemple avec des verbes comme *punir, gronder, écouter, battre, applaudir, élire, obéir* et *arrêter*.

Notez que le verbe *laisser* avec le pronom réfléchi donne aussi un sens passif : *Jean s'est laissé convaincre par son professeur* (Desclés et Guentchéva 1993, 79).

On voit également le *faire* causatif sans le pronom réfléchi pour exprimer l'idée de la passivité : *Le ministre a fait rédiger son discours par un spécialiste* (Gaatone 1993).

Exemples de la langue écrite
i. Jean Giono, *Regain,* 1930

Le clocher de Vachères est tout bleu [...]. Ça n'est pas si vilain et puis ça se voit de loin.

ii. « L'exotique aubergine » (*Le Point,* n° 2076, 28 juin 2012)

Origine d'Asie méridionale, née au soleil, elle se cultive annuellement pour son fruit cuisiné en légume. [...] Elle se cuisine en moussaka farcie d'un hachis d'agneau chez les Grecs. [...] Fruitée, douce, juteuse, joliment rustique, en ratatouille, devenant raffinée en se mariant à la truffe [...], elle fait le plus exotique des légumes provençaux.

Exemples de la langue parlée (Amiens 2000)
i. À la maison de retraite

Quand le personnel part en congé, il faut que le travail se fasse quand même.

ii. Un étudiant raconte l'histoire d'un vol dont il a entendu parler

…[ils ont eu] l'idée de monter un plan pour voler des batteries de voitures qui étaient déjà usagées… donc ils comptaient voler… 200 batteries qui pesaient chacune aux alentours de 15 kilos, sachant que 1 kilo de batterie de voiture <u>se revend</u> à 35 centimes. Le bénéfice de l'opération, qui devait pouvoir <u>s'évaluer</u> aux alentours de 700 francs… pour quand même un risque qui est énorme, et y compris un risque physique puisque ils <u>se sont fait poursuivre</u> par des gens qui avaient des bâtons de fer et se sont retrouvés dans une rivière… <u>en étant poursuivi</u>, et donc à partir de ce moment-là, la gendarmerie est arrivée. Ils <u>se sont fait arrêter</u> et ils <u>vont quand même être condamnés</u> [*voix passive*] à deux mois ferme.

Exercices oraux : la forme passive
Exercice 1. Voix active ou passive ?

En travaillant avec un partenaire, indiquez si le verbe est à la voix active ou passive.

1. Nous étions suivis.
2. Nous étions partis avant leur arrivée.
3. Il sera vendu.
4. Elle est née en 1994.
5. Ils sont accueillis chaleureusement.
6. Elle est servie.
7. Elles sont aimées.
8. Tu as été applaudi.
9. Ils sont arrivés à 8 heures.
10. Vous êtes invités.
11. Vous êtes restés trop longtemps.

Exercice 2. *Par* ou *de* ?

Avec un partenaire, complétez par *de* ou *par*. Justifiez vos réponses.

1. Le pauvre monsieur a été écrasé _____ un camion.
2. Nous sommes écrasés _____ responsabilités.
3. Le jeune homme qui s'est suicidé se croyait abandonné _____ ses amis.
4. Le pauvre chien a été abandonné _____ son maître.
5. Le petit a été effrayée _____ un bruit étrange.
6. Je suis effrayé _____ la possibilité d'un désastre.
7. Le président sera accompagné _____ trois journalistes.
8. Toute la journée il a été suivi _____ un homme mystérieux.
9. La table a été renversée _____ un coup de vent.
10. La maison était enveloppée _____ brouillard.
11. La maison a vite été entourée _____ des animaux affamés.
12. Mais je suis entourée _____ imbéciles !
13. Il a été encouragé _____ ses nombreux amis.
14. Elle est encouragée _____ les résultats.
15. Cette femme est adorée _____ tout le monde.
16. Elle se sent soulagée _____ les mots du médecin.

Exercice 3. La voix passive au passé composé

Dans des petits groupes, faites une liste de nouvelles récentes (ou simplement passées) en utilisant la voix passive.

MODÈLE : *François Hollande a été élu président en 2012.*

Exercice 4. À discuter en classe

Mettez les phrases à la forme passive.

1. Les Français ont construit la Statue de la Liberté.
2. Il a promis que sa femme paierait sa dette.
3. Tout le monde admire son courage.
4. Les eaux ont inondé la vallée.
5. Il est important que les politiciens trouvent une solution à ce problème.

6. J'aurais préféré que l'enfant ouvre le paquet.

7. La police a arrêté le criminel.

Exercice 5. À discuter en classe

Mettez les phrases à la forme active.

1. Le radium a été découvert par Madame Curie.
2. L'horaire sera fixé par le patron.
3. La chambre est éclairée par le soleil.
4. Ce vin est produit dans cette vallée.
5. Il était connu même par tout le monde.
6. Les candidats seront évalués par le chef du département.
7. L'immeuble a été abîmé par l'incendie.

Exercice 6. Voix active ou passive ?

Votre partenaire va vous lire une phrase. Déterminez s'il s'agit de la voix active ou passive. Donnez ensuite son équivalent dans l'autre voix (active ou passive, selon le cas).

MODÈLE : *Cette belle peinture a été faite par un artiste français.*

C'est la voix passive.

L'équivalent actif serait : Un artiste français a fait cette belle peinture.

1. L'équipe de foot de Bordeaux a gagné le dernier match.
2. La préparation des examens est faite par le professeur.
3. Les élections présidentielles ont été suivies par de nombreux électeurs.
4. Le tremblement de terre a détruit presque toute la ville.
5. L'entreprise est menée par un groupe d'hommes d'affaires sérieux.
6. Un metteur en scène français a tourné ce film.
7. Ma robe de fiançailles a été faite par ma mère.

Exercice 7. Phrases actives et passives

Travaillant avec un partenaire, faites des phrases actives et passives en utilisant tous les éléments donnés. Faites attention au temps du verbe.

MODÈLE : *Marie + envoyer + la lettre + hier soir.*

Actif :   *Marie a envoyé la lettre hier soir.*

Passif :   *La lettre a été envoyée par Marie hier soir.*

1. le professeur + rendre + les devoirs + hier
2. les ouvriers + compléter + le bâtiment + dans un mois
3. le directeur + notifier + les candidats + la semaine prochaine
4. la police + arrêter + le coupable + samedi dernier.
5. le professeur + présenter + les résultats de l'enquête + l'été prochain
6. les enfants + inviter + leurs amis + dimanche dernier
7. les parents + annoncer + les fiançailles de leur fille + dimanche dernier
8. le propriétaire + repeindre + l'appartement + lundi prochain

Exercices oraux : tournures qui évitent la structure passive
Exercice 8. *On*

Travaillant avec un partenaire, traduisez ces phrases en français. Employez toujours la structure avec le pronom sujet *on* et expliquez pourquoi la structure passive n'est jamais possible dans ces phrases.

1. We were given many presents.
2. He was sent chocolates.
3. They were shown the results.
4. They were asked for their visas.
5. He must be told the truth.
6. I was given a number and told to take a seat.
7. She was asked to leave.
8. He was permitted to stay.
9. She was taught to read at a young age.
10. They were forbidden to eat.
11. She was ordered to sit down.
12. I was made to wait.

Exercice 9. Le passif pronominal

Travaillez avec un partenaire. Répondez aux questions avec un verbe pronominal.

MODÈLE : *Où peut-on acheter du beurre en France ?*
Le beurre s'achète à l'épicerie.

1. Quelle langue est-ce qu'on parle au Brésil ?
2. Où est-ce qu'on vend le pain en France ?

3. À quel moment du repas est-ce qu'on boit le café en France ? et aux États-Unis ?

4. Les Américains aiment regarder la télévision pendant le dîner. Est-ce qu'on fait ça en France aussi ?

5. Où est-ce qu'on dit : « Laisser les bons temps rouler » ?

6. Quelles langues est-ce qu'on lit et écrit de droite à gauche ?

7. Pour quelle fonction emploie-t-on la préposition *pour* ?

8. Où peut-on trouver le plus grand amphithéâtre romain du monde ?

9. Comment est-ce qu'on mange la pizza en Amérique ? et en France ?

10. Comment est-ce qu'on traduit le mot *meatloaf* en français ?

11. C'est possible ? Oui,...

12. C'est compréhensible ? Oui,...

13. C'est évident ? Oui,...

Exercices écrits: le passif
Exercice 1. *Par* ou *de* ?

Complétez les phrases suivantes en choisissant bien *par* ou *de* et un agent logique.

MODÈLE : *Le président a été élu...* <u>*par les citoyens*</u>.

1. Les corrections ont été distribuées...

2. Sa robe de mariage a été créée...

3. Cet acteur est connu...

4. Un vol a été commis...

5. Une enquête sera conduite...

6. Ce juge est respecté...

7. Les fleurs sont souvent offertes...

8. Les médicaments sont prescrits...

9. Nous sommes fatigués...

10. La pièce a été écrite...

Exercice 2. Éviter la structure passive

Racontez l'histoire dans un paragraphe **en évitant la structure passive.**

1. La date du mariage a été décidée.
2. L'église et le restaurant ont été retenus.
3. Deux cents invités ont été sélectionnés.
4. Les invitations ont été envoyées.
5. Un immense gâteau a été commandé.
6. Le matin du mariage, l'absence de la mariée a été découverte par sa mère.
7. Un message a été laissé par la jeune fille.
8. Une décision avait été prise par le jeune couple de ne plus se marier.
9. Une explication a été donnée par les deux : ils ne s'aiment plus.
10. Cependant, l'argent pour le voyage de noces sera partagé par les deux jeunes gens : elle partira à Tahiti ; lui, il ira à Las Vegas avec une des demoiselles d'honneur.

Exercice 3. Le diamant jaune : une histoire policière

Racontez l'histoire suivante dans un paragraphe **en évitant la structure passive.**

1. Le fameux diamant jaune, nommé La Feuille d'Or, a été dérobé le vendredi dernier.
2. Le vol a été commis dans le château de son propriétaire, Monsieur Crésus, le multimillionnaire.
3. Le coffre contenant le diamant a été trouvé ouvert par M. Crésus le lendemain matin.
4. Le coffre avait été forcé et le système de sécurité désarmé — un travail de professionnel.
5. Le commissaire Saitout a été chargé de l'enquête.
6. Il est aidé par son fidèle bras droit, l'inspecteur Renard.
7. M. Crésus, sa famille (sauf son fils) et tout le personnel sont interrogés par le commissaire Saitout et son inspecteur.
8. L'absence du fils aurait été causée par un voyage d'affaires.

9. Selon l'instinct du commissaire Saitout, le diamant aurait été caché dans le château même.
10. Tout le monde est soupçonné par le commissaire.
11. Des faits importants sont découverts.
12. Des dettes de jeu énormes auraient été amassées par le fils de M. Crésus.
13. Le majordome aurait été accusé et emprisonné pour vol il y a vingt ans.
14. Ce fait aurait été connu du fils Crésus.
15. Un ordre a été donné par le commissaire Saitout de fouiller tout le château.
16. Le diamant a été trouvé dans la chambre du fils Crésus.
17. Le majordome avoue qu'il aurait été forcé par le fils Crésus de voler le diamant.
18. Le fils Crésus est déshérité par son père.
19. L'enquête a été conclue.
20. Un autre coup de maître a été accompli par le commissaire Saitout !

Exercice 4. Révision

Traduisez en français. Il y a parfois plus d'une tournure possible en français pour traduire le passif en anglais.

1. We will be given five minutes.
2. That's not done here.
3. He was arrested yesterday.
4. Stamps are sold at the post office.
5. The salad is eaten after the main course.
6. She was hit by a car.
7. The house was surrounded by trees.
8. How is that said in English?
9. I was delighted that he was elected.
10. She wanted him to be chosen.
11. She was killed.
12. The ice cream must be frozen before you begin.
13. We were told to remain seated.
14. All the windows were quickly closed.

15. It was arranged that we meet the next day.
16. An answer is badly needed.
17. Smoking is not allowed.
18. Bread can be purchased at the bakery.
19. He had been badly beaten.
20. The grapes must be picked before the storm.
21. He is best known for his humor.
22. New clothes were given to the child.
23. Names and addresses were exchanged.
24. The doctor was called.
25. He was punished by the director.
26. That's easily understandable.
27. How is that pronounced?

Exercice 5. Phrases actives et passives

Écrivez (où possible) deux phrases, dont une active et une passive, selon l'exemple. Faites attention au temps du verbe.

MODÈLE : *la construction du pont + terminer + l'année dernière*
Actif :   *On a terminé la construction du pont l'année dernière.*
Passif : *La construction du pont a été terminée l'année dernière.*

1. la belle demoiselle + embrasser + le beau chevalier (*passé*)
2. le chat méchant + manger + la souris + hier
3. le soleil + éclairer + la terre (*présent*)
4. cet auteur + écrire + plusieurs livres (*passé*)
5. le professeur + donner + les réponses + demain
6. je ne crois pas que + ce garçon + cueillir + les fleurs (*passé*)
7. l'espagnol + parler + au Mexique (*présent*)
8. si je comprenais la grammaire, mes devoirs + terminer + déjà (*conditionnel*)
9. la pauvre femme + tuer + hier
10. le cognac + devoir + boire + après le café (*présent*)

12 • L'infinitif

Quand un verbe suit un autre verbe en anglais, le deuxième verbe peut être à l'infinitif ou au participe présent : I *like to dance* ou I *like dancing*.

En français, par contre, le deuxième verbe est presque toujours à l'infinitif. Cet infinitif peut suivre directement le premier verbe, mais il arrive souvent qu'une préposition (en général *à* ou *de*) sépare les deux verbes :

J'aime danser.
Il continue <u>à</u> danser.
Il refuse <u>de</u> danser.

Parallèlement, la forme du verbe qui suit une préposition en français est presque toujours l'infinitif (pour la seule exception, <u>en + participe présent</u>, voir le chapitre 13). En anglais on emploie la plupart du temps le participe présent après une préposition :

without thinking	sans penser
before eating	avant de manger
after leaving	après être parti
for dancing	pour danser

L'emploi de l'infinitif en français pose donc deux problèmes en particulier pour l'étudiant anglophone :

- Il faut d'abord éviter la tendance de toujours traduire le participe présent anglais (*eating*) par un participe présent en français (*mangeant*). N'oubliez pas que le *-ing* progressif de l'anglais se traduit par l'expression *être en train de* ou par le verbe au présent ou à l'imparfait.

He likes eating.	Il aime manger.
He is eating.	Il mange. Il est en train de manger.
He was eating.	Il mangeait. Il était en train de manger.

- Dans la construction <u>verbe + verbe</u>, la structure de la phrase verbale en français diffère souvent de la structure parallèle en anglais. Étudiez les exemples suivants.

Sans préposition dans les deux langues :

He's going to eat.	Il va manger.
He wants to eat.	Il veut manger.

Avec la même préposition dans les deux langues :

He refrains <u>from</u> speaking.	Il se garde <u>de</u> parler.

Préposition dans une langue mais pas dans l'autre :

He continues to eat.	Il continue <u>à</u> manger.
He forgot to eat.	Il a oublié <u>de</u> manger.
He left to go eat.	Il est parti <u>pour</u> aller manger.

Prépositions différentes dans les deux langues :

It's used <u>for</u> eating.	Il sert <u>à</u> manger.
He succeeds <u>in</u> answering.	Il réussit <u>à</u> répondre.
He dreams <u>of</u> leaving.	Il songe <u>à</u> partir.

Dans ce chapitre, nous apprendrons donc à reconnaître les deux structures suivantes :

1. Verbe conjugué suivi directement de l'infinitif
   Nous étudierons en particulier les verbes de mouvement, le verbe *laisser*, les verbes de perception et le *faire* causatif.
2. Verbe conjugué + préposition + infinitif

Avant d'étudier les structures ci-dessus, il faut se rappeler ces trois points sur la formation de l'infinitif.

- Il existe un **infinitif présent** (terminé en -*er*, -*ir*[*e*], -*re* ou -*oir*[*e*]) et un **infinitif passé** en français. L'infinitif passé se forme de l'infinitif présent du verbe auxiliaire suivi du participe passé du verbe principal :

  Il regrette d'<u>avoir oublié</u> son parapluie.

  Elle se repentit d'<u>être venue</u> en retard.

- Pour former **la négation d'un infinitif**, on met presque toujours les deux éléments de la négation devant l'infinitif : *Vous osez ne rien dire ? Elle les encourage à ne pas avoir peur. Il regrette de ne pas avoir parlé.* Rappelez-vous les exceptions avec *personne* et *nulle part* : *Il a décidé de ne voir personne. Il préfère n'aller nulle part.* Dans la langue soignée on peut mettre la négation autour de l'infinitif passé : *je crains de n'avoir pas compris.*

- **Les pronoms objets** se placent devant l'infinitif (et après la négation) : *Il tarde à y aller. Il refuse de le faire. Vous prétendez ne pas l'avoir vu(e) ?* N'oubliez pas que la préposition *de* reste toujours séparée des pronoms *le* et *les* suivants. Comparez avec la préposition *de* suivie des articles définis *le* et *les* : *Il se plaint du bruit, Il parle des voisins.* Le participe passé de l'infinitif passé s'accorde avec son objet direct précédent. *Cette lampe ? Il nie l'avoir <u>cassée</u>.*

I. VERBES SUIVIS DIRECTEMENT DE L'INFINITIF

Les groupes de verbes qui sont suivis directement de l'infinitif comprennent deux catégories. Dans la première, le verbe conjugué et l'infinitif ont le même sujet : *Je veux partir.* Et dans la deuxième ces verbes ont deux sujets différents : *Je vois les enfants jouer.*

A. Verbe conjugué et infinitif avec un seul sujet

Cette catégorie comprend les verbes de préférence, les verbes modaux, les verbes d'opinion, de déclaration et d'affirmation, les verbes de mouvement et certains verbes particuliers. Ces verbes sont illustrés dans l'encadré suivant.

Verbes de préférence
aimer   détester   désirer   vouloir   préférer

Il aime chanter.
Nous désirons manger.
Je préfère partir.

Verbes modaux
aller   pouvoir   savoir   devoir

Elle ne sait pas nager.
Il ne peut pas venir.

Verbes d'opinion/déclaration/affirmation
croire   penser   estimer   présumer   supposer
affirmer   déclarer   compter   avouer   prétendre

J'ai cru mourir.
Il pense pouvoir le faire.
J'estime avoir fait mon devoir.
Il prétend avoir vu l'accident.

Verbes de mouvement
aller   venir   partir   courir   rentrer   revenir
monter   descendre   sortir   retourner, *etc.*

Il est allé chercher sa femme à la gare.
Il est venu vous voir.
Il a couru attraper le train.
Il est rentré manger chez lui.
Il monte chercher sa valise.
Il est sorti s'amuser en ville.

(à suivre)

D'autres verbes
espérer oser daigner sembler faillir
avoir beau falloir* valoir mieux*

Elle n'ose pas parler.
Elle ne daigne pas me parler.
Elle a failli tomber.
Il faut partir.
Il vaut mieux rester.

*sujet impersonnel

Notez qu'après un verbe de mouvement un infinitif indique **un but**, qui peut être marqué par la préposition *pour* ; cependant *pour* n'est pas nécessaire dans cette structure.

Notez aussi la différence entre *venir* (verbe de mouvement) et *venir de* (passé récent) : *Il vient manger* (He's here to eat) ; *Il vient de manger* (He just ate).

Pour des détails sur le verbe *faillir*, qui veut dire *être sur le point de*, voir l'appendice 21-H.

Note de vocabulaire : l'expression *avoir beau* + infinitif

On emploie l'expression *avoir beau* suivi de l'infinitif pour montrer que l'action est faite en vain, qu'elle ne produit pas le résultat souhaité. On peut parfois le traduire en anglais avec l'expression *no matter how much...*

On a beau dire, on a beau faire, les enfants feront ce qu'ils veulent.
Whatever you say or do, children will do what they want.

On a beau mentir qui vient de loin. (proverbe)
You can lie all you want when there's no one around to contradict you.

(à suivre)

> Il aura beau donner de la voix, le nouveau secrétaire national d'Europe Écologie–Les Verts va avoir du mal à se faire entendre. (*Le Point*, 28 juin 2012)
>
> Et nous avons eu beau la chercher, nous l'avons jamais trouvée. Ça fait que c'est une source perdue. (Marcel Pagnol, *Le château de ma mère*, 1958)
>
> On a beau leur répéter que c'est le plus beau métier du monde, mais ils préfèrent s'inscrire en communication ou en médiation culturelle. (*Le Nouvel Observateur*, 21–27 juin 2012, citant la vice-présidente de la Conférence des Présidents d'Université [CPU] sur pourquoi les étudiants universitaires ne veulent plus devenir professeur)

B. Verbe conjugué et infinitif avec des sujets différents

Cette catégorie comprend les verbes de perception et le verbe *laisser*. Ces verbes sont illustrés dans l'encadré suivant. Le *faire* causatif fait aussi partie de ce groupe de verbes, mais nous réservons cette structure compliquée à la section E, plus bas.

Verbes de perception :

voir	Je l'ai vu partir.
regarder	Elle regarde sa fille danser.
entendre	J'entends les oiseaux chanter.
sentir	Je sens mon cœur battre.
écouter, *etc.*	
laisser	Elle a laissé les enfants manger les bonbons.

Notez les expressions idiomatiques avec le verbe de perception *entendre* :

entendre parler de + chose/personne (*to hear of*) : J'ai entendu parler de ce film.

entendre dire que + phrase (*to hear that*) : J'ai <u>entendu dire que</u> tu déménageais.

Nous examinerons un emploi particulier des verbes de perception avec le participe présent au chapitre 13.

Le verbe *laisser* suivi de l'infinitif exprime l'idée de tolérance. Il est plus ou moins synonyme au verbe *permettre*.

Elle a laissé jouer les enfants dans le jardin.
Elle a permis aux enfants de jouer dans le jardin.

Néanmoins, le verbe *permettre* donne une connotation active de permission : elle <u>a donné sa permission</u> aux enfants de jouer dans le jardin. Avec *laisser*, la notion est plutôt passive : elle savait que les enfants y jouaient mais elle <u>ne leur a pas nécessairement donné sa permission</u>. C'est plutôt un synonyme de *ne pas empêcher*.

Notez ces expressions idiomatiques avec *laisser* + infinitif :

Elle a laissé tomber son sac.	*She dropped her bag.*
Elle l'a laissé tomber.	*She ditched him.*
Laissez tomber ! Laissez courir !	*Never mind! Don't bother!*
Laissez-le faire.	*Let him do it his way.*

Dans les expressions suivantes, on utilise le *faire* causatif et non pas le verbe *laisser* :

Faites-le-moi savoir.	*Let me know.*
Faites voir vos devoirs.	*Let me see your homework.*

C. La position du sujet de l'infinitif

Comme nous l'avons vu, pour les verbes dans la catégorie B, le sujet de l'infinitif est toujours différent du sujet du verbe conjugué : <u>Paul</u> voit <u>les enfants</u> jouer. <u>Paul</u> laisse <u>les enfants</u> entrer. Il faut alors examiner la position de ce deuxième sujet, qui dépend de plusieurs facteurs.

Si le sujet de l'infinitif est **un substantif simple** et si l'infinitif n'a pas de complément d'objet, le sujet peut se placer soit avant soit après l'infinitif. S'il s'agit d'**un substantif long**, le sujet de l'infinitif se place après l'infinitif.

Je vois jouer les enfants. Je vois les enfants jouer.
Je laisse entrer les enfants. Je laisse les enfants entrer.

Je vois jouer les enfants du voisin.
Je laisse entrer les enfants qui habitent à côté.

Si l'infinitif a un complément d'objet, le sujet de l'infinitif précède l'infinitif et l'objet le suit.

Je regarde les enfants manger le gâteau.
Je vais laisser les enfants lire le livre.

Variante linguistique : *laisser*

Avec le verbe *laisser* on voit aussi la structure suivante, identique à celle du *faire* causatif (voir la section E, plus loin) :

Je vais laisser lire ce livre <u>aux enfants</u>.   *I'm going to let the children read this book.*

Si le sujet de l'infinitif est **un pronom**, il se met devant le premier verbe. Cependant à l'impératif, le pronom suit le premier verbe.

Je les vois jouer.   Regardez-les jouer.
Je les laisse partir.   Laissez-les partir.

Si l'infinitif a aussi un complément d'objet direct remplacé par un pronom (donc deux pronoms), celui-ci se met devant l'infinitif. Ce placement est logique car chaque pronom précède le verbe dont il est l'objet. N'oubliez pas que le pronom objet direct du premier verbe suit ce verbe à l'impératif.

Je regarde <u>les enfants</u>.   Je les regarde le   Regardez-les le manger.
  Ils mangent   manger.
  <u>le gâteau</u>. →
Je laisse <u>les enfants</u>   Je les laisse le   Laissez-les le manger.
  manger <u>le gâteau</u>. →   manger.

Variante linguistique : *laisser* + deux pronoms

Avec le verbe *laisser*, à côté de la structure préférée ([a], ci-dessous), on voit aussi une autre structure (b). Ceci s'explique par le fait que parfois quand il y a un deuxième objet (l'objet direct de l'infinitif), l'agent devient objet indirect pour éviter l'impression (quoique fausse) qu'un seul verbe ait deux objets directs. Dans ce cas, si les deux objets s'expriment par des pronoms, les deux pronoms précèdent le premier verbe (*laisser*). C'est la même structure qu'on verra avec le *faire* causatif (*Je le leur fais manger*). On voit aussi la structure (c), mais moins souvent.

    a. Je les laisse le manger.
    b. Je le <u>leur</u> laisse manger. (= Je laisse manger le gâteau <u>aux enfants</u>.)
    c. Je leur laisse le manger.

À l'impératif, à côté de la structure préférée (d), on voit aussi parfois (e) et, dans la langue soignée, (f).

    d. Laissez-les le manger.
    e. Laissez-leur le manger.
    f. Laissez-le-leur manger.*

*Similaire au *faire* causatif : *Faites-le-leur manger*.

D. L'accord avec le participe passé

Pour les verbes de perception, le sujet logique de l'infinitif se présente comme l'objet grammatical du verbe conjugué. Il s'ensuit que lorsque ce sujet/objet devient pronom, il s'accorde avec le participe passé suivant : *J'ai entendu les enfants chanter* → *Je <u>les</u> ai entendu<u>s</u> chanter* (car ce sont <u>les enfants</u> [objet direct] que j'ai entendus).

Le participe passé doit rester cependant invariable pour le verbe *laisser*, avec lequel le sujet de l'infinitif a moins le sens d'un objet direct du verbe principal. Toutefois il faut noter que cette règle, imposée en 1990, n'est pas toujours suivie : *Je les ai laissé(s) chanter*.

Si, par contre, l'objet grammatical de l'infinitif est aussi son objet logique (et non pas son vrai sujet, comme dans les exemples ci-dessus), lorsqu'il devient pronom cet objet ne s'accorde pas avec le participe passé : *J'ai entendu chanter <u>la chanson</u>.* → *Je l'ai entendu chanter*.

Ce manque d'accord grammatical est logique : dans cet exemple, *la chanson* n'est pas le vrai objet direct de *J'ai entendu* (son objet direct, qui n'est pas exprimé, doit être une personne). *La chanson* est le vrai objet direct de l'infinitif *chanter*. Comparez donc:

Je <u>les</u> ai entendu<u>s</u> chanter. (= les enfants)
Je <u>les</u> ai entendu chanter. (= les aires)

E. Le *faire* causatif

1. Dans la construction *faire* + infinitif, le sujet grammatical du verbe *faire* ne fait pas l'action exprimée par l'infinitif ; quelqu'un ou quelque chose d'autre, qui n'est pas toujours mentionné, fait cette action. Dans le premier exemple suivant, c'est moi qui lave la voiture ; dans le deuxième, quelqu'un d'autre la lave :

Je lave ma voiture.
Je fais laver ma voiture. (*I have my car washed.*)

2. Si le verbe principal (l'infinitif) a **un seul complément** d'objet et celui-ci est un **substantif**, il suit toujours l'infinitif. Cet objet peut être soit **l'objet direct** de l'action de l'infinitif (a) soit son **agent**, c'est-à-dire, celui qui fait l'action de l'infinitif (b) :

a. Il fait chanter <u>la chanson</u>. (*He has the song sung.*)
b. Il fait chanter <u>la fille</u>. (*He has the girl sing.*)

Si ce complément d'objet de l'infinitif est exprimé par un **pronom**, celui-ci précède le verbe *faire*. **Exception** : les pronoms objets suivent le verbe *faire* à l'impératif. S'il n'y a qu'un seul objet, c'est un **objet direct**.

Il la fait chanter. (*He has it sung. / He has her sing.*)
Faites-la chanter. (*Have it sung. / Have her sing.*)

3. Si le verbe principal (l'infinitif) a **deux** compléments d'objets dont un **objet direct** et un **agent**, l'agent devient l'objet de la préposition *à* ou *par* (ce dernier pour éviter des ambiguïtés possibles ; voir la note linguistique à la fin de cette section).

Il fait lire <u>la lettre</u> <u>à Pierre</u>.   *He has the letter read to/by Pierre.*
Il fait lire <u>la lettre</u> <u>par Pierre</u>. *He has Pierre read the letter.*

 Si, de ces deux compléments d'objets, **seulement l'agent** s'exprime par un **pronom**, ce pronom peut être un objet **indirect** (a) ou **direct** (même si le verbe a déjà un objet direct, exprimé par un substantif [b]). On entend l'usage dans (b) moins souvent que celui de (a). Si l'agent est exprimé par un substantif mais l'objet direct par un pronom, il faut que ce soit le pronom objet direct (c, d).

a. Il <u>lui</u> fait lire <u>la lettre</u>. *He has him read the letter.*
b. Il <u>le</u> fait lire <u>la lettre</u>. *He has him read the letter.*
c. Il <u>la</u> fait lire <u>par Pierre</u>. *He has Pierre read it.*
d. Il <u>la</u> fait lire <u>à Pierre</u>. *He has it read to/by Pierre.*

 Mais si tous les **deux compléments d'objets** deviennent **pronoms**, il faut que le pronom qui remplace l'**agent** soit un pronom **objet indirect** (et que l'objet direct soit un pronom objet direct). Remarquez que les deux pronoms précèdent toujours le verbe *faire* :

Il <u>la</u> <u>lui</u> fait lire.   <u>la</u> = la lettre, objet direct
         <u>lui</u> = l'agent, objet indirect

 4. Si le verbe principal (l'infinitif) a **trois compléments d'objet** (un objet direct, un objet indirect et l'agent), l'agent doit être précédé de la préposition *par*.

Il fait lire <u>la lettre</u> <u>à Pierre</u> <u>par sa sœur</u>. objet direct = <u>la lettre</u>
(*He has his sister read the letter to Pierre.*) objet indirect = <u>à Pierre</u>
               agent = <u>sa sœur</u>

 Si les **trois compléments d'objets** s'expriment par des **pronoms**, on a un objet direct, un objet indirect et un objet de la préposition *par* :

 Il <u>la</u> <u>lui</u> fait lire <u>par elle</u>. *He has her read it to him.*

 5. Pour souligner une action faite par l'agent *pour le sujet* (et pas pour quelqu'un d'autre), on peut ajouter le **pronom réfléchi** :

Je fais construire une maison. (pour ma sœur)
Je me fais construire une maison. (pour moi-même)

Elle fait faire une robe. (pour son amie)
Elle se fait faire une robe. (pour elle-même)

6. Si le verbe principal (l'infinitif) est un verbe pronominal, le pronom réfléchi est perdu :

Je les ai fait asseoir.
Elle l'a fait taire.
Je vais faire couper les cheveux à ma fille. (Je vais les lui faire couper.)

7. Dans la construction faire + infinitif le participe passé reste invariable.

Je les ai fait entrer.
Elle nous a fait partir.

8. Pour éviter la structure passive, on utilise parfois le faire causatif avec le pronom réfléchi : *Elle a été grondée.* → *Elle s'est fait gronder.* (*She was/ got scolded.*) Nous avons vu cette structure au chapitre 11.

Notes de vocabulaire

Notez l'expression idiomatique **faire venir** (to send for) : *Elle a fait venir le médecin.*

Dans l'expression « *to make someone* » + adjectif, on utilise le verbe **rendre +** un substantif : *La soupe a rendu l'enfant malade.*

Votre départ la rendra triste.

Notez cependant ces expressions avec adjectifs en anglais qui s'expriment avec le verbe **faire** + un substantif en français : **faire peur/plaisir/honte** à quelqu'un. Notez aussi l'expression **faire mal** à (quelqu'un / une partie du corps).

Par contre, les deux expressions anglaises « *to make someone sleepy* » et « *to make someone want to do something* » se disent

(à suivre)

en français avec le verbe **donner** + un substantif : **donner som-meil** à quelqu'un et **donner envie** à quelqu'un.

Exemples
Les araignées lui font peur.
Ta visite me fera plaisir.
Tu me fais honte.
Le bruit lui a fait mal à la tête.
Ces chaussures me font mal.
Cette classe lui *donne* sommeil.
Cette peinture me *donne* envie de manger.

Note linguistique : le *faire* causatif suivi de *à* ou *par* ?

Dans les phrases avec un objet direct de l'infinitif et un agent, on a le choix de prépositions (*à* ou *par*) devant l'agent de l'infinitif. Une étude (Cannings et Moody 1978) suggère que quand on emploie la préposition *à* dans ces phrases, le sujet de la phrase principale est dans une position d'autorité sur l'agent de l'infinitif :

Elle fait nettoyer sa chambre <u>à sa fille.</u>	*She <u>makes</u> her daughter clean her room.*
Elle fait nettoyer la maison <u>par une femme de ménage</u>.	*She <u>has</u> a cleaning woman clean the house.*

Avec les verbes de perception, *par* n'est pas possible avec l'agent : *Le professeur fait remarquer l'erreur <u>à l'étudiant</u>.*

Exemples du *faire* causatif (style soutenu)

i. Marcel Pagnol, Le château de ma mère, 1958

Ils parurent déçus de cette défection, et tentèrent — en vain — <u>de me faire changer d'avis</u>. [...]

[...] Ça fait que c'est une source perdue...

— Voilà un gaspillage stupide, dit l'oncle.

— Eh oui, dit Lili, mélancolique. Mais quand même, peut-être elle <u>fait boire</u> les oiseaux ? »

ii. À propos du parfum, Déclaration d'un soir (*Le Point*, 3 janvier 2013)

Mathilde Laurent, le parfumeur de la maison Cartier, <u>fait courir</u> du poivre noir sur le parfum comme un véritable accélérateur d'émotions.

iii. Jean Giono, *Regain*, 1930

Je pars. L'enfant <u>me l'a fait dire</u> hier, sur le soir, <u>par le berger</u> [...].

Exemples du *faire* causatif (style familier) (Amiens 2000)

i. Une mère parle des activités familiales

Le mercredi toute la journée… parce que c'est un jour où les enfants n'ont pas classe, donc… ce jour-là est consacré aux activités sportives, culturelles, enfin tout ce que les parents désirent <u>leur faire faire</u> en dehors de l'école.

ii. Des professeurs de lycée parlent de leurs cours et leurs élèves

- La préparation de l'examen est assez lourde. Donc il faut préparer des textes dont l'objectif ce n'est pas de donner quelque chose de tout fait… aux élèves, c'est de <u>leur faire trouver</u> par eux-mêmes,… ce que contient le texte, son intérêt… leur, leur montrer, provoquer leur amour de la littérature tout en améliorant la langue…

- Le plus gros travail se passe dans une cuisine où on apprend d'abord aux élèves, où on <u>fait voir</u> aux élèves, on fait une démonstration aux élèves, on recherche avec les élèves comment aboutir à la réalisation d'un plat, par quel moyen on va passer pour arriver à… à ce résultat final.

- On leur apprend toutes les techniques de la communication orale… à savoir comment débattre une question, comment <u>faire accepter leurs arguments</u>, comment convaincre, comment persuader, comment réfuter, aussi.

- On essaie de <u>faire baisser la pression</u>.

Comparaison des verbes de perception, *laisser, faire* causatif

Avec des substantifs	*Avec des pronoms*	*Aux temps composés*
Un objet : du premier verbe		
Tu entends les filles chanter ?	Je les entends chanter.	Je les ai entendues chanter.
Tu entends chanter les filles ?		
Tu laisses les filles chanter ?	Je les laisse chanter.	Je les ai laissé chanter.
Tu laisses chanter les filles ?		
Tu fais chanter les filles ?	Je les fais chanter.	Je les ai fait chanter.
Un objet : de l'infinitif		
Tu entends chanter la chanson ?	Je l'entends chanter.	Je l'ai entendu chanter.
Tu laisses chanter la chanson ?	Je la laisse chanter.	Je l'ai laissé chanter.
Tu fais chanter la chanson ?	Je la fais chanter.	Je l'ai fait chanter.
Deux objets		
Tu entends les filles chanter la chanson ?	Je les entends la chanter.	Je les ai entendues la chanter.

(à suivre)

Tu laisses les filles
chanter la chanson ?

Tu fais chanter la
chanson aux filles / par
les filles ?

Je les laisse la
chanter.

Je la leur fais
chanter.

Je les ai laissé la
chanter.

Je la leur ai fait
chanter.

Trois objets

Tu vois les filles chanter la
chanson aux enfants ?

Tu laisses les filles
chanter la chanson aux
enfants ?

Tu fais chanter la chanson
aux enfants par les
filles ?

Je les vois la
leur chanter.

Je les laisse la
leur chanter.

Je la leur fais
chanter par
elles.

Je les ai vues la
leur chanter.

Je les ai laissé
leur chanter.

Je la leur ai fait
chanter par
elles.

**Comparaison des verbes de perception,
laisser, faire causatif : à l'impératif**

Avec des substantifs   *Avec des pronoms*

Un objet : du premier verbe
Écoute les filles chanter !
Écoute chanter les filles !   Écoute-les chanter !
Laisse les filles chanter !
Laisse chanter les filles !   Laisse-les chanter !
Fais chanter les filles !   Fais-les chanter !

Un objet : de l'infinitif
Écoute chanter la chanson !   Écoute-la chanter !
Laisse chanter la chanson !   Laisse-la chanter !
Fais chanter la chanson !   Fais-la chanter !

Deux objets
Écoute les filles chanter la chanson !   Écoute-les la chanter !
Laisse les filles chanter la chanson !   Laisse-les la chanter !
Fais chanter la chanson aux filles /   Fais-la-leur chanter !
   par les filles !

(à suivre)

Trois objets

Écoute les filles chanter la chanson aux enfants !	Écoute-les la leur chanter !
Laisse les filles chanter la chanson aux enfants !	Laisse-les la leur chanter !
Fais chanter la chanson aux enfants par les filles !	Fais-la-leur chanter par elles !

II. VERBES + PRÉPOSITION + INFINITIF

Nous venons d'étudier plusieurs groupes de verbes qui se suivent directement de l'infinitif. Il existe encore beaucoup d'autres verbes qui nécessitent une préposition devant un infinitif. Pour apprendre la structure correcte en français, l'étudiant aura

- à ne pas penser à la traduction en anglais et
- à mémoriser les listes qui suivent.

Si on veut employer un verbe qui ne se trouve pas dans ces listes, il faudra vérifier l'usage dans un bon dictionnaire monolingue français.

A. Verbes + à + infinitif

La liste suivante comprend beaucoup de verbes qui prennent la préposition *à* devant l'infinitif, mais elle n'est pas complète :

apprendre	consentir
arriver	hésiter
aspirer	parvenir
avoir*	passer (du temps)
chercher	persister
commencer	réussir
continuer	rêver†

(à suivre)

servir

songer†

tendre

tenir

s'amuser

s'attendre

se consacrer

se décider

s'habituer

s'intéresser

se mettre

se plaire

se préparer

se résoudre

* *avoir à* = *devoir* : *J'ai à le faire.* (I have to do it.)

† *rêver à* = *songer à* = *imaginer* ; *rêver de* = quand on dort

Exemples :

Il cherche à partir.

Nous avons passé trois heures à faire ce devoir.

Elle songe à ne plus travailler.

Nous nous amusons à jouer de la musique.

B. Verbes + *de* + infinitif

La liste suivante comprend beaucoup de verbes qui prennent la préposition *de* devant l'infinitif, mais elle n'est pas complète :

accepter

admettre

arrêter

cesser

choisir

craindre

décider

demander

douter

envisager

essayer

éviter

feindre

finir

jurer

manquer

mériter

négliger

(à suivre)

offrir	rêver*
oublier	risquer
parler	tâcher
refuser	tenter
regretter	trembler
résoudre	venir†
s'arrêter	se hâter
se contenter‡	se passer
se dépêcher	se réjouir
s'efforcer	se rendre compte
s'excuser	se repentir
se garder	se souvenir

*rêver à = imaginer ; rêver de = quand on dort
†venir de = le passé récent : *Il vient de manger.* (He just ate.)
‡se contenter de + infinitif = « just » : *Elle se contente d'écouter.* (She just listens.)

Exemples :
J'accepte de ne pas pouvoir y aller.
Elle se réjouit d'avoir enfin complété le projet.

Exemple : *venir* / *venir de*

Georges Faure et Albert di Cristo,
Le français par le dialogue, 1977

— Je crois qu'elle attend.

— Tu crois qu'elle attend ou tu crois qu'elle l'attend ?

— Je crois qu'elle l'attend mais qu'elle a le temps.

— Tu me mens.

— Mais non, je ne te mens pas ! Elle sait <u>qu'il vient de dîner</u> et elle l'attend.

— <u>Qu'il vient dîner</u> ! Tu aurais pu me prévenir à temps !

— Mais non, <u>il ne vient pas dîner</u>.

— Tu me prends pour une idiote ? <u>Tu viens de me le dire</u>.

— Je n'ai pas dit <u>qu'il vient dîner</u> puisqu'il a déjà dîné !

— Admettons que je suis folle !

— Tu pourrais m'écouter avant de dire que je cherche à te faire passer pour une folle. Je te répète <u>qu'il vient de dîner</u>. Alors, il ne va tout de même pas recommencer. « <u>Il vient de dîner</u> » et « <u>il vient dîner</u> », ce n'est pas la même chose !

— Oui, mais le français est tout de même une drôle de langue !

Étudiez les phrases suivantes avec la structure <u>verbe + **à/de** + infinitif</u>.

Je n'arrive pas à le croire ! Je ne parviens pas à le croire!

Elle aspire à faire une contribution dans le monde.

Il cherche à partir. (Il essaie de partir.)

Il consent à nous apprendre à aboyer comme un chien.

Il persiste à faire la même erreur.

Il renonce à comprendre. *(gives up trying to)*

Il songe à quitter sa femme.

Charles tend à être en retard.

Je ne m'attendais pas à avoir un A. *(to expect)*

Elle s'intéresse à former un club de tennis.

Elle se met à pleurer. (Elle commence à pleurer.)

Je me plais à lire. (=c'est quelque chose que j'aime.)

Il se prépare à partir. (Il s'apprête à partir.)

Je résous de toujours dire la vérité.

Un couteau sert à couper.

Il me tarde d'avoir les résultats. (verbe impersonnel qui exprime l'impatience : *I'm anxious to…*)

J'admets d'avoir oublié de le faire.

Je veux arrêter de fumer.

Je doute de pouvoir le faire.

Je regrette de l'avoir fait. Je crains d'être en retard. (émotions)

J'envisage de faire construire une grande maison à la campagne. (penser à / projeter)

Il feint d'être malade.

Jurez-vous de dire toute la vérité, rien que la vérité ?

Il a manqué de finir le travail. (littéraire : oublier, négliger)

Il tremble de ne pas avoir réussi. (littéraire)

Il se dépêche de finir son travail.

Il s'efforce de faire plus attention en classe. (essayer ; faire tous ses efforts)

Il s'excuse d'arriver en retard.

Il se hâte de donner son opinion. (se dépêche)

Il se garde de donner son opinion.

Il se passe d'aller au théâtre.

Il se réjouit d'être le premier de la classe.

Il se repent d'avoir menti.

C. Verbes + complément d'objet personnel + infinitif

Avec beaucoup de verbes qui se suivent de l'infinitif, on peut aussi exprimer l'objet personnel du verbe principal. Nous avons déjà vu ces verbes et leurs pronoms objets au chapitre 3, mais nous les reprenons ici pour examiner la relation entre les deux verbes. Comparez les exemples suivants. Dans le deuxième exemple, on spécifie les gens qui reçoivent l'action du verbe principal.

J'aide à remplir les formulaires.
J'aide les étudiants à remplir les formulaires.

Cet objet personnel est toujours un **objet direct** en anglais, et il n'y a pas de préposition entre le verbe conjugué et l'infinitif. En français, par contre, l'objet personnel est parfois direct, parfois indirect, et l'infinitif doit se précéder des prépositions *à* ou *de*. Étudiez les exemples suivants :

I forbid him to read.	Je lui défends de lire.
I teach him to read.	Je lui enseigne à lire.
I beg him to read.	Je le prie de lire.
I invite him to read.	Je l'invite à lire.

Les verbes qui prennent un complément d'objet personnel et un infinitif représentent quatre structures différentes :

1. Verbe + objet indirect + *de* + infinitif : *Je lui dis de partir.*
2. Verbe + objet indirect + *à* + infinitif : *Je lui apprends à lire.*
3. Verbe + objet direct + *de* + infinitif : *Je l'accuse de mentir.*
4. Verbe + objet direct + *à* + infinitif : *Je l'aide à étudier.*

Pour faciliter la mémorisation des verbes dans ces quatre groupes, considérer les explications suivantes.

Groupe 1 : *Je lui dis de partir*

C'est cette structure qu'on voit de loin le plus souvent.

Notez que dans ce groupe le verbe conjugué et l'infinitif peuvent avoir le même sujet ou deux sujets différents : *Je lui offre de le faire. Je lui commande de le faire.*

Groupe 2 : *Je lui apprends à lire*

Seuls deux verbes (*apprendre* et *enseigner*) prennent un objet indirect comme dans le groupe 1, mais avec la préposition *à* devant l'infinitif. Pour la différence entre ces deux verbes, voir l'appendice 21-B.

Groupes 3 et 4 : *Je l'accuse de mentir et Je l'aide à étudier*

La liste de verbes appartenant à ces deux groupes est très petite.

* Groupe 3 : *prier, supplier, remercier, accuser, blâmer, féliciter, persuader, empecher, menacer, charger* et *avertir*
* Groupe 4 : *inviter, aider, encourager, exhorter, inciter, obliger, forcer* et *pousser*

Contrairement aux deux premiers groupes, pour tous les verbes des groupes 3 et 4, l'objet personnel est **direct**. Cet objet est obligatoire, et avec la majorité de ces verbes on n'a pas besoin d'un autre objet :

je l'aide	je l'empêche
je l'encourage	je le félicite
je l'invite	je le menace
je le pousse	je le remercie
je l'accuse	je le prie
je le blâme	je le supplie

On peut toutefois ajouter un infinitif à ces verbes (*Je l'aide à le faire ; Je l'empêche de le faire*). Mais comment savoir si cet infinitif se précède de la préposition *à* ou la préposition *de* ? On peut constater que presque tous les verbes qui prennent *de* devant l'infinitif peuvent aussi prendre un objet nominal, aussi précédé de la préposition *de*. Mais ceux avec <u>à +</u> <u>infinitif</u> n'acceptent pas un objet nominal.

Je l'accuse d'avoir volé ma montre.	Je l'accuse de vol.
Je le blâme d'avoir perdu ma montre.	Je le blâme de son attitude.
Je le félicite d'avoir réussi.	Je le félicite de son succès.
Je le menace de le punir.	Je le menace de punitions.
Je le remercie d'être venu.	Je le remercie des jolies fleurs.

Je l'avertis de prendre ce chemin.   Je l'avertis du danger.
Je le charge de faire tout le travail.   Je charge le camion de meubles.
Je le supplie/prie d'écouter.   Je le supplie d'une chose. (vieilli)
Je le persuade de m'écouter.   Je le persuade de ma sincérité.

Résumé : verbes + complément d'objet personnel + infinitif

1. Verbe + objet indirect + *de* + infinitif
A. Verbe + infinitif avec deux sujets différents

commander/ordonner demander/conseiller/dire/ interdire défendre/permettre/suggérer/ proposer reprocher	Je lui <u>commande</u> de le faire. (C'est moi qui commande mais c'est lui qui le fera.)

B. Verbe + infinitif avec le même sujet

offrir/refuser/promettre	Je lui <u>offre</u> de le faire. (C'est moi qui offre et c'est moi qui le ferai.)

2. Verbe + objet indirect + *à* + infinitif

apprendre/enseigner	Elle lui <u>apprend</u> à lire.

3. Verbe + objet direct + *de* + infinitif

accuser	avertir	blâmer	Je l'<u>accuse</u> de l'avoir perdu.
charger	empêcher	féliciter	Elle nous a <u>félicités</u> d'avoir
menacer	remercier	persuader	réussi.
prier	supplier		

4. Verbe + objet direct + *à* + infinitif

aider	encourager	inviter	Je l'<u>aide</u> à finir ses devoirs.
forcer	obliger	pousser	Il les <u>a encouragés</u> à faire
exhorter	inciter		un effort.

D. Verbes + d'autres prépositions + infinitif

Il est très important de se rappeler que si un verbe suit une préposition en français, il faut que ce verbe soit un infinitif (présent ou passé). La seule exception à cette règle est la préposition *en*, qui est suivi du participe présent : *en entrant...* (voir le chapitre 13, section III). Notez la traduction des expressions suivantes, qui contiennent toutes une préposition:

It goes without saying.	Il va sans dire.
in order to see him	pour le voir
before eating	avant de manger
for fear of falling	de peur de tomber

Dans cette section, nous étudierons certaines prépositions importantes : *par* avec les verbes *commencer* et *finir* ; *pour* ; *avant* et *après*.

La préposition *par* donne un sens spécifique aux verbes *commencer* et *finir* :

Il commence à lire.	*He begins to read.*
Il commence par lire.	*He begins by reading.*
Il finit de lire.	*He finishes reading.*
Il finit par lire.	*He ends up reading.*

La préposition *pour* devant l'infinitif exprime le plus souvent **un but** :

Pourquoi est-ce que le corbeau ouvre son bec ?
— Le corbeau ouvre son bec pour montrer sa belle voix.

Pourquoi est-ce qu'elle voyage en France ?
— Elle voyage en France pour améliorer son français.

On utilise ainsi la préposition *pour* aussi après les adverbes *trop* et *(pas) assez* :

Il est trop tard pour le faire.
Je n'ai pas assez d'argent pour l'acheter.
Tu as assez de temps pour le finir ?

Comme nous l'avons vu au chapitre 9, la préposition *avant* se suit de la préposition de + infinitif : par ex., *avant de vous le dire.*

Avec la préposition *après* on met toujours **l'infinitif passé** : *après avoir fini* ; *après être arrivé(es)* ; *après nous être levé(e)s*. Il est important de se rappeler que dans ces structures, le sujet de l'infinitif doit être identique au sujet dans la phrase principale :

Avant de répondre, <u>elle</u> réfléchit. (C'est elle qui répond.)

Après être tombé, <u>Luc</u> s'est levé rapidement. (C'est Luc qui est tombé.)

Exercices oraux : verbe + infinitif
Exercice 1. L'infinitif : à discuter en classe

Traduisez en français. Attention à la forme du mot souligné.

1. He likes <u>winning</u>.   Il aime _____.
2. He's afraid of <u>losing</u>.   Il a peur de _____.
3. He leaves without <u>saying</u> goodbye. Il s'en va sans _____ au revoir.
4. He hurries for fear of <u>being</u> late. Il se dépêche de peur d'_____ en retard.
5. He washes his hands before <u>eating</u>. Il se lave les mains avant de _____.
6. He watches TV after <u>eating</u>.   Il regarde la télé après _____.
7. He is <u>listening</u>.   Il _____.
8. He was <u>eating</u>.   Il _____.

Exercice 2. Verbe + infinitif

Suivant le modèle, parlez avec votre partenaire des sujets donnés.

MODÈLE : *ce que vous avez failli faire récemment*

Ce matin j'ai failli tomber en descendant de ma voiture.

1. ce que vous avez failli faire récemment
2. ce que vous aimez ou détestez faire
3. ce que vous voulez faire ce week-end
4. ce que vous savez faire bien
5. ce que vous ne pouvez pas faire
6. ce que vous devez faire avant la fin du semestre
7. ce que vous espérez faire dans la vie
8. ce que vous n'osez pas faire

Exercice 3. *Penser, croire,* verbes de mouvement et de perception

Travaillant avec un partenaire, répondez aux questions selon le modèle. Mettez toujours un infinitif dans la deuxième partie de votre réponse.

MODÈLE : *Qu'est-ce que tu vois ? [Les enfants jouent.]*
Je vois les enfants jouer.

1. Qu'est-ce que tu crois ? [Je peux le faire.]
2. Qu'est-ce que tu as pensé ? [Je le connais.]
3. Pourquoi est-ce que tu es rentré(e) ? [Je cherchais mon manteau.]
4. Pourquoi est-ce que tu t'en vas ? [Je vais chercher du vin.]
5. Qu'est-ce que tu entends ? [Le téléphone sonne.]
6. Qu'est-ce que tu as vu ? [Les enfants couraient dans le jardin.]
7. Qu'est-ce que tu regardais ? [Le soleil se levait.]

Exercice 4. Vos perceptions ce matin

Avec un partenaire comparez tout ce que vous avez entendu et vu en vous réveillant ce matin.

MODÈLE : *J'ai entendu les oiseaux chanter. J'ai vu le soleil briller.*

Exercice 5. Verbes de perception et *laisser* aux temps simples

Traduisez en français.

1. Do you hear the children singing?
2. Do you hear the children singing the song?
3. Do you hear the song being sung?
4. Do you hear them singing?
5. Do you hear them singing the song?
6. Do you hear them singing it?
7. Do you hear it being sung?
8. Will you let the children sing?
9. Will you let the children sing the song?
10. Will you let the song be sung?
11. Will you let them sing?
12. Will you let them sing the song?
13. Will you let them sing it?
14. Will you let it be sung?

Exercice 6. Verbes de perception et *laisser* aux temps composés

Traduisez en français.

1. Did you hear the birds singing this morning?
2. Did you hear them singing?
3. Did you hear the professor ask the question?
4. Did you hear him ask it?
5. Did you let the children sing?
6. Did you let them sing?
7. Did you let them sing it?

Exercice 7. Verbes de perception et *laisser* à l'impératif

Traduisez en français.

1. Listen to the children sing.
2. Listen to them sing.
3. Listen to the children sing the song.
4. Listen to them sing it.
5. Let the children sing! (avec *laisser*)
6. Let them sing! (avec *laisser*)
7. Let the children sing the song! (avec *laisser*)
8. Let them sing it! (avec *laisser*)

Exercices oraux : verbe + infinitif
Exercice 8. Le *faire* causatif

Avec l'aide d'un partenaire, traduisez en français.

1. *They are painting the house:* Ils peignent la maison.
   They are having the house painted: _____.
2. *They walked the dog:* Ils ont promené le chien.
   They had the dog walked: _____.
3. *She washed her hair:* Elle s'est lavé les cheveux.
   She had her hair washed: _____.
4. *Send for the doctor:* _____.
5. *We sent for the doctor:* _____.
6. *We almost sent for the doctor:* _____.

7. *We had to send for the doctor:* _____.

8. *We'll have to send for the doctor:* _____.

Exercice 9. Le *faire* causatif

Avec un partenaire, répondez à ces questions selon le modèle et puis comparez vos réponses.

MODÈLE : *Qu'est-ce qui te fait <u>rire</u> ?*

Je ris quand je vois une comédie.

rire

pleurer

réfléchir

sourire

penser à l'avenir

sauter de joie

Exercice 10. Le verbe *rendre*

Avec un partenaire, répondez à ces questions selon le modèle et puis comparez vos réponses.

MODÈLE : *Qu'est-ce qui vous <u>rend</u> heureux (heureuse) ?*

Mes enfants me rendent heureux (heureuse).

1. Qu'est-ce qui vous <u>rend</u> heureux (heureuse) ?
2. Qu'est-ce qui vous <u>rend</u> triste ?
3. Qu'est-ce qui vous <u>rend</u> nerveux (nerveuse) ?
4. Qu'est-ce qui vous <u>fait peur</u> ?
5. Qu'est-ce qui vous <u>fait mal</u> à la tête ?
6. Qu'est-ce qui vous <u>donne sommeil</u> ?
7. Qu'est-ce qui vous <u>donne envie</u> de chanter ?

Exercice 11. *Faire, laisser*

Parlez des sujets suivants avec un partenaire.

1. ce que vos parents vous ont <u>fait faire</u> lorsque vous étiez au lycée.
2. ce que vos parents vous ont <u>laissé faire</u> lorsque vous étiez au lycée.

Exercice 12. Le *faire* causatif, les travaux ménagers

Avec un partenaire, parlez des travaux ménagers que vos parents vous ont fait faire pendant votre enfance.

MODÈLE : *Mes parents m'ont fait tondre la pelouse.*

Exercice 13. Ce qu'un bon professeur fait faire à ses étudiants

Avec votre partenaire, parlez de ce qu'un bon professeur fait faire à ses étudiants. Ensuite, dites si vous avez ou avez eu des profs qui vous font faire ou qui vous ont fait faire ces choses.

MODÈLE : *Un bon prof fait réfléchir ses étudiants. Mon prof de philosophie me fait réfléchir.*

Exercice 14. *Je le fais faire*

Avec votre partenaire, dites si vous faites ces choses vous-même ou si vous les faites faire.

MODÈLE : *se couper les cheveux*

Tu te coupes les cheveux toi-même ?

Oui, je me les coupe. ou Non, je me les <u>fais couper</u> chez le coiffeur.

te couper les cheveux
réparer la voiture
nettoyer ta maison / ton appartement
remplir ta déclaration d'impôts
te nettoyer les dents

Exercice 15. D'autres choses que je fais faire

Avec votre partenaire, énumérez les autres choses que vous faites faire.

Exercice 16. Ce que le président fait faire

Avec un partenaire, faites une liste de ce que le président fait faire pour

se déplacer
manger

rendre sa maison plus belle et propre
rendre son jardin beau
s'informer sur les grandes questions

Exercice 17. Ce qu'un nouveau propriétaire doit faire faire

Avec un partenaire, faites une liste des choses qu'un nouveau propriétaire doit faire faire à sa maison avant d'y vivre. Par exemple, pensez au
toit, au chauffage, au câble, aux meubles, aux murs, etc.

Exercice 18. Verbes de perception, *laisser* et *faire* causatif : à discuter en classe

Traduisez en français.

1. The professor hears / lets / has the students
    sing
    speak
    write
    read
    answer
2. The professor hears / lets / has the students
    finish the reading
    take an exam
    hand in the homework
    write a composition
3. He hears / lets / has the children sing the song to their parents.
4. He heard / let / had the children sing the song.
   He heard / let / had the children sing the song to their parents.
5. Listen to / Let / Have the children sing the song!
   Listen to / Let / Have the children sing the song to their parents!
6. He hears / lets / has them sing it.
   He hears / lets / has them sing it to them.
7. He heard / let / had them sing it.
   He heard / let / had them sing it to them.
8. Listen to / Let / Have them sing it!
   Listen to / Let / Have them sing it to them!

Exercice 19. Verbes de perception, *laisser* et *faire* causatif : position des objets aux temps composés

Avec un partenaire, traduisez en français. Ensuite, répondez aux questions en remplaçant les substantifs par des pronoms.

1. Did you hear the mother reading the story to her children?
2. Did you see the boy giving the money to the stranger?
3. Did he have you set the table?
4. Did he let you give the candy to the child?
5. Did she make you give the money back to your uncle?

Exercice 20. Verbes de perception, *laisser* et *faire* causatif : position des objets à l'impératif

Avec un partenaire, traduisez les phrases en français. Faites attention au placement des objets.

1. Look at the bird feeding her chicks!
2. Have her open it.
3. Let's watch her open it.
4. Have the director pay him for it.
5. Let her give it to him.

Exercices oraux : verbe + préposition + infinitif
Exercice 21. Mes résolutions

Avec un partenaire, comparez vos résolutions du Nouvel An en complétant les phrases suivantes par des infinitifs.

1. Cette année je voudrais apprendre à...
2. Je vais commencer à...
3. Je chercherai à...
4. Je me suis décidé(e) de...
5. Je tiens à...
6. J'éviterai de...

7. En plus je vais arrêter de...

8. Je ne négligerai pas de...

9. Enfin je refuse de...

Exercice 22. *Passer du temps à*

Comparez avec un partenaire combien de temps vous passez chaque jour à faire les choses suivantes. Ajoutez d'autres activités qui prennent beaucoup de temps.

MODÈLE : *Je passe dix minutes à faire la vaisselle chaque soir.*

faire la vaisselle

finir vos devoirs de français

faire les lectures de français

vous sécher les cheveux

prendre le petit-déjeuner

préparer le dîner

Exercice 23. *Avant/après*

Avec un partenaire, parlez de vos actions habituelles en utilisant les structures <u>avant/après</u> + <u>infinitif</u>. MODÈLES : *Je me lave toujours les mains <u>avant de manger</u>. Je me brosse toujours les dents <u>après avoir mangé</u>.*

Exercice 24. *Apprendre*

Discutez de ces sujets avec un partenaire : Qu'est-ce que vos parents vous ont appris à faire ? Qu'est-ce que vous allez apprendre à vos enfants (ou petits-enfants) à faire ? MODÈLES : *Ils <u>m</u>'ont appris <u>à marcher</u>. Je vais <u>leur</u> apprendre <u>à attraper un baseball</u>.*

Exercice 25. *Aider quelqu'un à faire quelque chose*

Parlez de vos amis avec un partenaire, suivant le modèle.

MODÈLE : *aider*

Qu'est-ce que tu aides <u>tes amis à faire</u> ?

Je <u>les</u> aide <u>à finir leurs devoirs</u>.

aider

inviter

encourager (ou pousser/forcer/obliger)

Exercice 26. *Empêcher quelqu'un de faire quelque chose*

Parlez de vos amis avec un partenaire, suivant les modèles.

MODÈLES : a. *empêcher*

Qu'est-ce que tu empêches <u>tes amis de faire</u> ?

Je <u>les</u> empêche <u>de trop boire</u>.

b. *remercier*

Qu'est-ce que tu remercies <u>tes amis d'avoir</u> <u>fait</u> ?

Je <u>les</u> remercie de m'avoir aidé à réviser.

empêcher

persuader

prier/supplier

remercier

féliciter

Exercice 27. *Demander à quelqu'un de faire quelque chose*

Parlez de vos amis avec un partenaire, suivant le modèle.

MODÈLE : *demander*

Qu'est-ce que tu demandes (ou as demandé) <u>à tes amis de faire</u> ?

Je <u>leur</u> demande <u>de m'écouter</u>. Je <u>leur</u> ai demandé <u>de m'aider à déménager</u>.

demander

conseiller

suggérer

proposer

interdire

défendre

permettre

Exercice 28. *Offrir à quelqu'un de faire quelque chose*

Parlez de vos amis avec un partenaire, suivant le modèle.

MODÈLE : offrir

Qu'est-ce que tu offres (ou as offert) <u>à tes amis</u> <u>de faire</u> ?

Je <u>leur</u> offre <u>de lire leur travail</u>. Une fois je <u>leur</u> ai offert <u>de trouver leur</u> <u>chat perdu</u>.

offrir
promettre
refuser

Exercice 29. Mes amis

Avec un partenaire, parlez de ce que vous faites avec vos amis. Suivez le modèle mais faites attention à l'objet (direct ou indirect : *les* ou *leur*) et à la préposition qui précède l'infinitif (*à* ou *de*).

MODÈLE : *aider*

Je <u>les</u> aide <u>à</u> résoudre leurs problèmes.

aider
apprendre
remercier
encourager
inviter
promettre
permettre

Exercice 30. Pour qu'un enfant soit heureux

Avec un partenaire, discutez de ce qui est important chez un parent pour élever un enfant heureux. Utilisez des verbes comme *aider, apprendre, dire, empêcher,* etc. et employez toujours un pronom objet, *le/la* ou *lui*.

MODÈLES : Il vaut mieux ne pas <u>le forcer à</u> faire ce qu'il ne veut pas faire.

Il est important de <u>lui défendre de</u> fumer.

Moi, je <u>lui apprendrais à</u> apprécier les beaux arts.

Exercices écrits
Exercice 1. Verbes de perception, *laisser* et le *faire* causatif

Traduisez en français.

1. I heard the girl reading.
2. I heard the lesson being read.
3. I let the girl read. (*passé composé*)
4. I had the girl read.
5. I had the lesson read.
6. I had the girl read the lesson.
7. I had the girl read the lesson to the children.
8. I let the girl read the lesson to the children. (*passé composé*)
9. Listen to the children singing.
10. Let the children sing.
11. Have the children sing.

Exercice 2. Le *faire* causatif

Traduisez en anglais.

1. Il va falloir faire venir le médecin.
2. Pouvez-vous faire taire ces gens ?
3. Il est important qu'on fasse arrêter les responsables le plus tôt possible.
4. Ils se sont fait construire une grande maison.
5. Elle s'est fait faire une robe de mariée magnifique.
6. On le fera jouer sa nouvelle composition.
7. Faites entrer le monsieur tout de suite.
8. Avez-vous fait laver la voiture?
9. Ça me fait penser !
10. Nous pouvons faire livrer la chaise chez vous.

Exercice 3. Le *faire* causatif

Traduisez en français.

1. Have the guests take a seat.
2. I have my hair cut once a month.

3. She had her kids empty the dishwasher.
4. I had this cake made for you.
5. She had her friend open a can for her.
6. Make your daughter clean her room.
7. His attitude makes me question his intentions.
8. I made the student do the exercise three times.
9. Have the students read the story one more time.
10. It will make her happy.
11. That makes me sick.
12. That makes my eyes hurt.

Exercice 4. *Laisser* et le *faire* causatif

Répondez aux questions en remplaçant les substantifs par des pronoms.

1. Vous avez entendu se disputer les voisins ?
2. Vous avez vu partir les enfants ?
3. Allez-vous regarder les ouvriers terminer le projet ?
4. Avez-vous fait asseoir les invités ?
5. La maîtresse a fait écrire les exercices par les étudiants ?
6. Vous allez vous faire couper les cheveux?
7. Avez-vous fait nettoyer la chambre à la bonne ?
8. La fille a laissé son copain manger l'insecte ?

Exercice 5. Le *faire* causatif

Traduisez en français.

1. She makes him tremble.
2. She has the child eat the spinach.
3. We had Pierre listen to the record.
4. He had the students write a letter.
5. They will have us sit down.
6. We are having them speak to the group.
7. They had the kitchen painted.
8. They had him wash.
9. Have them eat.

10. Have her repeat it.
11. He had a fever, so he sent for the doctor.
12. You made her cut her hair.
13. She made him share his dessert.
14. The cake made him sick.
15. She got herself arrested.
16. I wanted to have the oven repaired.
17. The teacher had the students write a play.
18. The traffic made us lose an hour.
19. The wine makes my head spin.
20. If you send her a card, it will make her very happy.

Exercice 6. Verbe + préposition + infinitif

Faites une liste de cinq conseils qu'un médecin donne à une personne qui n'est pas en bonne santé. Employez les verbes dans les catégories A et B de la section II. Essayez d'utiliser des verbes que vous ne connaissez pas bien. <u>Exemple</u> : *Résolvez-vous à manger moins.* (C'est le verbe *se résoudre*.)

Exercice 7. Verbe + préposition + infinitif

Traduisez en français en faisant bien attention à la structure de la phrase verbale. Employez toujours *vous* pour traduire le mot *you*.

1. This thing is used for opening bottles.
2. I'm learning to play the violin.
3. I'm happy to be here.
4. He regrets having said that.
5. I hesitate to answer.
6. It's about having a good time.
7. He's pretending not to understand.
8. I didn't expect to see you.
9. He enjoys playing with his grandchildren.
10. He's getting used to having to ask several times.
11. She refuses to leave.
12. I remember having lost my keys.
13. They ended up getting married.
14. He's afraid of losing his head.

15. She spends her time reading.
16. He left to buy bread.
17. We saw the children leaving.
18. He went up(stairs) to go to bed.
19. I like to listen to the wind blowing in the trees.
20. He's too young to understand.
21. Did you hear the phone ring?
22. Will you have enough time to call me?
23. It's too late to answer.
24. After eating, he went to bed.
25. He left without saying goodbye.
26. Do you have enough money to pay for the dinner?
27. He thought long and hard before offering his opinion.
28. He began by introducing himself.
29. He ended by thanking the audience.

Exercice 8. *Après avoir..., Après être...*

Écrivez une petite liste de vos actions habituelles du matin. Commencez chaque phrase par Après + infinitif passé.

MODÈLE : *Après m'être réveillé(e), je me lève.*

Exercice 9. *Avant de*

Dites ce que vous faites typiquement avant de faire ces choses.

MODÈLE : *parler*
    Avant de parler, je réfléchis toujours.

partir en classe
mettre la voiture en marche
commencer mes devoirs
me coucher

Exercice 10. Révision du vocabulaire

Traduisez en français.

1. I don't dare speak.
2. I almost fell. (*sans employer* manquer *ou* presque)

3. I've heard of you.
4. I've heard it's a good movie.
5. I dropped the class.
6. Let me know.
7. Let me see!
8. It makes me sad.
9. It makes me sleepy.
10. It makes me want to leave.
11. These shoes make my feet hurt.
12. It scares me.

13 · Le participe présent

Comme nous l'avons déjà vu au chapitre 12, la plupart du temps le participe présent en anglais se traduit par un infinitif en français.

after speaking	après avoir parlé
before leaving	avant de partir
Let's begin eating.	Commençons à manger.
I like reading.	J'aime lire.
He sees them playing.	Il les voit jouer. ~~Jouant, il les voit~~
Seeing is believing.	Voir, c'est croire.

N'oubliez pas l'emploi du participe présent en anglais pour le présent et l'imparfait de l'indicatif :

He is sleeping.	Il dort.
He was working.	Il travaillait.

Remarquez la traduction du participe présent des cas spéciaux dans la note suivante.

Note de vocabulaire : les difficultés de la traduction du *-ing* anglais

Certaines expressions associées aux positions du corps qui emploient le participe présent en anglais emploient le participe passé en français :

> *kneeling* : agenouillé
> *lying* : couché
> *leaning* : acoudé, adossé
> *sitting* : assis (mais *standing* : debout)

Seule la préposition *en* se suit du participe présent en français : *en étudiant*. Cette structure, qu'on appelle le **gérondif**, sera examinée plus tard, dans la section III de ce chapitre. Pour une variante linguistique qui permet le participe présent après un verbe de perception, voir la note suivante.

Variante linguistique : le participe présent après les verbes de perception

Il existe une structure, quoique rarement employée, qui permet le participe présent (au lieu de l'infinitif) après un verbe de perception et dans laquelle le sujet du participe diffère de celui du verbe principal. Comparez les deux phrases suivantes :

> J'ai vu Pierre traverser la rue.
> J'ai vu Pierre traversant la rue.

Dans les deux phrases c'est Pierre qui traverse la rue. Dans la deuxième phrase, on emploie le participe présent pour exprimer une action **en train de** se dérouler : *il était en train de traverser la rue*. Cette action se déroule à la même époque que l'action du verbe principal :

> Je le vois partant. (Il part).
> Je l'ai vu partant. (Il partait).
> Je le verrai partant. (Il partira).

Nous commençons ce chapitre par une description de la formation du participe présent et entrons ensuite dans les détails de son emploi sans et avec la préposition *en*.

I. FORMATION DU PARTICIPE PRÉSENT

La formation du participe présent est très simple : on prend le radical de *"nous"* la première personne du pluriel (du présent de l'indicatif) et on y ajoute la terminaison -*ant*. N'oubliez pas de garder la lettre *e* après le radical qui se termine en -*g* et la cédille à la lettre *c* dans le participe présent.

nous <u>chant</u>ons : chantant
nous <u>rend</u>ons : rendant
nous <u>pren</u>ons : prenant
nous <u>dorm</u>ons : dormant
nous <u>finiss</u>ons : finissant
nous <u>buv</u>ons : buvant
nous <u>mange</u>ons : mangeant   ←
nous <u>commenç</u>ons : commençant

Seuls trois verbes ne suivent pas cette règle pour former le participe présent :

exceptions ✱ { être (nous sommes) → étant
avoir (nous avons) → ayant
savoir (nous savons) → sachant

Étant aller à la... = Having gone to..

Le participe présent est toujours <u>invariable</u> (ne s'accordant jamais avec un substantif ou un pronom) : <u>*Voulant*</u> *arriver à l'heure, Marie s'est dépêchée.*

Il existe aussi une forme composée du participe présent qui consiste en le participe présent du verbe auxiliaire (*avoir* ou *être*) suivi du participe passé : *ayant fini, étant arrivé(e)(s)*.

Pour former la négation du participe présent, on met presque toujours le *ne* devant le verbe simple ou le verbe auxiliaire et le deuxième élément de la négation après, comme pour un verbe conjugué :

<u>Ne</u> pouvant <u>pas</u> le faire, nous avons renoncé au projet.
<u>Ne</u> trouvant <u>rien</u> à faire, il a décidé de se coucher.
<u>N</u>'ayant <u>jamais</u> vu la neige, il fut émerveillé par la tempête.

Notez que comme pour les verbes conjugués, l'élément négatif *personne* suit le participe passé dans la forme composée du participe présent : <u>*N'*</u>*ayant vu* <u>*personne*</u>*, il a quitté la salle.*

II. EMPLOI DU PARTICIPE PRÉSENT

On emploie le participe présent pour éviter des mots redondants et des phrases lourdes. Étudiez les phrases suivantes :

Quand il a fini son travail, il rentre chez lui. → Ayant fini son travail, il rentre chez lui.

Puisqu'il cherche la vérité, il continue ses investigations. → Cherchant la vérité, il continue ses investigations.

Il est important de noter que dans ces phrases, le sujet du participe présent doit être identique au sujet de la phrase principale. La phrase suivante n'est donc pas correcte, ni en français ni en anglais (mais voir la « Variante linguistique » vers la fin de ce chapitre) : *Ayant dit ceci, il est important de noter que... *(Having said that, it's important to note...).

Si le sujet du participe présent diffère de celui de la phrase principale en français, cependant, on n'a qu'à ajouter ce sujet à la phrase subordonnée (la phrase avec le participe présent). Comparez les deux exemples suivants :

Ayant fini de parler, l'étudiant quitte la salle. (C'est l'étudiant qui finit de parler et qui quitte la salle.)

Le professeur ayant fini de parler, l'étudiant quitte la salle. (C'est le professeur qui finit de parler et l'étudiant qui quitte la salle.)

Le participe présent peut se rapporter au verbe de la phrase principale ([a]–[c], ci-dessous). Dans ce cas, il se trouve en tête de la phrase. Quand il se rapporte à un verbe, le participe présent simple a la valeur d'une **subordonnée circonstancielle**, c'est-à-dire qu'il indique la cause ou les circonstances du verbe principal et répond à la question *Pourquoi ? / Pour quelle raison ?*

a. Voulant arriver à l'heure, il a quitté sa maison à 6 heures.
   (Pourquoi a-t-il quitté la maison si tôt ?)
b. Ne sachant pas la réponse, nous n'avons rien dit.
   (Pourquoi n'avez-vous rien dit ?)
c. Ayant fini son travail, il rentre chez lui.
   (Il rentre chez lui pour quelle raison ?)

Notez que la forme composée du participe présent ([c], *ayant fini*) marque l'antériorité par rapport au verbe principal ; autrement dit : *Après avoir fini son travail, il rentre chez lui.*

Le participe présent peut aussi se rapporter à un substantif (ou pronom) dans la phrase principale (le mot souligné dans les exemples suivants). Avec les **verbes de perception**, il se trouve après la phrase principale, où il se rapporte à l'objet du verbe principal ([d]–[e]). Il peut aussi suivre directement le substantif auquel il se rapporte ([f]–[g]). Quand il se rapporte à un substantif (ou pronom) le participe présent a la valeur d'une **subordonnée relative**, c'est-à-dire qu'il est synonyme à une proposition commençant par le pronom relatif *qui* : *Je l'ai vu qui parlait au téléphone ; une fille qui portait une robe bleue.* (Voir aussi [d1]–[g1], plus loin.)

d. Je l'ai vu parlant au téléphone.
e. La voilà, cherchant son ami.
f. Les personnes ayant la réponse correcte peuvent partir.
g. Une fille portant une robe bleue nous a fait entrer.

Il est important de comprendre que le participe présent se trouve **plutôt à l'écrit**. Dans la **langue parlée**, on entend presque toujours une phrase subordonnée :

Voulant   a1. Puisqu'il voulait arriver à l'heure, il a quitté sa maison à 6 heures.

Ne sachant pas   b1. Comme nous ne savions pas la réponse, nous n'avons rien dit.

Finissant   *parlant*   c1. Après avoir fini son travail, il rentre chez lui. *Ayant fini*

parlant   d1. Je l'ai vu qui parlait au téléphone.

cherchant   e1. La voilà, qui cherche son ami.

ayant   f1. Les personnes qui ont la réponse correcte peuvent partir.

portant   g1. Une fille qui portait une robe bleue nous a fait entrer.

Exemples du participe présent

i. Albert Camus *Le premier homme*, 1994

[Les enfants] couraient, traversant la rue, essayant de s'attraper, couvert déjà d'une bonne sueur, mais toujours dans la même direction, vers le champ vert, non loin de leur école, à quatre ou cinq rues de là.

ii. *Le Nouvel Observateur*, 3–9 janvier 2013

Quel patient CMU [couverture maladie universelle] refuserait des prosthèses ne coûtant rien, car financées par le contribuable ?

III. EMPLOI DU GÉRONDIF

On appelle **gérondif** la structure en + participe présent. Comme le participe présent, le gérondif s'emploie pour rendre une phrase plus économe :

Il étudie pendant qu'il regarde la télévision.
Il étudie tout en regardant la télévision.

Le gérondif s'emploie couramment à l'oral aussi bien qu'à l'écrit (tandis que le participe présent se voit plutôt à l'écrit). Il se lie toujours au verbe (tandis que le participe présent peut se lier au substantif/pronom aussi bien qu'au verbe).

Le gérondif a toujours la valeur d'une **subordonnée circonstancielle.** Celle-ci peut exprimer deux idées différentes :

- Le gérondif peut exprimer **la manière dont ou la condition dans laquelle** le verbe principal s'achève. Dans ce cas soit il répond à la question *Comment ?*, soit il égale une phrase hypothétique commençant par si.

  En prenant ce médicament, tu te sentiras mieux.
  (Comment est-ce que je me sentirai mieux ? Si tu prends ce médicament, tu te sentiras mieux.)

  C'est en essayant qu'on apprend.
  (Comment est-ce qu'on apprend ? Si on essaie, on apprend.)

  Il gagne sa vie en vendant des assurances.
  (Comment est-ce qu'il gagne sa vie ? Il vend des assurances.)

- Le gérondif peut aussi indiquer **la simultanéité** de deux actions, répondant à la question *Quand ?*

Il est tombé en montant dans la voiture.
(Quand est-il tombé ? Il est tombé lorsqu'il montait dans la voiture.)

En sortant, j'ai remarqué l'heure.
(Quand avez-vous remarqué l'heure ? Je l'ai remarquée lorsque je sortais.)

Notez que le gérondif perd sa préposition *en* si le verbe est au négatif.

En faisant tout cela, tu comprendras. (Si tu fais tout cela...)
Ne faisant rien, tu ne comprendras rien. (Si tu ne fais rien...)

L'expression tout en + participe présent souligne **la simultanéité de deux actions contradictoires** (angl. *all the while* : [a], ci-dessous) ou bien **la concession** (*bien que, quoique* : [b]).

a. Il fait ses devoirs tout en regardant la télévision.
b. Tout en regrettant son ancienne école, Anne se plaît beaucoup au lycée.

Les deux phrases suivantes illustrent bien la différence entre le gérondif et le participe présent. Dans (a), le gérondif montre la simultanéité de deux verbes ; alors c'est Jacques qui traversait la rue. Dans (b), le participe présent se rapporte au nom propre (Marie) ; alors c'est Marie qui traversait la rue.

a. Jacques a rencontré Marie en traversant la rue.
b. Jacques a rencontré Marie traversant la rue.

Note de vocabulaire : expressions populaires avec le participe présent

soi-disant (*so-called*) : le soi-disant chef
ce disant, ... (*in so saying*)
ayant dit ceci, ... (*having said that*)
strictement parlant (*strictly speaking*)
en ce faisant (*in so doing*)
la Belle au bois dormant (*Sleeping Beauty*)

Exemples du gérondif

i. Un professeur parle de ses élèves (Amiens 2000)

Alors, il y a deux choses différentes… leur provoquer l'amour de la littérature <u>tout en améliorant</u> la langue…

ii. Un professeur parle de sa formation professionnelle (Amiens 2000)

Bon, alors,… moi, j'ai appris mon métier à l'école hôtelière de Paris […] Il faut pour être titulaire passer un concours de recrutement <u>tout en enseignant</u> comme auxiliaire.

iii. Jean Giono, *Le grand troupeau*, 1931

Le vent saute les Alpes <u>en hurlant</u>. […] un homme, courbé en deux, pousse sa marche contre le vent <u>en tendant</u> les cuisses.

iv. Albert Camus *Le premier homme*, 1994

[Les élèves] se taisaient, serrés autour de leur maître, qui ne trouvait rien à leur dire et qui soudain les quitta <u>en disant</u> qu'il reviendrait. […]

Quand il fermait les yeux à demi, <u>tout en mangeant</u> avec appétit, on l'imaginait en robe de soie et les baguettes aux doigts.

v. *Le Point*, 3 janvier 2013

<u>En utilisant</u> la couleur kaki dans les collections, les créateurs esquissent une allure militaire mais non dénuée de romantisme.

Variante linguistique : exceptions dans la littérature à la structure « correcte »

On considère mal construite les phrases suivantes (exemples pris de Grevisse et Goosse 1993) :

> Étant tombé sur la tête, le médecin m'a donné un certificat.
>
> En attendant le plaisir de vous voir, veuillez agréer mes salutations distinguées.

Il faut reconnaître cependant que l'usage des auteurs, comme à l'époque classique, prend beaucoup de liberté avec cette règle.

Voici des exemples de la littérature où le sujet du participe diffère de celui du verbe conjugué :

> En approchant d'Alexandre, l'air s'allège. (Jean Cocteau, *Maalesh*, 1949)
>
> En entrant dans l'église, le regard s'arrête sur un beau jubé de la Renaissance. (Anatole France, *Pierre Nozière*, 1899)
>
> Je voy qu'en m'écoutant vos yeux au ciel s'adressent. (Jean Racine, *Esther*, 1689)
>
> Médicalement parlant, un repos d'une journée au moins lui est nécessaire. (Jules Romains, *Knock*, 1922)
>
> L'appétit vient en mangeant. (proverbe)
>
> La fortune vient en dormant. (proverbe)

Exercices oraux
Exercice 1. Pourquoi ?

Avec un partenaire, imaginez ce qui a causé l'action ou la situation exprimée dans les phrases suivantes. Utilisez **un participe présent**. N'oubliez pas que cet emploi du participe présent marque un style soutenu de la langue.

MODÈLE : *Elle est en retard.*

> *Ayant oublié de mettre son réveille-matin, elle est en retard.*

1. Elle n'a pas répondu au téléphone.
2. Elle ne peut pas s'acheter une nouvelle robe.
3. Elle a réussi à tous les examens.
4. Elle s'est payé un voyage à Madrid.
5. Elle ne comprend pas la leçon.
6. Elle a travaillé dix heures ce week-end.

7. Elle a fini par prendre sa voiture.
8. Elle a gagné beaucoup d'argent.
9. Elle se cache.

Exercice 2. Comment ?

Travaillant avec un partenaire, choisissez une expression de la deuxième colonne pour indiquer comment l'émotion de la première colonne est exprimée.

    MODÈLE : *On montre* <u>la surprise</u>... **en** <u>X</u>.

la surprise	frapper les mains
l'indifférence	hausser les épaules
l'accord	hocher la tête
la joie	hausser les sourcils
la confusion	froncer les sourcils

Exercice 3. Comment ?

Avec un partenaire, imaginez comment ces choses sont arrivées. Employez toujours le gérondif.

    MODÈLE : *Il a fait la connaissance de son meilleur ami... en faisant du ski.*

Le garçon est devenu fort.
La fille a perdu une dent.
Le monsieur a perdu sa montre.
Je me suis coupé le doigt.
Mon père a gagné sa fortune.
Je me suis fait mal.

Exercice 4. La simultanéité de deux actions

Avec votre partenaire, montrez la simultanéité des deux actions en mettant le deuxième verbe au gérondif. Ensuite, suivant le même modèle, discutez des choses que vous faites simultanément.

1. Il ronfle et il dort.
2. Il ferme les yeux et il chante.
3. J'ai vu mon voisin et je sortais les ordures.

4. Elle est sortie et elle courait.

5. Il est entré et il ôtait son manteau.

Exercice 5. La simultanéité de deux actions qui ne vont pas bien ensemble

Avec votre partenaire, montrez la simultanéité de deux actions qui ne vont pas bien ensemble en employant la structure tout en + participe présent avec le deuxième verbe. Ensuite, suivant le même modèle, discutez des choses bizarres que vous faites simultanément.

1. Elle se baignait et elle mangeait un hamburger.
2. Il se promenait à bicyclette et il fumait une cigarette.
3. Il parle avec sa femme et il lit un roman.
4. Elle fait ses devoirs de maths et elle écoute ses exercices de phonétique.

Exercice 6. La concession

Avec votre partenaire, montrez la concession en employant la structure tout en + participe présent dans la première partie de la phrase. Ensuite, créez des phrases personnelles qui suivent le même modèle.

1. Elle lui dit qu'elle l'aime, mais en même temps elle le trompe avec son meilleur ami.
2. Il est riche, mais il refuse d'acheter une nouvelle voiture.
3. Il a soif mais il refuse de boire.
4. Il est content de son nouveau travail, mais il regrette son temps libre perdu.

Exercice 7. Ce qui est logique

Avec un partenaire, associez les deux colonnes pour obtenir une phrase logique.

1. En recevant son diplôme en mai,

2. Ayant pris le vol de 20h,

a. l'entreprise a pu éviter la faillite.

b. ils ont poussé un soupir de soulagement.

3. Étant sans papiers et sans domicile fixe,

4. Leur fils ayant échoué au bac une troisième fois,

5. En obtenant ce nouveau contrat,

6. En arrivant au sommet de la montagne,

c. ses parents lui refusent leur aide financière.

d. nous étions certains d'être à Paris sans délai.

e. il s'est fait arrêter par la police.

f. il va pouvoir chercher un emploi immédiatement.

Exercices écrits

Exercice 1. Le participe présent : pourquoi ?

En imitant le modèle, créez trois phrases originales qui expliquent pourquoi quelque chose est arrivé dans votre vie ou dans la vie de quelqu'un que vous connaissez.

MODÈLE : *N'ayant pas les moyens de nous payer l'entrée, nous avons manqué le concert hier soir.*

Exercice 2. Le gérondif : comment ?

En imitant le modèle, créez trois phrases originales qui expliquent comment quelque chose est arrivé dans votre vie ou dans la vie de quelqu'un que vous connaissez.

MODÈLE : *Pendant les vacances, je suis tombé(e) en faisant du ski.*

Exercice 3. Le gérondif : la simultanéité

En imitant le modèle, créez deux ou trois phrases originales qui décrivent des choses que vous faites (ou que quelqu'un d'autre fait) souvent simultanément.

MODÈLE : *Mon frère chante en jouant de la guitare.*

Exercice 4. Le gérondif : comment ?

Répondez à la question en imitant le modèle. Répondez par plusieurs verbes.

MODÈLE : *Comment fait-on marcher la voiture ?*

On fait marcher la voiture en mettant la clé dans l'ignition, en démarrant et en appuyant sur l'accélérateur.

Question : Comment apprend-on à bien parler une langue étrangère ?

Exercice 5. Le gérondif : *tout en...*

En imitant le modèle (qui parle de **deux actions simultanées mais contradictoires**), créez deux phrases originales qui parlent de vos habitudes personnelles.

> MODÈLE : *Il m'arrive de temps en temps de conduire* <u>tout en consultant</u> *le plan de la ville.*

Exercice 6. Le participe présent et le gérondif

Reformulez les phrases en employant des participes présents ou des gérondifs.

Tout en affirmant

1. Bien que vous <u>affirmiez</u> votre bonheur, vous avez l'air triste.

en écoutant 2. Il <u>écoute</u> la radio et il conduit. *en faisant*

3. Elle s'est foulé la cheville ; <u>elle faisait</u> de la gymnastique.

en jouant 4. Il a gagné sa vie ; <u>il jouait</u> de la guitare dans un club.

Ayant travaillé 5. <u>Comme elle avait travaillé</u> toute la nuit, elle s'est endormie en classe.

Ayant oublié 6. <u>Puisqu'ils avaient oublié</u> d'aller à la banque, ils n'avaient pas d'argent.

En préparant 7. <u>En même temps qu'il préparait</u> le dîner, il écoutait ses messages téléphoniques.

En promenant 8. <u>Alors que je promenais</u> le chien, j'ai rencontré mon professeur de français dans le parc.

En essayant 9. <u>Elle a essayé</u> d'attirer notre attention ; elle a hurlé.

Tout en faisant 10. <u>Pendant qu'elle faisait</u> du yoga, elle pensait à son emploi du temps.

Tout en prétendant 11. <u>Quoiqu'il prétende</u> adorer les chiens, il se recule chaque fois qu'il en voit un. *en écoutant*

12. Tu réussiras dans la classe si tu <u>écoutes</u> le professeur.

en mangeant 13. <u>Si vous voulez</u> maigrir, vous devriez manger moins de pâtisseries. *pouvez*

en descendant 14. J'ai vu mon voisin <u>lorsque je descendais</u> de ma voiture.

15. Le petit a montré sa colère ; <u>il s'est bouché</u> les oreilles. *en se bouchant*

Ayant décidé 16. <u>Puisqu'elle a décidé</u> de prendre sa retraite, elle se sent beaucoup moins stressée.

(ay-yant)

Appendices:
Table des matières

E. dire / raconter / parler

F. écouter / entendre

G. être en train de

H. faillir

I. fois / temps

J. futur / avenir

K. il y a / voilà

L. parce que / à cause de

M. partir / quitter / sortir / aller

N. prétendre / faire semblant

O. réaliser / se rendre compte

P. savoir / connaître

Q. savoir / pouvoir

R. sentir / se sentir

S. voir / regarder

22. Exemples supplémentaires

23. Exercices supplémentaires

Appendice 1
Verbes à connaître

Ce sont les verbes que l'étudiant avancé doit connaître. Les listes ici correspondent aux trois groupes de conjugaison expliqués à l'appendice 2.

VERBES IRRÉGULIERS : *ÊTRE, AVOIR, ALLER, FAIRE, DIRE*

Groupe 1 (verbes conjugués comme *parler*)
Attention surtout aux verbes suivants :

offrir, souffrir
ouvrir, couvrir, découvrir
cueillir, accueillir
saillir, assaillir
croire, voir
rire, (s'en)fuir, courir
conclure, inclure

Groupe 2
finir, choisir, grossir, maigrir, obéir, ralentir, rougir, réussir
dormir, mentir, partir, sentir, servir, sortir
attendre, entendre, descendre, pendre, rendre, vendre, répondre
prendre, apprendre, comprendre, surprendre, entreprendre
écrire, lire, interdire, conduire, traduire, déduire, instruire, introduire, produire, séduire, plaire
connaître, (dis)paraître, naître, maudire
peindre, craindre, joindre
perdre, mordre, mettre, battre
vivre, survivre, suivre, poursuivre
rompre, interrompre, corrompre

Groupe 3

vouloir, pouvoir, devoir, recevoir, mouvoir, boire, venir, tenir
mourir, acquérir

savoir, valoir, s'asseoir, faillir, résoudre, absoudre, haïr

Appendice 2
La conjugaison au présent de l'indicatif : une nouvelle approche

Pour conjuguer un verbe français au présent de l'indicatif, on doit savoir à quel groupe il appartient. Traditionnellement on classe les verbes selon l'infinitif, ce qui donne trois groupes de verbes « réguliers » (en -er, -ir and -re). Ce système exclut malheureusement un grand nombre de verbes (entre environ 50 et 350, dépendant du texte de grammaire), que l'étudiant est censé apprendre comme « irréguliers ». La conjugaison apparaît donc très difficile en français. Mais si on abandonne la classification par infinitif et groupe les verbes selon leur conjugaison orale au présent de l'indicatif, on constate que les trois groupes résultants n'excluent que cinq verbes, c'est-à-dire qu'il n'y a que cinq verbes irréguliers à apprendre.

Les cinq verbes irréguliers sont *être*, *avoir*, *aller*, *faire*, *dire*. Chacun de ces verbes irréguliers manque au moins une des caractéristiques suivantes, des caractéristiques qui sont partagées par tous les autres verbes de la langue française au présent de l'indicatif :

1. les formes du singulier sont homophones, c'est-à-dire qu'on prononce les formes pour *je*, *tu* et *il/elle/on* de la même façon : *je lis* = *tu lis* = *il lit* [li]
2. la terminaison orale à la première personne du pluriel (*nous*) est [ɔ̃] (*-ons* à l'écrit)
3. la terminaison orale à la deuxième personne du pluriel (*vous*) est [e] (*-ez* à l'écrit)
4. la terminaison orale à la troisième personne du pluriel (*ils/elles*) est muette (*-ent* à l'écrit).

Selon ces quatre critères les verbes *être*, *avoir*, *aller*, *faire* et *dire* sont irréguliers.

	être	avoir	aller	faire	dire
1.	je suis ≠	j'ai ≠	je vais ≠		
	tu es / il est	tu as / il a	tu vas / il va		
2.	nous sommes				
3.	vous êtes			vous faites	vous dites
4.	ils sont	ils ont	ils vont	ils font	

Tous les autres verbes français appartiennent à un de trois groupes. Le choix de groupe dépend de deux facteurs importants :

Le nombre de radicaux

Dans les verbes à un radical, la voyelle principale ne change pas. Comparez le verbe *parler* (un radical : *je parle, nous parlons*) avec le verbe *vouloir* (deux radicaux : *je veux, nous voulons*).

L'addition (ou pas) d'une consonne prononcée après le radical dans les formes au pluriel

Dans beaucoup de verbes, les formes pour la troisième personne du singulier et la troisième personne du pluriel sont homophones mais ce n'est pas le cas dans d'autres. Comparez le verbe *parler* (*il parle* = *ils parlent* [parl]) avec le verbe *lire*, qui ajoute une consonne prononcée au pluriel (*il lit* [li] ≠ *ils lisent* [liz]).

La division en groupes des verbes réguliers est la suivante (voir aussi le tableau des verbes réguliers, ci-dessous) :

Groupe 1 : modèle *parler*

- un seul radical
- la troisième personne du singulier est homophone avec la troisième personne du pluriel

Groupe 2 : modèle *lire*

- un seul radical
- la troisième personne du singulier n'est pas homophone avec la troisième personne du pluriel (une consonne prononcée est ajoutée après le radical au troisième personne du pluriel)

Groupe 3 : modèles *vouloir* et *savoir*

* deux radicaux
* la troisième personne du singulier n'est pas homophone avec la troisième personne du pluriel (une consonne prononcée est ajoutée après le radical au troisième personne du pluriel)

Les verbes réguliers

Groupe 1 : un radical	Groupe 2 : un radical + consonne au pluriel	Groupe 3 : deux radicaux + consonne au pluriel
je **parl** é̸ = tu **parl** é̸s̸ = il **parl** é̸	je li s̸ = tu li s̸ = il li t̸	je **veu** x̸ = tu **veu** x̸ = il **veu** t̸
= ils **parl** é̸n̸t̸	≠ ils li s̲ é̸n̸t̸	≠ ils **veu** l é̸n̸t̸
nous **parl** ons	nous li s̲ ons	nous **vou** l ons
vous **parl** ez	vous li s̲ ez	vous **vou** l ez

Voici des détails sur les trois groupes.

GROUPE 1

La majorité des verbes du français (environ 93%) appartiennent au groupe 1.

Presque tous ont l'infinitif en **-er**. Mais le groupe 1 contient aussi un petit nombre de verbes en -ir, -*re* et -oir(*e*). Ceux-ci comprennent :

---

a. offrir / souffrir / ouvrir / couvrir / découvrir
cueillir / accueillir / saillir / assaillir
b. croire / voir / rire
(s'en)fuir / courir / conclure / inclure

Notez que, à l'écrit, les terminaisons au singulier des verbes (a) sont identiques à celles des verbes en -er (-e/-es/-e), mais les verbes (b) se terminent en -s/-s/-t ; par exemple :

a. j'offre / tu offres / il offre
b. je crois / tu crois / il croit

Pour les verbes commençant par une voyelle, à l'affirmatif, la prononciation de la forme à la troisième personne du singulier (il) diffère de celle à la troisième personne du pluriel (ils) à cause de la liaison devant le verbe au pluriel (il aime ≠ ils aiment : [i lɛm] ≠ [il zɛm]). Cette distinction disparaît au négatif, où il n'y a pas de liaison.

L'orthographe reflète la prononciation. Dans ce groupe on voit des changements d'orthographe dans la conjugaison qui comprennent les verbes suivants :

a. Les verbes en -ger ajoutent un e devant la terminaison -ons, et les verbes en -cer ajoutent une cédille à la consonne c dans la même forme pour garder la prononciation « douce » de la consonne (nous mangeons, nous avançons).

   Explication : comme en anglais, g devant e se prononce [ʒ] (geste) mais g devant o se prononce [g] (golfe) ; c devant e se prononce [s] (central) mais c devant o se prononce [k] (contrôle). Les verbes les plus communs de ce genre comprennent :

arranger	nager
changer	négliger
charger	obliger
corriger	partager
déménager	plonger
diriger	prolonger
exiger	ranger
interroger	songer
juger	venger
manger	voyager
mélanger	

agacer	lancer
annoncer	menacer
avancer	placer
balancer	promener
commencer	remplacer
divorcer	sucer
forcer	

b. Dans certaines formes des verbes comme *appeler* et *jeter*, on double la consonne finale du radical (l ou t) pour refléter la prononciation.

Explication : à l'intérieur du mot, la lettre *e* **suivie d'une seule consonne écrite** se prononce [ə] et **suivie d'une lettre doublée à l'écrit** se prononce [ɛ] : *j'appelle* [ɛ], *nous appelons* [ə] (ou voyelle muette) ; *je jette* [ɛ], *nous jetons* [ə] (ou voyelle muette). Les verbes les plus communs de ce genre comprennent :

(s')appeler / peler / rappeler
étinceler
renouveler

feuilleter
jeter / projeter / rejeter

c. Dans les verbes comme *lever*, on écrit un accent grave sur la première voyelle dans certaines formes. Dans les verbes comme *céder*, l'accent change de direction.

<u>Explication</u> : comme nous venons de le voir, la lettre *e* suivie d'une seule consonne **écrite** se prononce [ə] ; *e* avec l'accent grave reflète la prononciation [ɛ] et l'accent aigu marque la prononciation [e] : *je lève* [ɛ], *nous levons* [ə] (ou muet) ; *j'espère* [ɛ], *nous espérons* [e]. Les verbes de ce genre sont :

---

mener / amener / emmener / (se) promener
(se) lever / enlever
achever
geler
peser

céder	posséder
célébrer	préférer
compléter	régler
considérer	régner
espérer	répéter
exagérer	sécher
(s')inquiéter	suggérer
intégrer	

---

d. Notez aussi que dans les verbes en -yer, la lettre y de l'infinitif et des première et deuxième personnes du pluriel devient i dans les autres personnes : j'essaie, nous essayons. Cette formalité d'orthographe, qui n'influence nullement la prononciation, semble être en train de disparaître, surtout dans les verbes en -ayer, où il est considéré acceptable d'écrire y dans toutes les formes : je paye. Quelques verbes de ce genre sont :

payer	envoyer
essayer	essuyer
employer	nettoyer
ennuyer	

GROUPE 2

Presque tous les autres verbes du français (c'est-à-dire qui ne sont pas dans le groupe 1), ou presque 7% de tous les verbes, appartiennent au groupe 2.

La plupart des verbes dans ce groupe ont des infinitifs en -ir et en -re. Ce groupe comprend alors tous les verbes comme finir, dormir, vendre et prendre. Il compte aussi les verbes traditionnellement appelés « irréguliers » comme lire, écrire, traduire, mettre, vivre et connaître. Voir le tableau suivant pour un résumé des verbes du groupe 2.

Verbes du groupe 2 (avec la consonne qui est ajoutée au pluriel)

Infinitif	Consonne ajoutée	Verbes	Notes
-ir	[s]	finir, choisir, grossir, maigrir, obéir, ralentir, rougir, réussir, etc.	• Presque ¾ des verbes en -ir sont conjugués comme finir. • Le radical des verbes comme finir se termine par la voyelle -i : fini-. • La terminaison verbale -ish en anglais vient de la troisième personne du pluriel du verbe français : ils finissent → ang. finish. Voir aussi abolir, chérir, démolir, établir, périr, punir, etc. • Beaucoup de verbes composés de <u>adjectif + -ir</u> ont le sens « devenir + adjectif » : grossir = devenir gros. Voir aussi maigrir, grandir, vieillir, blanchir, rougir, ralentir.
-ir	varie	dormir, mentir, partir, sortir, sentir, servir, se repentir, bouillir, vêtir, gésir	• Les verbes comme dormir (28 total) sont limités à cette liste et à tous les verbes dérivés de ceux-ci (par exemple : s'endormir, démentir, repartir, consentir, resservir, ressortir, dévêtir). • Il est important de noter que le radical de ces verbes ne se termine pas en -i. Comparez : finir (fini-) / dormir (dor-). • Les seuls verbes en -ir qui n'appartiennent pas au groupe 2 sont offrir, ouvrir, souffrir, couvrir, découvrir, cueillir, accueillir, saillir, assaillir, courir et fuir (groupe 1) ; et mourir, tenir, venir, faillir, acquérir, haïr (groupe 3).
-re	[d]	attendre, entendre, descendre, pendre, rendre, vendre, répondre, fondre, tondre, etc.	• Ces verbes ont une voyelle nasale dans le radical dans toutes les formes ; le n ne se prononce jamais. • Le d s'écrit dans les formes du singulier mais ne se prononce pas au singulier.

-re	[n]	prendre, apprendre, comprendre, surprendre, entreprendre	• Pour ces verbes, les formes au singulier se terminent par une voyelle nasale (le -n n'est pas prononcé) ; au pluriel, on prononce le -n et la voyelle n'est pas nasale : c'est un [ə] dans pr<u>e</u>nons et pr<u>e</u>nez et un [ɛ] dans pr<u>e</u>nnent. Voir le verbe appeler (groupe 1b, plus haut) pour une explication de cette alternance.
-re	[d]	per<u>d</u>re, mor<u>d</u>re, etc.	• Dans beaucoup de ces verbes, la consonne ajoutée au pluriel se trouve aussi dans l'infinitif.
	[t]	me<u>tt</u>re, ba<u>tt</u>re, etc.	
	[p]	rom<u>p</u>re, etc.	• Le verbe rompre a une voyelle nasale dans toutes les formes.
	[v]	vi<u>v</u>re, survi<u>v</u>re, (pour)sui<u>v</u>re	
	[s]	connaître, (dis)paraître, naître, etc.	• Les verbes comme connaître, ainsi que plaire, ont un accent circonflexe dans les formes sans s (écrit). L'accent remplace le s perdu d'une forme plus ancienne de la langue.
	[z]	coudre, plaire	
	[ɲ]	peindre, craindre, joindre, etc.	• Les verbes avec [ɲ] ont une voyelle nasale dans le singulier mais pas dans le pluriel.
-ire	[v]	écrire	• Ces verbes ont un radical qui se termine par la voyelle -i comme celui des verbes en -ir +[s]. La consonne qui s'ajoute au radical varie selon le verbe.
	[z]	lire, conduire, traduire, déduire, instruire, produire, séduire, etc.	
		contredire, prédire, interdire, etc.	• contredire (etc.) : nous contredisons, vous contre**disez**
	[s]	maudire (comme finir)	

GROUPE 3

C'est un très petit groupe de verbes (35 verbes), dont la majorité ont l'infinitif en -oir(e).

La plupart des verbes dans ce groupe ont le radical de l'infinitif dans les formes pour *nous* et *vous* et un radical différent dans les autres formes (verbes comme *vouloir*). Mais dans un petit nombre de verbes (comme *savoir*), le radical de l'infinitif se trouve dans toutes les formes du pluriel. Voir le tableau plus bas pour un résumé des verbes du groupe 3.

Les verbes comme *vouloir* sont :

vouloir / pouvoir / devoir
recevoir / mouvoir / boire
venir / tenir / mourir / acquérir

Les verbes comme *savoir* sont :

savoir / valoir / s'asseoir
résoudre / absoudre
faillir / haïr

Verbes à deux radicaux

Comme *vouloir* (+ consonne)

vouloir [l]	je/tu veux, il veut – ils veulent – nous v**ou**lons, vous v**ou**lez
pouvoir [v]	je/tu peux, il peut – ils peuvent – nous p**ou**vons, vous p**ou**vez
devoir [v]	je/tu dois, il doit – ils doivent – nous d**e**vons, vous d**e**vez
recevoir, *etc.* [v.] (concevoir, décevoir, apercevoir	je/tu reçois, il reçoit – ils reçoivent – nous rec**e**vons, vous rec**e**vez
mouvoir, émouvoir, promouvoir)	je/tu meus, il meut – ils meuvent – nous m**ou**vons, vous m**ou**vez
boire	je/tu bois, il boit – ils boivent – nous b**u**vons, vous b**u**vez
venir, tenir, *etc.* [n] (revenir, devenir, parvenir, se souvenir, appartenir, contenir, entretenir, maintenir, soutenir, s'abstenir)	*voyelle nasal au singulier, mais pas au pluriel :* je/tu viens, il vient – ils vie<u>nn</u>ent – nous v**e**nons, vous v**e**nez
CAS SPÉCIAUX mourir acquérir (conquérir)	*pas de nouvelle consonne ajoutée au pluriel :* je/tu meurs, <u>il meurt = ils meurent</u> – nous m**ou**rons, vous m**ou**rez j'/tu acquiers, <u>il acquiert = ils‿acquièrent</u> – nous acqu**é**rons, vous acqu**é**rez

Comme *savoir* (+ consonne)

savoir [v]	je/tu sais, il sait – ils s**a**vent, nous s**a**vons, vous s**a**vez
valoir [l]	je/tu vaux, il vaut – ils v**a**lent, nous v**a**lons, vous v**a**lez
s'asseoir/rasseoir [j]	je m'assieds, tu t'assieds, il s'assied – ils s'ass**e**yent, nous nous ass**e**yons, vous vous ass**e**yez
faillir [j]	je/tu faux, il faut – ils f**ai**llent, nous f**ai**llons, vous f**ai**llez
résoudre/absoudre [l]	je/tu résous, il résout – ils rés**o**lvent, nous rés**o**lvons, vous rés**o**lvez
haïr [s]	je/tu hais, il hait [e] (ou [ɛ]) – ils ha**ï**ssent [a is], nous ha**ï**ssons [a sɔ̃], vous ha**ï**ssez [a i se]

Appendice 3
Le démonstratif : formes et emploi

L'adjectif démonstratif est un déterminant (comme les articles définis, indéfinis et partitifs) et démontre ainsi le **genre** et le **nombre** du mot qui le suit. Comme tous les autres déterminants, l'adjectif démonstratif au pluriel se termine alors par -s (comparez : *ces, les, des, mes, tes, ses, quels*). N'oubliez pas la forme spéciale devant un substantif masculin au singulier qui commence par une voyelle.

Adjectif démonstratif

| Masculin | Singulier | | Pluriel | Exemples |
	Masculin + voyelle	Féminin	Masculin et féminin	
ce	cet	cette	ces	Donnez-moi ce livre / cet objet / cette feuille / ces papiers.

Notez que pour indiquer la distance de l'objet par rapport au locuteur (chose faite par deux mots différents en anglais : *this* et *that*), on peut ajouter -ci ou -là au substantif modifié par l'adjectif démonstratif. **Cette robe-ci** est jolie mais **cette robe-là** (*celle-là*) est magnifique.

Le pronom démonstratif remplace le groupement <u>adjectif démons-</u> <u>tratif + substantif</u> : *ce problème* → *celui-ci* (voir la note en bas).

Pronom démonstratif

Singulier		Pluriel	
Masculin	*Féminin*	*Masculin*	*Féminin*
celui	celle	ceux	celles

Notez que les pronoms démonstratifs ne se trouvent jamais seuls. Ils sont toujours accompagnés (a) des particules -ci ou -là, (b) d'une phrase prépositionnelle avec *de*, (c) d'un participe passé ou (d) d'une proposition relative.

a. celle-ci, celui-là   (*this one, that one*)
b. celui de mon frère   (*my brother's ; the one belonging to my brother*)
c. ceux faits en 1999   (*the ones made in 1999*)
d. celles que j'ai trouvées   (*the ones I found*)

Exemples :

On achète cette machine à laver ou <u>celle-là</u> ? Je ne sais pas. Elles coûtent toutes les deux très chères. Pour le moment, pourquoi pas continuer à utiliser <u>celle de mes parents</u> ou même <u>celle qui se trouve</u> au sous-sol de notre immeuble ? Ah non, <u>celle-là</u> est trop vieille ; et puis, <u>celles partagées</u> par plusieurs locataires sont toujours en panne.

Appendice 4
La possession : formes et emploi

ADJECTIF POSSESSIF

L'adjectif possessif est un déterminant (comme les articles définis, indéfinis et partitifs) et démontre ainsi le **genre** et le **nombre** du mot qui le suit. Remarquez surtout dans le tableau suivant que tous les adjectifs possessifs qui modifient des substantifs au pluriel se terminent par un -s. N'oubliez pas la forme spéciale devant un substantif féminin au singulier qui commence par une voyelle. Rappelez-vous aussi que les adjectifs son, sa et ses se traduisent à la fois his et her.

| | Possessions | | | | |
| | Singulier | | | Pluriel | |
Possesseur	Masculin	Féminin	Féminin + voyelle	Masculin et féminin	Exemples
je	mon	ma	mon	mes	Je cherche mon frère / ma sœur / mon amie / mes enfants.
tu	ton	ta	ton	tes	Tu cherches ton livre / ta chaise / ton amie / tes enfants.
il/elle	son	sa	son	ses	Il/Elle cherche son père / sa tante / son amie / ses enfants.
					(à suivre)

Possesseur	Singulier	Pluriel	Exemples
ils/elles	leur	leurs	Ils/Elles cherchent leur ami(e) / leurs ami(e)s.
nous	notre	nos	Nous cherchons notre classe / nos livres.
vous	votre	vos	Vous cherchez votre professeur / vos ami(e)s.

PRONOM POSSESSIF

Le pronom possessif remplace l'ensemble de l'adjectif possessif + son substantif : mon livre → le mien ; ma chaise → la mienne ; mes enfants → les miens ; mes amies → les miennes.

	Possessions			
	Singulier		Pluriel	
Possesseur	Masculin	Féminin	Masculin	Féminin
je	le mien	la mienne	les miens	les miennes
tu	le tien	la tienne	les tiens	les tiennes
il/elle	le sien	la sienne	les siens	les siennes
ils/elles	le leur	la leur	les leurs	
nous	le nôtre	la nôtre	les nôtres	
vous	le vôtre	la vôtre	les vôtres	

Notes :

1. Dans les cas ambigus, ou pour souligner la possession, on ajoute à + un pronom tonique après la structure adjectif possessif + substantif :

C'est son livre à lui.
C'est ma voiture à moi.

2. On peut aussi ajouter <u>à + pronom tonique</u> après l'<u>article indéfini +</u> <u>substantif</u> :

C'est <u>un ami à moi</u>.

3. Les expressions <u>être à / appartenir à + objet indirect</u> indiquent la possession :

Ce livre est à Jacques. (Il est à lui.)
Cette bicyclette appartient à Paul. (Elle lui appartient.)

Exemples :
<u>À qui appartient</u> ce sac ?
Je crois qu'<u>il est à moi</u>. Oui, c'est <u>mon sac</u>, c'est <u>le mien</u>.

Appendice 5
L'impératif : formation

L'impératif consiste du verbe conjugué à la deuxième personne (*tu* ou *vous*) et à la première personne du pluriel (*nous*). Le sujet du verbe n'est pas donné. Pour les verbes du groupe 1 avec l'infinitif en -*er*, on n'écrit pas le -*s* final de la deuxième personne du singulier, à moins que le verbe se suive d'un pronom qui commence par une voyelle. Seuls trois verbes ont des formes irrégulières à l'impératif (voir plus bas).

Parle ! Parle**s**-en ! Parlez ! N'en parlons pas !

Va au diable ! Vas-y. Allez-vous-en ! Allons-y.

Dis la vérité. Dites-le-moi. Disons que oui.

Ne fais pas de bruit. Faites attention ! Faisons une promenade.

Cours ! Ne courez pas! Courons plus vite!

Lis ! Lisez-le ! Lisons l'introduction du livre.

Bois ton lait ! Buvez un peu. N'en buvons plus.

Viens voir ! Venez ici ! Revenons à nos moutons.

Verbes irréguliers à l'impératif : *être, avoir, savoir*

On emploie les formes du subjonctif pour exprimer l'impératif de ces trois verbes :

N'aie / N'ayez / N'ayons pas peur.

Sois sage ! Ne soyez pas stupide. Soyons raisonnables.

Sache que je t'aime. (Sachez que..., Sachons que...)

Cas spécial : *vouloir*

Dans une formule de politesse, et seulement à la deuxième personne du pluriel, on utilise la forme **veuillez** pour exprimer l'impératif. On voit cette formule surtout à la fin des lettres (style soutenu).

Veuillez accepter, Monsieur, mes salutations distinguées.

Veuillez avoir l'obligeance de m'attendre.

Veuillez m'excuser un instant.

Quoique les formes *veuilles* et *veuillons* existent, on les entend rarement, surtout dans des expressions figées (par ex., *Je le ferai que tu le veuilles ou non*). On préfère des formules comme : *Veux-tu m'écouter ?* On entend souvent le verbe *vouloir* à l'impératif dans l'expression **en vouloir à quelqu'un**, où on emploie les formes régulières : Ne m'en veux pas ! / Ne m'en voulez pas ! (Don't hold it against me, don't be mad at me.)

Appendice 6
L'imparfait : formation

Le radical pour l'imparfait (indicatif) vient de la forme pour la deuxième personne du pluriel (*nous*) au présent (indicatif) :

dans-ons	voul-ons
étudi-ons	pouv-ons
finiss-ons	sav-ons
dorm-ons	dev-ons
lis-ons	all-ons
rend-ons	fais-ons,
pren-ons	dis-ons, *etc.*

La seule exception est le verbe **être,** dont le radical pour l'imparfait est **ét–**.

Pour les terminaisons verbales :

- Ajoutez un *i* devant la terminaison verbale du présent pour les pre-mière et deuxième personnes du pluriel (*nous* et *vous*).
- Toutes les autres terminaisons (*-ais, -ais, -ait, -aient*) se prononcent [e] (ou [ɛ]).

je/tu **dans**ais, il dansait, ils dansaient / nous dans**i**ons, vous
   dans**i**ez

j'/tu **étudi**ais, il étudiait, ils étudiaient / nous étudi**i**ons, vous
   étudi**i**ez

je/tu **finiss**ais, il finissait, ils finissaient / nous finiss**i**ons, vous
   finiss**i**ez

je/tu **dorm**ais, il dormait, ils dormaient / nous dorm**i**ons, vous
   dorm**i**ez

je/tu **lis**ais, il lisait, ils lisaient / nous lis**i**ons, vous lis**i**ez

je/tu **rend**ais, il rendait, ils rendaient / nous rend**i**ons, vous
   rend**i**ez

je/tu **pren**ais, il prenait, ils prenaient / nous pren**i**ons, vous
   pren**i**ez

je/tu **voul**ais, il voulait, ils voulaient / nous voul**i**ons, vous voul**i**ez

je/tu **pouv**ais, il pouvait, ils pouvaient / nous pouv**i**ons, vous
   pouv**i**ez

je/tu **sav**ais, il savait, ils savaient / nous sav**i**ons, vous sav**i**ez

je/tu **dev**ais, il devait, ils devaient / nous dev**i**ons, vous dev**i**ez

j'/tu **all**ais, il allait, ils allaient / nous all**i**ons, vous all**i**ez

je/tu **fais**ais, il faisait, ils faisaient / nous fais**i**ons, vous fais**i**ez

je/tu **dis**ais, il disait, ils disaient / nous dis**i**ons, vous disiez

j'/tu **ét**ais, il était, ils étaient / nous ét**i**ons, vous étiez

Pour les verbes impersonnels (qui ne se conjuguent qu'à la troisième personne du singulier), les formes à l'imparfait sont :

falloir : il fallait
pleuvoir : il pleuvait
neiger : il neigeait

Notez que tous les verbes dont le radical se termine en -g ajoutent la lettre *e* devant les terminaisons -*ais*, -*ait*, -*aient* (pour garder la prononciation [ʒ] de la consonne) : *je voyageais, tu arrangeais, il partageait, ils jugeaient*.

Parallèlement, les verbes avec un radical terminé en -*c* ajoutent une cédille à cette lettre dans ces mêmes formes : *j'annonçais, tu menaçais, il annonçait, ils lançaient*.

Appendice 7
Le passé composé et le plus-que-parfait : formation, verbes avec *être* et accord du participe passé

Le verbe au **passé composé** (PC) consiste d'un verbe auxiliaire (*avoir* ou *être*) conjugué au présent de l'indicatif, suivi d'un participe passé. Pour le **plus-que-parfait** (PQP), le verbe auxiliaire est conjugué à l'imparfait.

PC : j'ai − tu as − il/elle/on a − ils/elles ont − nous avons − vous avez <u>+ mangé</u>

je suis − tu es − il/elle/on est − ils/elles sont − nous sommes − vous êtes <u>+ parti(e)(s)</u>

PQP : j'/tu avais − il/elle/on avait − ils/elles avaient − nous avions − vous aviez <u>+ mangé</u>

j'/tu étais − il/elle/on était − ils/elles étaient − nous étions − vous étiez <u>+ parti(e)(s)</u>

Participes passés réguliers

Infinitif	Participe passé		Verbes
	Terminaison	*Exemples*	
-er	-é	parlé	parler (*etc.*)
-ir	-i	fini, dormi	finir (*etc.*), dormir (*etc.*)
-re	-u	répondu	répondre, battre, rompre (*etc.*)
-oir(e)	-u	eu [y], vu, bu	avoir, voir, boire, croire, devoir (dû), savoir (su), valoir (valu), vouloir (voulu), mouvoir (mû)

(à suivre)

Infinitif	Participe passé		Verbes
	Terminaison	*Exemples*	
-aindre, -eindre	-aint, -eint	craint, peint	craindre, peindre
-oindre	-oint	joint	joindre
-(u)ire	-(u)it	dit, écrit, conduit	dire, contredire (*etc.*) écrire, décrire, inscrire, conduire (*etc.*)

Participes passés irréguliers

Verbes	Participe passé	Verbes dérivés
mettre, prendre, asseoir	mis, pris, assis	permettre, promettre, soumettre, apprendre, comprendre, surprendre, entreprendre
ouvrir, offrir	ouvert, offert	souffrir, couvrir, découvrir
lire, venir, tenir, courir	lu, venu, tenu, couru	revenir, devenir
plaire	plu	déplaire
vivre, connaître, paraître	vécu, connu, paru	survivre, reconnaître, disparaître
coudre, résoudre, absoudre	cousu, résolu, absous	dissoudre
être	été	
faire	fait	refaire, défaire
naître	né	
mourir	mort	
suivre	suivi	poursuivre
conclure	conclu	inclure
rire	ri	
acquérir	acquis	conquérir (conquis)

VERBES CONJUGUÉS AVEC *ÊTRE*

Mémorisez l'histoire suivante, qui utilise presque tous les verbes conjugués avec être aux temps composés.

Je suis né(e).

Hier, je suis venu(e) en classe.

Je suis arrivé(e) à onze heures.

Je suis entré(e) dans la classe.

Je suis resté(e) une heure et demie.

Après, je suis parti(e).

Je suis sorti(e) de la classe.

Je suis allé(e) à la voiture.

Je suis monté(e) dans la voiture.

Je suis retourné(e) à la maison.

Je suis descendu(e) de la voiture.

Je suis tombé(e) dans la rue, mais heureusement…

Je ne suis pas mort(e).

N'oubliez pas tous les verbes dérivés :

Je suis rentré(e) à la maison.

Je suis revenu(e).

Je suis devenu(e) fatigué(e).

Notez aussi que dès qu'un verbe devient transitif (c'est-à-dire, qu'il prend un objet direct), il faut le conjuguer avec *avoir*:

Je suis sorti(e) de la maison.	*mais*	J'ai sorti une orange du frigo.
Je suis passé(e) devant le magasin.	*mais*	J'ai passé le weekend chez mes parents.
Je suis descendu(e) de la voiture.	*mais*	J'ai descendu ma valise.
Je suis monté(e) dans le train.	*mais*	J'ai monté les valises dans ma chambre.
Je suis retourné(e) à la maison.	*mais*	J'ai retourné le livre à la bibliothèque.

Les verbes pronominaux se conjuguent aussi avec *être* aux temps composés : *Je me suis levé(e) tôt ce matin.*

L'ACCORD DU PARTICIPE PASSÉ DANS LES TEMPS COMPOSÉS

Il existe plusieurs formes verbales qui consistent de deux parties, c'est-à-dire, d'un verbe auxiliaire conjugué (*avoir* ou *être*) suivi d'un participe passé. Ces temps comprennent **le passé composé, le plus-que-parfait, le passé antérieur, le passé du conditionnel, le passé du subjonctif, le plus-que-parfait du subjonctif** et **le futur antérieur**. Pour ces formes, on marque l'accord du participe passé avec un autre élément dans la phrase selon les règles suivantes :

* **Verbes conjugués avec *être***

  Le sujet s'accorde avec le participe passé :

  > <u>Elle</u> est parti<u>e</u>. <u>Les paquets</u> étaient arriv<u>és</u>.

* **Verbes conjugués avec *avoir***

  L'objet direct **qui précède le verbe** s'accorde avec le participe passé. Cet objet peut être représenté par un substantif ou par un pronom :

  > Elle a acheté la robe.
  > Elle <u>l</u>'a achet<u>ée</u>.
  > Montrez-moi <u>la robe qu</u>'elle a achet<u>ée</u>.
  > <u>Quelle robe</u> a-t-elle achet<u>ée</u> ?

* **Verbes pronominaux** (toujours conjugués avec *être*)

  L'objet direct **qui précède le verbe** s'accorde avec le participe passé. Attention aux accords avec les verbes pronominaux au sens réciproque : *Nous <u>nous</u> sommes vu<u>s</u>* (objet direct) mais *Nous nous sommes écrit* (objet indirect).

  > Elle <u>s</u>'est lav<u>ée</u>. (*se* = objet direct)
  > Elle s'est lavé les cheveux. (*se* = objet indirect ; *les cheveux* = objet direct)
  > Elle se <u>les</u> est lav<u>és</u>.

Appendice 8
Le passé simple et le passé antérieur : formes

PASSÉ SIMPLE

Les terminaisons les plus employés sont :

-er	-ir	-re	-oir(e) et autres infinitifs
je parl<u>ai</u>	je fin<u>is</u>	je vend<u>is</u>	je s<u>us</u>
tu parl<u>as</u>	tu fin<u>is</u>	tu vend<u>is</u>	tu s<u>us</u>
il parl<u>a</u>	il fin<u>it</u>	il vend<u>it</u>	il s<u>ut</u>
nous parl<u>âmes</u>	nous fin<u>îmes</u>	nous vend<u>îmes</u>	nous s<u>ûmes</u>
vous parl<u>âtes</u>	vous fin<u>îtes</u>	vous vend<u>îtes</u>	vous s<u>ûtes</u>
ils parl<u>èrent</u>	ils fin<u>irent</u>	ils vend<u>irent</u>	ils s<u>urent</u>

Notez que les formes des verbes en -ir au singulier sont identiques à celles du présent de l'indicatif.

Verbes importants à mémoriser au passé simple :

avoir : il eut (il y eut)
être : il fut
faire : il fit
falloir : il fallut

PASSÉ ANTÉRIEUR

Le passé antérieur se compose du verbe auxiliaire (*avoir* ou *être*) conjugué au passé simple, suivi du participe passé :

j'eus parlé, je fus parti(e)

nous eûmes parlé, nous fûmes parti(e)s

tu eus parlé, tu fus parti(e)

vous eûtes parlé, vous fûtes parti(e)(s)

il eut parlé, il fut parti

ils eurent parlé, ils furent partis

Appendice 9
Le futur : formes et emploi

Le futur composé (appelé traditionnellement **le futur proche**) se compose du verbe *aller* conjugué au présent de l'indicatif suivi de l'infinitif : *Je vais partir.*

Le futur antérieur se compose du verbe auxiliaire *avoir* ou *être* conjugué au futur simple suivi du participe passé. On utilise ce temps pour indiquer un événement qui se terminera avant un autre événement à l'avenir.

Quand nous arriverons, elle sera déjà partie.
Nous aurons fini de manger avant votre arrivée.

Pour **le futur simple**, les terminaisons verbales dans la langue écrite sont :

je :   -ai
tu :   -as
il :   -a
ils :   -ont
nous : -ons
vous : -ez

Dans la langue orale ces terminaisons sont réduites à trois :

je, vous :   [e]
tu, il :   [a]
nous, ils : [ɔ̃]

Note linguistique

Les terminaisons verbales du futur simple au singulier et à la troisième personne du pluriel ressemblent au verbe *avoir* au présent
de l'indicatif : *-ai, -as, -a, -ont.* Ceci s'explique par le fait que le
futur simple vient historiquement de l'addition du verbe *avoir* à
l'infinitif.

Le radical du futur simple se forme de la manière suivante :

Dans le système écrit, on ajoute les terminaisons du futur à l'infinitif (en perdant le *-e* de l'infinitif en *-re*). Ce système ne marche que
pour les verbes en *-er, -ir* et *-re,* et il y a des exceptions (les mêmes que
dans la langue parlée): *je parler-ai — tu finir-as — il vendr-a.* Les autres verbes
ont des radicaux irréguliers (voir plus bas).

Dans la langue parlée, le radical dépend du groupe verbal :

* **Les verbes du groupe 1 et les verbes en -ir + [s]** prennent la forme
  de la première personne au singulier (au présent de l'indicatif) suivie
  de la consonne [r] et la terminaison verbale :

  j'aime [ɛm] → j'aime-rai [ɛm re], tu aime-ras, il aime-ra, ils aime-
  ront, nous aime-rons, vous aime-rez

  je finis [fini] → je fini-rai, tu fini-ras, il fini-ra, ils fini-ront, nous
  fini-rons, vous fini-rez

  j'achète [a ʃɛt] → j'achète-rai, tu achète-ras, il achète-ra, ils achète-
  ront, nous achète-rons, vous achète-rez

  j'appelle [a pɛl] → j'appelle-rai, tu appelle-ras, il appelle-ra, ils
  appelle-ront, nous appelle-rons, vous appelle-rez

  je paie → je paie-rai, tu paie-ras, il paie-ra, ils paie-ront, nous paie-
  rons, vous paie-rez

Remarquez que pour faciliter la prononciation, il est parfois nécessaire d'ajouter la voyelle [ə] avant le [r] pour des verbes du groupe 1 :

  je parle [parl] → je parle-rai [par lə re], tu parle-ras, il parle-ra, ils
  parle-ront, nous parle-rons, vous parle-rez

Dans la langue écrite, l'orthographe du futur simple reflète la prononciation dans les verbes comme *acheter* et *appeler* (exemples ci-dessus).
On écrit aussi le -i- dans les verbes comme *payer*. D'une façon similaire,
pour les verbes comme *céder* l'accent aigu devient grave dans le singulier
et à la troisième personne du pluriel au présent de l'indicatif (pour
montrer le changement de prononciation : *je cède*). Cependant, au futur
simple, bien qu'on prononce le plus souvent la voyelle ouverte au futur
[sɛdre] on écrit l'accent aigu : *je céde-rai*.

• **Les autres verbes du groupe 2 (verbes en -ir sans -ss et en -re)**
  prennent l'infinitif (moins le [ə] des verbes en -re) suivi de la terminaison verbale :

  dormir → je dormirai, tu dormiras, il dormira, ils dormiront, nous
    dormirons, vous dormirez
  vendre → je vendrai, tu vendras, il vendra, ils vendront, nous ven-
    drons, vous vendrez
  prendre → je prendrai, tu prendras, il prendra, ils prendront, nous
    prendrons, vous prendrez
  lire → je lirai, tu liras, il lira, ils liront, nous lirons, vous lirez

  Les verbes suivants ont un radical irrégulier au futur simple :

être :	ser-	je serai
avoir :	aur-	j'aurai
faire :	fer-	je ferai
savoir :	saur-	je saurai
aller :	ir-	j'irai
voir :	verr-	je verrai
envoyer :	enverr-	j'enverrai
pouvoir :	pourr-	je pourrai
mourir :	mourr-	je mourrai
courir :	courr-	je courrai
venir :	viendr-	je viendrai
tenir :	tiendr-	je tiendrai
devoir :	devr-	je devrai
recevoir :	recevr-	je recevrai

vouloir :	voudr-	je voudrai
valoir :	vaudr-	je vaudrai
falloir :	faudr-	il faudra*
pleuvoir :	pleuvr-	il pleuvra*

*Verbes impersonnels

Comparez la prononciation des paires de mots suivants, en vous rappelant que la lettre *e* suivie d'une seule consonne au milieu du mot se prononce [ə] ; suivie d'une consonne doublée, elle se prononce [ɛ].

| il fera [fəra] | il verra [vɛra] |
| il sera [səra] | il serra [sɛra] (le verbe *serrer*) |

CHOIX DE FORME : FUTUR COMPOSÉ OU FUTUR SIMPLE ?

Il existe deux formes pour marquer le futur en français : la forme composée (*je vais manger*) et la forme simple (*je mangerai*). Traditionnellement, on oppose les deux variantes par l'explication suivante.

La forme composée marque un événement qui aura lieu dans un futur proche (donc son nom traditionnel : **le futur proche**) et le futur simple indique un événement plus lointain. On dit aussi que le futur composé s'emploie pour des événements certains tandis qu'avec le futur simple la réalisation de l'événement est moins certaine ou sûre.

Je vais dîner au restaurant ce soir. (On peut aussi dire : Je dîne au restaurant ce soir.)
Je dînerai à ce restaurant un jour.
Je ferai la vaisselle plus tard. (peut-être)
Je vais faire vaisselle. (Je commence maintenant.)

Des recherches (Poplack et Dion 2009) indiquent, cependant, que l'usage des deux variantes a évolué et que le futur composé s'emploie maintenant dans presque tous les contextes, remplaçant souvent le futur simple. On le voit avec les futurs proches ou lointains, sûrs et moins sûrs. Le futur simple est cependant favorisé dans un nombre limité de contextes. Il garde un sens de formalité, offrant une variante stylistique par exemple avec le pronom *vous* : *Vous viendrez ce soir ?* Dans les phrases négatives on voit presque toujours le futur simple : *Il ne viendra pas ?* Il faut aussi ajouter qu'on emploie souvent le futur simple à la place de l'impératif pour exprimer un ordre ou un souhait : *Tu ne le referas pas !* *Vous nous écrirez, n'est-ce pas ?*

Appendice 10
Le conditionnel : formation

Pour former le conditionnel présent on prend le radical du futur simple et ajoute les terminaisons de l'imparfait (indicatif). Les formes pour les première, deuxième et troisième personnes du singulier et la troisième personne du pluriel (je, tu, il, ils) sont homophones :

j'/tu aimerais, il aimerait, ils aimeraient / nous aimerions, vous aimeriez

je/tu finirais, il finirait, ils finiraient / nous finirions, vous finiriez

j'/tu achèterais, il achèterait, ils achèteraient / nous achèterions, vous achèteriez

j'/tu appellerais, il appellerait, ils appelleraient / nous appellerions, vous appelleriez

je/tu paierais, il paierait, ils paieraient / nous paierions, vous paieriez

je/tu céderais, il céderait, ils céderaient / nous céderions, vous céderiez

je/tu dormirais, il dormirait, ils dormiraient / nous dormirions, vous dormiriez

je/tu vendrais, il vendrait, ils vendraient / nous vendrions, vous vendriez

je/tu prendrais, il prendrait, ils prendraient / nous prendrions, vous prendriez

je/tu lirais, il lirait, ils liraient / nous lirions, vous liriez

Verbes irréguliers au conditionnel

être :	ser-	je serais
avoir :	aur-	j'aurais
faire :	fer-	je ferais

savoir :	saur-	je saurais
aller :	ir-	j'irais
voir :	verr-	je verrais
envoyer :	enverr-	j'enverrais
pouvoir :	pourr-	je pourrais
mourir :	mourr-	je mourrais
courir :	courr-	je courrais
venir :	viendr-	je viendrais
tenir :	tiendr-	je tiendrais
devoir :	devr-	je devrais
recevoir :	recevr-	je recevrais
vouloir :	voudr-	je voudrais
valoir :	vaudr-	je vaudrais
falloir :	faudr-	il faudrait*
pleuvoir :	pleuvr-	il pleuvrait*

*Verbes impersonnels

Notez que dans les verbes en -er aux première et deuxième personnes du pluriel (nous, vous), il faut prononcer le e [ə] devant le [r] : nous danserions, vous mangeriez.

Appendice 11
Le subjonctif : formation

I. FORMES DU PRÉSENT DU SUBJONCTIF

On forme le présent du subjonctif de presque tous les verbes (la petite liste d'exceptions se trouve au II, ci-dessous) selon le système suivant.

- Pour les première et deuxième personnes du pluriel (nous et vous), la forme du subjonctif est identique à celle de l'imparfait (ajoutez un -i à la forme du présent de l'indicatif) :

Présent de l'indicatif	Imparfait de l'indicatif / présent du subjonctif
nous venons	nous venions
vous buvez	vous buviez

- Pour les autres personnes (je/tu/il/ils), on prend comme radical celui de la troisième personne du pluriel (ils) à l'indicatif présent et on y ajoute les terminaisons écrites -e, -es, -e, -ent, qui sont muettes à l'oral. Par conséquent le subjonctif présent de toutes ces personnes est homonyme.

Présent de l'indicatif	Présent du subjonctif
ils <u>vienn</u>ent [vjɛn]	… que je vienne / tu viennes / il vienne / ils viennent
ils <u>boiv</u>ent [bwav]	… que je boive / tu boives / il boive / ils boivent

II. VERBES IRRÉGULIERS AU SUBJONCTIF

Il faut apprendre les formes irrégulières au subjonctif de neuf verbes :

avoir :
que j'aie, que tu aies, qu'il ait, qu'ils aient / que nous ayons, que vous ayez

être :
que je/tu sois, qu'il soit, qu'ils soient / que nous soyons, que vous soyez

faire :
que je/il fasse, que tu fasses, qu'ils fassent / que nous fassions, que vous fassiez

pouvoir :
que je/il puisse, que tu puisses, qu'ils puissent / que nous puissions, que vous puissiez

savoir :
que je/il sache, que tu saches, qu'ils sachent / que nous sachions, que vous sachiez

aller :
que j'/il aille, que tu ailles, qu'ils aillent / que nous **allions**, que vous **alliez**

vouloir :
que je/il veuille, que tu veuilles, qu'ils veuillent / que nous **voulions**, que vous **vouliez**

pleuvoir :
qu'il pleuve

falloir :
qu'il faille

Notez que pour les verbes *vouloir* et *aller*, les formes pour *nous* et *vous* (en gras ci-dessus) ne sont pas irrégulières. Ceci s'explique par le fait que le radical irrégulier de ces deux verbes au subjonctif se termine en -*ill* [j]. Ajouter un autre [i] serait impossible.

III. FORMES DU PASSÉ DU SUBJONCTIF

Pour former le passé du subjonctif, on conjugue le verbe auxiliaire (*avoir* ou *être*) au présent du subjonctif et ajoute le participe passé : ... *qu'il ait fini* ; ... *que vous soyez venu*.

Conseil à l'étudiant : Pour pouvoir conjuguer au présent du sub-jonctif, il faut connaître les formes du présent de l'indicatif, surtout celles de la troisième personne du pluriel (*ils*) et de la première per-sonne du pluriel (*nous*). Consultez donc l'appendice 2 pour réviser ces formes. Faites surtout attention aux verbes suivants.

Groupe 1 :
- verbes comme ach<u>e</u>ter, rép<u>é</u>ter, pa<u>y</u>er, commen<u>c</u>er, voya<u>g</u>er, je<u>t</u>er, appe<u>l</u>er
- verbes comme ouvrir, cueillir, croire, voir, rire, courir

Groupe 2 :
- verbes en -ir, comme finir et dormir
- verbes en -re, comme vendre et prendre
- verbes comme écrire, lire, battre, mettre, conclure, connaître, conduire, suivre

Groupe 3 :
- boire, venir, mourir

IV. FORMES DU SUBJONCTIF LITTÉRAIRE

L'étudiant du français n'aura jamais à produire ces formes littéraires, qui ne sont d'ailleurs pas difficiles à reconnaître. Toutes les formes contiennent un double -ss-, excepté à la troisième personne du singulier (il), où l'accent circonflexe remplace le double -ss-.

Imparfait du subjonctif
je parlasse, finisse, vendisse
tu parlasses, finisses,
   vendisses
il parlât, finît, vendît
nous parlassions, finissions,
   vendissions
vous parlassiez, finissiez,
   vendissiez
ils parlassent, finissent,
   vendissent

Plus-que-parfait du subjonctif
j'eusse parlé, je fusse parti(e)
tu eusses parlé, tu fusses parti(e)

il eût parlé, il fût parti
nous eussions parlé, nous fussions
   parti(e)s
vous eussiez parlé, vous fussiez
   parti(e)(s)
ils eussent parlé, ils fussent partis

Comparez les formes littéraires à l'indicatif, où l'accent circonflexe s'écrit sur les première et deuxième personnes du pluriel.

Passé simple
je parlai, finis, vendis
tu parlas, finis, vendis
il parla, finit, vendit

Passé antérieur
j'eus parlé, je fus parti(e)
tu eus parlé, tu fus parti(e)
il eut parlé, il fut parti

nous parlâmes, finîmes, vendîmes

vous parlâtes, finîtes, vendîtes

ils parlèrent, finirent, vendirent

nous eûmes parlé, nous fûmes parti(e)s

vous eûtes parlé, vous fûtes parti(e)(s)

ils eurent parlé, ils furent partis

Appendice 12
Les verbes pronominaux

Un verbe pronominal contient un pronom qui correspond au sujet (je **me** ; tu **te** ; il/elle/on **se** ; nous **nous** ; vous **vous** ; ils/elles **se**) et se conjugue avec être aux temps composés.

On peut classer les verbes pronominaux selon les groupes suivants.

- **Verbes pronominaux au sens réfléchi** : le sujet du verbe fait l'action sur lui-même. Avec ses verbes, le pronom réfléchi est toujours un objet direct :

    Je me regarde dans la glace.
    Elle s'est habillée.

- **Verbes pronominaux au sens réciproque** : les sujets, toujours pluriel, exercent l'action du verbe l'un sur l'autre ou les uns sur les autres. Dans ces cas, le pronom réfléchi peut être un objet direct ou indirect.

Objet direct	Objet indirect
Ils s'aiment beaucoup.	Les deux sœurs se ressemblent beaucoup.
Elles se sont rencontrées devant le théâtre.	Nous nous sommes téléphoné hier soir.

- **Verbes pronominaux au sens idiomatique** : ces verbes n'existent pas sans le pronom (par ex., *se souvenir*) ou bien l'addition du pronom change le sens original du verbe (*entendre* ; *s'entendre*).

    Rappel : On peut parfois exprimer la voix passive par un verbe pronominal. *La salade se mange après le plat principal.*

Exemples du vocabulaire courant

Verbes réfléchis
se réveiller
se lever
s'habiller
se laver
se doucher
se coiffer
se raser
se brosser les dents/cheveux
se maquiller
s'asseoir
se reposer
se coucher
se déshabiller
s'endormir

Verbes réciproques + objet direct
se connaître
s'aimer
se détester
s'adorer
s'admirer
se battre
se blesser
se regarder
se voir
se rencontrer
se chercher
se trouver

Verbes réciproques + objet indirect
se parler
se téléphoner
s'écrire
se ressembler
se dire/demander/donner/envoyer quelque chose

(à suivre)

Verbes idiomatiques pour lesquels le sens change avec le pronom
agir *(to act)* / s'agir *(to be about)*
amuser *(to amuse)* / s'amuser *(to have fun)*
attendre *(to wait)* / s'attendre à *(to expect)*
battre *(to beat)* / se battre *(to fight)*
demander *(to ask)* / se demander *(to wonder)*
douter *(to doubt)* / se douter de *(to suspect)*
ennuyer *(to annoy)* / s'ennuyer *(to be bored)*
entendre *(to hear)* / s'entendre *(to get along)*
mettre *(to put/place)* / se mettre à + *infinitif (to start)*
passer *(to pass)* / se passer de *(to do without)*
plaindre *(to pity)* / se plaindre de *(to complain)*
prendre *(to take)* / s'y prendre *(to manage)*
rappeler *(to remind)* / se rappeler *(to remember)*
servir *(to serve)* / se servir de *(to use)*
tromper *(to deceive)* / se tromper de *(to make a mistake)*

Verbes idiomatiques qui n'existent pas sans pronom
s'écrier / s'exclamer *(to exclaim)*
s'écrouler / s'effondre *(to collapse)*
s'efforcer de *(to strive)*
s'emparer *(to seize)*
s'évader *(to escape)*
s'évanouir *(to faint)*
s'impatienter *(to get impatent)*
se lamenter *(to lament)*
se méfier *(to distrust)*
se moquer de *(to make fun of)*
se souvenir *(to remember)*
se soucier *(to worry about)*
se taire *(to be silent)*

Verbes idiomatiques avec s'en
s'en aller *(to leave)*
s'envoler *(to take off)*
s'enfuir *(to flee)*
s'endormir *(to fall asleep)*
s'enrhumer *(to catch a cold)*

(à suivre)

s'enivrer *(to get drunk)*
s'enflammer *(to burst into flames)*
s'enorgueillir *(to be proud of)*
s'entasser *(to heap, to crowd)*
s'en vouloir *(to hold something against someone)*
s'encombrer *(to be weighed down)*
s'enrager *(to become enraged)*

Appendice 13
Les pronoms personnels

Sujet	Objet direct	Object indirect	Réfléchi	Disjoint (tonique)
je	me	me	me	moi
tu	te	te	te	toi
il	le	lui	se	lui
elle	la	lui	se	elle
on	—	—	se	soi
ils	les	leur	se	eux
elles	les	leur	se	elles
nous	nous	nous	nous	nous
vous	vous	vous	vous	vous

Notez l'emploi du pronom tonique *soi* qui correspond au sujet *on*. Comparez avec *lui*, qui correspond au sujet *il*.

Qu'on est bien chez soi !
Il est bon d'avoir confiance en soi.

J'ai confiance en lui (= en Jacques).

Appendice 14
Les expressions de nécessité : *devoir, falloir, avoir à, être nécessaire*

I. Le verbe **devoir** conjugué au présent, au passé composé et au futur a le sens d'obligation.

> Je dois partir. (*must / have to*)
> Elle a dû partir. (*had to*)
> Vous devrez partir. (*will have to*)

Notez l'emploi spécial du verbe *devoir* pour indiquer *une supposition* au présent et au passé composé : *Il doit être malade. Il a dû oublier notre rendez-vous.*

II. Le verbe impersonnel **falloir** a un sens d'obligation un peu plus fort.

> Il faut que tu partes maintenant. (*you have to / must*)
> Il fallait toujours qu'on soit à l'heure. (*we had to*)
> Il m'a fallu en choisir un. (*I had to*)

Attention ! Le verbe **falloir** au négatif a le sens de l'interdiction. Pour exprimer l'idée « ne pas être nécessaire », on emploie l'expression impersonnel *être nécessaire*.

> Il ne faut pas parler. (*you must not*)
> Il n'est pas nécessaire que tu parles. (*it's not necessary; you don't have to*)

III. Le verbe **avoir** suivi de la préposition <u>à + infinitif</u> peut aussi exprimer l'obligation.

Vous aurez à finir tout ce travail. (*you will have to*)
Vous n'avez qu'à le lire. (*you have only to*)

IV. L'expression impersonnel **il est nécessaire de** a un sens d'obligation beaucoup moins fort que celui des trois verbes précédents.

Est-il nécessaire de faire cela ? (*must we; do we have to; is it necessary to…*)

Il n'est pas nécessaire de tout comprendre. (*you/we don't have to*)

Appendice 15
Verbes + pronoms objets directs (OD), indirects (OI), *y* et *en*

OD Verbes ayant une préposition en anglais mais pas en français : par ex., *Je le cherche.*

attendre
chercher
demander
écouter

espérer
payer
regarder

OI Verbes avec objet indirect en français mais pas en anglais : par ex., *Je lui téléphone.*

écrire
faire attention
faire confiance
obéir
pardonner

rendre visite
répondre
ressembler
téléphoner

OI exceptions Verbes qui prennent le pronom tonique au lieu du pronom objet indirect : par ex., *Je pense à elle.*

penser
rêver
tenir
s'attacher

se fier
s'habituer
s'intéresser

y   Verbes qui prennent le pronom y : *J'y pense ; je m'y intéresse.*

assister + *événement*	tenir
croire	s'attacher
jouer + *sport/jeu*	s'attendre
penser	se fier
réfléchir	s'habituer
rêver	s'intéresser

en   Verbes qui prennent le pronom en : *J'en ai honte ; j'en suis fatigué ;
j'en profite ; je m'en souviens.*

avoir honte/envie/besoin

être sûr/fatigué/content, *etc.*

jouer + *musique* (*par ex.,* jouer du violon)

parler

profiter

rêver

s'apercevoir

s'inquiéter

se méfier

s'occuper

se passer

se plaindre

se préoccuper

se rendre compte

se servir

se soucier

se souvenir

Verbes à deux pronoms, dont un personnel

- **Groupe 1 : par ex.,** *Je le lui demande*
  commander / ordonner / dire / demander
  permettre / défendre / interdire
  conseiller / suggérer / reprocher
  offrir / promettre / proposer

- **Groupe 2 :** *Je lui enseigne/apprend à lire*

- **Groupe 3 : par ex.,** *Je le prie* **+ de + infinitif**

accuser	persuader
avertir	prier
blâmer	remercier
féliciter	supplier
menacer	

- **Groupe 4 : par ex.,** *Je l'invite* **+ à + infinitif**
  aider / inviter / encourager
  exhorter / inciter / pousser

Appendice 16
L'ordre des pronoms objets

Pronoms objets, groupements possibles
(tous les modes sauf l'impératif)

	1	2	Modèles
OI + OD	me/te/se	le/la/les	Tu <u>me le</u> donnes.
	nous/vous		Je <u>vous le</u> donne.
OD + OI	le/la/les	lui/leur	Je <u>le lui</u> donne.
Pronom + *y*	m'/t'/s'		Je <u>m'y</u> suis habitué.
	nous/vous	y	Nous <u>nous y</u> intéressons.
	le/la/les		Il <u>les y</u> a oubliées.
			(= ses clés à la maison)
Pronom + *en*	m'/t'/s'		Je <u>m'en</u> sers.
	nous/vous	en	Je <u>vous en</u> prie.
	lui/leur		Il <u>lui en</u> donne.
y* + *en	y	en	Il <u>y en</u> a.

Pronoms objets, groupements possibles (à l'impératif)

	1	2	Modèles
Objet direct +	-le/-la/-les	-moi/-toi	Donne-<u>le-moi</u>.
objet indirect		-nous/-vous	Apportez-<u>les-nous</u>.
		-lui/-leur	Envoie-<u>la-lui</u>.
Pronom + *en*	-m'/-t'/-s'		Parlez-<u>m'en</u>.
	-nous/-vous	-en	Apportez-<u>nous-en</u>.
	-lui/-leur		Donnez-<u>leur-en</u>.

Notez que dans les cas rares où on a le pronom *y* avec un autre pronom dans l'impératif, le *y* vient en deuxième place : *Amène-nous-y* ! Il n'y a pas d'exemples avec *y* et *en* dans l'impératif.

Appendice 17
Verbes + pronoms relatifs

Les exemples suivantes illustrent les pronoms relatifs devant les verbes et les expressions avec lesquels ils se trouvent le plus souvent.

Verbe + objet direct (verbes qui ne prennent pas un objet direct en anglais) :

le livre que je cherche
la musique que j'écoute
le train qu'il attend
les billets que tu as payés
l'émission que j'ai regardée
le prix que nous demandons
la réponse qu'elle espérait

Verbe + à + substantif

le livre auquel je pense
la fille à qui j'ai téléphoné
l'homme auquel je parle
les lois auxquelles nous obéissons
une idée à laquelle je crois
la question à laquelle il a répondu
un sport auquel elle joue bien
un sujet auquel je m'intéresse beaucoup
une idée à laquelle ils ne s'habituent pas
un chien auquel elle s'est attachée
une situation à laquelle je ne m'attendais pas
un manteau auquel elle tient beaucoup
un homme auquel elles ne se fient pas

une personne à qui <u>je manque</u> beaucoup
un homme à qui <u>nous déplaisons</u>
la personne à qui <u>appartiennent ces clés</u>
le concert auquel <u>nous avons assisté</u>
la maison à laquelle <u>elle rêve</u>
quelque chose auquel <u>tu dois faire attention</u>
la dame à qui <u>vous avez écrit</u>
les gens auxquels <u>nous allons rendre visite</u>
le parent à qui <u>je ressemble</u> le plus
l'homme à qui <u>nous avons demandé</u> l'heure

Verbe + *de* + substantif
une décision dont <u>il a honte</u>
une situation dont <u>tu aurais peur</u>
la voiture dont <u>il a envie</u>
le travail dont <u>vous aviez besoin</u>
un résultat dont <u>elle est contente/déçue</u>
le film dont <u>nous parlions</u>
la fille dont <u>il a rêvé</u>
un instrument dont <u>elle sait jouer</u>
une situation dont <u>j'ai profité</u>
un moment dont <u>nous nous souvenons</u> bien
un problème dont <u>ils ne se rendaient pas compte</u>
quelque chose dont <u>il aime se plaindre</u>
quelque chose dont <u>tu vas devoir t'occuper</u>
un problème dont <u>elles se préoccupent</u>
l'ordinateur dont <u>il se servait</u>
la voiture dont <u>vous ne pouvez pas vous passer</u>
un problème dont <u>il s'est aperçu</u>
une situation dont <u>je m'inquiète</u>
quelqu'un dont <u>on devrait se méfier</u>
j'ai oublié ce dont <u>il s'agit</u> dans ce livre

De après substantif pour indiquer le possessif
La femme <u>dont le mari est mort</u> est venue me voir. (*The woman <u>whose husband died</u> came to see me.*)

De après quantité

Le directeur s'adressait aux invités, <u>dont la moitié</u> ne parlait pas français. (*half of whom*)

Les enfants, <u>dont trois</u> pleuraient, attendaient leur maman dans la cours.

Le professeur parlait aux étudiants, <u>dont plusieurs</u> ne faisaient pas attention.

Notez aussi : Je n'aime pas <u>la façon / la manière dont</u> il parle.

Verbe + *avec* + substantif

celui avec qui <u>vous parliez</u>

l'homme avec qui <u>elle va se marier</u>

la fille avec qui <u>il s'est fiancé</u>

des gens avec qui <u>je m'entends</u> bien

le monsieur avec qui <u>nous travaillons</u>

le type chez qui <u>elle habite</u>

Appendice 18
Verbe + infinitif

Verbes suivis directement de l'infinitif
Verbe conjugué et infinitif avec le même sujet

- Verbes de préférence : aimer, détester, désirer, vouloir, préférer
- Verbes modaux : aller, pouvoir, savoir, devoir
- espérer, oser, daigner, sembler, faillir
- Verbes d'opinion/déclaration/affirmation : croire, penser, estimer, présumer, supposer, affirmer, déclarer, compter, avouer, prétendre
- falloir, valoir mieux (*sujets impersonnels*)
- Verbes de mouvement : aller, venir, partir, courir, rentrer, revenir, monter, descendre, sortir, retourner, etc.

Exemples

- Il aime chanter. Je préfère partir.
- Nous ne savons pas nager.
- Ils n'osent pas parler. Elle a failli tomber.
- J'ai cru mourir. Vous pensez pouvoir le faire. J'estime avoir fait mon devoir. Il prétend avoir vu l'accident.
- Il faut partir. Il vaut mieux rester.
- Il est allé chercher sa femme à la gare. Elles sont venues vous voir. J'ai couru attraper le train. Tu es rentré manger chez toi. Il monte chercher sa valise. Nous sommes sortis nous amuser en ville.

Verbe conjugué et infinitif avec deux sujets différents

- <u>Verbes de perception</u> : voir, regarder, écouter, entendre, sentir, *etc.*
- laisser
- faire *causatif*

Exemples

- Je l'ai vu partir. Elle regarde sa fille danser. J'entends les oiseaux chanter. Il sentait son cœur battre.
- Elle a laissé les enfants manger les bonbons.
- Je fais nettoyer la maison tous les mercredis.

Verbes + *à/de* + infinitif
Verbes + *à* + infinitif

apprendre	parvenir
arriver	passer (du temps)
aspirer	persister
avoir	réussir
chercher	rêver
commencer	servir
consentir	songer
continuer	tendre
hésiter	tenir
s'amuser	s'interesser
s'attendre	se mettre
se consacrer	se préparer
se décider	se plaire
s'habituer	se résoudre

Exemples

- Il cherche à partir.
- Elle hésite à répondre.
- Je ne parviens pas à le croire.
- Elle songe à ne plus travailler.

- Ils tiennent à assister à la cérémonie.
- Nous nous amusons à jouer de la musique.
- Je ne m'attendais pas à ce qu'il comprenne.
- Elle s'est habituée à rentrer tard le soir.

Verbe + *de* + infinitif

accepter	essayer	parler
admettre	éviter	refuser
arrêter	finir	regretter
cesser	feindre	résoudre
choisir	jurer	rêver
craindre	manquer	risquer
décider	mériter	tâcher
demander	négliger	tenter
douter	offrir	trembler
envisager	oublier	venir
s'arrêter	s'ennuyer	se passer
se contenter	s'excuser	se réjouir
se dépêcher	se garder	se rendre compte
s'efforcer	se hâter	se repentir
		se souvenir

Exemples

- J'accepte de ne pas pouvoir y aller.
- Il craint de ne pas comprendre.
- Nous ne manquerons pas de le voir.
- Nous regrettons d'avoir manqué le concert.
- Elle est tentée de refuser son offre.
- Elle s'est résolue d'étudier plus.
- Il se contente de parcourir les gros titres.
- Je ne me souviens pas de l'avoir fait.
- Elle se réjouit d'avoir enfin complété le projet.

Verbe + objet personnel + infinitif
Groupe 1 : Verbe + objet indirect + *de* + infinitif

commander / ordonner / dire / demander
permettre / défendre / interdire
conseiller / suggérer
offrir / promettre / proposer / reprocher

Exemples

A : Verbe conjugué + infinitif avec deux sujets différents
- Je le lui demande. (Je lui demande de le faire : C'est moi qui demande mais c'est lui qui le fera.)

B : Verbe conjugué + infinitif avec le même sujet
- Je le lui promets. (Je lui promets de le faire : C'est moi qui promets et moi qui le ferai.)

Groupe 2 : Verbe + objet indirect + *à* + infinitif
apprendre / enseigner

Exemple

- Elle le lui apprend. (Elle lui apprend à lire.)

Groupe 3 : Verbe + objet direct + *de* + infinitif

accuser	féliciter	prier
avertir	menacer	remercier
blâmer	persuader	supplier

Exemples

- Je l'accuse de l'avoir perdu.
- Elle nous a félicités d'avoir réussi.
- Je le prie de rester.

Groupe 4 : Verbe + objet direct + à + infinitif

aider / inviter / encourager
exhorter / inciter / pousser

Exemples

- Je l'aide à finir ses devoirs.
- Il les a encouragés à faire un effort.

Appendice 19
Prépositions + états américains

I. Seuls **neuf états sont féminins**. Tous portent des noms traduits en français :

la Californie	la Louisiane
la Caroline du Nord	la Pennsylvanie
la Caroline du Sud	la Virginie
la Floride	la Virginie Occidentale
la Géorgie	

Les prépositions de lieu qui accompagnent ces états sont les mêmes qu'on voit avec les pays féminins et les continents : *Elle habite* **en** *Californie. Il vient* **de** *Virginie.*

II. Tous les **douze états commençant par une voyelle sont masculins.**

l'Alabama	l'Indiana
l'Alaska	l'Iowa
l'Arizona	l'Ohio
l'Arkansas	l'Oklahoma
l'Idaho	l'Oregon
l'Illinois	le Utah

Comme les états féminins ainsi que les pays masculins commençant par une voyelle, ces états se précèdent de la préposition **en**. On peut aussi utiliser *dans l'* ou *dans l'état d'*.

> Il habite <u>en</u> Alabama. Il habite <u>dans l</u>'Alabama. Il habite <u>dans l'état</u>
> <u>d</u>'Alabama

Avec le verbe *venir*, ces états utilisent *de l'* ou *de l'état d'*. Certains se voient aussi avec **d'**.

> Il vient <u>de l</u>'Alabama. Il vient <u>de l'état</u> d'Alabama. (*tous les douze*
> *états*)
> Il vient <u>d</u>'Alabama. (*aussi* <u>d</u>'Alaska, <u>d</u>'Arizona, <u>d</u>'Arkansas, <u>d</u>'Illi-
> nois, <u>d</u>'Iowa)

III. La majorité des états (28) sont **masculins** et commencent par une consonne. Les seuls états masculins avec un nom traduit en français sont le *Nouveau-Mexique* et le *Dakota du Nord / du Sud*. Notez aussi qu'on distingue <u>*l'État de*</u> *New York / Washington* de *New York / Washington* (la ville).

le Colorado	le Montana
le Connecticut	le Nebraska
le Dakota du Nord	le Nevada
le Dakota du Sud	le New Hampshire
le Delaware	le New Jersey
le Kansas	l'État de New York
le Kentucky	le Nouveau-Mexique
le Maine	le Rhode Island
le Maryland	le Tennessee
le Massachusetts	le Texas
le Michigan	le Vermont
le Minnesota	l'État de Washington
le Mississippi	le Wisconsin
le Missouri	le Wyoming

Comme pour les pays masculins commençant par une consonne, on dit **au** et **du**. Mais on a aussi la possibilité de dire **dans le** (comme pour les états masculins commençant par une voyelle). Notez qu'avec les états de New York et Washington, il faut toujours dire **dans l'État de** et **de l'État de**. Avec le Nouveau-Mexique, dont le nom est traduit en français, on dit toujours **au**.

Elle habite <u>au</u> Colorado. Elle habite <u>dans le</u> Colorado. Elle vient <u>du</u> Colorado.

Il habite <u>dans l'État de</u> New York. Il vient <u>de l'État de</u> New York.

Ils habitent <u>au</u> Nouveau-Mexique. Ils viennent <u>du</u> Nouveau-Mexique.

IV. Hawaii est un cas spécial, puisque ce sont des îles. On dit : *Il habite* **à** *Hawaii,* **aux îles** *Hawaii. Il vient* **d'***Hawaii,* **des îles** *Hawaii.*

Appendice 20
Table de conversions pour la cuisine

Certaines mesures ont été arrondies légèrement.

Mesures liquides

⅛ cuillère à thé / à café	½ ml
¼ cuillère à thé	1 ml
½ cuillère à thé	3 ml
1 cuillère à thé	5 ml
¼ cuillère à soupe	4 ml
½ cuillère à soupe	8 ml
1 cuillère à soupe	15 ml
⅛ tasse (1 oz.)	35 ml
¼ tasse (2 oz.)	65 ml
⅓ tasse	85 ml
⅜ tasse (3 oz.)	95 ml
½ tasse (4 oz.)	125 ml
⅝ tasse (5 oz.)	160 ml
⅔ tasse	170 ml
¾ tasse (6 oz.)	190 ml
⅞ tasse (7 oz.)	220 ml
1 tasse (8 oz.)	250 ml
4 tasses (1 quart)	.95 litre
	(1 litre = 1.06 quarts)

Mesures solides

½ oz.	15 g
1 oz.	30 g
⅛ lb. (2 oz.)	55 g
¼ lb. (4 oz.)	115 g

⅓ lb.	150 g
⅜ lb.	170 g
½ lb. (8 oz.)	225 g
⅝ lb.	285 g
⅔ lb.	310 g
¾ lb.	340 g
⅞ lb.	400 g
1 livre (16 oz.)	454 g
2,2 livres	1 kg

Chaleur du four

Fahrenheit	**Celsius**
150°	66°
200°	93°
250°	121°
300°	149°
350°	177°
400°	204°
450°	232°
500°	260°

Appendice 21
Les difficultés de la traduction

A. *s'agir*

Le verbe *s'agir* est impersonnel, c'est-à-dire que son sujet est toujours le il impersonnel.

> Dans ce livre il s'agit de la Seconde Guerre mondiale. (*This book is about WWII.*)

B. *apprendre/enseigner*

Quoique traduit par le même mot en anglais (*to teach*), ces deux mots ne sont pas complètement synonymes en français. Ces deux verbes veulent dire *donner la connaissance / le savoir*, mais le verbe *enseigner* s'emploie plutôt dans le sens de professer (dans un milieu formel comme une école).

> Le professeur enseigne la littérature.
> Le frère aîné apprend à lire à l'enfant.
> Le maître enseigne le français aux élèves.
> La mère apprend le français à ses enfants (sans être elle-même enseignante).

On voit donc le verbe *apprendre* avec les sujets moins académiques comme **les arts, les métiers, et la pratique d'un sport**.

> La grand-mère apprend à tricoter à la petite.
> Il lui apprend à nager.
> Elle m'a appris le tennis.

Il existe aussi des différences de structures entre ces deux verbes. *Enseigner* se suit presque toujours d'un substantif. L'objet indirect est facultatif.

Elle enseigne <u>le français</u>. Elle enseigne <u>le français</u> <u>aux enfants</u>.

Apprendre peut être suivi soit d'un substantif soit d'un infinitif. L'objet indirect est obligatoire.

Elle m'a appris le français.
Elle lui a appris à lire.

C. *avant/devant*

Avant s'emploie avec un temps : *avant le coucher du soleil* (≠ *après*)
Devant s'emploie avec une espace : *devant moi* (≠ *derrière*)

D. *dans/en* + une période de temps

En avec une période de temps indique une durée de temps pour faire quelque chose.

J'ai fini mes devoirs en trois heures. (J'ai mis trois heures à les finir.)

Dans avec une période de temps marque un moment dans l'avenir.

Je commencerai mes devoirs dans une heure.

E. *dire/raconter/parler*

Le verbe *dire*, dont le sens est *communiquer quelque chose par la parole*, n'existe pas sans objet direct.

Elle nous a dit <u>bonjour</u>.
Dis <u>quelque chose</u> !
Dites-moi <u>pourquoi la vie est belle</u>.

Le verbe *raconter*, qui veut dire *donner le récit de quelque chose*, est aussi toujours suivi d'un objet direct.

Elle raconte <u>l'histoire de sa vie</u>.
Raconte-moi <u>ce qui s'est passé</u>.

Le verbe *parler*, qui veut dire *s'exprimer à l'oral avec les sons d'une langue*, est la plupart du temps intransitif, c'est-à-dire qu'il n'accepte pas d'objet direct.

Le bébé apprend à parler.
Parlez plus fort, s'il vous plaît !

S'il y a un objet de ce verbe, il est précédé d'une préposition.

On parle <u>avec</u> conviction.
Il parle <u>de</u> son expérience.
Elle parle <u>avec</u> son ami.
Ils parlent <u>à</u> leurs enfants.

La seule exception est quand le verbe *parler* est suivi du nom d'une langue : par ex., *Je parle français.*

F. *écouter/entendre*

Le verbe *entendre* veut dire *percevoir avec les oreilles.*

Je ne vous entends pas bien ; pouvez-vous parler plus fort ?

Le verbe *écouter* décrit ce qu'on fait quand *on dirige son attention auditoire* vers un son.

J'aime écouter de la musique en conduisant.

G. *être en train de*

On emploie cette expression idiomatique pour mettre en relief l'action du verbe.

Remarquez qu'au temps du présent, le français n'a qu'une seule forme du verbe (tandis que l'anglais en a plusieurs) : *il mange* peut se traduire comme *he eats ; he does eat ; he is eating ; he has been eating.* Pour souligner la durée de l'action au présent, on dit donc : *il est en train de manger (he is eating).*

Au passé en français, on emploie l'imparfait du verbe pour décrire la situation : *il mangeait (he was eating).* Mais si on veut souligner l'action en cours, on peut aussi dire : *il était en train de manger.*

De même, on peut utiliser la tournure *être en train de* au futur et aux modes conditionnel et subjonctif.

Dans la langue familière, l'expression *être en train de* est courante. Cependant, contrairement à la structure anglaise *-ing*, elle n'est jamais indispensable. De plus, on ne l'utilise que s'il s'agit d'une action (non d'une attitude) et si l'action est vraiment en cours. On ne l'utilise pas non plus si l'action ne vaut pas la peine d'être mise en relief.

H. *faillir*

Le verbe *faillir*, toujours suivi de l'infinitif, veut dire *être sur le point de* ; on peut souvent lui substituer le verbe *manquer*. Il n'a aucun équivalent verbal en anglais. Le verbe *faillir* ne s'emploie qu'au passé composé ou passé simple, au plus-que-parfait, à l'infinitif, et au participe.

> Il a failli tomber. Il a manqué tomber. Il est presque tombé. (*He almost, very nearly fell.*)
> Elle a failli (Elle faillit) partir. Elle avait failli partir.
> Ayant failli partir, elle s'est arrêtée un moment.
> Faillir réussir ne vaut guère réussir.

I. *fois/temps*

Le mot *fois* exprime principalement la fréquence : *une fois, plusieurs fois, cette fois-ci, la première fois.* Il se trouve aussi dans les comparaisons : *Celui-ci est trois fois plus grand que l'autre.* Il s'emploie dans les calculs : *deux fois trois font six.*

Le mot *temps* s'emploie dans tous les autres contextes. Notez que ce mot est presque toujours au singulier. (Comme exception, en Louisiane on dit : *Laissez les bons temps rouler* !)

> Le temps passe vite.
> Nous n'avons plus de temps.
> Il est temps ! (*It's high time!*)
> Il faut être à temps.
> en linguistique : Nous étudions les temps et les modes des verbes.
> en musique : une valse à trois temps ; battre le temps

J. *futur/avenir*

Le mot futur s'emploie

*   <u>comme terme de grammaire</u> : Le présent, le passé et le <u>futur</u> sont les trois temps grammaticaux.
*   <u>comme adjectif</u> : mon <u>futur</u> mari

Le mot *avenir* s'emploie quand on parle du temps : Je pense souvent à mon avenir. Je vais le faire à l'avenir, dans un avenir proche, dans un avenir lointain.

K. *il y a / voilà*

L'expression *il y a* sert à indiquer **l'existence** d'une chose :

Il y a trois éléphants au zoo.

L'expression *voilà* sert à **désigner du doigt** des choses ou des personnes :

Regardez ! Voilà l'éléphant dont je vous parlais.

L. *parce que / à cause de*

Parce que est une conjonction qui précède une phrase (sujet + verbe) :

Il est parti parce qu'il n'aimait pas le film.

À cause de est une préposition qui précède un substantif ou un pronom :

Il est parti à cause de la violence dans le film.
Je suis venu à cause de toi.

M. *partir/quitter/sortir/aller*

partir peut s'employer seul :

Nous sommes partis.

ou avec _de + endroit_ :

Nous sommes partis de la salle.

quitter s'emploie toujours avec un objet direct (une personne ou une chose) :

Il a quitté sa femme.
Il a quitté le bâtiment à six heures.

aller s'emploie toujours avec une destination :

Je m'en vais. J'y vais. (_I'm leaving._)
Allez-y ! (_Go ahead!_) Allez-vous-en ! (_Go ! Leave !_)

sortir peut s'employer seul :

Je sors souvent. (= aller au cinéma, au restaurant, etc.)

ou avec _de + endroit_ comme l'antonyme de _entrer_ :

Je sors de la salle ; vous entrez.

Il peut aussi s'employer avec un objet direct :

J'ai sorti les ordures.

ou avec la préposition _avec + une personne_ :

Elle sort avec son copain.

N. *prétendre / faire semblant*

Il est important de ne pas employer le mot français _prétendre_ comme synonyme du mot similaire anglais _to pretend_. Dans ce cas on utilise l'expression _faire semblant_ en français.

L'enfant faisait semblant de dormir quand sa mère est entrée dans la chambre. (_The child was pretending to sleep when his mother came into the room._)

Le verbe *prétendre* veut dire **affirmer avec force** (sans nécessairement convaincre les autres).

Il prétend avoir fini ses devoirs. (*He claims to have finished his homework.*)

O. *réaliser / se rendre compte*

se rendre compte de + substantif : Il s'est rendu compte de son erreur.

se rendre compte que + phrase : Il s'est rendu compte que les autres étaient partis.

réaliser + un objectif, un rêve : Il a enfin réalisé son rêve de devenir ingénieur.

Il faut constater, cependant, que de nos jours le verbe *réaliser* remplace souvent l'expression *se rendre compte*. On entend cet emploi et dans la langue parlée et dans la presse.

P. *savoir/connaître*

On emploie *savoir* avec quelque chose qu'on a dû apprendre. Il se trouve suivi :

d'un verbe (infinitif) : Je sais danser.

d'une phrase : Je sais qu'il est parti.

d'un substantif : Je sais la réponse / son nom / l'heure.

On emploie *connaître* avec quelque chose ou quelqu'un dont on est familier. Il se trouve suivi :

des personnes : Je ne connais pas cet homme.

des endroits : Je connais bien Paris.

d'un substantif : Je connais ce poème.

Dans certains cas on peut utiliser *savoir* ou *connaître* :

Je ne sais pas / connais pas son nom.

Il ne sait pas / connaît pas l'anglais.

Ce poème, je ne le connais pas mais mon frère le sait (par cœur).

Q. *savoir/pouvoir*

On emploie le verbe *savoir* avec ce qu'on doit apprendre à faire. Le verbe *pouvoir* s'applique à une habilité physique ou mentale. Comparez les deux phrases suivantes qui ont une seule traduction en anglais : *He can't swim.*

Il ne sait pas nager. (Il n'a jamais appris à nager.)
Il ne peut pas nager. (Cette activité lui est physiquement impossible.)

R. *sentir / se sentir*

Se sentir suivi d'un adjectif ou d'un infinitif veut dire **avoir l'impression, le sentiment de** :

Je me sens drôle/bizarre/inutile.
Elle se sent bien/mal dans sa peau.
Il se sentait renaître.

Moins souvent, il se suit d'un objet direct pour indiquer un état en soi :

Elle se sentait la force de continuer son chemin.

Sentir se suit presque toujours d'un objet direct et s'emploie dans les contextes suivants.

1. Avoir la sensation ou la perception de (quelqu'un / quelque chose), percevoir (pas sensations auditives) :
   • <u>odorat</u> :   Il sent son parfum.
                     Elle peut sentir les fleurs de l'autre côté de la salle.
   • <u>goût</u> :   C'est une saveur qu'elle sentait dans sa bouche.
   • <u>toucher</u> : Elle sentait sa main contre sa joue.
                     Je ne peux rien sentir.
                     Je ne sens plus mes jambes.
2. Avoir/prendre conscience de : *sentir le danger / sa force / sa faiblesse.*
3. Connaître ou reconnaître par intuition, devenir, discerner : *Ce sont des choses qu'on sent.*
4. Répandre une odeur
   • <u>sans objet direct</u> : Ça sent mauvais ici ! Ça sent bon !
   • <u>avec objet direct</u> : La pièce sent le sapin. Il sent le poisson. Elle sent le savon. (*The room smells like... ; He/She smells like...*)

Notez que l'objet direct dans cette dernière structure prend toujours un article défini. Comparez :

Il sent son parfum. (He *smells her perfume.*)
Il sent le parfum. (He *smells like perfume.*)

S. *voir/regarder*

Le verbe *voir* veut dire principalement *percevoir avec les yeux*. Il peut s'employer aussi comme synonyme de *comprendre*.

Il ne voit rien sans ses lunettes.
Tu vois ce que je veux dire ?

Le verbe *regarder* décrit ce qu'on fait quand *on dirige son attention* visuelle vers quelque chose :

J'aime regarder les couchers de soleil.

Appendice 22
Exemples supplémentaires

L'imparfait pour les actions habituelles

Albert Camus, « Le fils ou le premier homme »,
dans Le premier homme, 1994

[...] l'après-midi, Pierre et Jean <u>pouvaient</u> sortir ensemble. A la belle saison, [...] [o]n <u>pouvait</u> jouer au football, le plus souvent avec une balle de chiffon et des équipes de gosses, arabes et français, qui <u>se formaient</u> spontanément. Mais, le reste de l'année, les deux enfants <u>allaient</u> à la Maison des invalides de Kouba, où la mère de Pierre [...] <u>était</u> lingère en chef. [...] C'est là qu'elle <u>accueillait</u> d'abord les enfants [...]. Elle leur <u>donnait</u> à chacun un morceau de pain et de chocolat [...]. Les enfants <u>erraient</u> d'abord sous les galeries et dans les cours intérieures, et la plupart du temps <u>mangeaient</u> leur goûter tout de suite pour se débarrasser du pain encombrant et du chocolat qui <u>fondait</u> entre leurs doigts.

CHAPITRE 8 : LE DISCOURS INDIRECT

Vassilis Alexakis, *Pourquoi tu pleures ?* 1991 (continuation du texte reproduit au chapitre 8)

[5] Allez, va jouer maintenant. Moi, je reste ici. Ne va pas trop loin, hein ! Je veux te voir. Ne te roule pas comme ça dans le sable ! Tu vas te faire mal. Et puis je n'ai pas envie de passer ma vie à nettoyer tes vêtements. J'ai assez de travail comme ça. Où tu as trouvé ce ballon ? Rends-le au petit garçon ! Rends-lui son ballon, tout de suite ! Excusez-le, Madame. Il ne s'amuse qu'avec les jouets des autres. Joue un peu avec ta pelle et ton seau. Tu as perdu ta pelle ? Elle doit être dans le sable, cherche. Une pelle, ça ne disparaît pas comme ça. Mais cherche ! Comment veux-tu la trouver si tu ne cherches pas ? Tu n'as pas besoin de te coucher par terre pour chercher ! Qu'est-ce que tu as trouvé là ? Montre ! C'est dégoûtant, dégoûtant. Jette-le tout de suite ! Il n'y a rien de plus dégoûtant qu'un ver de terre.

[6] Allez, joue un peu avec ta pelle et ton seau, car on va bientôt partir. Ton père ne va pas tarder à rentrer. Et puis j'ai plein de choses à faire à la maison. Ne mets pas tes doigts dans le nez ! Si tu veux te moucher, prends ton mouchoir.

[7] Allez, allons-y. Tu vois, le petit s'en va aussi avec sa maman. Au revoir, Madame. Viens, je te dis ! Tu n'entends pas ? Et bien, tu n'auras pas ton pain au chocolat ! Regarde dans quel état tu as mis tes vêtements ! Allez, donne-moi la main. Et tiens-toi droit ! Marche plus vite, on n'a pas de temps à perdre. Qu'est-ce que tu as à pleurnicher encore ? Bon, je te l'achèterai, ton pain au chocolat.

[8] Un pain au chocolat, s'il vous plaît, Madame. Merci, Madame. Ne le tiens pas comme ça, tu salis ton manteau, tu auras une baffe ! Et je le

dirai à ton père ! Il ne va pas être content du tout. Et tu sais comment il est quand il se met en colère.

[9] Je t'ai déjà dit de ne jamais appuyer sur le bouton d'ascenseur ! Bon, enlève tes bottes, je ne veux pas que tu mettes du sable dans toute la maison. Enlève-les immédiatement ! Pourquoi tu pleures ? Qu'est-ce que tu as ? On a été se promener, comme tu voulais, je t'ai acheté ton pain au chocolat et au lieu d'être content tu pleures ! Il va me rendre folle cet enfant.

Exemple d'un passage au discours direct et au discours indirect
Discours direct : Antigone parle (Jean Anouilh, *Antigone*, 1946)

Ne pleure plus, s'il te plaît, nounou. (*Elle l'embrasse.*) Allons, ma vieille bonne pomme rouge. Tu sais quand je te frottais pour que tu brilles ? Ma vieille pomme toute ridée. Ne laisse pas couler tes larmes dans toutes les petites rigoles, pour des bêtises comme cela — pour rien. Je suis pure, je n'ai pas d'autre amoureux qu'Hémon, mon fiancé, je te le jure. Je peux même te jurer, si tu veux, que je n'aurai jamais d'autre amoureux... Garde tes larmes, garde tes larmes ; tu en auras peut-être besoin encore, nounou. Quand tu pleures comme cela, je redeviens petite... Et il ne faut pas que je sois petite ce matin.

Discours indirect

Antigone a supplié sa nourrice de ne pas pleurer et elle l'a embrassée en l'appelant sa vieille bonne pomme rouge et lui rappelant qu'elle la frottait autrefois pour qu'elle brille. Antigone a encore une fois prié sa nounou de ne pas laisser couler ses larmes pour rien. Elle a annoncé qu'elle était pure et qu'elle n'avait pas d'autre amoureux qu'Hémon, son fiancé ; elle le lui a juré. Elle a ajouté qu'elle pouvait même jurer à sa nourrice, si elle le voulait, qu'elle n'aurait jamais d'autre amoureux. Elle a à nouveau supplié que la vieille dame garde ses larmes car elle en aurait peut-être encore besoin. Et puis Antigone a constaté que quand la nourrice pleurait ainsi, Antigone, elle, redevenait petite et elle a fini par déclarer qu'il ne fallait pas qu'elle soit petite ce matin-là.

CHAPITRE 11 : LE PASSIF

Exemples de la forme passive (Amiens 2000)

i. Des professeurs parlent...

de leur métier de professeur :

...oui, c'est très intéressant... de s'intéresser aux jeunes.... C'est un métier quand même... qui a certaines contraintes... On <u>est pas toujours très compensé</u> sur le moment mais quand on voit des... des anciens élèves qui au bout de quelques années ont réussi et font... une carrière même des fois supérieure à celle du professeur,... c'est le comble. C'est... c'est véritablement là comme on voit... que l'on a sa récompense.

des traditions :

C'est une notion qui <u>est évoquée</u> souvent par les chercheurs, on appelle le biculturalisme, d'accord ? On parle aussi d'acculturation.

des examens :

Bon, en BEP [le Brevet d'Études professionnels], il y a une évaluation qui <u>est faite</u> au lycée avec l'aide d'un professionnel et il y a aussi une évaluation qui <u>est faite</u> par le professionnel au cours des stages en entreprises, et c'est l'addition de ces, de ces notes qui… qui détermine si l'élève est apte à avoir ses diplômes.

de leurs carrières :

… j'ai donc été recruté d'abord comme maître auxiliaire, et il faut pour être titulaire passer un concours de recrutement tout en enseignant comme auxiliaire. J'ai donc réussi ce concours, et ensuite nous sommes formés pendant un an dans… [des] Écoles normales nationales d'apprentissage qui sont des écoles qui forment les professeurs d'enseignement professionnel pendant un an, nous sommes formés à ce métier de… d'enseignement où… nous avons un enseignement qui est tourné vers la pédagogie…

Là, je suis comme tous mes collègues, car la faculté de médecine est comme toutes les autres facultés, c'est-à-dire que… j'ai été élu vice-président de l'université et après président.

ii. Un étudiant parle…
de sa position sociale :

… j'ai été bien éduqué, bien élevé…

du journal universitaire où il travaille :

…au départ, ce qu'on faisait, chaque numéro, on mettait un trait rouge sur la première page mais le premier numéro a également été agrafé à la main. Donc il était vendu… parce que autrement si on veut passer par la société de distribution de la presse, elle prend 40% du prix du journal, c'est quelque chose qui… sachant qu'on a vraiment rien comme bénéfice sur chaque numéro, ça nous condamne, ça nous condamne complètement sur le plan financier, donc… donc passer par une société de distribution du journal à la place d'aller voir les librairies un par un et de devoir aller déposer chez les libraires, devoir aller déposer dans les coins presse en se mettant d'accord avec le commerçant, enfin des choses comme ça. Ça représente une perte de temps très importante et donc, donc… il y aurait beaucoup de travail qui <u>pourrait être fait</u> sur ce temps si, si Bill Gates [...] souhaitait investir.

Appendice 23
Exercices supplémentaires

Exercice 1

Écrivez l'adverbe qui correspond à l'adjectif donné.

MODÈLE : *dernier* → *dernièrement*

1.   intelligent
2.   actif
3.   heureux
4.   régulier
5.   complet
6.   cruel
7.   franc
8.   long
9.   vrai
10. infini
11. profond
12. évident
13. premier
14. naïf
15. nerveux
16. bref
17. doux
18. indépendant
19. aisé
20. absolu
21. bon
22. courant

23. gentil

24. mauvais

25. précis

26. faux

27. constant

28. lent

29. léger

30. énorme

31. courant

32. discret

33. patient

34. continuel

35. apparent

36. prudent

Exercice 2

Répondez par des phrases complètes en utilisant des adverbes de négation (*personne* ; *rien* ; *nulle part*). Attention au choix et à la position de l'adverbe.

1. Qui est venu ?
2. Qu'est-ce qui est arrivé ?
3. Qu'est-ce que vous avez dit ?
4. De quoi avez-vous besoin ?
5. Avec qui avez-vous dansé ?
6. Où êtes-vous allé(e) ?
7. Qui cherchez-vous ?
8. Qu'est-ce qui vous intéresse ?
9. Qui voulez-vous accuser ?
10. Qu'est-ce que vous voulez manger ?
11. Qui avez-vous vu ?
12. De quoi vous inquiétez-vous ?

CHAPITRE 7 : LE PASSÉ

Exercice 3

Mettez les verbes au passé. Choisissez bien entre le passé composé et l'imparfait.

C' _____ (être) un après-midi calme et silencieux. Le soleil

_____ (ne pas + briller) et il _____

(faire) froid. Les oiseaux _____ (ne pas +

chanter). La neige _____ (commencer) à tom-

ber. Le silence _____ (être) complet. La jeune femme

_____ (se promener) tranquillement dans le parc

avec son chien. Elle _____ (ne pas + faire) attention

à sa route ; elle _____ (penser) à son petit ami et à leurs pro-

jets pour le week-end. Tout à coup elle _____ (perdre)

l'équilibre et _____ (faillir) tomber. À ce moment-là elle

_____ (remarquer) qu'elle _____ (mar-

cher) sur la surface gelée du lac. Horrifiée, elle _____

(vite revenir) sur ses pas pour gagner de nouveau la terre ferme.

Exercice 4

Mettez les verbes au passé. Choisissez bien entre le passé composé et
l'imparfait.

Une jeune femme à Amiens raconte l'histoire de sa vie :

Non, je _____ (ne pas + toujours + habiter) à

Amiens. Je _____ (arriver) ici pour faire la classe de

terminal au lycée. Donc je _____ (passer) mon bacca-

lauréat ici, c'_____ (être) un bac spécialisé en littérature, donc le

français et les langues. Et comme j'_____ (être) très attirée

par l'apprentissage des langues, je _____ (faire) une fa-

culté de langues étrangères appliquées, donc les langues, deux langues

étrangères, allemand et anglais ; donc nous _____

(apprendre) la culture, le système, par exemple, économique de l'Angleterre de l'Allemagne. Alors j'_____ (étudier) pendant quatre années. J'_____ (avoir) les deux premières années pour faire le DEUG [Diplôme d'Études Universitaires Générales], la troisième année pour la licence, la quatrième pour la maîtrise.

Exercice 5

Complétez l'histoire suivante en choisissant bien entre le passé composé et l'imparfait.

Il _____ (être) l'heure de dormir, mais Éric _____ (demander) à sa maman de lui raconter une histoire. Voici l'histoire qu'elle lui _____ (raconter).

— Je vais te raconter l'histoire d'un petit oiseau aventureux qui _____ (s'appeler) Pépi. Il _____ (naître) dans un petit village où tous les oiseaux _____ (se connaître). Pépi _____ (avoir) des frères et des sœurs et ils _____ (habiter) un grand nid dans un beau sapin. Dès le début, Pépi _____ (ne pas + être) comme les autres. Il _____ (quitter) le nid très souvent pour rendre visite à ses voisins. Il _____ (parler) tous les jours avec un vieil oiseau qui lui _____ (raconter) ses aventures. Pépi _____ (aimer) explorer la campagne autour de lui et pendant ses promenades, il _____ (rêver) de voir l'océan et le monde. Un jour, un troupeau d'oies _____ (arriver) et il les _____ (suivre). Ils _____ (partir) à l'aube et après une longue journée, ils _____ (s'arrêter) au bord d'un grand lac où ils _____

(passer) la nuit. Le lendemain matin, tout _____ (aller) bien,
quand...

— Qu'est-ce qui _____ (arriver), Maman ??

— Ça, c'est une autre histoire. Il est temps de dormir.

— Demain, Maman ?

— Oui, demain. Bonne nuit, mon chéri.

Exercice 6

Mettez les verbes au passé. Choisissez bien parmi le passé composé,
l'imparfait et le plus-que-parfait.

Eliza Doolittle _____ (être) une femme qui _____
(vendre) des fleurs à Londres ; elle _____ (ne +
être) ni riche ni chic. Le professeur Higgins, expert en phonétique,
_____ (voir) Eliza un jour et l'_____ (invi-
ter) chez lui pour lui apprendre à parler comme une dame bien éduquée. Eliza _____ (décider) d'accepter la proposition
du professeur. Pendant plusieurs mois elle _____ (travailler) dur. Elle _____ (se lever) toujours de bonne
heure et _____ (passer) des heures à répéter l'anglais
que le professeur lui _____ (enseigner).

Après quelques mois, le professeur _____ (inven-
ter) un test pour évaluer si son étudiante _____ (avoir) besoin
de leçons supplémentaires. Un soir, Eliza _____ (mettre) une
belle robe que le professeur lui _____ (acheter) et ils
_____ (aller) à un bal où il y _____ (avoir)
beaucoup d'aristocrates. Le professeur l'_____ (présenter) et _____ (dire) que c'_____ (être)

une duchesse. La ruse _____ (marcher). Mais après le bal, Eliza _____ (se fâcher) parce que le professeur ne l'_____ (jamais + remercier) de tout son travail. Elle _____ (partir + donc) pour rejoindre un jeune homme qui lui _____ (proposer + déjà) le mariage. Mais après un peu de réflexion, Eliza _____ (décider) de ne pas épouser cet homme parce qu'elle _____ (tomber + déjà) amoureuse du professeur. Elle _____ (donc + revenir) chez lui.

Exercice 7

Mettez les verbes au passé. Choisissez bien parmi le passé composé, l'imparfait et le plus-que-parfait.

La semaine dernière, Sophie _____ (aller) chez Pierre pour étudier le français. Pierre _____ (être) l'étudiant le plus intelligent de la classe et il _____ (avoir) un A à leur dernier examen.

Ce jour-là, il _____ (faire) beau et le soleil _____ (briller). Quand elle _____ (arriver) à la chambre de Pierre, elle _____ (remarquer) qu'il _____ (manger) une pizza. Puisqu'elle _____ (avoir) faim, elle lui _____ (demander) si elle _____ (pouvoir) en avoir une tranche. Il _____ (répondre) bien sûr et que la pizza _____ (être) délicieuse. Alors, elle _____ (commencer) à manger avec lui. Pendant qu'ils _____ (finir) leur repas, Brigitte, la petite amie de Pierre, _____ (entrer) dans la chambre. Quand elle _____ (voir) les deux étudiants ensemble, elle _____ (devenir) furieuse. Sophie _____ (expliquer) qu'elle _____ (venir) pour étudier, mais Brigitte _____ (refuser) de la croire ; alors, Sophie _____ (vite + partir).

Exercice 8

Mettez les verbes au passé. Choisissez bien parmi le passé composé, l'imparfait et le plus-que-parfait.

Jean _____ (avoir) envie de manger en ville ; alors il _____ (téléphoner) à sa copine Louise pour l'inviter. Elle _____ (être) enchantée mais elle _____ (ne pas + pouvoir) accepter l'invitation car elle _____ (préparer) un examen de biologie que le professeur _____ (annoncer) ce matin-là. Jean _____ (proposer + donc) de l'aider et il _____ (quitter) sa maison.

En route, sa voiture _____ (tomber) en panne. De plus, le vent _____ (commencer) à souffler. Bientôt, il _____ (pleuvoir) à verse. Comme Jean _____ (ne pas + avoir) d'imperméable, il _____ (attendre) dans sa voiture l'arrivée des dépanneurs.

Pendant ce temps, Louise, qui _____ (penser) que Jean _____ (avoir) un accident, _____ (attendre) à la fenêtre. Elle _____ (être) très inquiète. Lorsqu'enfin Jean _____ (arriver), elle _____ (pousser) un cri de joie et l'_____ (faire) entrer dans le salon. Elle lui _____ (donner) une tasse de café, qu'il _____ (boire) très vite. Ensuite, ils _____ (regarder) la télévision jusqu'à deux heures du matin, car on _____ (passer) un film de Humphrey Bogart. Le lendemain, Louise _____ (échouer) à l'examen parce qu'elle _____ (ne pas + étudier). Alors, elle _____ (rompre) avec Jean et _____ (vendre) sa télévision.

CHAPITRE 9 : LE SUBJONCTIF

Exercice 9

Écrivez des phrases complètes à partir des éléments donnés.

1. Il vaut mieux + étudier
2. Il est bon + être dehors
3. Il est essentiel + tu + savoir la vérité
4. Il faut + partir
5. Je préfère + rester chez moi
6. Il a envie + apprendre le japonais
7. Elle veut + nous + être heureux
8. Je voudrais + connaître cet homme
9. Nous sommes ravis + être ici
10. Elle est contente + nous + réussir l'examen
11. Ils regrettent + manquer le concert
12. Il s'étonne + tu + le reconnaître
13. Elle a peur + manquer le bus
14. Il se réjouit + tu + vouloir le voir
15. Je ne crois pas + pouvoir le faire

CHAPITRE 10 : LE CONDITIONNEL

Exercice 10

Complétez le paragraphe en faisant bien attention à la forme du verbe. Hier Caroline a téléphoné à Marc pour lui demander de parler avec sa femme. Marc a répondu ceci : « Elle a déjeuné ici mais elle vient de partir. Si je _____ (savoir) que tu voulais lui parler, je le lui _____ (dire). Elle a une classe maintenant mais

si tu _____ (aller) au campus dans une heure, tu la

_____ (trouver) devant la bibliothèque. » À quoi Caro-

line a répondu : « Merci, Marc. C'est dommage ; je le _____

(faire) si je _____ (pouvoir), mais malheureusement moi

aussi je serai en classe dans une heure. »

CHAPITRE 11 : LA VOIX PASSIVE

Exercice 11

Écrivez (où possible) deux phrases dont une active et une passive, selon
l'exemple. Attention au temps du verbe.

MODÈLE : *Le président + élire + en 2012.*

Actif : *On a élu le président en 2012.*

Passif : *Le président a été élu en 2012.*

1. un couple suisse + acheter + la maison à côté de chez nous (passé composé)
2. le président + créer bientôt + une commission pour étudier le problème [futur]
3. le Cour Suprême + annuler + la loi + la semaine dernière (passé composé)
4. une foule enthousiaste + accueillir + les athlètes (passé composé)
5. le professeur + rendre + les rédactions + hier (passé composé)
6. la langue arabe + écrire + de droite à gauche (présent)
7. le pain + vendre + à la boulangerie (présent)
8. au Japon + les voitures + conduire à gauche (présent)
9. le sénateur + respecter + pour son habilité à trouver des compromises (présent)
10. après la tempête + la maison + détruire complètement. (imparfait)

Bibliographie

Ahlbrecht, Jill. "L'usage de l'interrogatif dans le français parlé de nos jours." Unpublished thesis. University of Colorado Denver, 2009.

Ajiboye, Tunde. "Peut-on mieux 'générer' le subjonctif présent?" *Cahiers de l'Institut de Linguistique de Louvain* 14, no. 3–4 (1988): 79–91.

Ashby, W. J. "Un nouveau regard sur la chute du *ne* en français parlé tourangeau: s'agit-il d'un changement en cours?" *Journal of French Language Studies* 11 (2001): 1–22.

———. "The Loss of the Negative Particle *Ne* in French: A Syntactic Change in Progress." *Language* 57 (1981): 674–87.

Ball, Rodney. *Colloquial French Grammar.* Malden, MA: Blackwell Publishers, 2000.

Barrera-Vidal, Albert. "Quelques remarques en vue d'une nouvelle présentation du subjonctif français." *Die neueren Sprachen: Zeitschrift für Forschung und Unterricht auf dem Fachgebiet der modernen Fremdsprachen* 11 (1970): 547–56.

Bartning, Inge. "Éléments pour une typologie des SN complexes en *de* en français." *Langue française* 109 (1996): 29–43.

Behnstedt, P. *Viens-tu? Est-ce que tu viens? Tu viens? Formen und Strukturen des direkten Fragesatzes im Französischen.* Tübingen: Gunter Narr Verlag, 1973.

Bilger, Mireille, Karel van den Eynde, Françoise Gadet, eds. *Analyse linguistique et approches de l'oral: recueil d'études offert en hommage à Claire Blanche-Benveniste.* Leuven/Paris: Peeters, 1998.

Blanche-Benveniste, Claire. "La notion de variation syntaxique dans la langue parlée." *Langue française* 115 (1997): 19–29.

Boistrancourt-Flament, Danièle. "Les temps du passé en français." *Levende talen* 410 (April 1986): 235–41.

Bonin, Thérèse. "The Role of Colloquial French in Communication and Implications for Language Instruction." *Modern Language Journal* 62, no. 3 (March 1978): 90–102.

Boone, Anne. "La pronominalisation des complétives objet direct." In Bilger, van den Eynde, and Gadet 1998, 103–14.

Buvet, Pierre-André. "Détermination: les noms." *Lingvisticae Investigationes* 18, no. 1 (1994): 1–27.

Cannings, Peter L., and Marvin D. Moody. "*Faire Faire Quelque Chose à/par Quelqu'un:* The Causative Triangle." *Modern Language Journal* 62 (1978): 11–18.

Connors, Kathleen. "The Meaning of the French Subjunctive." *Linguistics* 211 (1978): 45–56.

Coveney, Aidan. *Variability in Spoken French: A Sociolinguistic Study of Interrogation and Negation.* Bristol/Portland: Elm Bank, 2002.

———. "L'approche variationniste et la description de la grammaire du français: le cas des interrogatives." *Langue française* 115 (1997): 88–100.

———. "The Use of the QU-final Interrogative Structure in Spoken French." *French Language Studies* 5 (1995): 143–71.

Cox, Thomas J. "How to See What to Say in French." *French Review* 68, no. 2 (Dec. 1994): 203–8.

———. "Remedies for Subjunctive Anxiety." *French Review* 60, no. 1 (1986): 65–70.

Cristea, Teodora. *La structure de la phrase négative en français contemporain.* Bucharest: La Société de linguistique romane, 1971.

Dansereau, Diane. "A Discussion of Techniques Used in the Teaching of the *Passé Composé* / *Imparfait* Distinction in French." *French Review* 61 (1987): 33–38.

Desclés, Jean-Pierre, and Zlatka Guentchéva. *Le passif dans le système des voix de français.* In Gross 1993, 73–102.

Dewaele, Jean-Marc. "Structures interrogatives dans le discours français oral d'apprenants et de locuteurs natifs." In *Actes du XXIIe congrès international de linguistique et de philologie romances*, vol. 9, edited by Annick Englebert et al., 69–76. Berlin: Niemeyer, 2000.

Dolbec, Jean, and Daniel C. Le Flem. "Le subjonctif avec *après que*: faute ou variation significative?" *Langues et linguistique* 7 (1981): 123–54.

Ducrot, Oswald. "L'imparfait en français." In *Études de grammaire française descriptive*, edited by Franz Josef Hausmann, 25–44. Heidelberg: Julius Groos Verlag, 1979.

Durán, Richard, and George McCool. "If This Is French, Then What Did I Learn in School?" *French Review* 77, no. 2 (Dec. 2003): 288–99.

Engdahl, Elisabet. *Information Packaging in Questions.* Paper presented at the Colloque de Syntaxe et Sémantique, Paris, Sept. 30, 2005.

Étienne, Corinne, and Kelly Sax. "Stylistic Variation in French: Bridging the Gap between Research and Textbooks." *Modern Language Journal* 93, no. 4 (2009): 584–606.

Frei, Henri. "Tranches homophones (à propos de l'article partitif en français)." *Word* 16 (1960): 317–22.

Frontier, Alain. *La grammaire du français.* Paris: Belin, 1997.

Gaatone, David. "Sur une construction de caractérisation en français." In Bilger, van den Eynde, and Gadet 1998, 211–19.

———. "Les locutions verbales et les deux passifs en français." In Gross 1993, 37–52.

———. "Articles et négation." *Revue romane* 6 (1971): 1–16.

Gadet, Françoise. *Le français populaire.* Que sais-je? 1172. Paris: Presses universitaires de France, 1992.

Galmiche, Michel. "Note sur les noms de masse et le partitif." *Langue française* 72 (1976): 40–53.

Garrott, C. L. "Teaching the *Passé Composé* and the *Imparfait* in French: Traditional versus Aspectual Methods." July 22, 1988. http://eric.ed.gov/?id=ED296591.

Glatigny, Michel. "Remarques sur le subjonctif." *Le français dans le monde* 122 (1976): 17–25.

Glättli, H. "De quelques emplois du subjonctif en français moderne." *Revue de linguistique romane* 28 (1964): 273–89.

Grevisse, Maurice, and André Goosse. *Le bon usage.* 13th edition, revised. Paris: Duculot, 1993.

Grobe, Edwin P. "*Passé Simple* versus *Imparfait.*" *French Review* 41, no. 3 (Dec. 1967): 344–56.

Gross, Gaston. *Les expressions figées en français: noms composés et autres locutions.* Gap/Paris: Ophrys, 1996.

———, ed. *Sur le passif.* Série Langages 109. Paris: Larousse, 1993.

———. "Syntaxe du complément du nom." *Lingvisticae Investigationes* 15, no. 2 (1991): 255–84.

Guiraud, Pierre. "Français populaire ou français relâché?" *Le français dans le monde* 69 (1969): 23–27.

Hendrix, W. S., and W. Meiden. *Beginning French: A Cultural Approach.* Fifth edition. Boston: Houghton Mifflin, 1978.

Hewson, John. "What Is a Subjunctive?" *Actes de langue française et de linguistique* 3–4 (1990): 157–68.

Hollerbach, Wolf. "Once Again: The French Subjunctive and the Question of Meaning." *Selecta: Journal of the Pacific Northwest Council on Foreign Languages* 1 (1980): 139–43.

Imbs, Paul. *L'emploi des temps verbaux en français moderne.* Paris: Klincksieck, 1960.

Journoud, Sylvain. "Déclin du subjonctif." *French Review* 44, no. 3 (Feb. 1971): 549–51.

Kampers-Manhe, Brigitte. "Traitement formel du subjonctif après un superlatif." *Études de linguistique française offertes à Robert de Dardel,* edited by Brigitte Kampers-Manhe and Co Vet, 63–76. Amsterdam: Rodopi, 1987.

Katz, Stacey, "Teaching Articles: How Students Can Master the French Determiner System." *French Review* 75, no. 2 (Dec. 2001): 290–303.

Katz, Stacey and Carl Blyth. *Teaching French Grammar in Context.* New Haven, CT: Yale University Press, 2007.

Kerr, Betsy J. "A Corpus-Based Study of Indefinite *des* and Generic *les.*" *French Review* 84, no. 5 (April 2011): 918–33.

Kupferman, Lucien. "L'article partitif existe-t-il?" *Le français moderne* 47 (1979): 1–16.

———. "*Des:* pluriel de *du*?" In Bilger, van den Eynde, and Gadet, 1998, 229–38.

Lamiroy, Béatrice. "Pourquoi il y a deux passifs." In Gross 1993, 53–72.

Leclère, Christian. "Classes de constructions directes sans passif." In Gross 1993, 7–31.

Ledegen, Gudrun, and Virgine Quillard. "Quelle référence pour l'interrogation totale? Réponses syntaxiques et pragmatiques." *Cahiers de l'Institut de linguistique* 26 (2000): 297–312.

Le Goffic, Pierre. "Linguistique et enseignement des langues: à propos du passif en français." In *Studies in Descriptive Linguistics,* edited by Franz Josef Hausmann, 55–63. Études de grammaire française descriptive 9. Heidelberg: Julius Groos, 1983.

Lepetit, Daniel. "Subjonctif: descriptions et manuels." *French Review* 74, no. 6 (May 2001): 1176–92.

Lesage, René. "Norme et usage: l'emploi de l'indicatif après 'bien que' et 'quoique' dans la presse québécoise." *French Review* 65, no. 1 (Oct. 1991): 15–29.

Lightbown, Patsy, and Alison d'Anglejan. "Some Input Considerations for Word Order in French L1 and L2 Acquisition." In *Input in Second Language Acquisition*, edited by Susan Gass and Carolyn Madden, 415–30. Roley, MA: Newbury House, 1985.

Mauger, G. *Grammaire pratique du français d'aujourd'hui.* Paris: Hachette, 1968.

McCool, George J. "Teaching the Formation of Questions: Lessons from New French." *Modern Language Journal* 78 (1994): 56–60.

Ménardière, C. de la. "Sur la simplification des règles du subjonctif." *French Review* 43, no. 4 (March 1970): 634–36.

Molinier, Christian. "Morpho-syntaxe des pronoms interrogatifs et des pronoms relatifs sans antécédent." *Le français moderne* 70, no. 1 (2002): 3–19.

Monville-Burston, Monique, and Linda R. Waugh. "Le passé simple dans le discours journalistique." *Lingua* 67 (1985): 121–70.

Moody, Martin. *A Classification and Analysis of "Noun + DE + Noun" Constructions in French.* The Hague/Paris: Mouton, 1973.

Myers, Lindsy Lee. "WH-Interrogatives in Spoken French: A Corpus-Based Analysis of Their Form and Function." Unpublished PhD dissertation. The University of Texas at Austin, 2007.

O'Connor Di Vito, Nadine. *Patterns across Spoken and Written French.* Boston: Houghton Mifflin, 1997.

Paillard, Michel. "La question du subjonctif en français et en anglais contemporains." In *Linguistique comparée et traduction: le statut modal de l'énoncé*, edited by Jacqueline Guillemin-Flescher, 63–85. Cahiers Charles V, no. 6. Paris: Université Paris VII, 1984.

———. "Remarques d'angliciste sur le subjonctif français." *Actes du congrès de Poitiers: Études anglaises*, no. 90. Paris: Didier, 1980.

Poplack, Shana. "The Inherent Variability of the French Subjunctive." In *Theoretical Analyses in Romance Linguistics: Selected Papers from the Nineteenth Linguistic Symposium on Romance Languages, the Ohio State University, 21–23 April 1989*, edited by Christiane Laeufer and Terrell A. Morgan, 235–63. Amsterdam/Philadelphia: John Benjamins, 1992.

Poplack, Shana, and Nathalie Dion. "Prescripton vs. Praxis: The Evolution of the Future Temporal Reference in French." *Language* 85, no. 3 (2009): 557–87.

Quillard, Virginie. "La diversité des formes interrogatives: comment l'interpréter?" *Langue et Société* 95 (2001): 57–72.

Redard, F. "Étude des formes interrogatives en français chez les enfants de trois ans." *Études de Linguistique appliquée* 21 (1976): 98–110.

Rosier, Laurent, and Marc Wilmet. "La *Concordance des temps* revisitée ou de la *concordance à la convergence*." *Langue française* 138 (May 2003): 97–110.

Saugera, Valérie. "(Tu choisis) comment (est-ce que) (tu) choisis (-tu)?: acquisition des variantes interrogatives." *French Review* 85, no. 3 (Feb. 2012): 519–32.

Schogt, H. G. "L'aspect verbal en français et l'élimination du passé simple." *Word* 20 (1964): 1–17.

Silberztein, Max. "Les groupes nominaux productifs et les noms composés lexicalisés." *Lingvisticae Investigationes* 17, no. 2 (1993): 405–25.

Stourdzé, Collette. "Les niveaux de langue." *Le français dans le monde* 69 (1969): 18–21.

Terry, Robert. *Contemporary French Interrogative Structures*. Montreal: Cosmos, 1970.

Valdman, Albert. "Commet gérer la variation dans l'enseignement du français langue étrangère aux États-Unis." *French Review* 73, no. 4 (2000): 648–66.

———. "The Problem of the Target Model in Proficiency-Oriented Foreign-Language Instruction." *Applied Language Learning* 1, no. 1 (Spring 1989): 33–51.

———. "Français standard et français populaire: sociolectes ou fictions?" *French Review* 56, no. 2 (Dec. 1982): 218–27.

Vandeloise, Claude. "Vivre sans article partitif." *Le français moderne* 74, no. 2 (2006): 141–58.

Vet, Co. "Incorporation et grammaticalisation: verbes de mouvement et verbes de perception." *Études de linguistique française offertes à Robert de Dardel*, edited by Brigitte Kampers-Manhe and Co Vet, 177–92. Amsterdam: Rodopi, 1987.

Wall, Kerstin. "Les questions dans la langue parlée: usage actuel et problèmes pédagogiques." *Moderna Språk* 97 (1985): 233–38, 309–17.

Wilmet, Marc. "Le subjonctif suivant *après que*." Chapter 6 in *Études de morpho-syntaxe verbale*. Paris: Klincksieck, 1976.

Wong, Wynne. "Linking Form and Meaning: Processing Instruction." *French Review* 76, no. 2 (Dec. 2002): 236–64.

Yaguello, Marina. "La réalisation zéro des clitiques objet dans les constructions ditransitives du français parlé." In Bilger, van den Eynde, and Gadet 1998, 267–74.

Zwanger, Elizabeth. "Variability in L1 and L2 French WH-Interrogatives: The Roles of Communicative Function, WH-Word, and Metalinguistic Awareness." Unpublished PhD dissertation. Boston University, 2008.

Table des extraits et crédits

Alexakis, Vassilis : *Pourquoi tu pleures ?* 1991. Courtesy of Editions Quiquandquoi.

Anouilh, Jean : *Antigone*, 1946 ; *Voyageur sans bagage*, 1937

Apollinaire, Guillaume : « Le pont Mirabeau », 1913

Baudelaire, Charles : « Invitation au voyage », 1857 ; « Le port », 1869

Bayard, Jean-François, and Henri de Saint-Georges : *La fille du régiment*, 1840

Beauvoir, Simone de : *Tout compte fait*, 1972. Courtesy of Editions Gallimard.

Benzoni, Juliette : *Un homme pour le roi* © Éditions Plon, 1999. Courtesy of Editions Plon.

Calbris, Geneviève, and Jacques Montredon : *Oh là là*, 1981. Courtesy of Paris CLE Int.

Camus, Albert : *La mer au plus près*, 1959 ; « Recherche du père », dans *Le premier homme*, 1994. Courtesy of Editions Gallimard.

Chateaubriand, François-René de : « Les pyramides », dans *Itinéraire de Paris à Jérusalem*, 1861

Cocteau, Jean : *L'aigle à deux têtes*, 1943 ; *Maalesh*, 1949. Courtesy of La table Ronde.

Crébillon, Claude-Prosper Jolyot de : *Les égarements du cœur et de l'esprit*, 1779

Daninos, Pierre : *Qu'est-ce que l'humour?* 1958

Daudet, Alphonse : *Les vieux*, du recueil *Lettres de mon moulin*, 1869

Derème, Tristan : *Patachou, petit garçon*, 1929

Devos, Raymond : « Ça fait déguisé », du recueil *Ça n'a pas de sens*, 1968 © Editions Denoël, 1968. Courtesy of Editions Denoel.

Duclos, Charles Pinot : *Les confessions du comte de ****, première partie, 1742

Duras, Marguerite : *Un barrage contre le Pacifique*, 1950. Courtesy of Editions Gallimard.

Duteil, Yves : « Les bonheurs perdus », 1977

L'Express, 29 août–4 sept. 2012. Courtesy of l'Express Magazine.

Fabre, Dominique : *La serveuse était nouvelle*, 2005

Faure, Georges, and Albert di Cristo : *Le français par le dialogue*, 1977. Courtesy of Editions Hachette.

France, Anatole : *Pierre Nozière*, 1899

Gallo, Max : *Louis XIV, le Roi-Soleil* (XO Editions, 2007). Courtesy of XO Editions.

Giono, Jean : *Le grand troupeau*, 1931 ; *Le moulin de Pologne*, 1952 ; *Regain* © Editions Grasset & Fasquelle, 1930. Courtesy of Editions Grasset.

Guitry, Sacha : *L'illusionniste*, 1917 ; *Une vilaine femme brune*, 1917

Hugo, Victor : *Les misérables*, 1862 ; *Notre-Dame de Paris*, 1831

Le Forestier, Maxime : « Mon frère », 1972

Leiris, Michel : L'âge d'homme, 1939. Courtesy of Editions Gallimard.

Maeterlinck, Maurice : Pelléas et Mélisande, 1892

Mallarmé, Stéphane : « La dormeuse », 1893

Marivaux : La vie de Marianne, 1731–41 (Classiques Garnier, 1963). Courtesy of Editions Garnier.

Mauriac, François : Thérèse Desqueyroux © 1927, Bernard Grasset, Paris. Courtesy of Editions Grasset.

Maurois, André : Une conférence mouvementée, 1963

Merle, Robert : Fortune de France, 1992

Mérimée, Prosper : Carmen, 1843

Molière : L'avare, 1668

Le Monde, 6–7 janvier 2013

Le Nouvel Observateur : 21–27 juin 2012 ; 3–9 janvier 2013. Courtesy of Le Nouvel Observateur.

Pagnol, Marcel : Le château de ma mère, 1958. Courtesy of Editions de Fallois.

Paris Match, 12–18 juin 2008. Courtesy of Paris Match.

Perec, Georges : Les choses, une histoire des années soixante, 1965. Courtesy of Julliard.

Petit Robert 2, 1987. Courtesy of SNL- Le Robert.

Piaf, Édith : « Hymne à l'amour », 1950

Le Point, 28 juin 2012 ; 3 janvier 2013. Courtesy of Le Point.

Prévost, Abbé : Manon Lescaut, 1731 (from La grammaire du français, Alain Frontier © Éditions Belin 1997)

Racine, Jean : Esther, 1689

Romains, Jules : Knock, 1922

Rostand, Edmond : Cyrano de Bergerac, 1899

Sade, Marquis de : Le président mystifié, 1787

St-Exupéry, Antoine de : Le petit prince, 1943. Courtesy of Editions Gallimard.

Sand, George : La mare au diable, 1846

Sartre, Jean-Paul : Les mots, 1963 (from La grammaire du français, Alain Frontier © Editions Belin 1997)

Simenon, Georges : Le meurtre d'un étudiant (New York: Holt, Rinehart and Winston, ©1971). Courtesy of Cengage Learning.

Le Soir, Bruxelles, 23 février 1996 (from La grammaire du français, Alain Frontier © Éditions Belin 1997)

Soupault, Philippe : Les dernières nuits de Paris, 1928. Courtesy of Editions Gallimard.

Stendhal : Le rouge et le noir, 1830

Toussaint, Jean-Philippe : La salle de bain © 1985 by Les Editions de Minuit. Reprinted by permission of Georges Borchardt, Inc., on behalf of Les Editions de Minuit. Courtesy of Editions de Minuit.

Trénet, Charles : « La mer », 1946

Vercors : Le silence de la mer, 1942 (exemple de Glättli 1964)

Yourcenar, Marguerite : Comment Wang-Fô fut sauvé et Le lait de la mort, dans Nouvelles orientales, 1938/1963 © Editions Gallimard, www.gallimard.fr. Courtesy of Editions Gallimard.

FILMS CONTEMPORAINS

Angel-A. Réalisateur: Luc Besson. 2005.

Caché. Réalisateur: Michael Haneke. 2005.

The Da Vinci Code. Réalisateur: Ron Howard. 2006.

Le fabuleux destin d'Amélie Poulain. Réalisateur: Jean-Pierre Jeunet. 2001.

La faute à Fidel. Réalisateur: Julie Gavras. 2006. Courtesy of Gaumont Paramount Films.

Il y a longtemps que je t'aime. Réalisateur: Philippe Claudel. 2008.

Le placard. Réalisateur: Francis Veber. 2001. Courtesy of Miramax.

Index